Eberhard Busch

Barth – ein Porträt in Dialogen

TVZ

Karl Barth (1886–1968)

Eberhard Busch

Barth – ein Porträt in Dialogen

Von Luther bis Benedikt XVI.

T V Z

Theologischer Verlag Zürich

Gedruckt mit freundlicher Unterstützung der Karl Barth-Stiftung, Basel.

Bibliografische Informationen der Deutschen Nationalbibliothek
Die Deutsche Nationalbibliothek verzeichnet diese Publikation in der Deutschen Nationalbibliografie; detaillierte bibliografische Daten sind im Internet über http://dnb.d-nb.de abrufbar.

Umschlaggestaltung
Simone Ackermann, Zürich
Unter Verwendung einer Foto von Karl Barth und Emil Brunner

Druck
ROSCH-BUCH GmbH, Schesslitz

ISBN 978-3-290-17781-2

www.tvz-verlag.ch

Inhaltsverzeichnis

Gott,
mach in mir deinem Geiste Raum,
dass ich dir werd ein guter Baum,
und lass mich Wurzel treiben.
Verleihe, dass zu deinem Ruhm,
ich deines Gartens schöne Blum
und Pflanze möge bleiben.

Paul Gerhardt, Geh aus, mein Herz

Für Beate

Vorwort

Nach einem Wort des Basler Theologen Karl Barth in seiner letzten Zeit heißt Denken in der Theologie Nach-denken. Man geht in ihr einen Weg, auf dem nicht ein Prinzip, sondern eine bestimmte Person vorangeht. Die Botschaft dieser Person, das an die Menschen gerichtete Wort Gottes, ist ihnen vorgesagt, und dem haben sie nun nachzudenken. Solches Nachdenken ist die Aufgabe der Theologie. Sie kann grundsätzlich nicht mit sich selbst anfangen. Ihre Aufgabe ist Nachfolge auf dem Feld des Denkens.

Die Theologie vollzieht sich in Gestalt eines Gesprächs, nach Barth zuerst im Zwiegespräch mit *Gott*. Darum gilt: «Der erste und grundlegende Akt theologischer Arbeit, der dann in der Art eines anhaltenden Grundtons auch in den folgenden weitergegeben wird, ist das *Gebet.*» Die Theologie «ist ein mit Gebet nicht nur beginnender und von ihm nicht nur begleiteter, sondern eine […] im Akt des Gebet zu leistende Arbeit.»[1] Und das bedeutet, wir haben in der Theologie stets zuerst zu *hören*. Mozart war hier für Barth ein Vorbild: «Nicht komponiert, nein, gehört hat er zuerst.»[2] Und auf diesen Vor-gang hat die Theologie zu antworten, hat nachzudenken und so selbst zu denken.

Daraufhin haben wir nach dem Basler Theologen die theologische Arbeit auch im Gespräch mit anderen, mit verschiedenen Mitmenschen zu vollziehen, nicht nur mit Theologen, auch mit weiteren Zeitgenossen. Dabei sind für ihn auch die Gestorbenen nicht abwesend in der Gegenwart. In Hebr 11,4 heißt es von Abel, dass Gott «durch ihn noch redet, wiewohl er gestorben ist». Damit haben wir auch im Blick auf so viele weitere zu rechnen, Bekannte oder fast Vergessene. Barth erklärte: «Die *lebendige, redende, wirkende* Vergangenheit *ist* eben die Gegenwart.»[3] In seinen Gesprächen mit zu seiner Zeit Lebenden rückten manche Partner ihm zuweilen nahe, während zu anderer Zeit andere hervortraten – zu Diskussionen, auch zu Streitgesprächen. Zuweilen gab es auch im Lauf

---

1 Karl Barth, Einführung in die evangelische Theologie, 7. Aufl., Zürich 2010, 176.

2 Ders., Letzte Zeugnisse, Zürich 1969, 15.

3 Ders., Die Theologie Calvins 1922. hg. von Hans Scholl (GA 23), Zürich 1993, 11.

der Jahre Revisionen in der Meinung, zuvor nicht gut genug zugehört zu haben.

In der Kirchlichen Dogmatik III/2 lesen wir: Es hängt «für den humanen Sinn der Sprache, des menschlichen Mundes und des menschlichen Ohres alles daran, dass der Mensch und der Mitmensch *miteinander* reden und *aufeinander* hören, dass die Aussprache und die Ansprache zwischen Ich und Du eine gegenseitige ist».[4] Wohl mehr, als manche es wahrnahmen, hat sich Barths theologisches Denken in solchem Miteinanderreden und Aufeinanderhören vollzogen. Wie hätte er sonst die so umfangreiche Kirchliche Dogmatik und so vieles Weiteres schreiben können? Aber das Sich-Äußern in Gesprächen war doch nicht bloß eine Spezialität von ihm. 1963 sagte er grundsätzlich: «Was wir nötig haben in der Theologie und in der Kirche, sind – ach, ich mag das blöde Wort nicht wieder brauchen ‹Gespräche›. Aber was ich meine, ist einfach, dass man miteinander redet und miteinander vorzudringen sucht zu Antworten.»[5]

Die im Folgenden abgedruckten Texte sind eine buntgemischte Auswahl von Dialogen mit recht verschiedenen Mitmenschen. Bei der Lektüre sei den Lesenden Freude gewünscht.

Göttingen, im Frühjahr 2015

4 Ders., KD III/2, 310.

5 Ders., Gespräche 1959–1962, hg. von Eberhard Busch (A 25), Zürich 1995, XII.

Abkürzungen

Anfänge der dialektischen Theologie 1/2	Anfänge der dialektischen Theologie (2 Teilbände) hg. von Jürgen Moltmann (Theologische Bücherei (Bd. 17), München 1963.
Eberhard Busch, Barths Lebenslauf	Eberhard Busch, Karl Barths Lebenslauf, 6. Aufl. Zürich, ^{6}2005.
Eberhard Busch, Barth-Tagebuch	Eberhard Busch, Meine Zeit mit Karl Barth. Tagebuch 1965–1968, Göttingen 2011.
Karl Barth, KD	Karl Barth, Kirchliche Dogmatik, I/1–IV/4, Zürich 1932–1970. Greifbar als: Karl Barth, Kirchliche Dogmatik. Studienausgabe in 31 Bänden, Zürich 1985–1993.
Karl Barth, Protestantische Theologie	Karl Barth, Die protestantische Theologie im 19. Jahrhundert. Ihre Vorgeschichte und ihre Geschichte. 6. Aufl., Zürich 1994.
Karl Barth, Römerbrief (1)	Karl Barth, Der Römerbrief, Bern 1919. Greifbar mit anderer Seitenzählung als: Karl Barth, Der Römerbrief (erste Fassung) 1919, hg. von Hermann Schmidt (Gesamtausgabe [GA], Bd. 16), Zürich 1985.
Karl Barth, Römerbrief (2)	Karl Barth, Der Römerbrief, München 1922, 3. Aufl. 1923. Greifbar als: Karl Barth, Der Römerbrief (Zweite Fassung) 1922, hg. von Cornelis van der Kooi/Katja Tolstaja Gesamtausgabe [GA], Bd. 47), Zürich, 2010, oder als Studienausgabe: Karl Barth, Der Römerbrief 1922, 19. Aufl., Zürich 2012.

Martin Luther (1483–1546)

Getroste Verzweiflung
Dialektische Theologen und Martin Luther

1. Der Zugang zu Luther

«Erst wenn man Luthers [...] Worte nicht mehr zu übersetzen braucht, [...] erst dann kann man gewiss sein, dass man mit seinen eigenen Äußerungen eben das sagt, was Luther meint.»[1] So formuliert es 1928 Friedrich Gogarten als einer von drei prominenten Vertretern der Dialektischen Theologie, auf die im Folgenden fokussiert werden soll. Dabei ist es sinnvoll, den Begriff der «Dialektischen Theologie» ungefähr auf den Zeitraum des Bestehens der Zeitschrift «Zwischen den Zeiten» und die Behandlung des Themas auf Beiträge in eben diesen Heften zu begrenzen. Es geht im Folgenden um eine Erkundung, wie Glieder dieses Kreises Luther neu erschließen wollten. Ihnen lag nicht daran, was Luther *sagte*, sondern daran, was er *sagt*. Darin liegt die hermeneutische Entscheidung, dass ein sachgemäßes Verstehen von Texten erst da beginnt, wo man das, was sie sagen, sich so angehen lässt, dass man mit ihnen denkt. Diese Entscheidung verbindet sich mit dem Vorwurf an den Umgang mit der Reformation bei den «liberalen» Lehrern der Dialektischen Theologen: dass ihre Interpretation aus der historischen Distanz mit einer Distanzierung von der theologischen «Sache» zusammenhänge, um die es Luther ging.

1924 bemerkt Friedrich Gogarten durchaus zustimmend, «dass jede Zeit an jeder andern nur sieht und begreift, was auch sie in ihrer Gegenwart und in ihren gegenwärtigen Verhältnissen und Bedrängnissen selbst bewegt».[2] Und Karl Barth 1922: «Die *lebendige, redende, wirkende* Vergangenheit *ist* die Gegenwart.»[3] Der Gedanke konnte bei Georg Merz sogar so lauten, dass es Luther von seinen Erforschern zu befreien gelte: «Ein Mann wie Luther ist zu mächtig, als dass man ihn auf Dauer wissen-

---

1 Friedrich Gogarten, Das Gesetz und seine Erfüllung durch Jesus Christus, in: Zwischen den Zeiten 1928, 369.

2 Friedrich Gogarten, Nachwort, zu: Martin Luther, Vom unfreien Willen, München 1924, 344–371, hier 353.

3 Karl Barth, Die Theologie Calvins 1922, hg. Hans Scholl (GA 23), Zürich 1993, 11.

schaftlich betrachten und würdigen könnte. Er erhebt sich gegenüber seinen Erforschern und fordert sein Recht, indem er ihre Maßstäbe zerbricht.»[4] 1926 schrieb Merz in einer Arbeit über Luther: «Eine Auseinandersetzung mit der wissenschaftlichen Forschung unterließ ich»; denn er habe in vielen Vorträgen die Erfahrung gemacht: «Immer hatte ich der Frage zu antworten, was die Reformation […] uns *heute* sage. Immer wieder wollte man Luther selbst hören.»[5] Luther selber *hören,* was er *«uns heute»* nicht bloß sagen *würde,* sondern *sagt!*

Es geht der Dialektischen Theologie nicht darum, Luther (wohl gar hinter sein Wort zurückgehend) aus seiner Zeit oder seiner Psyche zu erklären, aber darum: sich bewegen zu lassen von dem, was er zu sagen hat. Die Einsicht, dass man seine Aussagen allein dann ernst nimmt, wenn man sie sich sachlich angehen und von ihnen mitnehmen lässt, verbindet sich mit der Entdeckung, dass Luther in der Gegenwart mehr redet als so viele längst vergangene Andere und dass er tatsächlich so unmittelbar redet, wie lange Epochen zuvor nicht mehr. Das Ernstnehmen dieses Postulats im Kreis der Dialektischen Theologie findet seinen Ausdruck darin, dass in den Heften ihrer Zeitschrift zwischen die eigenen Artikel immer wieder kommentarlos längere Stücke von Luther eingerückt werden, fast so, als sei er ein Mitarbeiter dieser Zeitschrift. Dabei fällt auf, dass es sich weitgehend um Stücke des jungen Luther zwischen 1515 und 1519 handelt. Ein Zentraltext waren seine Thesen der Heidelberger Disputation.[6] Schon im ersten Heft, in dem sich die Herausgeber vorstellen, steht mitten zwischen den Aufsätzen von Barth, Gogarten und Thurneysen eine Kompilation von Briefen Luthers aus dem Jahr 1516/17 unter dem charakteristischen Titel «Von der getrosten Verzweiflung».[7] Und solches unmittelbare Mitreden Luthers unter dem eigenen Reden setzt sich in der Folgezeit fort.[8]

---

4 Georg Merz, Zur Frage nach dem rechten Lutherverständnis, in: Zwischen den Zeiten 1928, 429.

5 Ders., Der vorreformatorische Luther, München 1926, 5f.

6 Vgl. ebd. 1926, 3–17.

7 Ebd. 1923, 26–32.

8 Ebd. 1923/24: Vom Gesetz und Glauben, aus dem Galaterbriefkommentar von 1535 (übers. von Friedrich Gogarten), Die Werke der Kinder Gottes, Pred. von 1516 (übers. von Georg Merz), Die Aufgabe der Predigt, Pred. 1515 (übers. von Georg Merz); 1926: Die Heidelberger Disputation 1518 (übers. von Georg Merz), Von der Gerechtigkeit Gottes und der Ungerechtigkeit der Menschen,

Luther hören, was er «uns» heute sagt, – das formuliert auch die Intention, in der Georg Merz an der Münchener Ausgabe ausgewählter Werke Luthers mitwirkte. 1914 hatte Hans Heinrich Borcherdt mit der Edition im Verlag Georg Müller begonnen, um im Vorblick auf das Jahr 1917 «das Vermächtnis eines deutschen Klassikers des 16. Jahrhunderts an sein Volk» zu ehren.[9] Dem dann zur Edition beigezogenen Merz gelang es, die Ausgabe in dem Verlag der Dialektischen Theologie, Christian Kaiser, unterzubringen und ihre Fassung zu ändern, was sich auch in der Verknappung der mit Bedacht in den Anhang geschobenen Anmerkungen zeigte. Verändert habe sich vor allem die Situation, bemerkt Merz: Luther wirke heute «auf die Kirche mit einer Kraft wie seit langem nicht mehr» und werde «weit über die Kreise der Theologie hinaus, in mancher Hinsicht zum erstenmal seit dem 16. Jahrhundert, von seinem Volke neu gelesen». Diesem Volk diene die Ausgabe.[10]. Dieselbe Meinung ist auch der von Gogarten 1924 im selben Verlag herausgegebenen Schrift Luthers «Vom unfreien Willen» zu entnehmen. An seinem ausführlichen Nachwort fällt auf, dass er darin in der Hauptsache die gegenwärtige Situation bespricht. Dieselbe Auffassung zeigt sich in der wieder von Georg Merz betriebenen Neuauflage von Theodosius Harnacks Werk «Luthers Theologie» (1862) 1926/27 auch im Kaiser-Verlag. Die Verlagsanzeige betont, dass dieses Werk durch die unterdes enorm aufgeblühte Lutherforschung «nicht übertroffen, ja nicht einmal erreicht» sei; es sei *das* Buch, das «die Gegenwartsarbeit am stärksten beeinflusst».[11] Im Vorwort bemerkt der Bearbeiter, Pfarrer Wilhelm F. Schmidt: Obwohl das Buch wissenschaftlich nicht unumstritten sei, habe es «der Gegenwart Wichtiges, vielleicht

Röm.-Vorlesung 1515/16 (übers. von Eduard Ellwein), Glaube und Bekenntnis, Pred. über Joh. 15,26ff. (übers. von Oskar Ziegner); 1927: Das Gesetz des Glaubens, Röm.-Vorlesung (übers. von Eduard Ellwein), 1928: Aus dem Ps.kommentar (übers. von Oskar Ziegner), Aus Hebr.-Vorlesung 1517/28 (übers. von Georg Helbig).

9 Hans Heinrich Borcherdt, Luthers Werke, Bd. 1, 1. Aufl., München 1914, XVII.

10 Georg Merz, Nachwort, in: Martin Luther. Ausgewählte Werke. 3. Aufl., München 1958, Bd. 6, 481f. Die drei Auflagen unterscheiden sich in manchem. Der 2. Auflage ist der 1924 isoliert erschienene Band «Vom unfreien Willen», ediert von Friedrich Gogarten, integriert, nun aber ohne dessen «Nachwort», hingegen mit Anmerkungen im Anhang versehen.

11 Vgl. Georg Merz, Der vorreformatorische Luther, 63.

Entscheidendes zu sagen».[12] Indem es aus Tausenden von Zitaten kompiliert ist, aus den frühen oder späten Schriften Luthers, entsprach es jenem Verlangen, in der «Gegenwart Luther selbst zu hören».

2. Die spezifische Aktualität Luthers

Das Wort «spezifisch» weist auf die Überzeugung der Vertreter der Dialektischen Theologie hin, dass genau die eigene Gegenwart für den Anbruch einer neuen Reformation reif sei. So sagt Gogarten:

> «Es kann sich […] nicht darum handeln, eine Wiederbelebung der Reformatoren in Szene zu setzen. Unsere Aufgabe […] kann nichts mit der Auffrischung historischer Erinnerungen zu tun haben. […] Unsere Beschäftigung kann nur den Sinn haben, dass wir uns von ihnen die Augen für die Wirklichkeit öffnen lassen. Sehen müssen wir die Wirklichkeit dann selbst, das kann uns keiner abnehmen. Wir sehen sie aber noch nicht […], wenn wir uns begnügen, die Reformatoren selbst zu sehen, und sähen wir sie historisch noch so […] richtig.»[13]

Zu der «Wirklichkeit», für die Luther die Augen öffne, so dass «wir selbst» sie sehen, gehört nach Gogarten dies, dass gegenwärtig der «moderne Geist» des Neuprotestantismus zutiefst in eine Krise geraten sei, Dadurch werde klar: Zum einen die grundsätzliche Differenz zwischen dem Neuprotestantismus und dem Protestantismus, für Gogarten identisch mit Luthers Theologie. Sodann die Einsicht, dass der Neuprotestantismus, entgegen seinem Selbstverständnis, nicht in der Reformation begründet ist, sondern in Erscheinungen, gegen die die Reformation sich wandte, namentlich in der Mystik und im Humanismus. Und drittens der in dieser Situation klar werdende Ruf an die erneut nötige Aufgabe, sich wie Luther von der erkannten Front abzugrenzen. Die Meinung ist nicht, dass man selbst diese Aufgabe schon leiste. Man befindet sich ja erst, nach Gogartens berühmter Formulierung, «zwischen den Zeiten»[14], zwischen

---

12 Theodosius Harnack, Luthers Theologie, München 1926, V.

13 Friedrich Gogarten, Nachwort, 352.

14 Ders., Zwischen den Zeiten, in: Christliche Welt 34 (1920), Sp. 374–378; wieder abgedruckt in: Anfänge der Dialektischen Theologie 2, 95–100.

dem vergehenden Neuprotestantismus und dem kommenden neuen Protestantismus.

> «Die Auseinandersetzung zwischen dem Protestantismus und dem modernen Geist, die einmal kommen muss, nachdem man ihren Gegensatz so scharf erkannt hat, wie es heute geschehen ist, ist also noch zu führen. Und es mag heute die Stunde für diese Auseinandersetzung gekommen sein. Denn heute zum erstenmal seit seinem Entstehen ist der moderne Geist bis ins Innerste erschüttert.»

Vor der Schwere einer solchen Auseinandersetzung könne man nur tief demütig werden. Billige Triumphe würden da nicht zu erreichen sein. Am wenigsten durch Feiern von Jubiläen.

> «Zu feiern wird überhaupt nichts sein. Aber auf sehr bittere Erkenntnisse wird man sich gefasst machen müssen.»[15]

Was als das Wesen des modernen Geistes «heute» in seiner Brüchigkeit und «Gewaltsamkeit» offenkundig geworden ist, ist nach Gogarten die «Verabsolutierung des Subjektes», das «das Ich zum alleinigen Prinzip der Wirklichkeit gemacht hat».[16] Darin werde der Irrtum des Humanismus des 16. Jahrhunderts wiederholt, der an die Stelle der falschen Bindungen des Mittelalters eine beliebige Freiheit gesetzt habe, statt wie die Reformatoren die echte Bindung.[17] Darin gebe es folglich kein echtes Objekt, nur ein gedachtes, verinnerlichtes, weil in der schrankenlosen Freiheit des Subjekts dessen Gegenübersein beseitigt wird, und damit löse auch das Ich selbst sich auf; denn dieses ist ohne Bindung auch ohne die Grenze, durch die es erst zum Ich wird. Der Neuprotestantismus aber hat mit diesem modernen Geist Frieden gemacht, indem er genau das auf das Religiöse übertragen hat. Das ist «der Kernpunkt» seiner religiösen Leh-

15 Ders., Nachwort, 348.

16 Ebd.

17 Vgl. ders., Die Frage nach der Autorität, in: Zwischen den Zeiten 1923, 6–27.6: Diese Frage sei «die dringendste überhaupt», aber «die Situation ist heute so, dass keine Autorität, zum mindesten keine, die dieses Namens wert wäre, vorhanden ist, vorhanden sein kann».

re – «die Immanenz Gottes in dem geistigen Leben selbst».[18] Und Gogarten meint: Dadurch, dass diese Lehre in ihrer Teilnahme am modernen Geist mit diesem erschüttert sei, sei sie wider Willen faktisch auf eine Grenze gestoßen, angesichts derer der Protestantismus Luthers nunmehr spruchreif geworden sei.

Eine ähnliche Sicht taucht bei Georg Merz auf, etwa in seiner Schrift «Der vorreformatorische Luther», 1926. Der Titel ist verwunderlich, weil er dem Inhalt nach lauten müsste «Der reformatorische Luther». Merz will wohl andeuten, dass seine Gegenwart sich in einer vorreformatorischen Situation befinde, am Vorabend eines neuen reformatorischen Tages. Doch projiziert er dann seine eigene Zeitdeutung in den frühen Luther hinein, wenn er zu dessen Predigten bemerkt, «dass hier eine Welt zusammenbricht. Es ist ein Augenblick, in dem etwas Neues geboren wird [...] Damit stehen wir an der Grenze zweier Zeiten.»[19] Darin ist Merz radikaler als Gogarten, dass er eine Strukturverwandtschaft feststellt – nicht nur zwischen Neuprotestantismus und den sich vom Mittelalter emanzipierenden Seitenbewegungen der Reformation, sondern zwischen jenem und dem Mittelalter selbst. Dieses ist dabei noch einmal anders verstanden als auf dem Nenner der falschen oder fehlenden Bindung. Was es charakterisiert und mit der Moderne verbindet, ist im Grunde eine harmonische Gesamtsicht, aufgebaut auf dem ungebrochenen Selbstvertrauen, das sich zutraut, alles Wesentliche erreichen zu können – sei es durch Werke, sei es durch Denken (35), sei es durch mystische bzw. modern: anthroposophische Erhebungen (25), sei es durch die heitere Stimmung des Renaissance-Menschen (9); aber das sind alles nur Variationen im selben Schema.

[18] Friedrich Gogarten, Nachwort, 344.354. In diesem Sinn übt Gogarten auch Kritik an Karl Holl und dessen Schüler Emanuel Hirsch. Die «Gewissensreligion», um die es beiden gehe, komme gar nicht umhin, im Unterschied zu Luther, Gott im Menschen als «ein ethisches Prinzip» zu setzen. Es komme demgegenüber darauf an, «die radikale Unterscheidung zwischen Gott und Mensch» zu dem «zentralen» Gedanken zu machen. So in: Ethik des Gewissens oder Ethik der Gnade, in: Zwischen den Zeiten 1923, 10–29. Vgl. dazu Hirschs Replik: Zum Problem der Ethik. Emanuel Hirsch an Friedrich Gogarten, und Gogartens Duplik: Erwiderung an E. Hirsch von Friedrich Gogarten, in: Zwischen den Zeiten 1923, 52–63.

[19] Georg Merz, Der vorreformatorische Luther, 51. Die Zahlen im obigen folgenden Text verweisen auf Seiten in dieser Schrift.

In dieser Situation leuchtet nach Merz die Aktualität Luthers auf. Ihm wurde – darin liegt die Strukturverwandtschaft zwischen seiner Reformation und den 1920er Jahren – die Sicherheit der harmonischen Weltsicht als «falsche Sicherheit» offenkundig (8), als gänzliche «Morschheit, auf der sich das Menschenleben aufbaut» (24), als «Wahn» und «titanischer Hochmut», der vor dem Fall kommt (34). Angesichts dessen überkommt uns wie Luther «desperatio», was Merz gern wörtlich übersetzt als ein «Weghoffen» von den falschen Grundlagen jenes Schemas.[20] Damit ist

> «nicht nur das mittelalterliche Ideal des Heiligen zusammengebrochen, sondern auch das [...] moderne Ideal des in sich selbst ruhenden unerschrockenen Menschen. Nicht mehr darum handelt es sich für Luther, unerschrocken zu bleiben, wenn auch der Weltkreis in Trümmer ginge [...] Nein, darauf kommt es an [...], dass man kein sicherer Mensch ist, sondern ein Mensch, der einhergeht mit Furcht und Zittern. Für Luther war die Welt nicht mehr ein feiner Bau mit schönen, stufenmäßig sich ordnenden Graden» (23). «Stehen wir hier, so überkommt uns ein Gefühl des Grauens. Irgendwie zieht es dann den modernen Menschen zurück in den fröhlichen Garten des Mittelalters, wo uns so schöne Pfade zu Gott gebahnt sind» (61).[21]

Darum ist «der Streit, ob Luther ein moderner Mensch oder ein mittelalterlicher war, müßig. Er gehört weder zu den Einen noch zu den Anderen» (10). Genau das erweist aber die strukturelle Nähe zwischen der Situation Luthers und der der 1920er Jahre, in denen die Theologie in Erkenntnis der Morschheit der Grundlagen des modernen Menschen nach theologischer Neuerkenntnis zu fragen hat. Der junge Hans Asmussen plaudert es 1928 noch direkter aus: Nachdem das Evangelium bislang zweimal erfasst worden sei, von Paulus und Luther, stehe man heute im Begriffe, es zum drittenmal zu erfassen, nicht mehr im Kontext der Pharisäer oder Mönche, sondern nun der Moderne.[22]

Auf eigene, aber wieder vergleichbare Gedanken stoßen wir bei Karl Barth, die hier nach seiner Calvin-Vorlesung 1922 zusammengestellt

---

20 Ebd., 9; ebenso: Münchener Ausgabe der Werke Luthers, Bd. 1, 3. Aufl., München 1951, 475.

21 Georg Merz, Der vorreformatorische Luther

22 Hans Asmussen, Die Rechtfertigung als Befreiung vom Gesetz, Zwischen den Zeiten 1928, 384–386.

seien.[23] Er distanziert sich freilich von einer geschichtsphilosophischen Deutung, die der Reformation wie der eigenen Gegenwart direkt epochale Bedeutung beimisst. So wenig die Reformation die «Verkündigung des Neuen» und das Mittelalter mit all seinen Möglichkeiten im Vergleich damit «das Alte schlechthin» war (21), so sehr ist zu warnen vor dem «Pathos der neuen Zeit und Welt, des neuen Geistes und Werkes», das «wir Nachkriegsmenschen der Gegenwart [...] einigermaßen kennen» (25). In dieser Gegenwart seien «wir» allenfalls «vielleicht [...] Söhne einer Übergangszeit», «irgendwie in der Ecke zwischen Nominalismus, Augustinismus, Mystik, Wiclef etc., die nicht selber Reformation war, aber aus der sie immerhin nachher hervorging» (91).[24] Doch unter diesem Vorbehalt und in Orientierung auf das hin, was aus jener Ecke hervorgehen müsste, meint Barth nun auch wie Merz:

> «Die Reformation war weder, nach der Ansicht von Troeltsch, die letzte Phase des Mittelalters noch, nach der vulgären theologischen Ansicht, die erste Phase des modernen Christentums. Sie steht vielmehr, soviel Mittelalterliches und soviel Modernes ihr anhaften mag, beiden gegenüber als etwas – jedenfalls in ihrem Kern, in ihrer ursprünglichen Intention – Neues, Fremdes, Drittes. Der junge Luther reimt sich weder zu Dante noch zu Goethe, weder zu Thomas noch zu Schleiermacher. Er ist etwas für sich, und ihm gegenüber rücken viel-

---

23 Karl Barth, Die Theologie Calvin 1922, hg. Hans Scholl (GA 23), Zürich 1993. Die Zahlen im obigen folgenden Text verweisen auf Seiten in diesem Buch.

24 Hier liegt einer der Gründe, aus dem Barth schon damals eine solche direkte Frontstellung Reformation versus Neuprotestantismus, unter Voraussetzung einer Selbstidentifizierung der «Dialektischen Theologie» mit der Reformation nicht mitmachte: eine Frontstellung, wie sie damals auch Emil Brunner vornahm in: Die Mystik und das Wort. Tübingen 1924, 89 («Entweder die Mystik oder das Wort»), und in seinem Vortrag vor der Luthergesellschaft in München 1925: Reformation und Romantik, abgedruckt in: ders., Ein offenes Wort. Vorträge und Aufsätze 1917–1934, Zürich 1981, 123–144. Vgl. dagegen Barth, Brunners Schleiermacherbuch, in: Zwischen den Zeiten 1924, 49–64. In Barths Vorsicht lag beides: die Freiheit, u. U. doch noch auf ein berechtigtes Anliegen im «Neuprotestantismus» zurückkommen zu können, und der Respekt vor der Größe der Aufgabe, den so leicht nicht zu fassenden Subjektivismus des Neuprotestantismus zu überwinden. Ohne beides zu beachten, würde man zu leicht in der Struktur des Neuprotestantismus hängen bleiben, wie er denn sich auch bewusst war, dass die bloße Negation einer Position immer zu viel von dem Negierten in sich enthält, vgl. KD I/2, 709.

> mehr die unerhörten Gegensätze mittelalterlicher und moderner Art merkwürdig zusammen zu einer Front. Hat er in Erasmus das Mittelalter oder die Moderne bekämpft? Muss man nicht […] antworten, dass ihm in Erasmus beide in ihrer charakteristischen Einheit gegenüberstanden?»[25]

Diese Einheit wird nach Barth aber erst einsichtig, wenn man bereits das Fremde, Dritte der Entdeckung Luthers in den Blick bekommt, während das moderne Christentum aus seiner eigenen Warte vom Mittelalter tief geschieden zu sein glaubt, in Ablehnung etwa der damaligen Finsternis wie Formalismus, Spitzfindigkeit, Autoritätsgläubigkeit, Apokalyptik, künstliche Versöhnung zwischen Vernunft und Überlieferung und ähnliche «Rohheiten», was doch nur ihre eigene Niveaurlosigkeit zeigt (31). Erst vom Standort Luthers aus wird das Gemeinsame der beiden verschiedenen Erscheinungen deutlich: Es wird hier wie dort *theologia gloriae* betrieben (33), das heißt: die Ersinnung und Empfehlung eines gangbaren Weges, einer menschlichen, und sei es durch göttliche Gnade ergänzten oder ermöglichten menschlichen Möglichkeit, «die eine letzte Verlegenheit und Ratlosigkeit vor dem Gegenstand, von dem sie redet, *nicht* kennt» (43). Sie kennt kein Geheimnis, keine Hemmung, kein Gebot außer als Aufforderung, des Göttlichen trotzdem und erst recht habhaft zu werden (34) und sein Können als «Teilnahme am Wissen Gottes» auszugeben (35). Barth sagt es auch so: *Theologia gloriae* ist das Leben und Denken der Menschen in der Horizontale, das deren Durchkreuzung durch die Vertikale missachtet oder bestreitet, die in der Verlängerung dieser horizontalen Linie das Ziel alles nur Wünschbaren erreichen, ja, die *invisibilia Dei* enthüllen zu können glaubt (60f.). Barth meint nun nicht – und das ist mit ein Grund für jenen genannten Vorbehalt –, dass die Krise der Nachkriegszeit als solche die Erschütterung einer solchen *theologia*

[25] Karl Barth, Die Theologie der reformierten Bekenntnisschriften, Zürich 1998, 321. Ähnlich Eduard Thurneysen, Das Wesen der Reformation (Vortrag vor Bayrischen Pfarrern, am 25.5.1927), in: ders., Das Wort Gottes und die Kirche, München 1927, 15. Das «Wesen» des mittelalterlichen und des modernen Menschen ist «höchste Gesichertheit und Befriedigung», die ihm dort die Kirche, hier die Religion zu verschaffen und zu sichern weiß – *theologia gloriae*, die durch die *fiducialis desperatio* der reformatorischen *theologia crucis* nicht bloß übergangsweise, sondern dauerhaft zerbrochen wird – so die Pointe von Thurneysens Vortrag.

gloriae ist. Aber die Krise bedeutet für ihn offenbar einen Anlass, nunmehr auszuloten, was solche Durchkreuzung der *theologia gloriae* auf der Linie eines erneuten reformatorischen Denkens bedeuten würde. Es würde dann geschehen, was damals geschah: «das Auftauchen eines ganz neuen Stils, ja das Hereinbrechen einer gänzlichen *Stillosigkeit* [...], eine Explosion mitten in einem gepflegten Kulturgelände.» Die Reformatoren mussten daher so reizbar, so schimpfend und einfach auch so krank sein.

> «Dahin ist die Harmonie des Klostergartens, und statt dessen scheinen wir hineinversetzt in den unberührten, wildwachsenden Bergwald, wenn nicht gar mitten hinein in die Schrecken der Wolfsschlucht. [...] Dahin die Harmonie der gotischen Kathedrale, nun wollen sich die Parallelen [...] nicht mehr schneiden im Endlichen, und wäre es noch so hoch oben; nein, ihrem im Unendlichen liegenden Ruhe- und Vereinigungspunkt streben sie unerbittlich entgegen, und das Ergebnis ist, dass das Gewölbe des Turms zerreißt und das Tageslicht des Himmels von oben hereinfällt, nüchtern, unfeierlich, profan, die gloria Dei selber als die Katastrophe der theologia gloriae» (51). «Das ganze intellektuelle Fest ist aus, es gilt, auch im Denken nur noch ernst zu sein» (53).

Immerhin meint Barth, dass die Theologie, wenn sie die Katastrophe der *theologia gloriae* erkennt, schon im Begriff steht, damit ernst zu machen, nur noch ernst zu sein.

3. Das Zentrum von Luthers Theologie

Das Zentrum der Theologie Luthers wird gesehen, im Gegensatz zur *theologia gloriae*, der Herrlichkeitstheologie, in der *theologia crucis*, der Kreuzestheologie, so wie Luther sie in der Heidelberger Disputation proklamiert hat. Sie ist verstanden nicht so sehr als Botschaft von der schon im Kreuz geschehenen objektiven Versöhnung, sondern als das gegenwärtige Geschehen. Es ist das Geschehen, in dem der in Christus sich erniedrigende Gott alle Sicherheit und Sattheit, zumal die fromme, und die Selbstzentriertheit gerade des modernen Menschen durchkreuzt. Es ist das Geschehen, in dem er sich um sich vielmehr der Unsicheren, der Hungrigen und Durstigen, der Erschrockenen und Verzweifelten und in dem Sinn der «Sünder» annimmt.

Am kompliziertesten tritt das bei Gogarten hervor. Angesichts dessen, dass gegenwärtige Kräfte «in ihrer Fessellosigkeit eine Welt zugrunde zu richten» drohen[26], stellt sich ihm die Frage: Wie kann das im Grunde bindungslos freie, autonome, vor keiner Grenze, vor keinem Gegenüber haltmachende Ich-Subjekt, durchkreuzt und begrenzt werden, so dass es auf seine Verabsolutierung verzichtet?[27] Grundlegend orientierend ist ihm dabei Luthers «Protestantismus», der im «tiefsten Grund seines Wesens [...] wie nichts Bindung ist», nicht Zwang, aber Freiheit als Bindung.[28] Denn das sei gemeint mit Luthers heute nicht mehr verstandener Unterscheidung von Gesetz und Evangelium und der darin begründeten Lehre von der Rechtfertigung aus Glauben. «Unsere theologische Arbeit ist heute von neuem ein Ringen um das Verstehen dieser reinen christlichen Lehre.»[29] In dem Ringen geht es nach Gogarten zuerst darum, die Kategorie des Gesetzes wieder zu gewinnen. «Unsere Aufgabe heute» ist dadurch bestimmt: «Eine gesetzlos gewordene Welt ruft nach Gesetzen».[30] Sie weiß jedoch nicht, wonach sie ruft.

Um das zu erweisen, greift Gogarten zu einem folgenschweren Gedanken und identifiziert Luthers Unterscheidung zwischen Gesetz und Evangelium nahezu mit einer Unterscheidung von Gesetz und Gesetz. Das freie Ich-Subjekt kennt wohl auch ein Gesetz. Aber wer «aus sich selbst zu leben meint, der glaubt, frei über sich und sein Leben und Tun verfügen zu können», und kann gar nicht anders, «als in diesem Gesetz eine Vorschrift zu sehen, nach der er, in freier Verfügung über sich, sein Leben und Tun einrichten soll».[31] Aber so missbraucht er das Gesetz zur Selbstliebe. Es dient der Bestätigung seiner Freiheit, nicht seiner Bindung. Er erfüllt es also nicht. Ja, so ist sein Umgang mit dem Gesetz für ihn tödlich. Denn die *Liebe* ist des Gesetzes Erfüllung, und Liebe ist das das Ich begründende, bindende, bedingende und bestimmende Leben «vom

---

26 Friedrich Gogarten, Nachwort, 351.

27 Ebd., 357.

28 Ebd., 351. Das hebt auch der freilich erst 1935 veröffentlichte Text Gogartens über Luther hervor, der abgedruckt ist in: Heinrich Bornkamm, Luther im Spiegel der deutschen Geistesgeschichte, 2. Aufl., Göttingen 1970, 400–408, wobei Gogarten nun stärker betont, dass nach Luther der Mensch gebunden ist.

29 Friedrich Gogarten, Das Gesetz, 368.

30 Ders., Nachwort, 352.

31 Ders., Das Gesetz, 378.

Anderen her»[32] In dieser Liebe geht die Gottesliebe in Nächstenliebe auf. Denn Luthers Protestantismus ist Bindung durch den «in die Endlichkeit eingegangenen Gott».[33] Und Prädestination, wie sie Luther gegen Erasmus verficht, ist «nichts anderes» als Bindung des wirklichen Menschen an diesen «wirklichen Gott», d. h. durch den Herrn, der andere mir so zu Nächsten macht, dass ich nur leben kann in dem für mich unbedingt verbindlichen Leben vom Nächsten her.[34] Andernfalls können wir nicht mehr leben. Wir leben dann in Angst, was wir uns verbergen, indem wir aus dem uns schon mit der Schöpfung zum Leben gegebenen Gesetz Gottes «ein Gesetz ganz anderer Art machen»[35], eben das zur Selbstliebe missbrauchte Gesetz, das das Gesetz nicht erfüllen kann, weil es nicht in der Liebe um des Nächsten willen, sondern im Gebrauch des Gesetzes um seiner selbst willen befolgt wird. Indem aber das Projekt des grenzenlosen Ich-Subjekts in der Gegenwart als gescheitert erkennbar ist, stehen wir vor dem Evangelium, das nach Gogarten eine frohe Botschaft ist, weil es dasselbe ist, wie das, was das Gesetz fordert – die Erfüllung des Gesetzes. Deshalb erfüllt der, der an das Evangelium glaubt, damit das Gesetz.[36] Es ist das Evangelium Jesu Christi, der das Gesetz erfüllt, «indem er sein Leben vom Nächsten her lebt», konkret von dem das Gesetz nicht erfüllenden, darum todgeweihten Nächsten her. So lebt sein Leben den Willen Gottes, «der das Leben dieser Welt ist», und so ist sein Leben das «Leben Gottes selbst», das Gott als ein Mensch lebt.[37]

Unverwickelter sagt es Merz direkt mit Luther: Gott erkennen, heißt, ihn in Christus erkennen, und «Christus erkennen, heißt, ihn in seinem Kreuz erkennen». Und Christus kennen lernen heißt, «an sich selbst verzweifeln». Da «versinken alle Werke, alles Gemachte» (33).[38] «Das ist das Geheimnis von Luthers Lehre. Er hat erkannt, dass alles, was wir tun, keinen Wert darstellt, sondern zur Inflation wird» (9). «Nur eines bleibt,

[32] Ebd., 371.376.

[33] Friedrich Gogarten, Nachwort, 352.

[34] Ebd., 368.376.

[35] Friedrich Gogarten, Schöpfung und Volkstum, in: Zwischen den Zeiten 1932, 489.

[36] Ders., Das Gesetz, 379.

[37] Ebd., 381f.

[38] Die Zahlen im obigen folgenden Text verweisen wiederum auf Seiten in der Schrift von Georg Merz, Der vorreformatorische Luther.

[…] Christus. Wo aber finden wir ihn? Luther verweist nicht auf die Kirche und ihre Sakramente und nicht auf Visionen, er verweist auf das Kreuz. Im Leiden ist Gott verborgen. Diese Verborgenheit ist Offenbarung» (34). Und so ist «unser Leben verborgen mit Christus in Gott, in der Verneinung von allem, was man fühlen, haben, denken kann», in der Erscheinung des Gegenteils dessen: in Sünde und Torheit. «Nur der sich gefangen gibt, wird frei, nur der Arme reich, nur der Schwache stark, nur der Erniedrigte erhöht, nur was leer ist, ist voll, nur was darnieder liegt, aufgebaut.»[39] So ist die wahre Kirche nicht die in der Welt Ansehen erlangt, sondern die als Sünderin gilt (47). Und so ist sie «Kirche des Kreuzes» (48). Nicht, dass Christen nichts zu tun hätten! Aber wie die Welt Welt ist, so sind auch die Werke weltliche Werke.[40] Von da aus grenzt sich Merz in einem großen Rundumschlag von allen Kündern einer am Kreuz vorbeieilenden Unmittelbarkeit ab –

> gleich, «ob man sie wie die Orthodoxie oder der Rationalismus intellektualistisch nimmt, als ob im Bibelbuchstaben oder in der Vernunfterkenntnis der unmittelbare Weg zu Gott aufgezeigt sei, oder ob man wie die Romantiker und die Pietisten den Ort, wo sich diese Begegnung vollzieht, im frommen Gefühl oder im religiösen Erlebnis sieht, ob man wie die Freunde des priesterlichen Amtes im Amt als solchem eine Darstellung göttlicher Würde und Kraft annimmt oder ob man mit den modernen Verehrern geisterfüllter Persönlichkeit die göttliche Dynamik gebunden glaubt an charismatisch begabte Heroen der Frömmigkeit».[41]

Sie alle haben Luther gegen sich. Das Kreuz, das derart alles Haben durchkreuzt, ist dabei kein hantierbares Prinzip, sondern das Geschehen, das «erhaben (ist) über alle positiven oder negativen Bedingungen, die sich bei dem Menschen finden»[42]. Merz kann darum sagen, unter Berufung auf Walther von Loewenichs Buch über Luthers *theologia crucis*[43]: An

[39] Georg Merz, Der junge Luther und der Rechtfertigungsglaube, in: Zwischen den Zeiten 1926, 414.416.
[40] Ebd., 408.418.
[41] Georg Merz, Zur Frage nach dem rechten Lutherverständnis, 434.
[42] Ders., Der junge Luther, 411; vgl. ders., Der vorreformatorische Luther, 56.
[43] Walther von Loewenich, Luthers Theologia crucis, München 1929. Sein Buch verarbeitet systematisch die oben dargestellte Sicht der «Dialektischen Theolo-

der Erkenntnis der Freiheit Gottes und seiner Gnade hänge das ganze Lutherverständnis. Es lasse sich die ganze Geschichte des missverstandenen Luther als eine Geschichte der Auflehnung gegen diesen Vorbehalt darstellen.[44] Merz fragt sich selbst, ob er hier nicht Luther in «calvinischem» Gewande erscheinen lasse, und antwortet, «dass wohl keiner von den Schülern Luthers ihn an diesem Punkte so gut verstand wie gerade Calvin». Aber unter Anerkennung dessen dürfe man sagen, dass «die Lutheraner das Lutherverständnis» dann doch besser wahrnehmen als die Reformierten – darin, dass sie mit Luther die Ehre Gottes in seiner Verborgenheit im «Fleisch» vorbehaltlos ernst nehmen.[45]

Für Barth ist Luthers Theologie darin stark, dass sie «auf viele interessante Fragen keine Antwort» gibt.[46] Denn sie sagt nur eines: *theologia crucis*. Sie sagt es so, wie Barth es seinen Studenten graphisch vor Augen malte – in der genauen Durchkreuzung jener mittelalterlich-modernen Horizontalen durch eine von oben her einbrechende und sie durchbrechende Vertikale, mit einer Wucht, dass dadurch die Horizontale unterbrochen wird und wir nur noch haltmachen können «an den gebrochenen Rändern der durchbrochenen Horizontalen» (62).[47] Dieser Einfall der

---

gie», die einen «Umbruch der bisherigen, durch Schleiermacher bestimmten Theologie» heraufgeführt habe (1). Auch für ihn ist die Heidelberger Disputation Luthers «Programm», das er in seiner Theologie dann näher entfaltet hat; und für ihn ist Luthers *theologia crucis* darum in der Gegenwart so aktuell, weil sie «der denkbar schärfste Protest» gegen die Mystik mit ihrem Ziel einer Inklusion Gottes ist und «in unversöhnlichem Gegensatz» zu dieser steht (209.201).

44 Georg Merz, Zur Frage nach dem rechten Lutherverständnis, 432f. Merz zitiert 1928 offenbar aus dem Manuskript des Buchs von Loewenichs.

45 Ebd., 439.

46 Karl Barth, Die Theologie Calvins 1922, hg. Hans Scholl (GA 23), Zürich 1993, 53. Die Zahlen im obigen folgenden Text verweisen auf Seiten in diesem Buch.

47 Man kann wohl sagen, dass Barth Luther so sah, weil das mit seiner eigenen damaligen Erkenntnis zusammentraf. Darf man dann nicht auch umgekehrt sagen, dass er in dieser seiner damaligen Erkenntnis «lutherisch» war? Aleksander Radler, Der Einfluss des theologischen Werkes von Karl Barth auf die skandinavische Theologie, in: Joachim Heubach (Hg.), Luther und Barth. Erlangen 1989, 53–84, vertritt die interessante These, dass *wegen* der sachlichen «Ähnlichkeit» der in Skandivanien einflussreichen lutherischen Theologie Anders Nygrens mit der damaligen Theologie Barths für diese dort «kein Bedarf» bestand (64).

Vertikalen in die Horizontale ist beides: Gericht und Gnade, nur im Gericht auch Gnade. Gericht, weil sie dem Menschen den Weg durchkreuzt, in der Verlängerung der Horizontalen zum Ziele zu kommen (60), weil sie die gründliche Störung ist in der ständigen Lust des Menschen, vor Gott und seiner Wirklichkeit auszuweichen (53), weil sie an die Stelle eines Sowohl-als-Auch den Menschen vor ein klares Entweder-Oder stellt (43). Nein, sie lässt dem Menschen gar keine Wahl. Denn der ganze Mensch, die ganze Welt wird durch das Kreuz vor das Ende aller menschlichen Möglichkeiten gestellt, auch der höchsten (52).[48] «Man kann nicht mit Luther glauben und mit der Mystik […] andächtig schwärmen» (63). Man wird durch das Kreuz zum Sünder *gemacht* (61). Es gibt für den Menschen kein *Hinaus* über dieses Gericht. Aber es gibt damit, dass der Mensch an den Punkt geführt ist, wo es kein solches Hinaus mehr gibt, im Zuge jener Vertikale das göttliche *Hin* zu diesem Menschen. Das ist die rein geschenkte und geglaubte Gnade. Dass sie unverdient ist, heißt auch (und das ist in der Moderne zu betonen), dass sie unverfügbares Geschehen ist[49] und dass sie nicht Erfüllung oder Implikat einer menschlichen

[48] Unter Berufung auf Luthers Genesis-Vorlesung (Weimarana-Ausgabe, WA 42, 12) sagte auch Rudolf Bultmann, Die liberale Theologie und die jüngste theologische Bewegung, in: Theologische Blätter 1924, 73–86, dort 82 (wieder abgedruckt in: ders., Glauben und Verstehen. Gesammelte Aufsätze, Bd. 1. Tübingen 1958, 1–25, dort 18): «Gott […] bedeutet die totale Aufhebung des Menschen, seine Verneinung, seine Infragestellung, das Gericht für den Menschen.»

[49] Der in der Dialektischen Theologie wichtige Begriff der «Unverfügbarkeit» besagt keine irrationale Unfasslichkeit, sondern präzis dies, dass die Wahrheit des Gotteswortes nicht in neutraler Distanziertheit zu «sichern» ist, sondern nur in der Betroffenheit von ihr zu glauben ist, und zwar darum, weil sie sich in ihrer Glaubwürdigkeit selbst beglaubigt. Das führt eindringlich Rudolf Bultmann, Zur Frage der Christologie, in: Zwischen den Zeiten 1927, 41–69, vor – in Auseinandersetzung mit Emanuel Hirsch und Wilhelm Herrmann, unter ausführlicher Berufung auf Passagen in Luthers Kirchenpostille (63f.). Als Hans Michael Müller, Glaube und Erfahrung bei Luther, Leipzig 1929, 95.100f.114.194, Barth vorwarf, nicht die Entsicherung («Anfechtung») als theologisches Prinzip zu haben, antwortete ihm Barth, Bemerkungen zu Hans Michael Müllers Lutherbuch, in: Zwischen den Zeiten 1929, 561–570: «Ich würde […] meine Lehre von der Freiheit des Wortes Gottes besser, als es mir bei Müller der Fall zu sein scheint, vor der Verwechslung mit der Verkündigung eines Willkürgottes zu schützen versuchen. […] Ich würde deutlicher zu machen suchen, […] dass ich nicht etwa dasselbe meine, wenn ich ‹Anfechtung› und wenn ich ‹Jesus Christus› sage.» (563)

(«religiösen») Anlage ist. Barth verweist dafür auf Luthers kühnen Satz in Heidelberg: «Die einzige Disposition für die Gnade ist […] Gottes ewige Erwählung.» (56)[50] Aber indem dem Menschen alles genommen ist, ist ihm alles gegeben. Hier greifen Luthers große Paradoxien:

> «Nur der Sünder ist gerecht, nur der Traurige ist selig, nur der Sterbende lebt. Aber der Sünder ist gerecht, der Traurige ist selig, der Sterbende lebt. Der ‹Deus absconditus in passionibus› ist der lebendige Gott, der uns, die Sünder, die Bösen, die Törichten, die Schwachen liebt, um uns gerecht, gut, weise, stark zu machen.» (62)

Ein anderes Anliegen hat Luther im Grunde nie gehabt. «Wo man dieses Anliegen hat, da ist Protestantismus, wo man es nicht hat oder darüber hinwegkommt, da ist in irgendeiner Verlängerung *Mittelalter.*» (61). Denn was Gott im Gekreuzigten gibt, das wird nicht ab-gegeben; es bleibt an den Geber gebunden. Christus bringt nicht nur die Gnade. Er ist sie (63). Das aber ist ein Ärgernis, in dessen Beseitigung der Mensch gleich wieder im Mittelalter ist – und schon in der Moderne. An dieser Erkenntnis hängt das, was Barth die Frage des römischen Katholizismus an die gegenwärtige evangelische Kirche nennt: Sie ist durch ihn «gefragt, ob und inwiefern sie *protestantische* Kirche ist» oder nicht etwa wieder römisch. Hat sie nicht etwa die Erkenntnis preisgegeben, dass nach Luther und Calvin Gottes Gnade nur Gnade ist, indem sie für uns immer Gnade bleibt und der Mensch der auf sie immer ganz angewiesene Sünder, «nicht nur anfänglich, sondern anfänglich und endgültig»?[51]

4. Verschiedene Lesarten

Das Ende der Weggemeinschaft der Dialektischen Theologie um 1932 hängt auch mit ihrem unterschiedlichen Verständnis der Theologie Luthers zusammen. *Gogarten* radikalisierte nun seine Gesetzesauffassung, unter Berufung auf Luthers «gewaltige» Auslegung von Gal 3,20 mit

[50] Martin Luther, Weimarana-Ausgabe, WA 1, 225.27f.

[51] Karl Barth, Der römische Katholizismus als Frage an die protestantische Kirche, in: ders., Die Theologie und die Kirche, München 1928, 349.355.

seiner Unterscheidung zwischen dem Mittleramt Moses und Christi[52]; jenes verhüllt und dieses enthüllt die lebendige Kraft des Gottesgesetzes. Während Gogarten Luthers Pointe, dass die Enthüllung des Gesetzes uns zu Christi Gnade treibt, nicht auch nur erwähnt, überträgt er Luthers Unterscheidung auf seine eigene Unterscheidung zwischen dem autonomen Ich und dem Ich, das durch «Hörigkeit» gegenüber einem Anderen aller erst geschaffen wird. Das autonome Ich verfügt über das Gesetz. Es macht damit Gott zum Götzen und scheidet sich dadurch vom Leben ab. Hingegen wird das hörige Ich von dem Leben schaffenden Gott begründet.

Neu ist nun, dass dieser Andere, durch den der dem autonomen Menschen entgegengesetzte hörige Mensch sein Leben empfängt, für Gogarten nicht mehr das Du des Nächsten ist, sondern das *Volkstum*. Die Sitte des Volkstums sei mit dem in der Schöpfung gegebenen Gesetz des Leben schaffenden Gottes strukturell gleich. In der «ursprünglichen Verbundenheit in einem Volk» sei das Leben des Menschen stets eines, «das ihm gegeben wird». In ihm gehöre er für immer «mit seinem Leben nicht sich, sondern diesem Volk». Löst er sich aus dieser Verbundenheit, «so wird er schuldig gegenüber seinem Volk» und schneidet damit sich selbst vom Leben ab.[53] Im Appell an Luthers Auslegung des erste Gebots fragte jetzt Barth Gogarten: «Ist nun eigentlich ‹Gott› mehr als ein anderes Wort für den Nächsten? (Sein) Gebot mehr als ein anderes Wort für die Ordnungen? Die Rechtfertigung mehr als ein anderes Wort für das Leben in diesen Ordnungen?»[54] Er hatte Grund, so zu fragen.

Gogarten ließ 1933 seine Schrift folgen «Einheit von Evangelium und Volkstum?»[55], die den Ausschlag gab für Barths Abschied von «Zwischen den Zeiten».[56] In ihr identifiziert Gogarten den Gebrauch des Gesetzes durch das autonome Ich mit dem Weimarer Staat und der anglo-amerikanischen Zivilisation und das Gesetz als totale Bindung durch das Volkstum mit der Nationalsozialistischen Herrschaft und bekennt sich

52 Friedrich Gogarten, Schöpfung und Volkstum, in: Zwischen den Zeiten 1932, 489f.

53 Ebd., 494.

54 Karl Barth, Das erste Gebot als theologisches Axiom, in: ders., Theologische Fragen und Antworten. Gesammelte Vorträge, Bd. 3, Zollikon 1957, 133f.141.

55 Hamburg 1933.

56 Karl Barth, Abschied, in: Zwischen den Zeiten 1933, 539.

«schlechtweg» zu dem Satz Wilhelm Stapels, Gottes «Gesetz ist uns in unserem Volkstum gegeben»[57] So treu er an Luthers Erkenntnissen festhalten will, es sei heute die Lage eine «völlig andere»; denn der Begriff des Gesetzes sei erst wieder neu zu entdecken – in dem Gesetz, «das dem gegenwärtigen Geschlecht durch die nationalsozialistische Bewegung in Staat und Volk wieder konkret begegnet und das sich dadurch als ein wirkliches und echtes Gesetz bezeugt, dass es nicht selbst gewählt ist, sondern der real-politische Anspruch des geschichtlichen Schicksals».[58] Ohne um totale irdische Herrschaft zu wissen, könne der Mensch nichts von der Herrschaft Christi wissen. Die besteht darin, wie Gogarten mit Luther belegen will, dass Christus den inwendig Verzweifelten mit Vergebung tröstet. Wohlgemerkt: mit nichts sonst! Gerade das offenbare das tiefste Recht des totalen Anspruchs, «den der Staat von Gott dem Herrn über die irdische Existenz des Menschen erhalten hat».[59]

Dieser These Gogartens stellte sich ein junges Glied der Dialektischen Theologie entgegen, der Barth nahestehende Lutheraner Heinrich Vogel.[60] Es geht Vogel in dem Streit auch um die rechte Auslegung Luthers, von dem her er dem widersprochen sieht, was Gogarten behauptet: «In dem Raum, der durch jene Ordnungen bestimmt ist, hat Gott eigentlich nichts mehr zu sagen. Es ist Gott sozusagen keine Tür gelassen in diesem Raum, durch die er souverän eintritt und sich als der Herr auch über die Ordnungen erweisen könnte.» Doch «Luther ist keineswegs der Meinung, dass das ‹Gesetz Christi› (Gal 6,2) für die Christen nichts anderes besagte als das Gesetz der iustitia civilis». Darum sei heute zu sagen, dass der

57 Friedrich Gogarten, Einheit von Evangelium und Volkstum?, Hamburg 1933, 18.

58 Ebd., 20f.

59 Ebd., 27.

60 Heinrich Vogel, Wider die Gleichschaltung von Gottesgesetz und Staatsgesetz, Junge Kirche 1 (1933), 333–340. Indirekter setzt sich Wolfgang Trillhaas, Die lutherische Lehre «De potestate ecclesiastica», in: Zwischen den Zeiten 1933, 497–513, mit einem damals aktuellen Folgeproblem der obigen These auseinander, ob dann die äußere Ordnung und Leitung der Kirche sich von der staatlichen Gegebenheit bestimmen zu lassen habe. Er widerspricht dem entschieden: «Das Subjekt der Kirchengewalt ist allein die ganze Kirche selbst» (502); und ihre Schwäche liegt dabei darin, dass diese Gewalt allein in dem in ihr zu verkündigenden Wort liegt. «Die Verführungen liegen seit 4 Jahrhunderten am Wege […]. Sie [die Kirche] müsste verzagen, wenn sie nicht wüsste, dass das oberste Regiment der Kirche Jesus Christus in der Hand hält» (513).

Nächste, dem wir Werke der Liebe, innerhalb der gegebenen Wirklichkeit, schuldig sind, uns auch als der jüdische Nächste begegnet.[61] Gogarten reagierte sogleich auf Vogels Einwand[62] und hämmerte in ausgiebigem Rückgriff auf Luther seine entscheidende These ein: Es gebe kein besonderes sittliches Gebot aus der Christusoffenbarung. Es würde sonst die Totalität des irdischen Gesetzes in Frage gestellt Und dieses sei allein dann Gottes Gesetz, wenn es uns total in Anspruch nimmt.[63] Luther stand hier gegen Luther.

Mit Luther befasst sich auch *Georg Merz* in seinem Aufsatz vom Mai 1933 über Glaube und Politik[64], doch so, dass dabei alles vibriert von den Gegenwartsfragen. Dreierlei arbeitet er heraus. Zum einen, Luther habe im Bauernaufstand zu Recht dafür gekämpft, man müsse im politischen Bereich aus Barmherzigkeit unbarmherzig sein und das weltliche Schwert führen (211). Denn es sei göttlich gebotene Pflicht der Oberen, «Hüter zu sein der ihnen aufgetragenen Ordnung» (215). Ihnen müsse man daher «ganz eindeutig gehorchen». Wo man nicht gehorche, habe die Kirche zu dem von uns in dieser Beziehung zu tragenden Kreuz und zu dem von der Obrigkeit zu brauchenden Schwert zu rufen (216.218). Dass «die Ordnung des Staates, die eine Ordnung des Schwertes sein muss, eine Verheißung hat [die des *allein* von Gott her kommenden Gottesreichs], das vergessen alle radikal schwärmerischen, religiös-sozialistischen und religiös-anarchischen Bewegungen» (224). Zum anderen, Luther habe allen Versuchen widersprochen, die Fürsten für eine antikaiserlichen Politik

61 Heinrich Vogel, Wider die Gleichschaltung, 339f. Der aufregende Aufsatz des Dresdener Pfarrers Karl Fischer, Das Paulus- und Lutherbild Lagardes, in: Zwischen den Zeiten 1933, 78–93, hatte schon zuvor in ähnliche Richtung gewiesen. Lagarde habe in seiner Ablehnung der Evangeliumsbotschaft diese tiefer verstanden als ihre «religiösen» Freunde, er habe die jüdische Wurzel des Neuen Testaments herausgestellt, sowie die Gefahr «‹Der Protestantismus frisst aus jeder Hand›», und habe erkannt «‹mit Henkern und Bütteln sind ihre Diener und Propheten weit bekannter als mit Kellnern. Erst wenn sie gezähmt sind, das heißt zum Spielzeuge geworden sind, finden sie Duldung in der Welt»(91f.).

62 Friedrich Gogarten, Ist Volksgesetz Gottesgesetz?, Hamburg 1934.

63 Ebd., 22–24.

64 Georg Merz, Glaube und Politik im Handeln Luthers, in: Zwischen den Zeiten 1933, 207–254. Die Zahlen im obigen folgenden Text verweisen auf Seiten in diesem Aufsatz.

einzuspannen, um damit die evangelische Sache politisch gegen Rom durchzusetzen. Er bekannte sich «zu dem grundsätzlich unpolitischen ‹Evangelisten-Amt›» (232). Ihm ging es um die Reinheit des Evangeliums (232) und darum, eine «christliche Politik grundsätzlich abzulehnen» (238). Drittens, er habe sich gegen Melanchthon abgegrenzt, der in Augsburg 1530 «einen Kampf durchkämpfte, der innerhalb der Reformation notwendig war und der [...] uns deutschen Lutheranern immer wieder schicksalhaft auferlegt wird» (242) – gemeint ist der Kampf in der Versuchung, in einem geschichtsphilosophischen Schema die Kontinuität des christlichen Abendlandes wahren zu wollen. Luther habe dagegen die «Dunkelheit» als «zu Gottes Wesen» gehörig geltend gemacht, im Blick auf die wir es Gott anheim zu stellen haben, was werden will (245).

Während Gogarten mit seiner Sicht seine Beipflichtung zu den Deutschen Christen begründete, entspricht die Sicht von Merz der Auffassung, wie sie damals die Jungreformatorische Bewegung vertrat. Sie fand ihren Niederschlag in dem Betheler Bekenntnis vom August 1933, an dem Merz mitwirkte. In ihm werden die Christen einerseits zum Evangelium in der Kirche gerufen, andererseits zum Gehorsam gegen die unaufhebbaren Ordnungen von Obrigkeit und Volk.[65] Sie fasst sich in dem Grundsatz der Jungreformatoren vom Mai 1933 zusammen: «Wir fordern, dass die evangelische Kirche in freudigem Ja zum neuen deutschen Staat den ihr von Gott gegebenen Auftrag in voller Freiheit von aller politischen Beeinflussung erfüllt und sich zugleich in unauflöslichem Dienst an das deutsche Volk bindet.»[66] Von seiner Sicht des Unterschieds von Glaube und Politik bei Luther machte Merz kurz darauf Anwendung in seiner Stellung zum Ariergesetz: «Der Staat des dritten Reiches mag [...] durch volkspolitische Erwägungen genötigt sein, [dem Judenvolk] den Eingang in das nationale Volk zu versagen. Der lutherische Christ [...] kann [nach CA 16] auch dieses Gesetz bejahen. Die Gemeinde aber als Gemeinde kann dem Staat nicht folgen», weil ihre Glieder im Glauben an das Evangelium in der Kirche unterschiedslos zusammengehören.[67] Schon im April 1933 hatte

[65] Dietrich Bonhoeffer, Gesammelte Schriften (GS), Bd. 2, 99–102.109f.

[66] Vgl. Joachim Gauger, Chronik der Kirchenwirren, Wuppertal 1934, 77.

[67] Georg Merz, Zur theologischen Erörterung des Ariergesetzes, in: Zwischen den Zeiten 1933, 533. Es sei hier auch auf das merkwürdige Faktum hingewiesen, dass – offenbar mit Merz' Zustimmung oder gar auf seine Veranlassung hin – im Unterschied zur 1. Auflage in der 2. Auflage der Münchener Ausgabe

Karl Barth seinem Freund Merz zu dessen Konzeption geschrieben: «Die Voraussetzung, als ob man mit den ‹Deutschen Christen› im Vorspruch [im Ja zum NS-Staat] einig [sein], nachher im Gegensatz zu ihnen eine reine Kirche haben könne, diese Voraussetzung wird sich noch einmal als eine der schlimmsten Illusionen dieser an Illusionen reichen Zeit herausstellen. Lasst einmal den Vorspruch [...] ehrlich und restlos weg, dann wollen wir über das, was nachher kommt, weiter reden.»[68] In seinem «Abschied» von «Zwischen den Zeiten» schrieb Barth im Oktober 1933: Er warne davor, seine Kritik an Gogarten wie Merz «auf den Gegensatz [...] zum lutherischen Bekenntnis zurückzuführen. [...] Gute Lutheraner stehen heute nicht bei den Deutschen Christen, nicht bei den Vermittlern zwischen diesen und uns Anderen, sondern entschlossen bei uns Anderen.»[69] Stand nicht auch hier Luther gegen Luther?

Karl Barth lag in seinem Dissens zu der von Gogarten und der von Merz vertretenen Linie daran, nicht in die Ecke eines antilutherischen Reformierten geschoben zu werden. Sicher, er stellte sein Reformiertsein nicht unter den Scheffel. 1922 brachte er Beziehung und Unterschied von Luther und Calvin cum grano salis auf die Formel, dass Luther betone: der Gerechte lebt aus dem *Glauben,* und Calvin: Der Gerechte *lebt* aus dem Glauben.[70] Indem beide derart dasselbe anders sagen, gebe es wohl auf beiden Seiten Probleme und weisen beide zugleich hin auf das, was irdische Theologie offenbar nicht sagen kann: auf «das eine Wort, das beides sagt» (109). Wenn denn «keine von beiden ihre Stärke auf beiden Ebenen zugleich hat», so verbiete es sich von selbst, hier «billige konfessionalistische Triumphe einzuheimsen». (109).

Barth sieht die Schwäche Calvins in der einseitigen Betonung der *vita christiana.* Dieser konnte dadurch einer der Propheten werden, die es an sich haben, «dass sie mit Tyrannen und Pharisäern mindestens nahe zu-

der Werke Luthers 1936 ohne irgendeinen erläuternden Vorbehalt ein Band mit Luthers sämtlichen Schriften «Wider die Juden» eingereiht wurde, der dann aus der 3. Auflage nach dem Krieg, wieder ohne irgendeine Erläuterung, stillschweigend entfernt wurde.

68 Vgl. Eberhard Busch, Unter dem Bogen des einen Bundes. Karl Barth und die Juden 1933–1945, Neukirchen-Vluyn 1996, 70.

69 Karl Barth, Abschied, in: Zwischen den Zeiten 1933, 542.

70 Karl Barth, Die Theologie Calvins 1922, hg. Hans Scholl (GA 23), Zürich, 106. Die Zahlen im obigen folgenden Text verweisen auf Seiten in diesem Buch.

sammen wohnen» (164), und er kam dabei an die Grenze, an der «das Heilige umschlägt in das ausgesprochen Unheilige» (168). Hingegen sieht er Luthers Gefahr in der Möglichkeit, Gott derart in das Fleisch zu ziehen, dass es zu einer Umkehrung im Verhältnis von Gott und Mensch kommt[71], weshalb Ludwig Feuerbach sich «nicht ohne allen Schein von Recht auf Luther berufen konnte». Deshalb empfehle es sich, Luther vielmehr so zu verstehen – mit Kattenbusch zu reden – «als ob er in Calvin sich besonders erneuert und fortgesetzt habe».[72] Denn Barth sieht die Stärke Calvins gegenüber der anderen Akzentuierung desselben Satzes bei Luther darin, dass er gefeiter ist gegenüber der Gefahr, es zu vergessen: Im Evangelium nimmt Gott Menschen so als die Seinen in Anspruch, dass es sie nicht in eine Säkularität entlässt, deren Ist-Zustand dann mit dem Gesetz Gottes identifiziert werden kann. Sie werden darin

71 Eben darauf pocht Wilhelm Koepp, Thesen zu Emil Brunners «Philosophie und Offenbarung», in: Theologische Blätter 4 (1925), Sp. 301f., entgegen dem «Calvinismus» der Dialektischen Theologie auf die «lutherische Glaubenserfassung»: «dass es sich im Christentum nicht um ein *einmaliges* Wunder einer Senkrechten von oben, sondern um das viel größere *permanente* Wunder einer völligen Einsenkung handelt, dass in Christus Gott wahrhaft und radikal Mensch, Fleisch, Geschichte wurde, dass er daher […] begriffen, betastet, erfasst werden kann.» In dem Sinn ruft er gegen die Dialektische Theologie auf: «Die Kraft des Luthertums muss an die Front.»

72 Karl Barth, Ludwig Feuerbach, in: ders., Die Theologie und die Kirche, München 1928, 230f. Während Karl Barth zunächst der These Emil Brunners nahestand (in: Reformation und Romantik. Vorträge und Aufsätze 1917–1934, Zürich 1981, 143), dass Luther und Calvin aufs Engste zusammengehören, dass aber der spätere Calvinismus in den Optimismus der Aufklärung und das spätere Luthertum in den konservativen Quietismus der Romantik abgefallen sei, setzte Barth am 10.1.1926 auseinander, es sei ihm ein Deutschland aufgegangen, dass die modernen Deutschen «unverblümt Luther und *nur* Luther wollen und vertreten, dass wir Reformierten immer die Lackierten und Übertölpelten sind, wenn wir uns nicht zum vornherein auf das rechte Bein stellen wie jene auf das linke. […] ‹Luther› heißt nun einmal am entscheidenden Punkt: Übergang von der Dialektischen zur *direkten* Mitteilung», in: Karl Barth – Emil Brunner, Briefwechsel 1916–1966, hg. von Eberhard Busch (GA 33), Zürich 2000, 133f. Schon in Barths Aufsatz, Ansatz und Absicht in Luthers Abendmahlslehre, in: Zwischen den Zeiten 1923, 17–51, sieht Barth Calvins Funktion darin, dem «lutherischen Ja» ein «Aber» zur Seite zu stellen und so den Punkt zu bezeichnen, «wo die Gleichung wieder zum Gleichnis werden, wo die kritische Frage wieder lebendig werden muss, damit die göttliche Antwort Wahrheit sei und bleibe» (51).

nicht allgemein Herrschaft unterstellt, wie es Gogarten meint, modifiziert auch Merz, sondern in dem, was auch auf Erden herrschen mag, der davon grundsätzlich unterschiedenen Herrschaft *Gottes*. Sie können daher nicht «die Dinge laufen lassen oder gar dem Lauf der Dinge in dieser Welt grundsätzlich eine Eigengesetzlichkeit zusprechen» (107). Das stand dem nahe, was Heinrich Vogel mit Luther gegen Gogarten geltend machte.

Wie um zu zeigen, dass es ihm nicht um einen Dissens mit dem Luthertum ging[73], trieb Barth diese seine Erkenntnis vielmehr zur Auseinandersetzung mit seinem *reformierten* Freund *Emil Brunner*. Dieser hatte Ende 1932 seine Lehre vom «Anknüpfungspunkt» ausgebreitet, nach der von jener Vertikalen nur unter der Voraussetzung geredet werden könne, dass zunächst, abgesehen davon, jene davon noch nicht getroffene Horizontale als solche ausgelotet werde. Es sollte sich nach Brunner nur um eine formale Voraussetzung handeln. Aber indem auch er weiß, dass sich Formales und Inhaltliches nicht trennen lässt[74], weitet sich seine Beschreibung dieser Voraussetzung aus zu einem näheren natürlichen Wissen um Gott, um sein Gebot, um das eigene Personsein des Menschen, um seine Verantwortlichkeit. Brunner beruft sich dafür auf Luthers Rede von einer doppelten Erkenntnis Gottes, einer allgemeinen und einer besonderen. Die erstere handle von einer heidnischen *cognitio legalis*[75], um daraus die Grundthese zu erheben: «Die tiefste Menschenkenntnis vollendet sich in der Glaubenserkenntnis, ebenso wie die Glaubenserkenntnis die natürliche Menschenkenntnis nicht nur voraussetzt, sondern zu jener ‹Spitze› führt, die sie aus sich selbst nicht erreichen kann.»[76]

Wohl als eine Reaktion darauf nahm Barth in seine anstelle von «Zwischen den Zeiten» neu gegründete Reihe «Theologische Existenz heute» die Schrift von Ernst Wolf vom Herbst 1933 auf: «Martin Luther – das

73 Vgl. dazu Karl Barth, Lutherfeier 1933, Theologische Existenz heute 4, München 1933, z. B. 16: «Luther hat uns mit seiner aus der Bibel abgelesenen, nachgeredeten, nachgeschriebenen Wissenschaft vorgemacht, was Theologie ist: unter allen Umständen Wissenschaft von dem, was Gott dem Menschen über ihn selbst zu sagen hat» – also weder von dem, was der Mensch von sich aus über sich, noch von dem, was er von sich aus über Gott weiß.

74 Emil Brunner, Die Frage nach dem «Anknüpfungspunkt» als Problem der Theologie, in: Zwischen den Zeiten 1932, 508.

75 Ebd., 515f.

76 Ebd., 530.

Evangelium und die Religion»[77]. Darin geht Wolf den von Brunner angeführten Lutherstellen näher nach und stellt sie in einen anderen Zusammenhang: Es könne nach Luther weder in einem natürlichen Gottesbewusstsein noch in den «heute […] so fragwürdig bestimmten ‹Schöpfungsordnungen›» noch in dem «nicht minder fragwürdigen Gewissen» um einen «theologischen Anknüpfungspunkt für die Botschaft des Evangeliums» gehen[78], weil die Menschen es darin unerkannt oder von ihnen in Fiktionen von Götzendienst und Werkerei umgedeutet gerade nicht mit irgendeinem anderen, sondern mit demselben Gott zu tun haben, der im Evangelium Christi «sein rettendes Ja zu dieser Welt nur als richtendes Nein gegen eben diese Welt spricht»[79]. «So ist der Glaube an Christus, er allein, die Erfüllung des 1. Gebotes.»[80] Brunner hingegen radikalisierte seine Sicht dann weiter in seiner Schrift «Natur und Gnade»[81]. Denn hier füllte er jene formale Voraussetzung der Offenbarung noch weiter materiell auf: durch die Konzession mannigfacher Entfaltungsmöglichkeiten des trotz seiner Sünde stabilen menschlichen Subjekts und seiner Verantwortung in den «Schöpfungsordnungen» und gegenüber Gott, alles sanktioniert durch eine Gotteserkenntnis, durch eine Offenbarung, durch eine Gnade, die unabhängig von der Christusoffenbarung ihren eigenständigen Wert haben, auf einen davon unterschiedenen, «anderen» Gott zurückgeführt werden und von ihr jedoch im Grunde nur ergänzt werden können. Barth hat dazu sein «Nein!» gesagt[82]. Wenn man bedenkt, dass etwa Paul Althaus zu Recht in Brunners Text Geist von seinem Geist erkannte[83], vernimmt man es mit um so größerem Erstaunen, dass Barth in seiner Antwort an Brunner kühn sagt: «Mit fast demselben Verfahren wie jetzt Brunner mich hat schon einmal Einer von Zürich aus einen Anderen in Deutschland draußen bis aufs Blut gereizt und es fertiggebracht, diesen Anderen – mit dem ich mich damit nicht verglichen haben möchte, des-

77 Theologische Existenz heute 6, München 1934.
78 Ebd., 22.
79 Ebd., 15.19.
80 Ebd., 19.
81 Tübingen 1934.
82 Karl Barth, Nein! Antwort an Emil Brunner, Theologische Existenz heute 14, München 1934.
83 Paul Althaus, Rezension zu Brunners «Natur und Gnade», in: Luthertum, Jg. 1 (1934), 223.

sen Zorn ich aber, meinerseits nach Zürich hinüberdenkend, merkwürdig gut verstehen kann – für Jahrhunderte als intoleranten Störer der christlichen Einheit hinzustellen.»[84] Stand hier nicht wieder Luther gegen Luther?

[84] Karl Barth, Nein!, 9.

Johannes Calvin (1509–1564)

Geistes-Kraft
Karl Barth und Johannes Calvin

In seinem Verhältnis zu dem Genfer Reformator schwankte Karl Barth. Als er Hilfspfarrer in Genf war, predigte er, tief im Frieden mit der Theologie Friedrich Schleiermachers, in einem ausgeprägt liberalen Sinn. Dabei meinte er, das doch auch im Geist Johannes Calvins zu tun. Er predigte ja nachgerade im *Auditoire,* in der Kanzel, in der dieser einst bei seinen biblischen Vorlesungen stand. Er kaufte sich auch eine Ausgabe von dessen Institutio, die stark gekürzte deutsche Übersetzung der Institutio durch Karl Müller, und meinte zunächst, diese Theologie mit seinem Liberalismus vereinen zu können. Er garnierte die Seiten mit Notizen, nach denen er aber auf einmal mit dem Reformator gar nicht mehr zufrieden war. Als er über 80-jährig sie wieder las, war er erschrocken. Er äußerte mir gegenüber:

Er habe damals scharfe und sogar beleidigende Bemerkungen an den Rand geschrieben. Gottlob sei er später zu mehr Einsicht und Respekt gekommen. Er schäme sich, wenn er jetzt dort seine Jugendsünden lesen müsse. Er versuchte nun über eine längere Weile, das «dumme Zeug von einst», wie er es nannte, wegzuradieren. Aber davon ermattet, meinte er, diese Arbeit lohne sich nicht, zumal diese Ausgabe die Institutio völlig untauglich wiedergebe, zu frei und zu gekürzt. Darum warf er den Band in den Papierkorb, aus dem ich ihn gleich wieder hervorfischte. Ich blätterte darin und fand allerlei Anmerkungen in der Art Wilhelm Herrmanns, zum Beispiel eine allzu aufgeschlossene Stellungnahme zur osiandrischen Rechtfertigungslehre: Gegen Calvin habe Osiander recht, dass nur die in uns einwohnende Gerechtigkeit uns vor Gott rechtfertige. Aber Barth entwand mir den Band wieder. Es müsse etwas, was verkehrt war, auch einmal ausgelöscht werden dürfen. Und so verschwand dieser «Calvin» leider, leider im Abfallkübel.[1]

In seiner Genfer Zeit wusste Barth wohl schon von der schroffen Kritik des nicht allzu weitläufig mit ihm verwandten Basler Historikers Jacob Burckhardt an Calvin und seinem (wie dieser meinte) hemmungslos egomanen Charakter: «Die Tyrannei eines einzelnen Menschen, welcher seine Subjektivität zum allgemeinen Gesetz macht und nicht nur die

---

1 Eberhard Busch, Barth-Tagebuch, 315.

sämtlichen übrigen Überzeugungen [...] knechtet oder verjagt, sondern jedermann in den unschuldigsten Geschmacksangelegenheiten tagtäglich beleidigt, ist nie weiter getrieben worden.»[2] Nach Werner Kaegi, dem neueren Basler Historiker, hat in Burckhardts Kritik «altgenferisches Pathos» aufbegehrt. Die in Genf seit vorreformatorischer Zeit ansässigen Geschlechter, so erfahren wir, sahen in dem gegen Calvin agierenden patriarchalischen Berner Regiment ihr Vorbild, das nun gar nicht zu dem Reformator passte. In der Kritik Burckhardts an der «Tyrannei» Calvins fand Barth auch später wenigstens ein Körnlein Wahrheit. Er bewahrte auch bei aller Offenheit für den Genfer Reformator ihm gegenüber gewissermaßen emotional meist auch eine kühle Vorsichtigkeit.

Zur selben Zeit, als die zweite Fassung seines «Römerbriefs» erschien, befasste er sich 1922 in einer Vorlesung an der Universität Göttingen mit der «Theologie Calvins». Immerhin war er nunmehr beeindruckt von dieser Gestalt. An seinen Freund Thurneysen schrieb er Ende Mai:

> «Calvin ist ein Wasserfall, ein Urwald, ein Dämonisches, irgendetwas direkt vom Himalaja herunter, absolut chinesisch, wunderbar, mythologisch; es fehlen wir gänzlich die Organe, die Saugnäpfe, dieses Phänomen auch nur in mich aufzunehmen, geschweige denn richtig darzustellen. Was in mich eingeht, ist nur ein dünnes Wässerlein, und was ich dann wieder hergeben kann, ist wiederum nur ein dünner Extrakt von diesem Wässerlein. Ich könnte mich gut und gerne hinsetzen und nun mein ganzes ferneres Leben nur mit Calvin zubringen.»[3]

Die Vorlesung ist wohl erst eine erste nähere Annäherung, offensichtlich nun unter schier begeisterten Eindrücken, geschrieben unter der hermeneutischen Voraussetzung: «Dazu schlagen wir die alten Bücher auf, um zu uns selbst zu kommen. Die *lebendige, redende, wirkende* Vergangenheit *ist* eben die Gegenwart.»[4] Ironisch beschreibt er das Befremdliche Calvins: «Könntest du nicht etwas einfacher, etwas genießbarer sein, etwa wie

2 Nach Werner Kaegi, Jacob Burckhardt. Eine Biographie, Bd. 5, Das neuere Europa und das Erlebnis der Gegenwart, Basel 1973, 90.

3 Karl Barth – Eduard Thurneysen, Briefwechsel Bd. 2, 1921–1930, hg. von Eduard Thurneysen (GA 4), 2. Aufl., Zürich 1987, 80.

4 Karl Barth, Die Theologie Calvins 1922, hg. Hans Scholl (GA 23), Zürich 1993, 11.

wir?»[5], aber er tut es mit einem freundlichen Respekt, in dem diese Gestalt ihm zum eigenen Maßstab wird. Er entdeckt hier die Reformation für seine Theologie. Es ist keine billige Entdeckung, da er um den verlockenden Glanz der mittelalterlichen Theologie weiß. «Die Begriffe zur Bezeichnung des Mittelalters mit ‹Formalismus›, Spitzfindigkeit›, ‹Autoritätsgläubigkeit›, ‹künstliche Versöhnung zwischen Vernunft und Überlieferung› sind polemische Rohheiten, die in unangenehmer Weise an den Fuchs erinnern, dem die Trauben zu hoch hängen.» «Wer nie in Gefahr gewesen ist, selber Scholastiker zu werden, der hat einfach das innere Recht nicht, über sie zu urteilen.»[6] Dabei litten solche modernen Kritiker, die solche Gefahr von sich weisen, in Wahrheit unter demselben Übel wie die von ihnen verachteten Alten – als Anhänger eben auch einer *theologia gloriae*.[7]

Demgegenüber vertreten die Reformatoren in Anstößigkeit und Sperrigkeit eine «theologia crucis», sagt Barth.[8] Wer ihnen folgt, müsste sich darüber klar sein: er begibt sich auf einen Weg in die Wüste. Die «Größe» der Theologie Calvins besteht zunächst kurz im «Verzicht auf *weitere neue* Möglichkeiten» über die seiner reformatorischen Vorgänger hinaus. Das ist das «Originelle» an ihr. Eben das begründet den Willen zur «*Union* im ernsthaften Sinn des Wortes».[9] Freilich erkennt Barth doch ein Neues und Besonderes in Calvins Theologie darin, dass er sich bewusster als Luther der durch die Renaissance aufgeworfenen «Schicksalsfrage stellte, was denn nun die lutherische Vertikale für die Horizontale, die *theologia crucis* für das unvermeidliche Zielstreben des Menschen trotz Allem», für «das Problem der *Ethik*, der *Gestaltung*, des *Weges*» zu bedeuten hat.[10] Das sei indes erst recht eine gefährliche und gefährdete Unternehmung gewesen. Karl Barth meint – die Kritik Jacob Burckhardts hat er nicht überhört –, dass einem bei Calvin Worte wie Tyrannei und Pharisäismus auf die Lippen kommen. «Keiner von uns […] würde in dieser heiligen Stadt [Genf] gelebt haben wollen.»[11]

5 Ebd., 389f.
6 Ebd., 31.
7 Ebd., 33.
8 Ebd., 54.
9 Ebd., 160f.
10 Ebd., 89, 65.
11 Ebd., 163.

Das tönt hart. Aber er glaubt trotz dem, dass im Grunde ein Christenmensch sich gerade von diesem Calvin nicht distanzieren kann. Die Vorlesung lässt ahnen, dass er, obwohl er sich nie einfach Calvin angepasst hat, an ihm gewachsen ist und sein Profil gewonnen hat, das ihn dann faktisch doch auch mit Calvin verbunden hat. Noch in seiner letzten Vorlesung zur Kirchlichen Dogmatik redet er steil von dem den Christen nötigen «Eifer um die Ehre Gottes». Dabei bemerkt er allgemein: «Die Leidenschaft der Christen ist eine große, unüberwindliche, dauernde und auch gefährliche Leidenschaft.» Und das heißt sehr wohl auch: «Man kann nicht ‹*eifern*›, ohne selbst darunter zu leiden.»[12] An Calvin ist ihm das aufgegangen.

Jedoch kam Barth in dem wichtigen Band II/2 in seiner Kirchlichen Dogmatik erneut höchst kritisch auf Calvins Lehre zu reden. Er schrieb seine Erwählungslehre 1940/41 angesichts der erschütternden kriegerischen Machtentfaltung Hitlers und seines ihm allzu gehorsamst folgenden Volkes. Im Licht der göttlichen Gnadenwahl sah er im Nationalsozialismus «deren genaue Umkehr und Karikatur» – einerseits in der Gestalt des erwählten «Führers», der auf Kosten der Anderen regiert und menschenmörderisch handelt, andererseits in Gestalt der «erwählten Masse», die im totalen Staat die Einzelnen entweder zu Rädern in einem riesigen Mechanismus macht oder niederwalzt.[13] Im Licht gegenüber diesem Dunkel zeigt sich das Doppelte – eine solche Freiheit Gottes, in der er seinem Geschöpf *auch* Freiheit und Selbständigkeit zu geben beschlossen hat, und zugleich eine Gemeinschaft, in der Gott sich selbst an die Stelle des wegen seiner Sünde Verworfenen begibt und in der er damit eben diesen zur Teilnahme an seiner Herrlichkeit bestimmt. Hat Barth von da aus jener Karikatur im Nationalsozialismus widersprochen, so sieht er Calvin in einer Auffassung befangen, in der jener Karikatur nicht ernsthaft widersprochen werden kann. Diese Kritik steht der von Stefan Zweig[14] nicht fern. Man versteht, warum Barth in dieser dramatischen Zeit so geredet hat.

---

12 Karl Barth, Das christliche Leben. Die Kirchliche Dogmatik IV/4. Fragmente aus dem Nachlass 1959–1961, hg. von Hans Anton Drewes/Eberhard Jüngel (GA 7), 3. Aufl., Zürich 1999, 180.181.184.

13 Karl Barth, KD II/2, 341–343.

14 Stefan Zweig, Castellio gegen Calvin oder Ein Gewissen gegen die Gewalt, u. a. Wien 1936. In den Überspitztheiten seiner Kritik wird klar, dass seine Pfeile aktuell auf Adolf Hitler zielten.

Aber hat seine Kritik Calvin tatsächlich getroffen? Man kann den betreffenden Abschnitt in dessen Institutio durchaus so verstehen. Man muss es sogar, wenn man davon absieht, dass es darin auch Hinweise gibt, dass es ihm dabei – ähnlich wie bei Martin Luther – um den verborgenen Ratschluss Gottes geht, von dem wir uns strikt abwenden sollen, um den offenbaren Gnadenwillen Gottes allein in Christus zu erkennen. Im Blick darauf hat Calvin in seinen biblischen Auslegungen jedoch merklich anders davon gesprochen. So etwa in seinem Hören auf Eph 1,4:

> «Wo bleiben nun hier die Leute, die vor der Lehre von der Erwählung zurückschrecken und fliehen als vor einem unentwirrbaren Irrgarten, ja dieselbe nicht nur für unnütz, sondern auch für schädlich halten? Kein Lehrstück ist nützlicher als dieses, wenn es nur richtig und nüchtern behandelt wird, wie es hier von Paulus geschieht, der uns lehrt, die Vorherbestimmung dankbaren Sinnes als ein Zeugnis der unermesslichen Güte Gottes zu betrachten. Sie ist der rechte Quell, aus dem wir Erkenntnis des göttlichen Erbarmens schöpfen. [...] Würden wir freilich diesen Zusammenhang des Erwählungsglaubens aus dem Auge verlieren, so möchten wir leicht auf Abwege gefährlicher Spekulation geraten.»[15]

Wir geraten auf solche Abwege, wenn wir Gottes Erwählung abgesehen von Christus verstehen wollen. In der Tat hat sich Calvin offenbar in seiner prädestinatianischen Auffassung durch die Heilige Schrift korrigieren lassen – nämlich in seiner Auffassung von einem verborgenen Ratschluss Gottes, der wesentlich anders ist als der, den er in seiner Offenbarung kundgetan hat. Denn so versteht er die Aussage in Psalm 77,10: «Gottes Güte ist untrennbar verbunden mit seinem Wesen (!), so dass es unmöglich ist, dass er nicht barmherzig ist.» (Sic coniunctam esse bonitatem cum Dei essentia, ut impossibile sit, eum non esse misericordem.)[16] Dürfen wir hier nicht sagen, dass Barth seine Erwählungslehre nicht einfach im Widerspruch zu Calvins Lehre, sondern in deren konsequenter Fortsetzung ausgelegt hat?

---

15 Johannes Calvin, Sermons zur l'Epistre aux Ephesiens, Calvini Opera 51, 262; Deutsch in: Johannes Calvins Auslegung der Heiligen Schrift, hg. von K. Müller, Bd. 13, 109f.

16 Johannes Calvin, Calvini Opera 31, 715.

Im Jahr des Gedenkens an die Veröffentlichung von Calvins Institutio vor 400 Jahren zitiert Barth 1936 in einem Vortrag in Ungarn Sätze des Reformators, die zeigen, dass beide in der Tat auch hier nicht so weit auseinander waren. Denn der Reformator sagte:

> «Ich verweise die Menschen nicht auf die heimliche Erwählung Gottes, als ob sie gähnend von dorther ihr Heil erwarten sollten, sondern ich heiße sie geradewegs zu Christus gehen. [...] Denn wer nicht den geraden Weg des Glaubens geht, dem wird die Erwählung nur ein tödliches Labyrinth werden können.»

Barth fügt dem Zitat die Erklärung an: «Es wird gut sein, sich an diese Warnung noch bestimmter zu halten, als Calvin selber es getan hat.»[17] In einem Zürcher Vortrag im selben Jahr redet er nicht *über* Calvin, wozu er zwar eingeladen ist, sondern lässt ihn weithin nur selber reden, in dessen Auslegung des Unservater-Gebets und offenbar der Meinung, dass der Reformator dabei aktuell zu den Heutigen *spricht*. Darin heißt es etwa zur sechsten Bitte:

> «Darum bitten wir, dass uns die Versuchung in der Kraft der Gegenwart des heiligen Geistes Gottes zu unserer Bewährung diene und nicht etwa zu unserer Verblendung und Verstockung. Wir bitten, [...] dass Gott [...], auch indem er uns in diesen Kampf führt, seine Hand nicht von uns abziehe und also der Versuchung einen gnädigen Sinn und ein heilsames Ziel geben und also ihr eine Grenze stecken und dass er uns eben dazu seinen Geist nicht versagen möge!»[18]

In den nächsten Jahren ist Barth bei verschiedenen Gelegenheiten und über unterschiedliche Themen mit dem Genfer Reformator im Gespräch gewesen – kritisch, aber durchaus auch positiv. Nach einem Seminar über Institutio, Buch I fragte er sich, ob er bei dem Versuch, den Text in *optimam partem* zu verstehen, dem Verfasser nicht vielmehr Gewalt angetan habe.

---

17 Karl Barth, Gottes Gnadenwahl, Theologische Existenz heute 47, München 1936, 17.

18 Ders., Calvin, Theologische Existenz heute 37, München 1936, 20.

Im Folgenden sei eingegangen auf seine letzte nähere Beschäftigung mit ihm – nämlich in seinem Basler Kolloquium im Sommer 1967. Nachdem er sich in dieser Zeit intensiv vor allem mit dem Zweiten Vatikanischen Konzil beschäftigt hatte, interessierte es ihn, sich erneut mit einer starken evangelisch-protestantischen Position zu befassen. Da drängte sich es sich ihm auf, sich erneut mit Calvin zu befassen, und zwar mit seiner Lehre vom Heiligen Geist. Aber es ging ihm dabei nicht nur gewissermaßen um ein kritisches Gegengewicht gegen problematische Seiten amtlicher Äußerungen auch in diesem Konzil. Er hoffte damals auf eine Zukunft, in der in der Theologie eine Konzentration auf das Werk des Heiligen Geistes stattfinden werde. Zwar weigerte er sich, nähere Aussagen zu machen, wie solche Theologie sich gestalten müsse. Das könne er nicht sagen, weil erst in der Zukunft das ausgesprochen werde. Gleichwohl hat er doch schon dem Erwarteten vorgearbeitet. Von einigen Abhandlungen, die wohl schon unter dem Titel einer Theologie des Heiligen Geistes ans Licht traten, meinte er freilich, dass sie diesem Anspruch nicht entsprechen.

Hingegen hat er selbst Strukturen einer solchen Theologie erkundet, und dies im Gespräch eben mit Johannes Calvin. Er tat es in dem genannten Kolloquium über den Abschnitt III/1 und 2, den er für das Stärkste hielt, was der Genfer Reformator in seiner Institutio vorgetragen habe. Es sei das «Herzstück» seiner Theologie.[19] Er sagte im Lauf der Beschäftigung: «Was Calvin vom Heiligen Geist aufgegangen ist, muss uns neu aufgehen, und das müsste in die heutige theologische Situation hineingeschrieen werden.»[20]

Was hat er in seinem Gespräch mit ihm ausgeführt? Es sei in der Tat richtig, was gerade auch gegen seine eigene Theologie bemerkt worden ist, dass eine bloße, dominante Christozentrik ungenügend sei. Mit ihr «ist es noch nicht getan. Bei Calvin gibt es keine geistlose Christozentrik. Bei ihm ist sie geistvoll.»[21] Sonst könne es zu einem «Offenbarungspositivismus» kommen, wie es Dietrich Bonhoeffer ihm, Barth, tatsächlich vorgehalten hat.[22] Es ist aber auch nicht genug, so wie Martin Luther alles auf den Glauben abzustellen, der sich an das Wort hält. Er habe darum

[19] Eberhard Busch, Barth-Tagebuch 276.287.
[20] Ebd., 327.
[21] Ebd.
[22] Ebd., 326.

gegen die süddeutschen und Schweizer Reformatoren polemisiert, weil sie hier vielmehr zuerst vom Heiligen Geist reden wollten. Calvin hat sich nicht beirren lassen zu betonen, dass ohne den Heiligen Geist wir auch keinen Glauben haben. Das entspricht immerhin doch dem, was Luther im Kleinem Katechismus zum Glauben an den Heiligen Geist sagt.

Dass wir kraft des Heiligen Geistes mit Gott in Beziehung kommen, wie Calvin erklärt, das heißt nach Barth, dass wir keinesfalls durch ein menschliches Vermögen, auch nicht, wie es in der protestantischen Theologie im 19. Jahrhundert hieß, durch ein «religiöses Apriori», das im Menschen vorhanden ist, mit Gott in Verbindung treten oder sind. Sondern der Glaube an den Heiligen Geist bedeutet, dass wir *allein durch Gott* mit Gott verbunden werden und verbunden bleiben. «Ohne ihn fängt unser Verhältnis zu Gott nicht an und ohne ihn geht es nicht weiter.»[23] Also, sagt Calvin und sagt auch Barth, es ist nochmals Gott, Gott im Heiligen Geist, der es besorgt, dass das Werk Gottes in Christus bei uns ankommt. Das steht kritisch gegen das nach Barth «heute» viel verhandelte Problem der menschlichen Frage: «Was soll ich damit anfangen?»[24] – ein Problem, dem man dann mit Soziologie und Psychologie beizukommen sucht. Wenn das Ankommen des Heils von Gott allein besorgt wird, dürfen Menschen das wohl bezeugen und sollen es auch. Aber dann sind wir von jener Aufgabe entlastet und haben sie uns auch nicht anzumaßen. Gott wird dafür sorgen, dass es recht ankommt.

Immerhin ist das unsere Aufgabe und unsere berechtigte Möglichkeit, unter solchem Auftrag zum Zeugnis darum zu bitten: «Komm, Schöpfer Geist» und «O Heilger Geist, kehr bei uns ein.» Oder wie es der Hallenser Christian Friedrich Richter formulierte: «Das ist wohl die größte Plage, wenn am Tage, man das Licht nicht sehen kann. Herr, gib uns gesunde Augen, die was taugen …»[25] Zu solcher Bitte leitet uns Calvin an, weil er weiß, dass der Heilige Geist nicht im Menschen vorhanden, weil er eben ganz und gar der Geist *Gottes* ist, der nicht anders gegeben ist, als dass er uns gegeben wird und uns immer wieder neu gegeben werden muss. Für Barth war es in seiner Zeit die schwierigste Frage im Verhältnis zum Katholizismus, dass dort das, was vom Heiligen Geist allein zu erwarten

23 Ebd., 339.
24 Ebd., 284.
25 Ebd., 340.

ist, der Maria als «Mittlerin der Gnade» zugetraut und von ihr erwartet wird. Nicht das ist an der Mariologie bedenklich, dass sie als Mutter Jesu Christi, des Gottessohns, als «Mutter Gottes» bezeichnet wird, aber dies, dass ihr dann auch das übertragen wird, was dem Heiligen Geist überlassen ist.

Aber nun stimmt Barth mit Calvin auch darin überein, dass nur derjenige Geist der *Heilige* Geist ist, der von Jesus Christus ausgeht und herkommt. Denn «das ist Werk des Heiligen Geistes: die Vermittlung des einen mittlerischen Werkes, das in Christus geschehen ist: […] Er bringt die dona (die Geschenke) Christi zu uns»[26] In dieser Beziehung entscheidet es sich, ob wir es wirklich mit dem wahren Geist Gottes zu tun hat.

> «Wenn man abgesehen davon, dass der Heilige Geist von *Christus* her zu uns kommt, die Frage behandelt, ob es zu solchem coalescere (zusammen wachsen mit ihm) kommt, dann wäre man bei einer Mystik ohne Wort. Das wäre eine arge Mystik. Aber sonst darf man ruhig auch zur Mystik ein offenes Verhältnis haben.»[27]

Oder sonst wird die Rede vom Geist nur ein anderes Wort für das Verhältnis zu sich selbst. Dagegen ist bei Calvin «das Werk des Heiligen Geistes aufs Engste mit dem Werk des Sohnes verbunden. Darum ist es ein höchst besonderer Geist, der von unserem Geist verschieden ist.»[28]

Eben dieser von uns verschiedene Geist, der von uns verschieden bleibt, ist nun zugleich die Wirklichkeit, die bei uns einkehren und in uns wohnen will. Das *extra nos*, was von dem Werk Christi zu sagen ist, wird durch den Heiligen Geist, obwohl er wahrhaft göttlich ist und vom Menschen verschieden, ein *in nobis*. Ohne ihn wäre «alles, was in Christus wahr ist, [den Menschen] fremd, und sie haben nichts davon. Das wäre ein peinliches Misslingen Gottes. Zwar wäre in dem einen Christus alles Heil aufgespeichert. Aber er wäre in sich verschlossen. Draußen hungert und dürstet die Menschheit und *bleibt* hungernd und dürstend.»[29] Jedoch ist es ein Anliegen Calvins, darauf zu pochen, und Barth folgt ihm darin, dass Gott selbst – in seinem Heiligen Geist – dafür sorgt, dass der Graben

26 Ebd., 297.
27 Ebd., 311.
28 Ebd., 328.
29 Ebd., 285.

zwischen dem Damals und dem Heute, zwischen dem außer uns Geschehenen und unserem Angegangensein und Erfülltsein davon überwunden wird oder vielmehr gar nicht erst existent ist.

Die wesentliche Übereinstimmung Barths mit dem Genfer Reformator an diesem Punkt und die Bereitschaft, von seiner Erkenntnis der zentralen Bedeutung des Heiligen Geistes in der christlichen Theologie zu lernen, hat den Basler Theologen nicht gehindert, auch kritische Fragen an dessen Lehre zu stellen. Die Meinung ist dabei nicht, dessen Erkenntnis zu schmälern und herabzumindern; es geht ihm vielmehr darum, Schwächen in ihr zu beseitigen und sich erst recht auf eine Theologie des Heiligen Geistes hinzuzubewegen. Bei Calvin nimmt er trotz allen Möglichkeiten, ihn hier auch noch anders zu verstehen, Anstoß an seiner Prädestinationslehre, nach der die Menschen von Gott zum Heil oder zur Verwerfung bestimmt sind. Aber worauf genau richtet sich da die Kritik? Nicht an sich darauf, dass demnach über die Menschen verfügt wird, statt dass sie über sich selbst bestimmen, zu ihrem Heil oder Unheil. Das Problematische liegt bei Calvin im Grunde darin, dass er Christus draußen lässt bei der ursprünglichen Bestimmung dessen, wozu Gott die Menschen erwählt – auch wenn dieser Entscheid für uns verborgen ist. «Leider muss man es so sagen. Es gab für Calvin eine Gottheit, einen Gott an sich.» Bei ihm lernt man hier, «wie man es nicht machen soll. Oder wie man es richtig machen soll. Es ist kein anderer Gott als der in Christus. […] Der Gott in Christus ist der deus ipse (Gott *selbst*) – und darum kein deus nudus (bloßer Gott).»[30]

Diese verkehrte Auffassung im Gottesbegriff wirkt sich aus in weiteren Schwierigkeiten. Wer wird zum Heil erwählt? Der Empfänger des Heiligen Geistes und darauf der Glaube! Aber merkwürdig und wohl nicht zufällig ist, so Barth, dass Calvin hier nicht das Offenbarungszeugnis nennt. «Die Heilige Schrift ist das Mittel, durch das der Heilige Geist sich selbst bezeugt, die inspirierte und inspirierende Schrift.»[31] Damit hängt die weitere Schwierigkeit zusammen, die darin liegt, dass der Glaube verstanden ist als ein bloß persönlicher Akt je eines Einzelnen. Dagegen ist zu bemerken: «Der heilige Geist ist ein Geist, der Gemein-

30 Ebd., 310.
31 Ebd., 311.

schaft ermöglicht und verwirklicht – er versammelt!»[32] Bei der Geistausgießung im biblischen Pfingsten werden beträchtlich verschiedene Menschen zusammengeführt, um sie daraufhin auszusenden unter die Völker. Die aufgerufene Versammlung war eine «Missionsgemeinde», ausgesandt zur «Verkündigung von Recht und Gerechtigkeit».[33]

Doch fügte Barth der Kritik auch Überlegungen dazu an, was an Calvins Geistlehre bleibend lehrreich ist. Sie sei es zunächst im Verhältnis zur lutherischen Auffassung. Wichtig ist bei Luther, dass er in der Vermittlung des Heilsgeschehens in Christus den Geist an das Verkündigen eines menschlichen Amtsinhabers bindet und nicht etwa das Predigtwort an den Geist, was Calvin hervorhebt. Ferner sind bei dem Genfer Reformator die guten Werke nicht wie bei Luther als eine bloße Folge des eigentlich zentralen Geschehens der Rechtfertigung des Sünders verstanden, sondern die guten Werke sind die heiligende Wirkung des Heiligen Geistes in uns, die auch solche Rechtfertigung in sich schließt. Und weiter: Es ist bei Calvin als Werk des Gottesgeistes nicht zuerst der Glaube genannt – so bei Luther, sondern zuerst die *unio cum Christo,* die Einung mit ihm durch den Geist, in der ein Mensch mit einem christlichen Wandel begabt wird. Erstaunlich ist für Barth, dass diese drei unterschiedlichen Lehren – einschließlich auch die andere Sicht des Verhältnisses von Gesetz und Evangelium bzw. von Evangelium und Gesetz – im Unterschied zum 20. Jahrhundert, im 16. Jahrhundert keine trennende Bedeutung zwischen den evangelischen Konfessionen hatte.[34]

Lehrreich ist Calvin nach Barth auch im Blick auf die im 20. Jahrhundert diskutierte Front gegenüber einer neuen Orthodoxie oder gar einem «Offenbarungspositivismus», was immer wohl auch damit gemeint sein mag, bei dem einem eine Tatsache vorgehalten wird: «Vogel, friss oder stirb.» Bei Calvin, so erklärt Barth jedenfalls, konnte diese Gefahr nicht aktuell werden. Er überwindet sie in seinem Wissen darum: «Quamdiu Christus extra nos est, inutilis est» – «solange Christus außerhalb von uns ist, ist er uns nichts nütze». Wir können heute von ihm lernen, dass er das Widereinander von Orthodoxen und solchen, die sie bekämpfen, überwindet. Er tut es durch seine Erkenntnis, in der beides gesagt und zusam-

32 Ebd.
33 Ebd., 312.
34 Ebd., 325.

mengehalten wird: Unser Heil ist für uns gewirkt durch die Hingabe Christi streng außerhalb von uns, aber «das bloße, abstrakte ‹außer uns› wird durch den Heiligen Geist ein ‹in uns›».[35] Hinsichtlich der Übertragung des «außer uns» in das «in uns» beachte man den Hinweis von Röm 8: «Der Geist tritt für uns ein» – und

> «dann kann man in Freuden Theologie treiben und predigen. *Die* Sorge ist nicht auf unsere Schultern gelegt, dass die Sache ankommt. Das besorgt ein Anderer. Ich soll fröhlich und friedlich meine Gedanken haben und die Schrift lesen und vernünftig und klar auslegen. [...] An diesem Punkt macht er [Calvin] uns ganz vergnügt: Ich kann als bescheidener Knecht meine Exegese treiben [...], aber immer als vergnügter Knecht und nicht als strenger Meister, der die Sache in den Griff bekommen will. Das ist nicht unsere Sache. Gott nimmt *uns* in den Griff.»[36]

Lehrreich ist Calvins Darlegung auch in ökumenischer und kontroverstheologischer Hinsicht. Bei Calvin ist der Heilige Geist ausdrücklich als der «Mittler der Gnade» verstanden. Dieser Titel steht aber in Spannung zu der Mariologie der römisch-katholischen Kirche. Dort ist sie verehrt als «Mittlerin der Gnade». Das ist in ihr so ausgeprägt, dass man sagen darf: «Maria als mediatrix, das ist die Geistvergessenheit der katholischen Tradition.»[37] Immerhin sah Barth in der Zeit nach dem Zweiten Vatikanischen Konzil eine Unsicherheit im Blick auf solche Überstrapazierung der Mariologie auftauchen. Besonders den katholischen Theologen Heribert Mühlen, der auch Berater beim Zweiten Vatikanischen Konzil war, verstand er als einen Vorkämpfer für eine pneumatologische Revision in seiner Kirche.

Mit Calvin glaubte er sich vor allem darin einig zu sein, den Heiligen Geist zu verstehen als den von allem Menschengeist fundamental unterschiedenen Geist *Gottes*. Und er unterscheidet sich von anderen Mächten, die Einfluss nehmen auf uns, indem er eindeutig der Geist *Jesu Christi* ist, der von ihm herkommt und uns mit ihm verbindet. So ist er die belebende Macht, die in Menschen einwohnt. Sie ergreift sie, ohne dass sie ihn

35 Ebd., 326.
36 Ebd., 328.
37 Ebd., 329.

in den Griff bekommen können. Sie tröstet, sie erfreut, sie verbindet, sie begabt, sie sendet sie aus in ihre Mitwelt. Sie schenkt ihnen Hoffnung und lässt sie bitten um sein Kommen.

Nikolaus von Zinzendorf (1700–1760)

«Hochverehrter Herr Graf, nicht so stürmisch!» Karl Barth und Nikolaus von Zinzendorf

Eine späte Liebe war es, die den älteren Karl Barth mit Zinzendorf verband. Sie kam spät, nachdem sein Verhältnis zu ihm während Jahrzehnten ein überaus kritisches war. Woran lag das? Etwa daran, dass er erst in fortgeschrittenem Alter von Zinzendorfs Schriften näher Kenntnis nahm und infolgedessen frühere Missverständnisse und Vorurteile aufgrund von mangelnder Information korrigieren musste? Oder daran, dass er zuvor Herrnhuter kaum oder eher nur in negativen Zerrbildern kannte, was ihm dann durch positive Erfahrungen zurechtgerückt wurde? In irgendeinem Maß wird dies und das seine Rolle gespielt haben.

Doch wird diese Deutung der zwei Phasen in seinem Verhältnis zu Zinzendorf dem Sachverhalt nur ungenügend gerecht. Denn diese Phasen sind aufs engste verknüpft mit Barths eigenem theologischen Weg und dem Wandel, der sich auf ihm vollzog – grob gesagt: der Wandel von der Dialektischen Wort-Gottes-Theologie in seiner frühen und mittleren Zeit hin zu der christozentrischen Theologie seiner reifen Jahre. Darum konnte er in seiner ersten Phase Zinzendorf gar nicht anders sehen als kritisch, selbst wenn er besser informiert gewesen wäre und angenehmere Herrnhuter getroffen hätte, als das vielleicht der Fall war. Es war vor allem die spätere Gestaltung seiner Theologie, die ihm ein neues und positives Verständnis zu dem Grafen ermöglichte.

Die Sache ist indes noch genauer zu bezeichnen. Jene zwei verschiedenen Stadien in Barths eigener Theologie waren tatsächlich nicht einfach zwei sich ablösende Zeitabschnitte. Sie hängen in bestimmter Weise auch zusammen, so dass sich im frühen Werk schon das spätere ankündigte und dass im späteren das frühere aufbewahrt blieb. Das spiegelt sich darin, dass in der frühen kritischen Sicht Zinzendorfs doch auch immer wieder respektvolle Anerkennung laut wird, wie umgekehrt in der späteren Hochachtung vor der Theologie des Grafen die Frage an sie nie ganz unterdrückt wird. So kann man nicht bloß von zwei Phasen der Stellungnahme reden, sondern auch davon, dass sie stets zwei Seiten hatte, wenn auch jeweils die eine mehr hervortrat als die andere. Immerhin möchte ich vorsichtig die Frage stellen, ob sich in diesen zwei Phasen oder Seiten der Zinzendorf-Deutung Barths nicht auch eine gewisse Ambivalenz abzeichnet, wie sie dem theologischen Reden und der kirchlichen Frömmigkeit Zinzendorf *selbst* eigentümlich ist und die deren Deutung zu einem so schwierigen Geschäft macht. Daher ist diese Abhandlung nicht nur ein Beitrag zur Interpretation Barths, sondern auch zu Zinzendorfs Theologie.

1. Das Nein zu einer Gottinnigkeit ohne Furcht des Herrn

Das ist fast ein Zitat aus Barths zweiter Römerbriefauslegung von 1922, das wörtlich so lautet:

> «Sofern wir nicht durch den Glauben gerecht sind vor Gott, befinden wir uns nämlich im Kriegszustand mit ihm: unsere Liebe zu ihm ist dann die Distanzen verkennende (zinzendorfisch-romantisch-indische) Gottinnigkeit *ohne* die Furcht des Herrn, jene Gottinnigkeit, die in ihrem Wesen Nicht-Gott, dem Gott dieser Welt gilt, mit der wir uns gerade unter den Zorn Gottes, in die Reihe seiner Feinde stellen.»[1]

Die auf den ersten Blick verwirrende Reihe der drei durch Bindestriche angehäuften Adjektive zu dem Nomen «Gottinnigkeit» erklären sich gegenseitig. Was Barth als zinzendorfisch versteht und ablehnt, erhellt aus den beiden anderen Adjektiven. Mit «romantischer Begeisterung» meint Barth damals den «Traum eines unmittelbaren persönlichen Lebens mit Gott»[2], und mit «indisch» wohl so etwas wie den von Ernst Troeltsch bezeichneten *einen* Grundtyp von Religion, eben den «innigen» im Unterschied zum prophetisch-kämpferischen.[3] Die drei Begriffe koinzidieren – wie es in der ersten Römerbriefauslegung von 1919 heißt – in dem «unnützen und gefährlichen Versuch […], sich, unter Umgehung des kategorischen Imperativs der Pflicht, eine unmittelbare Intuition, ein ‹Leben› ohne Ethik zu erschleichen.»[4] Und 1922 heißt dasselbe biblischer: Die Kritik gilt der Behauptung einer «die Distanzen verkennenden» Unmittelbarkeit des Gott-Innewerdens, ohne dass die Furcht des Herrn der

1 Karl Barth, Römerbrief (2), 127.
2 Ders., Römerbrief (1), 270.
3 Ernst Troeltsch, Die Absolutheit des Christentums, 2. Aufl., Tübingen 1912, 61f.
4 Karl Barth, Römerbrief (1), 125f.

Weisheit Anfang ist. Die Kritik ist höchst dialektisch: Durch den Glauben sind wir gerecht vor Gott und im Frieden mit ihm, gerade weil darin die Distanzen anerkannt sind – die zwischen Gott unserem Richter und uns von ihm zu Recht Angeklagten. Hingegen ist jene distanzlose Gottinnigkeit im Unfrieden, im Krieg mit Gott, weil es darin der Mensch nur träumt, es mit Gott zu tun zu haben, während er es in Wahrheit nur mit sich selbst und nicht mit Gott zu tun hat. Zinzendorf ist in dem Zusammenhang für Barth nur darum von Interesse, weil er bei ihm diese verkehrte Vorstellung wittert.

Um zu verstehen, was er hier bestreitet, haben wir zeitlich ein Jahrzehnt zurückzugehen. 1910 findet sich in einer seiner ersten großen theologischen Arbeiten eine *lobende* Zustimmung zu Zinzendorf, und zwar in einer Sicht, die dann auch in Barths folgender Kritik maßgeblich blieb. Sein theologischer Leitstern war damals Friedrich Schleiermacher, in dessen hellem Licht er auch die ursprüngliche Reformation sah. Sie sei die Erscheinung höchster «Intensität des religiösen Erlebens», in dem «Subjekt und Objekt im religiösen Vorgang ‹glücklich›» geeint sind. «Christi Frömmigkeit wird meine Frömmigkeit. Er wird ich […]. Der Christus außer uns ist der Christus in uns.»[5] Barth nennt das eine fabelhafte Entdeckung, die dem Protestantismus aber schon seit Melanchthon wieder verloren gegangen sei. «Aber der rote Faden der wahren evangelischen Theologie ist doch nicht abgerissen.»[6] Er wurde sichtbar neben dem hoch geschätzten Gerhard Tersteegen[7] eben bei Zinzendorf. «Nicht immer waren die Theologumena und Bilder, in denen diese Leute […] jene Gedanken ausführten, diesseits der Grenze der religiösen Wahrhaftigkeit und des guten Geschmacks. […] Das lassen wir uns von Albrecht Ritschl gerne sagen» – nämlich im ersten Band seiner «Geschichte des Pietismus»[8], wo er die aus der Intuition der Christusleiden geschöpfte Jesusliebe in den Farben des Hohen Liedes verwirft. «Aber», fährt Barth fort, «das innere *Prinzip* dieser Richtung war einfach das […] Evangelische», und es blieb darin jene religiöse Gleichung von Christus außer uns und in

5 Karl Barth, Vorträge und kleinere Arbeiten 1909–1914, hg. von Herbert Helms/Friedrich-Wilhelm Marquardt/Hans-Anton Drewes/Hinrich Stoevesandt (GA 22), Zürich 1993, 200f.

6 Ebd., 201.

7 Ebd., 253.

8 Albrecht Ritschl, Geschichte des Pietismus, Bd. 1, Bonn 1880, z. B. 485f.

uns lebendig erhalten. Es ist von providentieller Bedeutung, dass aus ihr, aus der erneuerten Brüderkirche, *Friedrich Schleiermacher* hervorgegangen ist, der Mann, der uns gelehrt hat […], auf dem Boden des modernen Denkens das wahre Erbe der Reformation zu erwerben, um es zu besitzen.»[9]

Von hier aus wird deutlich, was Barth dann in seiner *Kritik* an Zinzendorf bekämpfte. Im Zuge seiner Auseinandersetzung vornehmlich mit Schleiermachers Unmittelbarkeitsreligion, mit der Gleichung «Er wird ich», mit der Vorstellung einer direkten Fasslichkeit Gottes im religiösen Erlebnis und Gefühl – und im Zuge seiner Gegenthese zu Schleiermacher, dass Gott uns nur begegne in der Mittelbarkeit seines Wortes, das ausschließlich in der umgekehrten Richtung von Gott an den Menschen ergeht und in dem mithin das unaufhebbare Gegenüber von Gott und Mensch gesetzt ist, eben im Zuge und Zusammenhang dessen musste sich die Kritik an Schleiermacher auch an den mit ihm zusammengesehenen Zinzendorf richten. 1924 konnte Barth sogar sagen, dass Schleiermacher in «seiner unverwüstlichen Herrnhuterei» das Christentum «ins Zinzendorfische» übersetzt habe.[10] Seine Kritik wandte sich gegen die Anteile in dessen Denken, die ihn in Barths Sicht mit dem Programm Schleiermachers verbanden. Sie suchte nicht Zinzendorf im ganzen gerecht zu werden. Sie suchte jene Unmittelbarkeitsreligion auszuschließen und richtete sich nur insofern gegen den Grafen, als Barth das da Bestrittene bei ihm nicht ausgeschlossen sah. Insofern lagen in dieser Kritik auch Potenziale zu ihrer Revision, und zwar hinsichtlich des Verständnisses von Zinzendorf, aber nicht zur Revision hinsichtlich der Ablehnung jener Unmittelbarkeitsreligion. Doch das änderte nichts daran, sich berechtigt zu fühlen, deren Ablehnung mit dem Namen des Leiters der Brüdergemeine zu verknüpfen.

An drei Punkten konkretisiert Barth seinen Einwand. Er betrifft zuerst – wohl gemerkt nicht das Dass, sondern das Wie, in der bei Zinzendorf der im Neuen Testament Bezeugte zum Zentrum der ganzen Theologie gemacht werde. 1927 redet Barth zunächst vorsichtig: von der aus der «Schule Zinzendorfs hervorgegangenen Art, die aus dem historischen

---

9 Karl Barth, Vorträge und kleinere Arbeiten 1909–1914, 201f.

10 Ders., Vorträge und kleinere Arbeiten 1922–1925, hg. von Holger Finze (GA 19), Zürich 1990, 414.

Jesus direkt und undialektisch, ohne rückwärtige Beziehung einen Gott macht. Als ob nicht alles an dieser Beziehung und Begründung läge! Daran, dass Jesus als der Sohn des Vaters der eine Gott ist!»[11] Wenn nämlich das fleischgewordene Wort Gottes nicht von Ewigkeit Wort Gottes selbst ist, ewiger Sohn des ewigen Vaters und wenn darum in der Erscheinung Jesu Christi ein Mensch, und sei es dieser Mensch, angebetet wird, statt allein der Gott, der sich in ihm des Menschen annimmt, dann verdankt sich seine Göttlichkeit dem, dass Menschen aufgrund des Eindrucks dieses Menschen auf sie und aufgrund der für ihn empfundenen Wertschätzung ihm Göttlichkeit zuschreiben. Sie treiben dann «Vergötterung einer Kreatur», «Jesulatrie».[12] Am Anfang dieser neuprotestantischen Verkehrung der Christologie sieht Barth nun ausdrücklich Zinzendorf. Die Logik der Kritik ist die: Wo man in dieser Person «direkt und undialektisch» seine Gottheit fassen will, hat man in Wahrheit immer bloß einen historischen Menschen anvisiert, der tatsächlich nicht Gott *ist,* sondern seine Wichtigkeit erst dadurch *bekommt,* dass ihn Gläubige in den Himmel loben, um sich dabei zu täuschen, dass ihre Verehrung nur einem Menschen gilt, nicht Gott. 1938 hat Barth diese Kritik eher noch verschärft. Der christologische Zentralsatz «Das Wort ward Fleisch» sei nicht so zu verstehen, als sei das Fleisch nun selbst das göttliche Wort, sondern so, dass das Wort in seiner Fleischwerdung nicht aufhört, das Wort zu sein, das *Subjekt,* das redet, handelt, offenbart und versöhnt und so zu uns kommt, die wir im «Fleisch» sind.

> «Damit fällt als Gegenstand des Glaubens und der Verkündigung jener ‹historische Jesus› des modernen Protestantismus, der ja eigens dazu […] erdacht worden ist, um einen Zugang zu Jesus Christus unter Umgehung seiner Gottheit, einen in Form menschlichen Urteils und Erlebnisses allgemein verständlichen und möglichen Zugang zu der Offenbarung aufzuweisen. Man wird wahrscheinlich […] in der so eigentümlich an den kreatürlichen Leiden Christi interessierten Verkündigung Zinzendorfs, die den rationalistischen Jesusbil-

11 Ders., Die Christliche Dogmatik im Entwurf. 1. Band (1927), hg. von Gerhard Sauter (GA 14), Zürich 1982, 258.
12 Ebd., 358.

dern seines Jahrhunderts trotz aller Gegensätze methodisch vorangegangen ist, einen der bedeutsamen Ursprünge des Unternehmens finden müssen.»[13]

Zweitens, als problematisch benennt Barth auch das Verständnis der christlichen Gemeinde. Im Zusammenhang seiner kritischen Analyse Schleiermachers weist er darauf hin, dass für diesen die Familie Urbild, ja, «Keimzelle» der christlichen Gemeinde sei, und zwar darum, weil hier durch die Verwandtschaft aller Glieder ein Gemeinsames, Übereinstimmendes gegeben sei – «jedes mit seinem Eigenrecht, sich selbst zu sein, aber gerade darum und darin denselben Nenner tragend, ja unsichtbar zu einer Gesamtsumme vereinigt, als *eine* Zahl, über demselben Gesamtnenner stehend» – verbunden durch das, was Schleiermacher den Gemeingeist nennt, das in ihnen allen Identische, so dass sich gleich und gleich gern gesellt, so dass jedes Einzelne schließlich als solches nur dazu erscheint, um durch seinen Beitrag «das gemeinsame Eine zu bereichern, zu verstärken, noch deutlicher als das Eine Notwendige erscheinen zu lassen».[14] So lebt eine Gemeinde, die das ihren Gliedern Gemeinsame nicht außer sich selbst hat, das das Verschiedene versammelt, sondern deren Glieder das sie Einigende in sich tragen, eine Gemeinde, deren Gefühlsanregung nicht im Wort, sondern erst eigentlich in der Musik ihre Harmonie findet.[15] Nun, das ist Schleiermacher. Aber Barth notiert dazu: «*Herrnhutische* Erfahrungen haben bei dieser Konzeption» gewirkt. «Das ist eine Abwandlung des zinzendorfschen Programms.»[16] Das Schibboleth dieses Programms war Barth für lange Jahre das Lied «Herz und Herz vereint zusammen sucht in Gottes Herzen Ruh…» Dass Freund Eduard Thurneysen gerade dieses Lied im Gottesdienst singen ließ, schreibt er 1928, «das hat mich doch richtig erschüttert».[17] Und dass im Herbst 1935 in St. Gallen die positiven und liberalen Pfarrer gerade dieses Lied Hand in Hand sangen, weil sich beide Seiten durch Barths Versuch der Über-

13 Karl Barth, KD I/2, 150f.

14 Ders., Vorträge und kleinere Arbeiten 1922–1925, 468f.; vgl. ders., Die Theologie Schleiermachers 1923/1924, hg. von Dietrich Ritschl (GA 11), Zürich 1978, 398.198f.

15 Ders., Die Theologie Schleiermachers, 485f.

16 Ebd., 469.

17 Karl Barth – Eduard Thurneysen, Briefwechsel Bd. 2, 1921–1930, hg. von Eduard Thurneysen (GA 4), 2. Aufl., Zürich 1987, 588.

nahme des Entscheidungsernstes der Deutschen Bekenntniskirche angegriffen fühlten, das hat ihm das Lied auch nicht lieber gemacht.

Drittens, verdächtig ist ihm auch Zinzendorfs theologisches Erkenntnisprinzip, das sich ihm zusammenfasst in der aus der «Apologetischen Schluß-Schrifft » von 1752 entnommenen Formel des «Es ist mir so», das dort sogar als «die einzige Realität» gegenüber der Skepsis ausgegeben wird.[18] Es ist für Barth nicht einsehbar, was die Berufung auf die Intuition, selbst wenn sie dort mit dem Wort Glaube in Verbindung gebracht wird, gegenüber der Skepsis anders leistet, als vom Regen in die Traufe zu führen. «An einem persönlichen Erlebnis sich zu orientieren», sagt Barth, «ob man es nun Offenbarung nennt oder mit Zinzendorf offen zugibt: ‹Es ist mir so›, […] das hat nur so lange Sinn, als *die* Offenbarung vergessen» ist.[19] Es sei darum eine Begründung des christlichen Glaubens und Denkens wiederzufinden, die jenem «Es ist mir so» jedenfalls «gerade gegenüber steht» und damit einen protestantischen Fehlweg überwindet, für den dieses Motto Pate steht.[20] Was dieses Motto meint, findet Barth demonstriert in der christlichen Lieddichtung unter anderem auch Zinzendorfs. Trotz aller Bezugnahme auf das Christusdogma setzten diese Lieder «eine Christus gegenüber höchst selbst bewegte, […] höchst selbst gehobene Gemeinde voraus, nicht mehr […] jene einfach vom Hören des Worts im Glauben bewegte Gemeinde Luthers. Sie ist viel frömmer geworden als jene; sie verlangt viel mehr von sich selber; sie nimmt sich aber vor allem auch in ihrem religiösen Besitz sehr viel wichtiger und ernster.»[21] Dabei ist «der Heilige Geist […] angeblich immer noch ein Geist Gottes, ja, ein christlicher Geist, in Wirklichkeit der Geist menschlicher Innigkeit und Ernsthaftigkeit», in welchem die da Singenden «bei allem Ernst und in aller Frömmigkeit nur bei sich selbst und mit sich selbst allein sind».[22] Barth nennt das eine verborgene Häresie.

---

18 August Gottlieb Spangenberg, Apologetische Schluß-Schrifft. 2. Th., Leipzig und Görlitz 1752, 629.

19 Karl Barth, Vorträge und kleinere Arbeiten 1922–1925, 345; vgl. ders., Predigten 1913, hg. von Nelly Barth/Gerhard Sauter (GA 8), 2. Aufl., Zürich 1994, 58.

20 Ders., Vorträge und kleinere Arbeiten 1922–1925, 665.

21 Ders., KD I/2, 277.

22 Ebd., 280.

Friedrich Gärtner hat in seiner Arbeit «Karl Barth und Zinzendorf»[23] die Nähe zwischen diesen beiden durch den Nachweis zeigen wollen, dass Barths Kritik am Pietismus Zinzendorf nicht treffe. So bedeutsam und weiterführend diese Arbeit nicht zuletzt auch für Barth selbst war, es ist doch zunächst festzuhalten, dass die jetzt genannten Kritikpunkte sich speziell auf Zinzendorf beziehen. Richtig ist, dass die Kritik in diesem Fall nicht vernichtend, sondern in Respekt vor der anvisierten Person gesprochen war, auch mit der Bereitschaft, sich Rückfragen gefallen zu lassen, und in der Offenheit für die Erwägung, dass es auf der anderen Seite Gegengewichte gegeben haben möchte, die die dort befürchtete Gefahr hemmten und die verhinderten, mit dem ihm fragwürdigen Gegenüber fertig zu sein. Immerhin war ihm in seiner Jugendzeit der Prediger der Berner Brüdergemeine, Theodor Schmidt (1870–1960) unvergesslich geworden. Er war mit seinem Vater befreundet und mit diesem religiös-sozial engagiert.[24] Und in der Zeit seines «Römerbriefs» gab ihm ein gleichaltriger Kollege zu denken und wurde ihm zum lebenslangen Freund: Heinrich Gelzer, der Wurzeln im Schaffhauser Herrnhutertum hatte[25] und ein Liebhaber Zinzendorfs war. Er hat, schrieb Barth über ihn, «so etwas unmittelbar Positives, Freudemachendes, Friedliches, etwas von dem ‹Es›, um das ich erst so mühsam ringe.»[26] Barths Offenheit zeigt sich dann in seiner Theologiegeschichte zum 19. Jahrhundert von 1932/33, in der er wohl die genannten Einwände gegenüber Zinzendorf wiederholt; er stellt aber daneben die Gegenerwägung, dass Zinzendorfs Brüdergemeine «auch als ein Versuch einer Reform des Pietismus im Sinn der lutherischen Rechtfertigungslehre verstanden werden» muss.[27]

Von daher stehe es «auf des Messers Schneide», ob in Zinzendorfs so oft verhöhnter «Blut- und Wundentheologie» die Versöhnung in Christus – indem man mit Blut und Wunden den menschlichen Vorgang des

23 Der Untertitel von Gärtners Schrift: Die bleibende Bedeutung Zinzendorfs auf Grund der Beurteilung des Pietismus durch Karl Barth, Theologische Existenz heute NF 40, 1953.

24 Karl Barth, Gespräche 1959–1962, hg. von Eberhard Busch (GA 25), Zürich 1995, 155.

25 Vgl. Heinrich Gelzer, David Spleiss. Ein Vater der Schaffhauser Kirche, Basel 1941.

26 Karl Barth – Eduard Thurneysen, Briefwechsel Bd. 1, 1913–1921, hg. von Eduard Thurneysen (GA 3), Zürich 1973, 193.

27 Karl Barth, Protestantische Theologie, 111.

Leidens und Sterbens Christi hervorhob – «als eine […] in bestimmten psychologischen Bewegungen und Zuständen aufzunehmende Ergießung göttlichen Lebens in die Seele der Gläubigen verstanden sein solle, eine Ergießung, bei der die Majestät des ‹für uns› notwendig zuletzt aufgehen musste in den (in diesem Fall von Zinzendorf wiederum mit genialem Verständnis gepflegten) Vertraulichkeiten des ‹in uns›?. Oder ob hier Christi Blut und Wunden «schlicht auf seinen Tod als auf die endgültige Gestalt seines Eintretens für uns in unserer Niedrigkeit, auf die in unserem Fleisch geschehene objektive Versöhnung hinweisen.»

> «Als Blut und Wunden des *Herrn* [könnten sie] den dem Menschen schlechterdings unerreichbaren und nicht nacherlebbaren Punkt der freien Gnade bezeichnen, die für uns eintritt in der Weise, dass sie seine Gnade, die Gnade Jesu Christi ist und bleibt, in der Weise also, dass es zu ihrer Verwirklichung für uns weder einer göttlichen Eingießung noch einer menschlichen Aneignung bedarf, so also, dass sie Gnade für Sünder, dass auch und gerade die Mitteilung des Heiligen Geistes die Anerkennung dieser Sündergnade ist und bleibt.»[28]

Der Anstoß, den schon die damalige Zeit daran nahm, könnte ein Indiz sein, dass das letztere der Fall war. Barth kannte damals weder das Buch von Wilhelm Bettermann noch das von Samuel Eberhard.[29] Jedenfalls deutet er hier eine Möglichkeit der Zustimmung zur Theologie des Grafens an gerade in ihrer – ja nicht nur damals – angefochtensten Gestalt. Aber vorderhand war das erst eine Deutungsmöglichkeit. Es wurde ihm daraus in der Folgezeit mehr als nur eine Möglichkeit, dessen Theologie zu verstehen.

2. Das Ja zu einer Jesusliebe ohne Einschränkung

Auf einmal ein neuer Ton! Geschrieben 1940, publiziert 1942 sagt Barth: «Was Gott *von* uns will, ist dasselbe, was er *für* uns will und getan hat.

28 Ebd., 112f.

29 Wilhelm Bettermann, Theologie und Sprache bei Zinzendorf, Gotha 1935; Samuel Eberhard, Kreuzestheologie. Das reformatorische Anliegen in Zinzendorfs Verkündigung, München 1937.

Gott will *Jesus.*» Wer das nicht auch «in dieser schlichtesten Form» sage, sei wohl in Gefahr an dem Namen Jesus vorbeizueilen und dabei nicht zu hören, «was dem Menschen als das Gute gesagt ist». Es gibt vielmehr «nichts Höheres und Tieferes, was wir in Erfüllung des Willens Gottes tun könnten, als dass wir Jesus lieben».[30]

> «Die Konzentration und Intensität, mit der Nikolaus von Zinzendorf das und immer wieder das gesagt hat, war wohl am Platze. Er sagte es im Gegensatz nicht nur zu einer verweltlichten Orthodoxie und nicht nur zur Aufklärung, sondern auch zu den moralisch-mystischen Zweideutigkeiten des Pietismus seiner Zeit. Er hat eben damit nicht nur eine reformatorische, sondern eine neutestamentliche Erkenntnis wieder auf den Leuchter gestellt.» Es muss ihm «hoch angerechnet sein, dass er einer von den Wenigen nicht nur seiner Zeit, sondern aller Zeiten gewesen ist, die so bestimmt und laut und eindrucksvoll eben *das* gesagt haben.»[31]

Zwei mögliche Vorbehalte merkt Barth dazu wohl an: Man könne sich über die barocke Art verwundern, in der Zinzendorf das gesagt hat, und man könne seine Befangenheit «in gewissen lutherischen Vorstellungen» dagegen einwenden. Das Erstere nahm Barth nun erst recht nicht tragisch. Es gehe hier im Kern um das, sagte Barth Jahre später, was als «religiöse Erotik» verpönt worden ist. Sie als solche wäre wohl der Einbruch des Heidentums in den christlichen Glauben, aber – die Abgrenzung dagegen dürfe keinesfalls die Gottesliebe, die Jesusminne blockieren, wenn man nicht geradezu die Quelle verstopfen wolle, aus der christliches Leben und Handeln überhaupt fließe.

> «Sollte es, wenn da zu wählen wäre, nicht immer noch besser sein, in dieser Richtung [...] sogar mit Zinzendorf oder Novalis ein wenig zu viel zu sagen und dabei gelegentlich auszugleiten, als ihnen gegenüber mit Kant und Ritschl, mit meinem Römerbrief von 1921 und heute mit Bultmann bolzgerade zehnmal Recht zu haben, dafür aber in der Mitte, von der jene schlecht und recht zu

[30] Karl Barth, KD II/2, 631. Vgl. den letzten Satz von Barths Vater, bevor er starb: «Den Herrn Jesum liebhaben, das ist die Hauptsache ...», in: Fritz Barth, Christus unsere Hoffnung. Sammlung von religiösen Reden und Vorträgen, Bern 1913, XVI; ferner: Karl Barth, Gespräche 1959–1962, 34: «Ihr müßt *ihn* liebhaben.»

[31] Karl Barth, KD II/2, 631.

> reden versuchen, eine Zone des Schweigens zu schaffen und damit vielleicht doch das zu tun, was nach Lk. 11,42 die Pharisäer getan haben: die Liebe Gottes ‹wegzulassen›.»[32]

Ernster war für Barth der Einwand lutherischer Befangenheit. Wie er gemeint ist, führte Barth später so aus: Er betrifft die Gefahr, die richtige Erkenntnis von der Gnade Christi, die in der Tat allein uns rechtfertigt, in einer solchen Weise hervorzuheben, dass darin die uns Sündern von Christus her widerfahrende Heiligung gleichsam aufgesogen wird, so dass sie aber in ihrer eigenen Dimension unentfaltet bleibt. Das konnte, sagt Barth, «etwa vom jungen Luther, von Zinzendorf [...] her» «zu einem Monismus der *theologia crucis* und der Rechtfertigungslehre führen. In diesem Monismus konnte und kann dann die Notwendigkeit guter Werke nur etwas mühsam und beiläufig behauptet werden, konnte und kann dann mehr als ein etwas unbestimmtes Reden von einem ‹Leben von der Vergebung› oder auch von der ‹getrosten Verzweiflung› oder von der christlichen Freiheit oder von der Liebe, in der der Glaube tätig sei, manchmal nicht möglich werden.» Wo aber die in ihrer Eigenart zu respektierende Dimension der heiligenden Gnade «in ihrer Souveränität und Autorität», unser ganzes Leben in Anspruch zu nehmen, verdunkelt wird, da führt das dazu, «dass man [...], in irgendeine doppelte Buchführung verfangen, in aller Stille oder zugestandenermaßen außer dem angeblich nur für die Vergebung der Sünden zuständigen Herrn Jesus Christus in einem Reich zur Linken auch noch anderen Herren untertan werden wird!»[33]

Unbeschadet dieser zwei Vorbehalte ist aber deutlich, dass uns in Barths Text Anfang der 1940er Jahre auf einmal seine grundsätzliche Bejahung der zentralen Erkenntnis Zinzendorfs entgegentritt, und zwar unter respektvoller Anerkennung dessen, dass er einer der wenigen «aller Zeiten» war, der sie so auf den Leuchter gestellt habe. Wie kam es zu dem offensichtlichen Wandel in Barths Stellung zu Zinzendorf? Wohl auch durch weitere Begegnungen mit Herrnhutern, etwa mit dem Berner Erwin Schloss, einem Judenchristen, mit dem Barth damals in der evangelischen Flüchtlingshilfe kooperierte und dessen Leitwort Tit 3,4 von der in

32 Ders., KD IV/2, 904.
33 Ebd., 570f.

Christus erschienenen Philanthropie Gottes war, und auch durch Kontakte mit der Basler Brüdergemeinde, in der die Familie seiner Tochter Mitglied war. Sie veränderte sich aber wohl auch durch eine vermehrte Lektüre Zinzendorfscher Schriften. Entscheidend für diesen Wandel war aber der Wandel in Barths eigener theologischer Sicht, der erstmals voll hervorbrach in jenem Dogmatikband, aus dem vorhin zitiert wurde, ein Wandel, der ja vielleicht auch unter dem Einfluss Zinzendorfs eintrat, der jedenfalls sofort bewirkte, Zinzendorf mit neuen Augen zu sehen. Im Zusammenhang seiner Prädestinationslehre, verstanden streng als Gottes Gnadenwahl, trat bei Barth, so wie vorher noch nicht, seine eigene Christozentrik hervor. In kritischer Auseinandersetzung mit einem breiten Strom christlicher Theologie führt Barth hier aus, dass Gott von Ewigkeit her und in alle Ewigkeit nichts anderes wollte und will und wollen wird, als was er in Christus tat, ja, war und ist – nicht der Gott der *potentia absoluta*, der absoluten Verfügungsmacht, sondern der, der für sich die Gemeinschaft mit dem Sünder und für den Sünder die Gemeinschaft mit sich wählt, der darum für sich das Kreuz und für den Sünder die Seligkeit wählt, der also verlieren will, damit der Mensch gewinne. In Kritik auch an Luther und Calvin betont Barth, dass es hinter diesem von Gott gezeigten Gesicht nicht einen verborgenen Gott gebe, der anders sei und anderes sinne, als er es im Vollzug seiner Gnadenwahl in Christus offenbart: offenbart in der Verborgenheit des Kreuzes, aber in dieser Verborgenheit offenbart, als seine freie, ungeschuldete Gnade, aber als seine ganz uneingeschränkte Gnade!

Dass sich von da aus eine besondere Nähe zu Zinzendorf aufdrängte, zeigt sich an Barths Revision der zuvor von ihm kritisierten drei Punkte. Zum einen: Am Heiligen Abend 1952 schreibt Barth an Rudolf Bultmann:

> «Auf die Gefahr weiteren Kopfschüttelns und Unwillens hin will ich es immerhin wagen, Ihnen nur das Eine zuflüstern, dass ich insofern immer mehr Zinzendorfianer geworden bin, als mich im Neuen Testament immer mehr eigentlich gerade nur die Zentralfigur als solche – oder eben Alles und Jedes immer im Lichte und Zeichen dieser Zentralfigur zu beschäftigen begann.»[34]

[34] Karl Barth – Rudolf Bultmann, Briefwechsel 1911–1966, hg. von Bernd Jaspert (GA 1), 2. Aufl., Zürich 1994, 196.

Wo bleibt da der Verdacht der Jesulatrie? Es war offenbar *nur* ein Verdacht, mit dem das bei Zinzendorf dahinterstehende Rechte nicht geleugnet werden darf, sondern nun als theologisch vorbildlich respektiert werden soll. Ein Jahr zuvor schrieb Barth in seiner Dogmatik, dass gerade dieser Mann «in seiner Predigt, Dichtung und Dogmatik (sofern er eine solche hatte) der größte – und vielleicht der einzige ganz echte – *Christozentriker* (‹Christomonist› sagen die Toren!) der Neuzeit gewesen ist».[35] Christusmonismus hieße, dass die Peripherie um jenes Zentrum nicht bloß durch Christus bestimmt, sondern durch ihn verdrängt ist. Echte Christozentrik heißt aber auch, dass sie sich unterscheidet von jener Jesulatrie der Neuzeit. Wodurch? Dadurch, dass der da in der Mitte Stehende nicht ein von uns mit göttlichen Würden überschütteter Mensch ist, sondern «der *für uns* dahingegebene Jesus Christus», der neben der juridischen Sprache des Paulus im Neuen Testament in kultischer Sprache auch das «Lamm Gottes» genannt und von dessen «Lebenshingabe als von seinem ‹Blut› gesprochen wird». Genau das habe Zinzendorf in seiner Christozentrik getan, «von dessen ‹Bluttheologie› mich grundsätzlich zu distanzieren ich durchaus nicht im Sinne habe».[36]

Zum anderen: Die Gemeinde Christi – ein Betrieb von familiärer Geselligkeit, vereint durch eine in seinen Teilnehmern vorhandene Verwandtschaftlichkeit? Hinter diese Deutung ist auch ein Fragezeichen zu setzen. Denn das sei doch vielmehr, wenn nicht alles trüge, «die prophetische Intention des Grafen», schreibt Barth 1951, «nicht die Konfessionskirchen zu sprengen, nicht sie durch eine Superkirche zu ersetzen, sondern sie, in treuen Gliedern verschiedener Sonderkirchen in Freiheit zusammengetreten, unter dem wunderlich genug zu ihrem ‹Generalältesten› gewählten Jesus Christus[37] zunächst exemplarisch mit ihrer nicht verloren gegangenen und faktisch unverlierbaren *Einheit* zu konfrontieren»[38], und zwar mit ihrer Einheit, die sie nach diesem Konzept nicht in der Gleichgestimmtheit der gläubigen Seelen, sondern in dem in ihr verborgen anwesenden und in sichtbarer Wiederkunft erwarteten Christus hat. Aber mehr noch: Indem Zinzendorf seine Berufung nicht nur als Ruf

35 Karl Barth, KD IV/1, 763.

36 Ebd., 302.

37 Kritisch nimmt Barth dazu Stellung noch in: Karl Barth, Protestantische Theologie, 94.

38 Ders., KD IV/1, 763.

in einen persönlichen Umgang mit dem Heiland, sondern als Ruf in seinen Dienst verstand[39], fiel sein «persönliches Christentum (bei ihm identisch mit seiner Liebe zu Jesus Christus) von Haus aus [...] mit seinem unwiderstehlichen Trieb zusammen, allen und jedem Menschen, der ganzen Welt ein Zeuge des Heilandes zu sein».

> «In und mit seiner ‹einen Passion› war ihm seine Aktion, der Weg des Evangeliums zu den Fernen wie zu den Nahen unmittelbar vorgeschrieben. Weil und indem er dem angehören wollte, der für ihn und für Alle gestorben, konnte und wollte er sich als sein Bote niemandem schuldig bleiben. Das war nicht nur sein zentrales, sondern sein eines und einziges Missionsmotiv. Und indem er wusste, es auch Anderen einzupflanzen, wurde auch seine Gemeinde, die er ja nie als eine Sondergemeinde, sondern als eine Ökumene *in nuce* gewollt und aufgebaut hat, [...] in ihrer Wurzel und in ihrem Wesen Missionskirche: auch in dieser Einstellung bis jetzt von keinem anderen evangelischen Kirchengebilde erreicht oder gar überholt.»[40]

Während Barth 1920 mit einem «schmerzlichen Abscheu» die Nachricht vernahm, «dass Zinzendorf und die Väter Blumhardt ungefähr dasselbe gemeint hätten»[41], bemerkt Barth jetzt: In dem Aufbruch aus der Enge der Pietisten sei «als ihr eigentlicher Gegenspieler – ganz ähnlich wie Zinzendorf aus dem Pietismus des 18. Jahrhunderts – Johann Christoph Blumhardt hervorgegangen, in dessen im Namen Jesu [...] von der Gemeinde her auch die Welt umfassenden Hoffnungsbotschaft».[42]

Schließlich: Ist bei Zinzendorf wirklich das wohl fromme, aber fromm auf sich selbst gestellte Ich das Erkenntnisprinzip, das den Einfällen des «Es ist mir so» folgt? Vielleicht. Vielleicht aber auch nicht. Denn eigentlich konnte das ja gar nicht so sein, wenn es so war, wie Barth jetzt hervorhob: Während das Luthertum bald schon nicht mehr verstand, trotz in richtigen Formeln reproduzierten Sätzen, dass es Luther in der Frage der Rechtfertigung des Sünders durch Glauben an Jesus Christus und seine Gnade allein nicht bloß um eine Kampflehre gegen Rom, sondern «*grundsätzlich* um das Ganze ging», dürfe man nicht übersehen, dass immerhin

[39] Ders., KD IV/3, 653.
[40] Ders., KD IV/3, 25.
[41] Karl Barth – Eduard Thurneysen, Briefwechsel Bd. 1, 430.
[42] Ders., KD IV/3, 653.

«gewisse (freilich gerade nicht konfessionell lutherische) Außenseiter, wie Zinzendorf oder der Berner Samuel Lucius […], in dieser Hinsicht in Luthers Spur» gingen – der zugleich von Barth wiederentdeckte Lucius bzw. Lutz, Pfarrer im bernischen Oberdiessbach, war übrigens seinerseits mit Zinzendorf nah verbunden.[43] Aber nimmt man das von Luther Entdeckte ernst, dann kann doch das Ich nicht auf sich selbst gestellt sein. Barth zitiert beipflichtend Zinzendorfs Vers:

> «Hebe an, hebe an, Zion, heb im Elend an,
> an der Armut, an dem Staube, so ist deine Sach getan.
> Habe gar nichts, aber glaube,
> dass der Herr, der treue Seelenmann,
> helfen kann.»

Und er bemerkt dazu: «War es nun eigentlich so neu, befremdlich und schrecklich, wenn ich in meiner Römerbrieferklärung von 1921 den Glauben als einen ‹Hohlraum› bezeichnet habe?»[44] Das Ich des Menschen, das Ich des Glaubens wird dabei gewiss nicht ausgelöscht, so wahr das, was Gott in Christus getan, für uns getan hat, aber eben nicht nur *pro nobis* und *pro nobis* nur, wenn es deutlich als auch *pro me*, für mich, geschehen verstanden wird. Aber «was auf dieser Linie *nicht* hätte geschehen dürfen», schreibt Barth 1951 – und er meint, das sei im pietistischen Ich-Lied geschehen:

> «Es darf das pro me nicht systematisiert und dann selber zum systematischen Prinzip erhoben und als solches verwendet werden. Es hat seinen Nerv und Sinn darin, dass *Jesus Christus* pro me ist. Es kann also auch das Ich-Lied nur als Christuslied legitim gedichtet, gesungen und klangvoll werden. Das ist es, was *Zinzendorf*, im Gegensatz zum Pietismus seiner Zeit, eingesehen und in seiner barocken Weise, aber sachlich durchaus richtig, gelehrt und praktiziert hat.»[45]

An dieser Stelle ist eine Zwischenbemerkung angebracht zu dem scheinbar ähnlichen Wandel in Albrecht Ritschls «Geschichte des Pietismus»,

---

[43] Ders., KD IV/1, 582.
[44] Ebd., 701.
[45] Ebd., 845.

der nach jener erwähnten Kritik in deren ersten Band im dritten Band auch eine positive Würdigung von Zinzendorfs Christozentrik bringt.[46] Hat er dabei dasselbe wie Barth gelobt? Und hat er dabei Zinzendorf recht verstanden? Dieser habe die «werthvolle Einsicht» Luthers hinsichtlich der «richtigen Erkenntnismethode [...] sich zu Nutze gemacht, gegen welche die Nachfolger Melanchthon's sich verschlossen haben und bis zur Gegenwart auflehnen.»[47] Was er da an Luther und Zinzendorf lobt, ist freilich vor allem Ritschls eigene Erkenntnis, die strikte Ablehnung aller metaphysischen Aussagen über Gott, die Konzentration darum auf die irdisch-geschichtliche Person Jesu, weil wir anderes nur in Beziehung auf uns selbst erkennen und also nur, weil wir im Grunde stets nur uns Gleiches erkennen können. Die Besonderheit des Menschen Jesus, seine sogenannte «Göttlichkeit», vielmehr seine Bürgschaft für die Liebe Gottes und so für unsere Seligkeit und Heiligkeit liegt in unserem Werturteil, in unserer «Schätzung der geschichtlichen [...] Person Christi».[48] Diese Schätzung können wir ihm nicht zuteil werden lassen, ohne damit bei uns selbst zugleich ein Gefühl der Erhabenheit über die Welt zu erlangen, nämlich – in sittlicher Kraft, um in Berufstreue, wie sie auch Jesus geübt hat, mitzubauen an der sittlichen Weltgemeinschaft des Reiches Gottes. Das ist Ritschls eigenste Theologie, und man kann sich wundern, dass er sie wenigstens partiell in Zinzendorf auch zu finden glaubte. Dass er sie damit nicht erfasst, merkt man daran, dass er ihn dann fortwährend in Widersprüchen befangen sieht, da dieser gleichwohl rede von Christus als dem, der wahrer Gott und wahrer Mensch ist und der als solcher die Liebe Gottes im Tragen unserer Schuld in seinem Leiden verkörpert. Gerade mit der «Blut- und Wundentheologie», kraft der Christus als Versöhner aller erst im Zentrum steht, kann Ritschl nichts anfangen. *Er* betreibt jene «Jesulatrie», deretwegen Zinzendorf für Barth zunächst nicht genehm war. Wenn Barth aber dann diesen als «einzig echten Christozentriker der Neuzeit» lobt, so darum, weil er zu sehen meint, dass der Graf solche Jesulatrie durchbrochen hat, dies in der Erkenntnis, dass der Gekreuzigte der sich des Sünders erbarmende Gott ist.

46 Vgl. Grover Foley, Ritschls Urteils über Zinzendorfs Christozentrismus, in: Evangelische Theologie, Jahrgang 20 (1960), 314–326.

47 Albrecht Ritschl, Geschichte des Pietismus, Bd. 3, Bonn 1886, 437.

48 Ebd., 410.

3. Barths Gespräch mit Herrnhutern

Es hatte seine Konsequenz, wenn Barth zuletzt über das Reden *über* das Werk Zinzendorfs hinausging. Einer der Höhepunkte der mancherlei «Gespräche», die er im Alter führte, war das mit prominenten Herrnhutern am 12. Oktober 1960 in den Räumen der Basler Brüdersozietät. Es ist auch darum interessant, weil sich dabei zeigte, wie gut sich Barth in Zinzendorfs Schriften auskannte, so dass er mit seinen kundigen Gesprächspartnern mithalten konnte.[49] Sachlich interessant ist es, weil es bewusst macht, dass man sinnvoller Weise nicht bloß von zwei sich ablösenden Phasen in seinem Verhältnis zu dem Grafen redet, sondern dass dieses Verhältnis eigentlich immer zwei Seiten hatte, so allerdings, dass jetzt das Ja weit überwog und dass das vormalige Nein nun darin eingewickelt war. Das Nein war zwar durch das Ja nicht aufgehoben, aber problematisierte auch nicht das Ja. Und so beginnt das Gespräch «mit einem Makarismus [...]: Seien Sie froh und dankbar, dass Sie die Brüdergemeine haben! Mit Zinzendorf haben Sie einen für die ganze Kirche wichtigen und fruchtbaren Kirchenvater. [...] Es ist für mich [...] eine Notwendigkeit gewesen, dass ich mich im Laufe der Jahre näher zu Zinzendorf hingearbeitet habe.» Dann folgt das starke Geständnis:

> «Wenn Zinzendorf recht hat in der Hauptsache [...], in Bezug auf sein Zentrum: Jesus Christus, er allein und ganz, hinsichtlich des Verhältnisses von Schöpfung und Erlösung, hinsichtlich der Anschauung über die schon vollkommen geschehene Versöhnung Gottes mit der Welt, hinsichtlich des Verhältnisses von Evangelium und Gesetz, hinsichtlich der Anschauung der Kirche als der Gemeinde des Lammes, des lebendigen Christus –, wenn er recht hatte, dann darf ich in aller Bescheidenheit sagen: dann habe ich auch recht. Darum dreht sich auch mein ganzes theologisches Denken. [...] Wenn, dann stehen und fallen Zinzendorf und ich miteinander.»[50]

---

49 An dem Gespräch beteiligt war auch ein damaliger Doktorand Barths, der über Zinzendorf promovierte: Hans Ruh, Die christologische Begründung des ersten Artikels bei Zinzendorf, Zürich 1967.

50 Karl Barth, Gespräche 1959–1962, 125f. Die Zahlen im obigen folgenden Text verweisen auf Seiten des in jenem Band abgedruckten Gesprächs mit Vertretern der Herrnhuter Brüdergemeine: 124–157.

Wenn Barth allerdings dann noch Fragen zu stellen hat, so sind es im Kern erneut die zuvor kritisch beleuchteten Punkte, aber jetzt ausdrücklich in Gestalt eben von Fragen formuliert. Sie beziehen sich jedoch nicht auf einen Schleiermacherianismus. In dieser Beziehung heißt es jetzt umgekehrt: Das «Beste hat Schleiermacher ja doch von Zinzendorf» (141). Die Fragen beziehen sich auch nicht auf die barocken Extravaganzen der 1740er Jahre: «Ich wollte lieber noch mit Zinzendorf ein paar Irrtümlein mitmachen, als mit Emanuel Hirsch und der ‹Vaterreligion› des 18. Jahrhunderts gehen» (131). Oder denn: «Zinzendorfische ‹Hobbies› sind mir immer noch lieber als manche, recht orthodoxe Langweiligkeiten anderer Kirchen» (143).[51] Vielmehr beziehen sich die Fragen durchweg auf den Hang und Drang, da, wo besondere Unterscheidungen zu wahren sind, allzu kühne Gleichungen zu behaupten. Barth bemerkt dazu: «Hoch verehrter Herr Graf, nicht so stürmisch!» (128) Das sei erläutert, indem noch einmal den drei genannten Punkten entlangzugehen ist.

Zum einen: Das Ja zur Christozentrik bewährt sich darin, dass in der Tat mit Zinzendorf zu bekennen ist «mein Schöpfer, mein Heiland». Der Satz besagt nach Barth: «Die ganze Wirklichkeit der Welt, wie sie ist, die ganze Wirklichkeit des Menschen, wie er ist in seiner Existenz, hat Grund, Ursprung, Sinn, Gesetz und Ziel nicht anderswo als in Jesus dem Christus, wahrer Gott und wahrer Mensch» (127). Mit Blick auf Joh 1,3, 1Kor 8,6 und Hebr 1,2 ist der Satz neutestamentlich begründet. Ja, aber neutestamentlich ist auch die Unterscheidung zwischen dem Sohn und dem Vater, und das tritt bei Zinzendorf zumindest zurück, ja, gibt einer «Vermischung von Vater und Sohn» Raum (129)[52]. «Er ist der Sohn des Vaters, der dem Vater Gehorsame. Dass Vater und Sohn eins sind, heißt nicht, dass der Sohn der Vater ist» (128, vgl. 145). Kurz, «die These ‹mein Schöpfer, mein Heiland› wollen wir festhalten [...], auch heute, den Überschwang aber lassen wir dem 18. Jahrhundert» (129). Lässt man den nicht los, so gerät man in Gefahr zu vergessen: «Die Wahrheit ist auch durch die ‹Christozentrik› nicht in Besitz zu nehmen. [...] Eine Christozentrik als Prinzip, bei der die Trinität untergeht, ist abwegig. Man gibt Gott die Ehre, wenn man ihn so sein lässt, wie er sich gegeben hat, als Vater, Sohn

51 Vgl. ders., Briefe 1961–1968, 83.

52 Vgl. ders., Das christliche Leben. Die Kirchliche Dogmatik IV/4. Fragmente aus dem Nachlass. 1959–1961, hg. von Hans-Anton Drewes/Eberhard Jüngel (GA 7), 3. Aufl., Zürich 1999, 98f.

und Heiliger Geist.» (130) War Zinzendorf nicht in Gefahr, das zu vergessen? Den Vorwurf der Kreaturvergötterung bei Behandlung der Christozentrik als Prinzip nimmt Barth zwar nun zurück. «Ich war hier doch zu stark im Ausdruck. Aber von der Wundensache konnte dann doch via Schleiermacher und neuem Rationalismus der ‹historische Jesus› herauskommen.» (135)

Zum anderen: Das Verständnis der Kirche als Gemeinde Jesu Christi ist dann richtig, wenn dabei Jesus Christus nicht als Objekt der Betrachtung, Empfindung, Begeisterung ihrer Glieder gilt, sondern als das sie anfänglich und dauernd begründende Subjekt. Barth beruft sich dafür ausgerechnet auf das zuvor verpönte Lied: «Er der Meister, wir die Brüder»[53], und interpretiert das so: «Die Kirche ist sein Werk. […] ‹Siehe, ich bin bei euch alle Tage …› Dieses Ich, Jesus Christus ist konstitutiv für den Kirchenbegriff, sonst ist er eine taube Nuss» (251).[54] Und Zinzendorf hatte recht in den zwei Folgerungen, die er daraus zog. Erstens darin, dass er in den Gegensatz von konstantinisch verfassten, miteinander konkurrierenden Großkirchen und frei schwebenden, mehr oder weniger sektiererischen Geistkirchen «die Erkenntnis dessen hineintragen [will], was in jeder kirchlichen Form die Kirche zur Kirche macht, nämlich die Gegenwart und Regierung des lebendigen Christus als Haupt der Kirche» (151f.). Das ist das echt prophetische Vorleben von «Ökumene für die Ökumene» der Christenheit (153). Zweitens hat er auch Recht in der Erkenntnis, dass die Kirche, wenn sie ihren Grund nicht in sich selbst hat, dann auch den Zweck nicht in sich selbst hat, sondern «existiert im Dienst an der Welt. Sie ist gesendete, sie ist Missionsgemeinde von Grund auf» (151).[55] Ja, gut – aber, wendet Barth ein: «Fraglich ist mir bei Zinzendorf die Lehre […], dass nach dem Heilsratschluss Gottes die ‹Religionen› [also die Konfessionen] als Tropen der Kirche existieren» (153). Der Einwand überrascht, zumal da Barth längst den guten Sinn dieser

53 Vgl. ebd., 251.

54 Vgl. ders., KD IV/4, 138f.: «Zinzendorf hatte schon recht, in dem, was er dazu sagte [.]: die Gemeinde und jeder einzelne Christ ist aus jener ‹Seitenwunde› geboren, lebt von dem, was ihr entströmt. […] Sie ist Kreuzgemeinde oder sie ist gar nicht christliche Gemeinde. Der Christ ist Glied dieser Gemeinde oder er ist gar nicht Christ.»

55 Vgl. ders., Das christliche Leben, 135.

Tropenlehre kannte.[56] Wenn er ihn jetzt dennoch erhebt, so im Blick auf die ihm aus dem Kreis seiner Gesprächspartner vorgetragene besorgte Rede «von einer Krisis im Sonderbewusstsein der Brüdergemeine», und im Gespür dafür, dass solche Krisis ihre Wurzel in einem Problem jener Lehre hat: Sie kann dazu verführen, sich dabei zu «beruhigen, dass der Leib Christi so geteilt ist» (153), sich dann also auch mit jenem Gegensatz von konstantinischen Kirchen und freien Geistgemeinden abzufinden, sich selbst auf einer der Seiten irgendwie einzunisten und damit jene besondere Gabe der Erkenntnis zu vergessen, dass die Kirche weder ihren Grund noch ihren Zweck in sich selbst hat. Mit dem Resultat, ein Sonderverein in der Kirche zu werden, eine «ecclesiola in ecclesia». Dagegen bemerkt Barth:

> «Es gibt nur ecclesia. Wenn es auch nur zwei oder drei sind [, die sich in Seinem Namen versammeln], so ist es nicht ecclesiola, sondern ecclesia […]. Brüdergemeinde ist Kirche für die Kirche, die eintritt für das, was in den großen und kleinen Kirchen so leicht vergessen wird und was doch die Kirche zur Kirche macht» (152).

Darum mahnt Barth sie, in hübscher Abwandlung von Röm 12,2: «Stellt euch nicht der Kirchenwelt gleich! Der anderen Welt dürft ihr euch eher schon ein wenig gleichstellen» (155).

Und schließlich: Bei allen bleibenden Vorbehalten[57] kann Barth nun auch für das «Es ist mir so» ein gutes Wort einlegen, sofern dessen Sinn der ist: «Vor Christus verhält es sich so und so» (145). Wenn nämlich diese Formel im Zusammenhang mit der «Konnexion mit dem Heiland» zu verstehen ist, wenn in dieser Konnexion er, der Herr, und ich, sein Nachfolger, zweierlei sind und wenn also meine Konnexion mit ihm Antwort ist und nur Antwort auf «seine [vorangehende] Konnexion mit uns» (143), dann darf das «Es ist mir so» gesagt werden und dann hat auch «das Gefühl, das man im Glauben hat», sein Recht (144). Hat Zinzendorf das auch in solcher Differenziertheit gedacht? Barth sieht es so bei ihm. Dafür spricht dessen Rechtfertigungslehre, die ja das Heil ent-

56 Vgl. ders., Vorträge und kleinere Arbeiten 1922–1925, hg. von Holger Finze (GA 19), Zürich 1990, 68; KD IV/1, 763.

57 Vgl. ders., Das christliche Leben, 304f.

scheidend nicht in uns selbst sieht, sondern sagt: «Jesus Christus ist unsere Rechtfertigung» (133). Aber Barth sieht jetzt auch, dass Zinzendorf das theologische Kunststück fertig bringt, die Heiligung so zu verstehen, dass sie einerseits von der Rechtfertigung unterschieden ist, also nicht in ihr verschwindet, dass sie aber andererseits insofern mit ihr «verbunden» ist (142), als auch sie mit der Rechtfertigung in Christus geschieht. Gemäß 1Kor 1,30: «Christus ist uns gemacht zur Gerechtigkeit *und* zur Heiligung.» (133) Barth erkennt darin einen Vorzug gegenüber einem «Rechtfertigungs-Monismus» der Lutheraner, «der zum Dualismus von Gesetz und Evangelium führt» (142). Demgegenüber «gilt es, ganz freundlich das Evangelium vorzuordnen. Darin wird und muss die Brüdergemeine dem deutschen Luthertum zum Ärgernis werden» (135). Zugleich liegt darin ein Vorzug gegenüber einer pietistischen Verselbständigung der Heiligung, so als müssten wir sie «selbst in die Hand nehmen» (135). Wenn man auch nach dieser Seite zum Ärgernis wird, so wie Zinzendorf gegenüber John Wesley, so soll es die Brüdergemeinde doch so laut sagen wie er: «‹Christus ist unsere Moral.› Diesen Satz möchte ich dreimal, fünfmal, zehnmal unterstreichen! Ihr müsst *ihn* lieb haben. Alles andere wird sich finden.» Alles Tun des Menschen fängt mit dem an, was Christus für uns getan hat. «Der Gedanke der Stellvertretung darf ja nicht preisgegeben werden. Das ist Grund und Wesen aller Ethik» (134). Ja – aber fügt Barth hinzu: «Meine Frage an Zinzendorf wäre: Hat er nicht doch ein gut Stück weit abstrakt von dieser urbildlichen, verdienstlichen Menschlichkeit Christi gedacht und so von Christus geredet, dass diese Einheit von *vere deus – vere homo* bedroht war?» (135) Barth unterstellt mit dieser Frage nicht, dass etwa Gerechtigkeit und Heiligung, zu der uns Christus gemacht ist, als von einem bloßen Menschen gemacht vorgestellt ist. Seine Frage ist eine Variation des alten Verdachts, der mit dem Stichwort der Jesulatrie gemeint war: Ob hier nicht der Mensch Jesus abstrahiert von Gott als dem sich in dem Menschen Jesus der Menschen in freier Gnade Annehmenden aufgefasst ist und ob deshalb dann nicht die Gabe des göttlichen Gebers zu einer verfügbaren Gegebenheit wird. Darum ist nicht zufällig das letzte Stichwort in 1Kor 1,30 «die eschatologische Apolytrosis (Erlösung) […] bei Zinzendorf nicht so klar als noch ausstehend gesehen» (133). Bei ihm «ist nicht klar ersichtlich, inwieweit unser jetziges Leben im Glauben nicht schon ein Leben im Schauen ist. «Wenn wir's auch fühlen, bleibt es doch ein Hoffen. […] Christen hoffen […] als die einst Schauend-Werdenden» (146). Die Frage ist also: Wenn anscheinend in jenem Fühlen das «Einst» mit dem «Jetzt» gleichgesetzt wird, wirkt sich nicht darin aus, dass zuvor die vorangehende Konnexion des Heilands mit uns einfach mit unserer, ihrer doch nur folgenden «Konnexion mit ihm» gleichgesetzt werden kann?

Kurz, Barth ist in einem Gespräch mit Zinzendorf selbst begriffen, indem er ihn in der Klammer eines grundsätzlichen Einverständnisses befragt. Und das Gespräch war mit der Basler Begegnung im Herbst 1960 nicht zu Ende. Er sagte da: Wir müssen Zinzendorf «zu verstehen suchen – und weitergehen» (132). Aber weiter nicht ohne weitergehendes Gespräch auch mit diesem Kirchenvater. Zwei Jahre später schrieb er an Helmut Gollwitzer: «Ich lese […] zur Zeit die Londoner Predigten von Zinzendorf (in einer Ausgabe von 1756, dem Geburtsjahr von Mozart) mit hellem Vergnügen an der Einseitigkeit und kernigen Originalität dieser Produkte, von denen jedes den Mühseligkeiten der Ebelinge, Füchse usw. turmhoch überlegen ist.»[58] Aber über diese da offenbar weitergehende Unterhaltung ist mir kein Dokument bekannt.

58 Karl Barth, Briefe 1961–1968, hg. von Jürgen Fangmeier/Hinrich Stoevesandt (GA 6), 2. Aufl. Zürich 1979, 83.

Sören Kierkegaard (1813–1855)

Ein bisschen Zimt zur Speise
Die Dialektische Theologie und Sören Kierkegaard

1. Die Anfänge der Dialektischen Theologie

Im Jahr 1920 äußerte sich einer der führenden Köpfe der damals tonangebenden liberalen Theologie, der Berliner Kirchenhistoriker Adolf von Harnack, kritisch zu dem soeben von ihm im schweizerischen Aarau gehörten Vortrag seines früheren Schülers Karl Barth – damals Pfarrer in Safenwil, in der Nähe von Aarau. Letzterer schrieb später darüber: «Ich erinnere mich sehr deutlich des Entsetzens, mit dem er sich in der Diskussion nach meinem Vortrag äußerte: seit Kierkegaard [...] sei die Sache nicht so schlimm gemacht worden wie jetzt eben!»[1] Ein Jahr später schrieb ein anderer großer Vertreter der liberalen Theologie, Ernst Troeltsch, ein Meister des Verstehens, einen Aufsatz über die neuste theologische Schule, die sogenannte Dialektische Theologie, an die Adresse des damaligen Pfarrers Friedrich Gogarten, Pastor in Stelzendorf. Darin zeigte sich: Auch Troeltsch schien hier an die Grenze seines VerstehenKönnens zu stoßen, so sehr er sich Mühe gab, die da heraufziehende Neuigkeit zu begreifen. Er betitelte seinen Text «Ein Apfel vom Baume Kierkegaards»[2] und sagte gleich zu Anfang, es handle sich dabei keineswegs um eine genießbare Frucht, sondern um einen Erisapfel, d. h. um einen Zankapfel. Interessant ist immerhin, dass sich Troeltsch hier zuletzt zu einem persönlichen Bekenntnis seines Glaubens provozieren ließ, entgegen dem Glauben von Friedrich Gogarten.

Troeltsch schrieb:

> «Gogarten spricht wie Kierkegaard von ‹dem Christentum›, das nach ihm mit keiner Kirche oder Konfession oder historischen Gestalt zusammenfällt, sondern das ein ganz persönliches, von der Seite des schärfsten Radikalismus gegen Welt, Volk, Staat, Kultur und Kirche genommenes Privat-Christentum ist,

---

1 Eberhard Busch, Barths Lebenslauf, 127.

2 Ernst Troeltsch, Ein Apfel am Baume Kierkegaards, in: Anfänge der dialektischen Theologie 2, 134–140.

> sich aber auf Grund des gemeinsamen Radikalismus ohne Weiteres als das […] wahr verstandene Christentum gibt.»[3]

Gott ist demnach für Gogarten das Absolute und steht im Gegensatz zur Welt, und Christentum ist eine Religion der Absolutheit oder des Entweder-Oder. Immer nur kleine radikale Sekten, sagt Troeltsch weiter, konnten ein solches Christentum in der Geschichte vertreten. Und Kierkegaard *gehöre* «in die Gegend der Sektenreligion». Er habe «für ein rein individuelles und abstraktes, rein persönliches und absolut radikales Christentum gekämpft». Er habe sich daher in Polemik verzehrt und «nichts Positives» bieten können. Genau auf diesen Spuren sah Troeltsch nun auch Gogarten wandeln.

Gogarten antwortet ihm unter dem Titel «Wider die romantische Theologie».[4] Er stellte sich dabei schroff gegen die Aussage Troeltschs: «Gottes Wesen und ewige Schöpfung trage die Welt in sich, sei selbst die beständige Selbstspaltung in unendliche Lebensfülle und Erhebung des Endlichen aus der Selbstliebe und Selbstverherrlichung zu Gotteinigkeit und Gottesdienst.»[5] Gogarten setzt dem entgegen, dass Troeltsch damit in Wahrheit gar nicht von dem Absoluten geredet habe, sondern nur von einem Bedingten. Wichtiger aber ist, dass Gogarten erklärt: Kierkegaard, und nach dessen Anleitung auch er, wisse, dass die Theologie überhaupt nicht Absolutes aussprechen könne; sie könne vielmehr von Gott angemessen nur *dialektisch* reden. «Kierkegaard war ein Dialektiker.» Eine Theologie sei dann dialektisch bestimmt, wenn «keine Aussage in ihr ohne ihre Aufhebung, ihren Gegensatz genommen sein will».[6] Wohlgemerkt, das Wort «Dialektik» kann verschiedene Bedeutungen haben. Beim Philosophen Hegel besagt es: Es gibt einen *Weg*, auf dem widersprüchliche Gegensätze vereint werden in einer Synthese. Bei Kierkegaard besagt Dialektik: Es gibt *keinen* solchen ausdenkbaren Weg. Sondern der Mensch lebt in unaufhebbaren, nicht von ihm aufhebbaren Spannungen, zwischen Satz und Gegensatz, zwischen einer Position und deren Aufhebung.

---

3 Ebd., 135.

4 Friedrich Gogarten, Wider die romantische Theologie, in: Anfänge der dialektischen Theologie 2, 136f.

5 Ebd., 140.

6 Ebd., 150.

Das klingt ziemlich abstrakt. Aber vielleicht wird das Gemeinte deutlicher, wenn wir uns das Grundmuster eines Vortrags von Karl Barth aus dem Jahr 1922 vor Augen halten – er war inzwischen Theologieprofessor in Göttingen geworden. Das Grundmuster lautet so: «Wir *sollen* als Theologen von Gott reden. Wir sind aber Menschen und *können* als solche *nicht* von Gott reden.» Das ist Satz und Gegen-Satz. Und nun der dritte Satz, der eben keine Synthese bringt, sondern sagt: «Wir sollen Beides, unser Sollen und unser Nicht-Können, wissen und eben damit Gott die Ehre geben.» Barth fügt noch an: «Das ist unsere Bedrängnis. Alles Andere ist daneben Kinderspiel.»[7] Das formuliert, was unter der von Kierkegaard bestimmten Dialektischen Theologie inhaltlich zu verstehen ist. Friedrich Gogarten und Karl Barth gründeten 1923 die Zeitschrift dieser Dialektischen Theologie unter dem bezeichnenden Titel «Zwischen den Zeiten». Zu den beiden Genannten gehörte von Anfang an eine Schar von Gleichgesinnten: der Münchener Studentenpfarrer Georg Merz, der Basler Münsterpfarrer Eduard Thurneysen, der Marburger Neutestamentler Rudolf Bultmann, in einem gewissen Abstand auch Paul Tillich, auch der Zürcher Systematiker Emil Brunner. Eben Brunner schrieb 1929, dass die Theologie «[d]ialektisch sein muss», und er fügte hinzu:

> «Das so schwer missverstandene ‹Dialektisch› könnte man am besten wiedergeben mit: den Widerspruch abbildend. Weil das Wort Gottes den Mensch in seinem Widerspruch treffen muss und trifft, darum ist es selbst ‹im Widerspruch›: der Gott-Mensch, die törichte Weisheit, die Freiheit als Gottesknechtschaft, das Kreuz als Offenbarung der Gottesherrlichkeit usw. Und darum ist seine legitime Sprache: das echte Paradox.»[8]

2. Barths Umgang mit Kierkegaard

Konzentrieren wir uns jetzt auf einen Text, der der entscheidende Anstoß für die Entstehung der Dialektischen Theologie war. In diesem Text spielt die Entdeckung Kierkegaards, des dänischen Philosophen in der Mitte

7 Karl Barth, Das Wort Gottes als Aufgabe der Theologie, in: Anfänge der dialektischen Theologie 1, 199.

8 Emil Brunner, Die andere Aufgabe der Theologie, in: Zwischen den Zeiten 1929, 266.

des 19. Jahrhunderts, eine wegweisende Rolle. Dieser Text ist Karl Barths Auslegung des paulinischen Römerbriefs, den er in einer zweiten Auflage noch einmal neu ausgelegt hatte. Das Buch erschien Ende 1921/Anfang 1922 auf dem Markt, unter dem anspruchsvollen Titel: «Der Römerbrief» – nicht Auslegung dieses Briefs, nicht Einführung in ihn oder Kommentar zu ihm, sondern nur eben: «Der Römerbrief». Das Buch wirkte wie ein Bergsturz, fand helle Zustimmung und heftigen Widerspruch. Es war die Zeit, in der die Leserschaft aufgewühlt war durch das Schreckensende des Ersten Weltkriegs, in dem anscheinend die ganze deutsche Vorkriegskultur versank. Es war die Zeit, in der zu Barth, dem Pfarrer in dem Schweizer Dorf Safenwil, Kierkegaards Schriften zu sprechen begannen. Im Juni 1920 schrieb er, er befasse sich eingehend mit dem zweiten Korintherbrief, halte aber zuvor eine «kleine private Morgenandacht aus Kierkegaard».[9] Wenig später berichtete er, er habe «den ganzen Abend über Kierkegaards ‹Augenblick› zugebracht», und daraufhin sei er in der Nacht um 3 Uhr erwacht: «Ich war im Traum soeben von Weißgardisten auf raffinierte Weise erschossen worden, weil ich meinerseits (und ich weiß nicht auf wen) einen Schuss abgegeben hatte.»[10] Eine merkwürdige Verarbeitung der aufregenden Schrift des Dänen!

Jenes Buch, das damals entstand, heißt «Der Römerbrief», weil der Verfasser nicht *Paulus* verstehen will, sondern *mit* Paulus *den*, der nicht nur einst gesprochen hat, sondern der heute *spricht*. Dieser Eine spricht nicht nur zu Paulus, sondern zugleich zu denen, die vor und nach Paulus auf diesen «Sprecher» gehört haben, ja, die in der Gegenwart mit dem Ausleger zusammen auf diesen «Sprecher», auf das Wort *Gottes* hören. So schreibt Barth zu Röm 4,1:

> «Jesus wäre nicht der Christus, wenn Gestalten wie Abraham, Jeremia, Sokrates, Grünewald, Luther, Kierkegaard, Dostojewski ihm gegenüber endgültig in historischer Ferne verharrten und nicht vielmehr in ihm in ihrer wesentlichen Einheit, Gleichzeitigkeit und Zusammengehörigkeit verstanden würden, wenn

9 Karl Barth – Eduard Thurneysen, Briefwechsel Bd. 1, 1913–1921, hg. von Eduard Thurneysen (GA 3), Zürich 1973, 395.

10 Ebd., 400.

> in der in ihm sich ankündigenden Negation ihre Positionen nur aufgehoben und nicht gleichzeitig begründet würden.»[11]

Es zeigt sich darin eine kühne Form des Umgangs mit Literatur wie der von Kierkegaard. Wie kühn das war, zeigt sich, wenn man die Polemik anhört, mit der der Vertreter eines historisch-kritischen Umgangs mit Kierkegaard, Barths Göttinger Kollege Emanuel Hirsch, 1923 schrieb: «Bei uns in Deutschland [im Unterschied zu den nordischen Ländern] herrscht gegenüber Kierkegaard noch die geistreiche Willkür, die den Mann für alle möglichen Zwecke einzuspannen sucht.»[12] Hingegen glaubte Barth gerade bei diesem ‹Mann› eine andere Umgangsform als die historische lernen zu können: Kierkegaard ist noch nicht verstanden, wenn man fragt, was er gesagt *hat*, sondern erst wenn man hört, was er *sagt*. Im Sommer 1922 erklärte Barth im Eingang seiner Göttinger Vorlesung über Johannes Calvin: «Sein Werk *ist* nicht nur geschehen, es geschieht *noch*» Genauer noch, die lebendige Vergangenheit sei genau die echte Gegenwart.[13] Die gleiche Auffassung gilt für den Umgang mit Kierkegaard.

Dabei ist das, was Kierkegaard in Barths zweitem Römerbrief «sagt», *sachlich* vor allem dies: das Geltendmachen des *Ärgernisses* in Bezug auf die Mitteilung Gottes an die Menschen. Um das mit zwei längeren Zitaten zu veranschaulichen: Zu Röm 3,22 (Gott offenbart seine Gerechtigkeit durch seine Treue in Jesus Christus für alle, die glauben) bemerkt Barth:

> «Die Offenbarung in Jesus ist ja, eben indem sie Offenbarung der Gerechtigkeit Gottes ist, zugleich die denkbar stärkste Verhüllung und Unkenntlichmachung Gottes. In Jesus […] macht er sich bekannt als der Unbekannte, redet er als der ewig Schweigende.»[14]

Und jetzt übernimmt an dieser Stelle Kierkegaard das Wort:

---

11 Karl Barth, Römerbrief (2), 93.

12 Eduard Geismar, Das ethische Stadium bei Sören Kierkegaard, aus dem Dänischen übersetzt und für deutsche Leser in den Anmerkungen ergänzt von Emanuel Hirsch, in: Zeitschrift für systematische Theologie 1923, 227.

13 Karl Barth, Die Theologie Calvins 1922, hg. Hans Scholl (GA 23), Zürich 1993, 9.11. Vgl. S. 3. 8. 93

14 Karl Barth, Römerbrief (2), 73.

> «Nimm die Möglichkeit des Ärgernisses weg, wie man in der Christenheit getan hat, so ist das ganze Christentum abgeschafft. Es ist ein leichtes oberflächliches Etwas geworden, das weder tief genug verwundet noch heilt, die unwahre Erfindung des bloß menschlichen Mitleids, die den unendlichen qualitativen Unterschied zwischen Gott und Mensch vergisst (Kierkegaard).»[15]

Das zweite Beispiel: Zu Röm 8,3 (Es geschah das dem Gesetz Unmögliche, Gott sandte seinen eigenen Sohn, im Gleichnis des sündenbeherrschten Fleisches) – hier redet Barth, indem er Kierkegaard reden lässt:

> «‹Hüten wir uns […] vor der undialektisch faselnden Klimax des Pfarrergeschreis: in dem Grade war Christus Gott, dass man es sofort und direkt sehen konnte›, vor dieser Blasphemie, bei der man ‹ohne Furcht und Zittern vor der Gottheit, ohne den Todeskampf, der die Geburt des Gottes ist, […] ohne den Schrecken vor der Möglichkeit des Ärgernisses *das* sogleich direkt zu wissen bekommt, was nicht direkt gewusst werden kann›, ‹anstatt zu sagen: er war *wahrer* Gott und darum *in dem Grade* Gott, dass er in der Unkenntlichkeit war› (Kierkegaard).»[16]

Zugleich lässt Barth Kierkegaard noch in einer weiteren Beziehung mitreden – an einem Punkt, an dem Barth gezögert haben mag. Er war damals engagiert in der sozialen Bewegung und sagt in seinem Römerbrief zu Röm 3,31 (Wir richten das Gesetz auf) nun trotzdem:

> «Wir gerade verkündigen das Recht des Individuums, den unendlichen Wert des Einzelnen (Kierkegaard!), indem wir verkündigen, dass seine Seele verloren ist vor und in Gott, aufgehoben und gerettet in ihm.»[17]

Ein wiederum höchst dialektischer Satz, der erneut nur indirekt gelten kann: Diese aufgehobene *und* gerettete Seele sei als solche unendlich wertvoll. Weder ein Individualismus noch geschweige ein Egoismus kann aus solchem «Recht des Individuums» gefolgert werden.

15 Ebd.
16 Ebd., 262.
17 Ebd., 91.

Es klingt zunächst dunkel, wenn Barth sagt: Man dürfe auf keinen Fall davon absehen, wie es Kierkegaard zuweilen getan zu haben scheine, dass die Einzelnen im unanschaulichen Einen gründen. Gemeint ist: All die anschaulich vielen einzelnen Menschen haben ihren Grund in dem unanschaulichen einen Gott. Aber dann pocht Barth darauf, dass Kierkegaard genau das doch sagt und zitiert ihn bei der Auslegung von Röm 12,3f. so:

> Der Nächste ist «*jeder* Mensch, denn durch seine Verschiedenheit von andern ist er nicht dein Nächster, auch nicht durch das, worin er innerhalb der Verschiedenheit von andern dir gleich ist. Dadurch, dass er vor Gott dir gleich ist, ist er dein Nächster, *diese* Gleichheit aber hat unbedingt *jeder* Mensch und hat sie *unbedingt* (Kierkegaard).»[18]

Und noch einmal dasselbe in der Auslegung von Röm 13,8 (Wer den andern liebt, der hat das Gesetz erfüllt):

> In Christus «bin ich nicht nur Einer mit Gott, sondern (weil und indem mit Gott!) Einer mit dem Nächsten. Liebe ist das ‹Geistverhältnis› zum Nächsten (Kierkegaard), d. h. das durch die an mich gerichtete Frage und durch die mir gegebene Antwort jenes mir gegenüberstehenden Du (des Geistes!) geschaffene Verhältnis des Einerseins […] mit dem Nächsten, sofern und so gewiss ich Einer […] mit Gott bin.»[19]

In dem schwer zu verstehenden Satz können wir doch die Hauptpointe verstehen: Liebe zum Nächsten ist begründet in unserer Verbindung mit Gott, der «unanschaulich» ist, d. h. der nicht von uns verfügend in den Griff genommen werden kann.

Das jetzt Ausgeführte drängt Barth dazu, noch eine Präzisierung anzubringen: Wenn der Nächste so verstanden wird, dann bedeutet das eine Frage auch an die Art, in der Barth selbst sich auf Kierkegaard beruft und sich ihm anschließt. Seine Bevorzugung der kleinen Gruppe von höchst kritischen Propheten eben von der Art Kierkegaards vor der Menge von weitum geschätzten und gern gehörten Volksführern kann letztlich kei-

[18] Ebd., 428.
[19] Ebd., 478f.

nen Bestand haben. Es handelt sich dabei vielmehr nur um eine relative, innerweltliche Unterscheidung, wie jene Propheten es selbst wussten – und wie doch auch Barth klar wird. Daher sagt er (zu Röm 4,15: Das Gesetz verschafft den Menschen Gottes Zorn):

> «Nach oben wie nach unten von einem Duft höchster Zweifelhaftigkeit umgeben, ist die *ganze* reiche Erscheinungswelt der Gottesverehrung [...]. Und man täusche sich nicht: Von demselben Verdacht und Duft umgeben ist auch alles, was sich am *Gegensatz* zu der religiösen Erscheinungswelt orientiert: [...] das Tempelbauen *und* das Tempelstürzen, [der seinerzeit hoch verehrte dänische Theologe] Martensen *und* [sein Antipode] Kierkegaard.»[20]

Aber dann lässt sich auch umgekehrt sagen, wie Barth zu Röm 7 bemerkt: Auch wenn wir uns scheuen, «die Konsequenz ziehend, wirklich an den *äußersten* Rand auch des Rands der religiösen Möglichkeit zu treten», wenn uns «der dialektische Mut Kierkegaards» fehlt, wir können es auch dann nicht verhindern, dass auch unsere einfachen, glatten Auffassungen solche Konsequenz in sich tragen können.[21] Es ist deutlich, was Barth damit sagt: Im Grunde stehen alle Menschen vor Gott gleich da, alle restlos und ausnahmslos verloren und untauglich, daran etwas zu ändern.

3. Diskussion des Kierkegaardschen Erbes

Es gab in den zwanziger Jahren des letzten Jahrhunderts mannigfache wissenschaftliche Kritik an den Darlegungen Barths. Zum Beispiel bemängelte der damals auch noch junge lutherische Dogmatiker Paul Althaus die Entwertung der Geschichte in dessen Theologie: «‹Gott in der Geschichte› – das gibt es nicht bei ihm.»[22] Althaus führte das auf den Einfluss Kierkegaards zurück: «Es scheint, dass Barth, wie Kierkegaard, [...] Gottes Liebe geradezu gleichsetzt damit, dass Gott uns feind ist»[23] – uns und damit der ganzen Ebene der menschlichen Geschichte. Das liege

20 Ebd., 112.
21 Ebd., 234.
22 Paul Althaus, Theologie und Geschichte, in: Zeitschrift für systematische Theologie I, 1923/24, 744, vgl. 742.
23 Ebd., 760f.

am Fehlen einer Christologie, an der doch der Sinn für die Geschichte hänge. «Barths Auflösung der Christologie knüpft an Kierkegaards Gedanken des ‹Paradoxes› und des ‹Ärgernisses› […] an.»[24] Althaus meint zwar, dass Barth damit zu Unrecht an Kierkegaard anknüpfe, und doch sieht er beide auf dem falschen Weg der Bestreitung eines Gottes in der Geschichte. Dass diese Kritik unberechtigt ist, davon ist gleich noch zu reden. Doch wurde Barth damals auch und noch mehr von der entgegengesetzten Seite her kritisiert. Diese Kritik ging von dem ihm damals nahestehenden Paul Tillich aus.

Tillich wollte das Anliegen Barths und Gogartens schützen, indem er es unternahm, eine ihnen von ihm unterstellte Schwäche auszuräumen. Die Schwäche liege darin, dass sie ihre zwar zu Recht vertretene Theologie der Krise oder das Paradoxes nicht begrenzten. Tillich will dem gegenüber «die Position aufzuweisen» suchen, «auf deren Boden die Negation überhaupt erst möglich wird».[25] Es geht ihm um den «Rückgang vom kritischen zum positiven Paradox». Durch solchen Rückgang komme es zu einer «reale[n] Aufhebung der dialektischen Position vom Unbedingten her»[26]. Tillich will also hinter die dialektische Position zum Unbedingten zurückgehen. Für ihn ist «das Unbedingte» ein anderer Name für Gott. Nach ihm ist das Unbedingte auch «unanschaulich». Aber er versteht es so, dass er das Unbedingte oder die Position *hinter* allem Geschichtlichen und empirisch Fasslichen sieht. Doch es rächt sich, meint er, dass die Dialektischen Theologen das nicht anerkennen. Es rächt sich darin, dass sie stattdessen für Tillichs Vorstellung etwas Absurdes tun: Sie setzen ein Relatives absolut. Nämlich sie machen den Menschgewordenen zu einem Gott, den sie anbeten. Das aber ist – Tillich wagt das Unerhörte nicht auszusprechen, obwohl er es meint – Götzendienst.

Barths Antwort an Tillich im selben Jahr 1923 trägt den sonderbaren Titel: «Von der Paradoxie des ‹positiven Paradoxes›».[27] Wenn man diesen Titel näher auslegt, wird bereits seine Gegenposition gegenüber Tillich deutlich. Sagen wir es so: Barth setzt die Worte «positives Paradox» in

24 Ebd., 766.

25 Paul Tillich, Kritisches und positives Paradox. Eine Auseinandersetzung mit Karl Barth und Friedrich Gogarten, in: Anfänge der Dialektischen Theologie 1, 166.

26 Ebd., 167.

27 Ebd., 175.

Anführungszeichen, und er zeigt damit an, dass er hier Tillich zitiert. Das heißt: Tillich hat recht, dass er mit dem *positiven* Paradox rechnet. Jedoch *wir* von uns aus können auch von diesem «Positiven» nur *paradox* reden, also nur dialektisch, in Gegenbegriffen, die wir nicht überbrücken können. Aber das ist nun das Problematische bei Tillich, dass er gedanklich das überbrücken zu können glaubt, was doch kein Mensch überbrücken kann. Barth nennt es einen empörerischen Griff, in dem der Mensch sich anmaßt, Gott zu sein.[28] Das habe, sagt er, «mit dem Gotte Luthers und Kierkegaards keine, aber mit dem Gotte Schleiermachers und Hegels eine ganz auffallende Ähnlichkeit».[29] Barth versteht mithin Kierkegaards kritische Dialektik als Wächterdienst gegenüber einem himmelstürmenden Hochmut. Hingegen zeige Tillich kein Verständnis für «die berechtigte Polemik gegen den ‹Menschgott›, wie einst Kierkegaard und Dostojewski sie führten» – gegen den «Menschgott», d. h. gegen einen vom Menschen her erdachten und erfassten Gott. Dass Tillich die Polemik gegen den Menschgott missverstehe, das zeige sich darin, dass seine Polemik sich vielmehr umgekehrt «gegen den *Gottmenschen*» richtet, das heißt: gegen den Gott, der seinerseits in dem von Christus bezeugten Geschehen Menschsein angenommen hat, um sich so mit den Menschen zu verbinden. Das positive Paradox ist also keine Gegebenheit, sondern «ein speziellstes, nur von Gott aus eröffnetes und nur, indem wir von ihm erkannt werden, zu erkennendes Geschehen, […] eine *Mitteilung*, eine *Gabe* im strengsten Sinn des Wortes, beides: die Sache *und* das Wissen darum». Und kurz: «Für ‹uns› ist – […] *Christus* das ‹positive Paradox›.»[30] Damit wird deutlich, dass Barths kritisches, paradoxes, dialektisches Reden mit Kierkegaard den Weg versperrt, auf dem der Mensch das tun zu können glaubt, was nur Gott an ihm vollbringen kann. Darum schließt Barth seine Antwort mit dem Satz Augustins: «In ecclesia non valet: hoc ego dico, hoc tu dicas, hoc ille dicet, sed: haec dicit Dominus.»[31]

Barth führt damit das aus, was er schon im Vorwort seines «Römerbriefes» geschrieben hatte: «Wenn ich ein ‹System› habe, so besteht es darin, dass ich das, was Kierkegaard den ‹unendlichen qualitativen Un-

[28] Ebd., 181.
[29] Ebd., 183.
[30] Ebd., 184.
[31] Ebd., 189. («In der Kirche gilt nicht: das sage ich, das sagst du, das sagt jener, sondern: so spricht der Herr.»)

terschied› von Zeit und Ewigkeit genannt hat, […] möglichst beharrlich im Auge behalte.» Und Barth fährt fort mit einer Erläuterung dessen, was unter diesem unendlichen qualitativen Unterschied zu verstehen ist, und zitiert zunächst aus Koh 5,1: «Denn Gott ist im Himmel, und du bist auf Erden.» Und weiter: «Die Beziehung *dieses* Gottes zu *diesem* Menschen, die Beziehung *dieses* Menschen zu *diesem* Gott ist für mich das Thema der Bibel und die Summe der Philosophie in Einem […]. Die Bibel sieht an diesem Kreuzweg Jesus Christus.»[32] Also, «Gott ist im Himmel und du, Mensch bist auf der Erde», beide in jenem unendlichen qualitativen Unterschied. Damit ist keine räumliche Entfernung bezeichnet. Gerade dieser ihr *qualitativer* Unterschied erlaubt, eine von Gott eröffnete *Beziehung* von ihm zu uns, von uns zu ihm ins Auge zu fassen. Die Beziehung ist darum von Gott eröffnet, weil sich ihrer beider Wege aufgrund des ans Kreuz hingegebenen Christus ‹kreuzen› und derart begegnen können.

Im Blick darauf übte nun freilich der Barth von ihrer gemeinsamen Marburger Studienzeit her gut bekannte Marburger Neutestamentler Rudolf Bultmann Kritik. In seiner Besprechung des «Römerbriefs» von 1922 stimmte er wohl weitgehend dem Buch Barths zu. Er wandte aber dann dagegen ein, dass Barth nicht radikal genug denke. Er mache nicht damit ernst, «dass kein Mensch – auch Paulus nicht – immer nur aus der Sache heraus redet. Es kommen auch andere Geister in ihm zu Worte als das *pneuma Christou*».[33] Barth antwortete ihm nicht weniger radikal:

> «Was im Römerbrief *zu Worte* kommt, das sind überhaupt nur die ‹andern› von ihm angeführten jüdischen, vulgärchristlichen, hellenistischen und sonstigen ‹Geister›. […] *Alles* ist […] Stimme der ‹andern› Geister und – ob und inwiefern *Alles* etwa auch […] als Stimme des *spiritus* (Christi) verstanden werden kann, das ist die Frage, mit der die *litera* studiert werden muss. […] Das *pneuma Christou* ist kein Standpunkt, auf den man sich stellen kann, um von hier aus Paulus oder, wen auch immer, zu schulmeistern. Es sei uns genug, uns, nicht ganz von ihm verlassen, trotz der ‹andern› Geister lernendlehrend neben Paulus zu stellen, bereit, geistlich Gemeintes auch geistlich aufzufassen, und bereit [zuzugeben], dass auch unsere eigene Stimme, mit der wir das Vernommene weiter geben, zunächst ganz und gar die Stimme ‹anderer› Geister

---

32 Karl Barth, Römerbrief (2), XIV.
33 Anfänge der Dialektischen Theologie 1, 142.

ist. [...] Gewiss, wir müssen auch über Paulus *hinaus*sehen lernen. Aber das erreichen wir nur dadurch, dass wir [...] mit rücksichtslosem Ernst uns bemühen, in ihn *hinein*zusehen.»[34]

Das ist die konsequente Anwendung des von Kierkegaard Gehörten: Aus der dialektischen Bedrängnis kann auch der beste Leser des Römerbriefs und gerade er nicht heraustreten. Dass sich eine Tür in dieser Bedrängnis öffnet, das heißt, dass sich uns die Stimme des Geistes Christi in den Stimmen der Bibel hörbar macht, das kann nur von der anderen Seite, von der Seite Gottes und seines Geistes her geschehen.

4. Eine letzte Begegnung

Im Jahr 1933 wurde die das Erscheinen der Zeitschrift «Zwischen den Zeiten» eingestellt, weil der Kreis der Vertreter der Dialektischen Theologie in Gegensätze auseinandergebrochen war. Risse zwischen ihnen hatte es schon längere Zeit gegeben. 1928 bemerkte jemand – es war wohl Hans Michael Müller, der 1933 theologischer Referent des Reichsbischofs Ludwig Müller war –, «dass die Führer der dialektischen Theologie unter sich so uneins seien wie die chinesischen Revolutionsgenerale».[35] Nach dem Machtantritt Hitlers führten die Risse zu einem Bruch. Barth nahm «Abschied» von «Zwischen den Zeiten», der Zeitschrift der Dialektischen Theologie, und erklärte dabei: Anlass für den Abbruch sei für ihn das Bekenntnis von Friedrich Gogarten zu dem Satz von seinem nationalsozialistischen Freund Wilhelm Stapel: «[...] dass das Gesetz Gottes für uns identisch sei mit dem Nomos des deutschen Volkes.» Für Barth ist dieser für den Nationalsozialismus weit geöffnete Satz der «vollzogene Verrat am Evangelium».[36] Da gebe es kein Halten mehr gegenüber dem totalitären völkischen Staat mit seinem Arier-Paragraphen.[37] 1937 hat Gogarten seinerseits den Bruch bestätigt und gesagt, dass Barth und er sogar «von Anfang an verschiedene Wege gegangen» seien. Barth sei der «Gefahr

[34] Karl Barth, Römerbrief (2), XXI.XXIII.
[35] Ders., Abschied, in: Zwischen den Zeiten 1933, 537.
[36] Ebd., 539.
[37] Ebd., 541.

einer zeitlosen, sich selbst genügenden Theologie» verfallen[38] – was nicht gerade vom Verständnis der Art der Zeitbezogenheit des Denkens seines nunmehrigen Kontrahenten zeugt. Er hingegen denke nicht daran, sich gegenüber «dem geschichtlichen Leben unseres Volkes» zu isolieren. Er habe ja nicht vergessen, dass die in der Bibel bezeugte Wahrheit «nach einem Worte Kierkegaards [nicht] etwas Schriftliches» sei, «das der ‹liebe Gott› von sich gegeben hätte». Sondern? Das wird nicht recht deutlich. Gogarten spricht hier von einem «Zu-sich-selbst-Kommen des Menschen», das Not tue, aber nicht aus menschlicher Kraft, sondern allein aus Kraft des Wortes Gottes.[39] Meinte er, dass, wenn im braunen Deutschland der deutsche Mensch zu sich selbst komme, Gott das bewirkt habe? Stand hier Kierkegaard Pate für Gogartens Plädoyer für die Anerkennung des totalitären Staates?

Für Barth bedeutete die damals eingetretene Veränderung anscheinend einen Wandel in seiner Stellung zu Kierkegaard. Der große Barth-Interpret Hans Urs von Balthasar sah den Wandel Barths in einer Veränderung seiner Denkform: weg von einem Denken in Dialektik hin zu einem Denken in Analogien, d. h. in Entsprechungen, die das Tun Gottes unter den Menschen findet und hervorruft. Von Balthasars These ist heute umstritten. Jedenfalls ist es aber so, dass Barth in seiner in dieser Zeit in Angriff genommenen vielbändigen Kirchlichen Dogmatik Kierkegaard wenig erwähnt und wenn, dann oft kritisch. Um dafür zwei Beispiele zu bringen: 1953 kritisiert er eine christliche «Unbescheidenheit», die sich zeige in dem «an Kierkegaard sich inspirierenden theologischen Existentialismus der Gegenwart». Die bestehe in einer Haltung, «sich selbst in einer Weise ernst zu nehmen, die dem Ernst des Christentums durchaus nicht angemessen ist».[40] Zwei Jahre später redet er kritisch von Kierkegaards Schrift «Leben und Walten der Liebe». Demnach sei unsere irdische Liebe nicht durch die Liebe Gottes zu uns entzündet, sondern uns durch das nackte Gebot «Du sollst» auferlegt. Barth bemerkt dazu, es sei nun einmal nicht so, «dass pflichtmäßig auferlegte Liebe mehr als ein gewissermaßen an die Wand gedrückter und zerquetschter Eros sein kann», als ein verqueres Begehren zur Selbstbefriedung.[41]

38 Anfänge der Dialektischen Theologie 2, 331f.
39 Ebd., 336.
40 Karl Barth, KD IV/1, 828.
41 Ders., KD IV/2, 887.

Jetzt sei noch auf die Worte Karl Barths hingewiesen, die er 1963 in Kopenhagen anlässlich einer ehrenvollen Auszeichnung seines Werkes vortrug. Die kunstvoll komponierte Rede zeigt ein erneut dialektisch gedachtes Verhältnis, nämlich zu dem Dialektiker Sören Kierkegaard. Denn sie bezieht sich unter drei unter sich verschiedenen Gesichtspunkten auf diesen dänischen Einzelgänger. Zuerst ein kritischer Blick von diesem auf den Preisträger, der ihn wohl so anreden würde:

> «Soweit also [...] ist es mit dir gekommen [...] – du Wahrheitszeuge – soweit, dass man dir nun [...] einen stattlichen Preis verleiht. Habe ich es nicht immer gedacht: als kleines Genie magst du vielleicht gerühmt werden, obwohl nach meinen Maßstäben auch dazu einiges zu bemerken wäre. Aber ein Apostel? Den wirklichen Aposteln hat man meines Wissens keine Preise verliehen, sondern ...»[42]

Sodann zweitens nun umgekehrt ein kritischer Blick des Basler Theologen auf den Kopenhagener Philosophen – formuliert in höflichen Fragen. Nämlich: Darf man denn immer fortfahren, in lauter kritischen Negationen zu reden, wenn es doch um die Verkündigung des Evangeliums, der frohen Botschaft Gottes von seiner freien Gnade geht? Ferner: Wo bleibt bei deiner Konzentration auf die Existenz des *Einzelnen* der Blick auf das *Volk* Gottes, die Gemeinde und ihre diakonische und missionarische, ihre politische und soziale Aufgabe? Und schließlich: Hast du nicht die Mittelpunktstellung des Menschen in der modernen Theologie und Philosophie verstärkt, statt ihr gegengesteuert? Soweit die Fragen, in denen Barth dann in der Schule *anderer* Lehrer zu lernen hatte.

Ganz zuletzt – eine Synthese? Das nicht, aber ein Wort des Friedens in der bleibenden Dankbarkeit für Kierkegaards Sendung. «Dennoch meine ich, Kierkegaards Weckruf, wie wir ihn damals hörten, auf meinem ganzen folgenden Weg und bis auf diesen Tag treu geblieben zu sein. Zu Hegel oder gar zu Bischof Mynster gab es von damals her für mich keine Rückkehr.» Und weiter: «Ich halte ihn für einen Lehrer, durch dessen Schule jeder Theologe einmal hindurch gegangen sein muss.» Ja, fährt Barth verschärft fort: «Wehe einem Jeden, der sie versäumt haben sollte! Nur dass er nicht in ihr sitzen bleiben und besser nicht in sie zurückkeh-

---

[42] Ders., Dank und Reverenz, in: Evangelische Theologie, Juli (1963), 337f.

ren würde!» Also kein Zurück hinter die Belehrung durch Kierkegaard. Das ergäbe nur eine vor der Höhe ihrer Aufgabe ausweichende christliche Theologie. Aber doch ein Vorwärts nach der Belehrung durch Kierkegaard. Ist das denn möglich? Barth beruft sich für diese Möglichkeit auf Kierkegaard selbst. Denn, sagt er, «seine Lehre ist, wie er selbst einmal gesagt, ein ‹ein bisschen Zimt› zur Speise, nicht aber die Speise selbst, die der Kirche und so den Menschen zu bieten die Aufgabe rechter Theologie ist».[43] Hat Barth sich in seinen späteren Jahren der Bereitung solches «Speise» gewidmet, so hat er nicht vergessen, dabei immer wieder von diesem «Zimt» Gebrauch zu machen.

[43] Ebd., 340–342.

Friedrich Schleiermacher (1768–1834)

Das letzte Kolloquium
Karl Barth und Friedrich Schleiermacher

Am 21. November 1968 rief Karl Barth mich an und fragte, ob ich schon gebührend beachtet habe, dass heute vor 200 Jahren Friedrich Schleiermacher geboren sei. Ich bejahte. Da lud er dazu ein, diesem Großen nun, so wie der es einst von dem «heiligen verstoßenen» Spinoza sagte (54)[1], eine Locke seinen Manen zu opfern. Bei der Erregung, in der Barth das meldete, spürte ich, dass für ihn Schleiermacher eine höchst lebendige, sprechende, gegenwärtige Gestalt war.

Darum hatte er bereits im vorangegangenen Sommer im Vorblick auf das Jubiläum das Gedenken in seiner Weise gestaltet. Im Februar hatte er zwar eine schwere Erkrankung erlitten, die ihn hart an den Rand des Todes führte. Aber dann hat er sich noch einmal aufgerichtet, um in seinem hohen Alter und seinem Kranksein zum Trotz jeweils am Samstag ein Seminar an der Universität durchzuführen, oder, wie er jetzt lieber mit Bedacht sagte: ein Kolloquium. Es war seine letzte akademische Veranstaltung. Die Unternehmung war der Beschäftigung mit Schleiermachers «Reden» von 1799 gewidmet; und es war wohl die Erinnerung gerade an diesen Theologen, was ihm die Kraft zu solchem Tun gab. Er war sogar richtig stolz, dass jedenfalls *er* dieses Jubiläum nicht vergessen hatte; denn er fand es traurig, dass sich die jüngeren Aktiven an der Theologischen Fakultät Basel allem Anschein nach nicht daran erinnert hatten.

Mehrfach in seinem Leben hat er sich direkt mit Schleiermacher befasst. In seiner Weihnachtspredigt 1911 über Joh 1,14 vor seinen Safenwiler Arbeitern nennt er, «Dr. Friedrich Schleiermacher, [den] Kirchenvater des Protestantismus am Anfang des 19. Jahrhunderts» neben Origenes und Martin Luther die «größten Geister der christlichen Welt». Noch zuvor, in seiner Genfer Zeit hatte der 23-Jährige eine Dissertation über die Lehre vom Gebet bei diesem Theologen ins Auge gefasst, brach das Vorhaben aber ab, als er entdeckte, dass wenig zuvor jemand schon darüber doktoriert hatte. Damals hat er in dessen Geist gepredigt, in Genf auf der alten Kanzel Calvins im dortigen *auditoire*, und das in der Meinung, dass

---

1 Friedrich Schleiermacher, Über die Religion. Reden an die Gebildeten unter ihren Verächtern, neu hg. von Rudolf Otto, 6. Aufl., Göttingen 1967. Die Zahlen im obigen folgenden Text verweisen auf Seiten in dieser Ausgabe.

das durchaus im Sinne des Genfer Reformators geschah. Als 82-Jähriger bemerkte er zu seiner letzten Beschäftigung mit Schleiermacher: «On revient toujours aux son permier amour.» Aber er setzte dem verschmitzt hinzu, dass der Satz bei ihm ja auch so lauten *könnte*, wenn auch nicht so lauten *sollte*: «Le criminel revient toujours à la place de son crime.» In der Tat war er unterdes kritisch gegenüber jenem Theologenhaupt geworden. Immerhin, die Art, in der Emil Brunner inmitten der Abgrenzungen der Dialektischen Theologen sein Verdikt über Schleiermacher aussprach[2], machte Barth stutzig. Er wurde sich klar, dass es auf dem Feld der Theologie solche definitiven Verabschiedungen Vorangegangener grundsätzlich nicht geben darf. Dem widerspreche der Glaube an den Auferstandenen von den Toten. In ihm *lebt* auch dieser Theologe.

Bei der Einführung in das Thema des Kolloquiums[3] führte Barth aus, dass es entscheidend «die großartige Verbindung von Einheit und Mannigfaltigkeit seines Denkens und Wissens» sei, die ihn immer wieder zu Schleiermacher zurückgeführt habe. Ist das auch der Grund dafür, fragte er, weshalb dieser Mann heutzutage geradezu als der «Kirchenvater des 19. Jahrhunderts» ausgegeben werde? Warum auch immer, er war jedenfalls solch ein Kirchenvater, und Barth fügte hinzu, er sei das ja vielleicht auch noch im 20. Jahrhundert, gerade weil seine Theologie ein Format habe, wie es bei Wenigen heute zu finden sei. Er habe vernommen, dass Schleiermacher neuerdings in den USA hoch gefeiert werde. In «Time Magazine» sei zu lesen gewesen, dass das passionale Erlebnis der Religion für den modernen Menschen mehr Sinn habe als das vom Intellekt bestimmte Verhältnis, wie das bei ihm, Barth, der Fall sei. Das müsse er halt nun ertragen.

Eben, die «Reden» Schleiermachers «Über die Religion» von 1799 sollten das Thema seines Kolloquiums sein. Es ist Schrift, über die er einst in seinen Marburger Studienzeiten seinen verehrten Lehrer Wilhelm Herrmann sagen hörte: Sie sei die bedeutendste christliche Schrift seit Abschluss des neutestamentlichen Kanons. Bei Herrmann wiederum hatte er gehört, dass von Immanuel Kant zu lernen sei, was «das Gesetz» sei, und offenbar war nach ihm von Schleiermacher zu erfahren, was «das Evangelium» sei. Dass freilich das so nicht stimmen kann, war Barth bald klar,

2 Emil Brunner, Die Mystik und das Wort, Tübingen 1924, besonders 375–389.
3 Nach Eberhard Busch, Barth-Tagebuch, zunächst: 548–553.555–559.

weil Schleiermacher doch in seiner «Grundlegung» christlicher Sitte sehr bestimmt Kant kritisiert und korrigiert. Barth kannte und empfahl gewiss auch die anderen Schriften Schleiermachers, aber er meinte, dass dieser Theologe in seinen «Reden» am meisten sein Herz öffne. Immerhin habe er seine Schrift noch dreimal in seinem Leben selbst herausgegeben, auch noch, als schon sein Meisterwerk «Der christliche Glaube» veröffentlicht war. Er selbst fand sie offenbar nicht durch dieses Buch überholt, indem er sie erneut ins Licht setzte. Daher legte Barth gerade sie seinem Kolloquium zugrunde, und zwar nach der Ausgabe von Rudolf Otto.[4]

Wichtig war ihm die Frage der Art der Behandlung dieses Theologen. Er sprach davon in einer der ersten Sitzungen: Schleiermacher sei wohl theologisch ein Antipode von ihm, aber es solle in dem Seminar deutlich werden, dass er der von ihm ebenso sehr respektierte wie geliebte Antipode sei. Aber wie sollte dann der Text der «Reden» besprochen werden? Vor allen Dingen nicht so, meinte Barth, dass man dabei Wasser auf die eigenen Mühlen zu lenken unternimmt! Mit spöttischer Energie beschrieb er, wie das im Falle verschiedener theologischer Konzepte funktioniert habe. Auf der einen Seite stehen die Kritiker wie Emil Brunner und wie zuvor schon Albrecht Ritschl[5]. Gerade der Letztere lasse seinen Kontrahenten gar nicht richtig zu Wort kommen, sondern falle ihm schon auf der ersten Seite ins Wort. Auf der anderen Seite befinden sich die Lobenden wie Otto Ritschl, der Sohn jenes Albrecht, der dem Vater Verschmähten eine «Ehrenrettung» zuteilwerden lassen wollte[6]. Aber ob so oder so, die Interpreten sind sich darin einig: Sie deuten ihr «Objekt» nach dem Maßstab, ob und inwiefern sie ihre *eigene* Theologie darin wiederfinden oder auch nicht darin wiederfinden.

Barth war bei dieser Kritik auch gegen sich selbst kritisch und sagte, dass er bei einem Seminar in den 1950er Jahren über die «Reden» diese möglichst *in optimam partem* zu verstehen versuchte, nämlich so, als habe der Meister vielleicht doch schon heimlich in der Kirchlichen Dogmatik gelesen. Diesmal aber wolle Barth mit den Anwesenden anders verfahren. Er wolle sich streng darauf konzentrieren, diesen Theologen selbst zu Ge-

4 Vgl. Anm. 1.

5 Albrecht Ritschl, Schleiermachers Reden über die Religion und ihre Nachwirkungen […], Bonn 1874.

6 Otto Ritschl, Schleiermachers Stellung zum Christentum in seinen Reden über die Religion. Ein Beitrag zur Ehrenrettung Schleiermachers, Gotha 1888.

hör zu bringen und also schlicht zu hören – obwohl dieses Schlichte bekanntlich besonders bemühend sei! Er wolle *hören* nicht unter Ausschaltung der eigenen Person, aber so, dass die Person entscheidend als genauer Hörer aktiv ist – als Hörer dessen, nicht was hat er sagen *wollen*, nicht was er *gemeint*, sondern was hat Schleiermacher *gesagt* hat. So genau wie nur möglich: dies!

Nicht um den da Redenden auf eine bestimmte Meinung des Hörers festzulegen, sondern um zu einem möglichst geduldig wachsamen Hören anzuleiten, diktierte Barth fünf Fragen, die er genau überdacht hatte. Er gab sie den Teilnehmern mit auf den Weg, mit der Erklärung, dass wir in dem Seminar darauf nicht mehr zurückkommen würden. Denn wie gesagt, diese Fragen sollen ja nur unsere Ohren und sonstigen Sinne beim Lesen des Textes schärfen. Um das hier einzuschieben: Während der Zeit des Kolloquiums schrieb Barth auch sein «Nachwort» zu einem Buch mit ausgewählten Schleiermacher-Texten. Darin notierte er auch diese selben Fragen.[7] Da sie freilich im Drucktext von seinem Diktat abweichen, seien sie hier ausdrücklich hergesetzt:

> «1. Handelt es sich in dem, was Schleiermacher vorbringt, esoterisch, d. h. eigentlich, innerlich, in seiner wirklichen Meinung und Absicht um eine Theologie, ausgerichtet auf Predigt, Unterricht und Seelsorge? Handelt es sich um eine Theologie, die er dann exoterisch, d. h. nach außen gewendet, im Blick auf seine Leser und Zuhörer, im Gewand einer seiner Zeit und seinen Zuhörern angemessenen und verständlichen Philosophie abhandelt?
>
> Oder geht es in dem, was Schleiermacher vorträgt, esoterisch, innerlich, in seiner eigenen Meinung und Absicht um eine *Philosophie*, die er in Auseinandersetzung mit der philosophischen Vorzeit und dann mit dem zeitgenössischen Idealismus in seinen Spielarten von Kant über Fichte zu Schelling eigentlich vortragen wollte, die er aber exoterisch, im Blick auf die Kirche, die Gemeinde, auf die sogenannten einfachen Gläubigen im Gewande einer bestimmten, durch die damalige Zeit bedingten Theologie abhandelt? Geht es ihm eigentlich um Theologie oder um Philosophie, nur uneigentlich um Philo-

7 In seinem «Nachwort» zu dem von Heinz Bolli herausgegebenen Siebenstern-Taschenbuch 113/114, 1968, das Barth während des Semesters – Mitte Juni – schrieb, sind diese Fragen Seiten 307–310 auch gedruckt.

sophie oder nur uneigentlich um Theologie? – Wer das Eine oder das Andere behauptet, lasse sich durch die jeweils gegenteilige Ansicht fragen!

2. Wir hören in diesen «Reden» einen Menschen sprechen in Form von Theologie oder von Philosophie (in dem bewussten antithetischen Verständnis). Frauge: Denkt und spricht in diesem Buch und allen seinen Büchern ein Mensch, der hört auf ein ihm selber, seinem Sein, seinem Fühlen, seinem Erkennen, seinem Wollen unaufhebbar konfrontiertes Gegenüber? Denkt und redet Schleiermacher im Blick auf einen echten *Gegenstand*, der als Gegen-stand unauflöslich ist?

Oder: Ist es so, dass hier ein Mensch denkt und redet aus einem souveränen Wissen um sein eigenes *Zugleichsein* oder Einswerden oder gar Einssein (jetzt können wir nicht im präzisen Sinn von einem Gegenstand reden, aber) mit einem relativ realen «Anderen», mit dem er sich und seine Leser und Hörer beschäftigen will und kann, obwohl es unendlich und unbestimmbar ist, aber weil er auf Grund dessen daran beteiligt ist, dass es ihm kein Gegen-stand ist, sondern mit dem er eins ist?

3. Denkt, spricht der Mensch in seinem Umgang mit jenem Gegenüber bzw. Anderen auf einem Weg, der herkommt von einer ganz bestimmten konkreten Gestalt dieses Gegenstands oder Anderen und auf dem er dann hinstrebt zu dessen allgemeinen Sinn und Bedeutung und Charakter? Kommt er dabei vom *Konkreten* her, vom Speziellen, um von da aus zum Abstrakten und Allgemeinen zu kommen?

Oder: Denkt und redet hier der Mensch in seinem Umgang mit jenem Gegenstand oder mit dem Anderen von einem ihm irgendwie (aliquo modo) bekannten *allgemeinen* Sinn her? Denkt und redet er hier, weil er das Innere dieses Anderen kennt, auf Grund dessen, dass er selbst so ist, und dies in Richtung auf die den Hörern bekannten Besonderheiten und Konkretionen?

4. Ist dieser Denker und Sprecher in seinem Tun, in seiner Bewegung motiviert und dirigiert durch eine bestimmte Macht? Ist diese Macht, die ihn zu dieser Tätigkeit treibt, der Geist? Ist dieser Geist, aus dem heraus er beweglich wird, von Anfang an ein partikularer, ein besonderer Geist? Ist es der *Heilige Geist*, der ihn da treibt und leitet?

Oder: Haben wir es hier mit dem Treiben und Leiten und Führen eines universellen, eines allgemeinen, menschlichen Geistes zu tun? Haben wir es mit einer der menschlichen Natur und infolge dessen der ganzen Menschheit eigentümlichen Gestalt einer Macht zu tun, die den Menschen veranlasst zu dem, was er speziell tut? Und wäre dann also zu sagen: Es ist ein letztlich *säkularer Geist,* der da am Ruder ist?

5. Die wildeste Frage: Sind wohl alle diese vier Fragen (nebst den Gegenfragen) oder wenigstens Einige von ihnen richtig, d. h. Schleiermacher angemessen gestellt? Hat es Sinn, an Schleiermacher mit diesen Fragen heranzutreten und dann, je nach dem, nach links oder rechts Stellung zu nehmen? Dann sind wir reif zu einer Stellungnahme. Aber sind diese Fragen richtig gestellt?

Doch es könnte ja auch ganz anders sein – nach dem von Schleiermacher so gerne zitierten Bibeltext, der für ihn die große Frage war und der Anlass, sich offen zu halten: ‹Bist du der, der da kommen soll?› Sind wir überhaupt auf der rechten Spur, wenn wir ihm diese Fragen stellen? Sind vielleicht alle diese Fragen oder Fragenpaare miteinander falsch gestellt? Lässt sich Schleiermacher in das ganze Netz einfangen oder vielmehr nicht einfangen? Ist er ein zu großer Fisch oder ein zu kleiner, der das Netz zerreißt oder der durch die Maschen schlüpft? Dann wären wir mit diesen Fragen und mit den Antworten auf sie nicht berechtigt, Stellung zu ihm zu beziehen, sei es positiv oder kritisch. Sondern wir hätten dann nötig, ganz neue Fragen zu stellen und so ganz neue Antworten zu geben.»

Nach dem Diktat schärfte Barth den Studierenden ein, er habe wohlgemerkt weder dies noch jenes bejaht, habe auch bei Frage 5 weder zu a oder b eine Antwort gegeben. «Nehmen Sie zur Kenntnis, dass es dieses Fragenmaterial *gibt,* dass die ‹Reden› mit diesen Fragen zu lesen sind!» Es sind alles offene Fragen, die zur Stellungnahme einladen. Er mache jetzt weder eine Aussage dazu, ob die Fragen erschöpfend sind, noch welche Antworten zu geben wären.

Ein Student bemerkte dazu: «Das ist aber eine schwere Aufgabe für dieses Semester, die Sie uns da stellen.» – Barth: «Nein, das ist eine Aufgabe für ein ganzes Leben.» – Ein anderer fragte: «Sind Ihre Fragen nicht Alternativen, die für Schleiermacher nicht passen, weil er ein Vermittler zwischen solchen Alternativen war?» – Barth: «Vielleicht haben Sie recht. Aber insoweit haben Sie recht, als Ihre Frage in Nr. 5 berücksichtigt ist. Wenn Sie in Ihrer Weise denken wollen, dann wiederholen sich die Fraugen allerdings immer wieder, wenn wir nämlich weiter fragen, *von woher* denn Schleiermacher an diesem und diesem Punkt vermittelt.» – Was Barth an diesem Theologen nicht zuletzt imponiert, ist die Kultur seiner Bildung. Spöttisch erwähnt er Albrecht Ritschls Kritik, dass das, was jener geboten habe, nicht Theologie sei, sondern bloß Ästhetik: «O hätte Ritschl wenigstens von seiner Ästhetik etwas gelernt!» Denn seine Kritik trage er in unerfreulich unästhetischer Manier vor. Was Schleiermacher dagegen vortrage, habe Stil. Auch was er etwa über Frauen sage, sei geformt «in einer Erotik höchsten Niveaus» – in ganzem Gegensatz zu Helmut Thielickes Buch mit dem unsäglichen Titel «Sex».[8] Man beachte es wohl: Es richte sich seine Schrift «Über die Religion» an die *Gebildeten* unter deren Verächtern. Leider habe er darum, im Unterschied zu seinem lutherischen Kollegen namens Prahmer, das Elend in der Berliner Charité, an der er als Prediger einige Jahre angestellt war, übersehen. Man murrte damals in der Stadt über die dortigen Zustände: Die Hunde in dem nahen Tierspital würden wie Menschen und die Menschen in der Charité wie Hunde behandelt. Er redet nicht einmal davon. Denn nur zu den kulturell Gebildeten in den vornehmen Salons fühlte er sich gesandt. In deren Atmosphäre schrieb er seine «Reden».

Barths Kolloquium befasste sich nach seiner Anweisung in der Hauptsache mit zwei jener «Reden» – zunächst einen Monat lang mit der zweiten über das, was «eigentlich das Wesen der Religion ausmacht» (116). In der Disposition dieses Textes fand er es beachtlich, dass Schleiermacher zuerst seine These positiv ausführt: Die Religion sei das Beieinander von Anschauung und Gefühl, je in ihrer unverwischbaren Besonderheit. Dann erst nachträglich, im Anhang, wird ausgeführt, dass «Gott» und «Unsterblichkeit» für die Religion im Grunde entbehrliche Begriffe seien. Das sei ja, flicht Barth ein, neuerdings vom englischen Bischof John Robinson in seinem populären Pamphlet «Honest to God»[9] aufgegriffen worden, und er stehe dabei an der Spitze von denen, die heute «Entmythologisierung» fordern im Stolz auf unsere technischen Leistungen – wie es auch Rudolf Bultmann imponiert hat: speziell das Telefon![10] Aber wenn Barth hier mitmarschieren müsste, dann würde er es lieber mit Schleiermacher

8 Helmut Thielicke, Sex. Ethik der Geschlechtlichkeit, Tübingen 1966.

9 John Arthur Thomas. Robinson, Honest to God, dt. Gott ist anders, München 1963.

10 Vgl. Rudolf Bultmann, Neues Testament und Mythologie, in: Kerygma u. Mythos. Theologische Forschung Bd. 1, hg. von Hans W. Bartsch, Hamburg 1948, 18.

tun und nicht mit seinen derzeitigen «Epigonen in ihrer geistlichen und geistigen Armut». Der hat zuerst Ja gesagt zu einer bestimmten Erkenntnis, und zwar in einer «bezaubernden Weise». Erst daraufhin folgt sein Nein zu dem, was für ihn damit dahinfällt.

Des Näheren ist es interessant, wie er die beiden nach ihm tief verschiedenen Wirklichkeiten verbunden sieht: Anschauung und Gefühl – so verschieden, dass sie nur getrennt dargestellt werden können, wie er traurig klagt.[11] Die Anschauung bezieht sich auf das an uns handelnde Universum. Wir können es nicht an sich erkennen. Aber es öffnet sich von sich aus dem Menschen, ja, es «offenbart sich» ihm in jedem Augenblick, und zwar eben so, dass er es «anschauen» kann. Und jeder Schauende ist damit ein neuer Priester und Mittler – jeder! «Was ist Immanuel Kant für ein Philister neben diesem Sänger!», ruft Barth aus, der doch wahrlich auch seinen Kant schätzt. Aber Schleiermachers Satz tönt ihm dagegen wie ein Gesang – und zu singen pflegte Kant nicht. «Alles, was ist, ist für die Religion notwendig, und alles, was sein kann, ist ihr ein wahres, unentbehrliches Bild» (65). Doch ist er nach Barth auch nicht auf der Linie des *ineffabile*, des Unaussprechlichen des «Heiligen» bei Rudolf Otto[12] zu verstehen. Denn neben der Anschauung gibt es für Schleiermacher das Gefühl und damit die Selbsttätigkeit des Menschen. Darin geht es freilich nicht um ein besonders Tun in speziellen Akten, sondern als Begleitung zu allen diesen Akten lebt die Religion. Sie bewirkt, dass das ganze Handeln in allen besonderen Akten den Charakter von Besonnenheit bekommt. Unbesonnenheit passt nicht zur Religion, wie Schleiermacher entgegen seinem schwärmerischen Großvater bemerkt.

Doch er gibt nicht auf und sagt schließlich schön: Das, was sich nur getrennt aussagen lässt, ist im Vollzug der Religion nicht zweierlei, sondern eins. Und er deutet den geheimnisvollen Augenblick der Einheit von Anschauung und Gefühl an (73f). Eine Minute des Schweigens vor diesem heiligen Moment wäre nun nötig. Zitternd wie Espenlaub müssten wir jetzt wagen zu sagen: Es ist eine Liebesszene – ein jungfräulicher Kuss, eine bräutliche Umarmung … Die Braut ist die Anschauung und der Bräutigam ist das Gefühl. Man ist von der Verschiedenheit hergekom-

11 Eberhard Busch, Barth-Tagebuch, 574f.586f.

12 Rudolf Otto, Das Heilige: über das Irrationale in der Idee des Göttlichen und sein Verhältnis zum Rationalen, Breslau 1917), 16. Aufl., Gotha 1927.

men und ist in eine Vereinigung eingetreten. Dann tritt sie wieder auseinander, aber die Erinnerung darum muss wachgehalten werden. Aus der Trennung kommt die romantische Wehmut, die sich sehr wohl mit einem scharfen Denken zu paaren vermag.

Weiter heißt es nun (98f)[13]: Jeder einzelne Mensch ist ein Kompendium des ganzen Universums in irgendeiner interessanten Mischung. Von da aus lässt sich sagen: Das Wesen dessen, was ich als Aufgabe in mir finde, ist die Vermittlung. Ein jeder ist qualifiziert, auch anderen ein Mittler zu sein. Der Gedanke wird daraufhin auf das Problem der Geschichte bezogen. In ihr gibt es Fortschritt und Entwicklung, es geht weiter und weiter. Was waltet in der Geschichte? Eine vielen naheliegende Antwort lautet: «Das Schicksal! Das bedeutet eine Verfügung über den Menschen. Es herrscht eine Nemesis in abänderlichem Regiment. Sie hat den Charakter von strafender Gerechtigkeit: Rache für Vorangegangenes.»[14] Aber Schleiermachers Gedanken gehen in eine andere Richtung – er hat hier vielleicht an die Französische Revolution gedacht: Die Geschichte spult sich nicht bloß schicksalsmäßig ab. Sie bewegt sich aufs Ganze gesehen in einer aufwärtsführenden Linie. Sie ist bestimmt durch ein fortgehendes Erlösungswerk der ewigen Liebe. Schleiermacher hat das sicher nicht leichtsinnig gemeint. Der aufklärerische Optimismus war 1755 nach dem Erdbeben von Lissabon schon zu Ende. Dennoch ist die Menschheit auf dem Weg zu Höherem. – Frage: Wäre das Höhere bei Schleiermacher vielleicht das «Woher» der schlechthinigen Abhängigkeit, nämlich von Gott? – Barth: Davon redet er hier ja (noch) nicht. Jedenfalls ist der anthropologische Zirkel bei Schleiermacher nicht absolut geschlossen, wenn er von etwas Höherem redet.

Das Gefühl ist die menschliche Antwort auf die Anschauung, auf die Offenbarung (108–111). Die an erster Stelle zu nennende Form des Gefühls ist die Ehrfurcht vor dem Weltgeist. Zweitens: die Demut. Das Universum schaut mich an, und ich stehe klein davor. Das Ergebnis ist das demütige Gefühl. Drittens: Schaut man auf den anderen, so sieht man, dass man in Ehrfurcht und Demut nicht allein ist. Das erweckt innige Liebe zum Mitmenschen. Zu dieser Liebe gehört die Dankbarkeit für die, die schon zu dieser Liebe gekommen sind, und gehört Mitleid nach unten

13 Eberhard Busch, Barth-Tagebuch, 588f.

14 Ebd., 589.

zu den gewöhnlichen Menschen, die davon noch nicht erfasst sind. Zu ihr gehört auch die Reue im Blick auf unser eigenes Versagen. Diese Begriffe gehören nicht zu einer bloßen Moral. Sie sind Gegenwirkungen zu den in der Anschauung empfangenen Wirkungen. Gerade in diesem Gefühl unterscheidet sich die Religion nach drei Seiten: Kunst, Metaphysik und Moral. Schleiermacher will also auch nicht so verstanden sein, wie ihn Albrecht Ritschl verstanden hat: als bloßen Ästheten. Im religiösen Leben geht es allerdings um eine Harmonie. Im gewöhnlichen Leben geht es hingegen kalt und hart zu, weil jeder seine eigene Richtung vertritt.

Auf den Seiten 115 bis 133 findet eine Auseinandersetzung mit der Begrifflichkeit der Religion statt. Die Begrifflichkeit liegt in Dogmen und Lehrsätzen vor, so Schleiermacher. Die Reflexion über die Religion ist etwas Unvermeidliches. – Reflexion ist ein Spiegeln des Erfahrenen in mir selber. – Ja, ich wäre ohne dies nicht Mensch. Aber zum Verständnis der Religion ist das nicht wesentlich. Die Lehre ist ein notwendiges Übel, könnte man sagen. Aber alles, was wir darin sagen, ist nicht das Eigentliche. Das Eigentliche ist meine Religion. Die muss sich jedoch Ausdruck verschaffen. Wunder, Offenbarungen, Glauben – alles formale Begriffe, die die Religion beschreiben. Für die Vorgänge der Religion braucht es Bezeichnungen, und es kommt wohl darauf an, diese richtig zu formulieren. Hier geht es nicht um rational oder irrational, sondern darum, die Religion in ihrer Realität in den Blick zu bekommen. – Was ist ein Wunder? Die Beziehung einer Begebenheit zum Universum. Es ist also *alles* Wunder, weil alles Träger der Möglichkeit zu einer Beziehung zum Universum sein kann. Was ist eine Offenbarung? Irgendwo in der Natur, Menschheit oder Geschichte passiert es, dass sich etwas Besonderes öffnet. Wunder und Offenbarung steht in naher Beziehung. Was ist Eingebung (Inspiration)? Eine Handlung des Universums, durch die die Freiheit entsteht, eine religiöse Anschauung wiederzugeben. Was ist Weissagung?[15] Die Aussage über die Konsequenz gegenwärtigen Verhaltens, etwa wenn Amos in Samaria das Ende des Wohlstands gekommen sieht oder wenn Jahwe auf Religionsmissbrauch mit Gericht antwortet. Was ist Gnadenwirkung? Fromme Gefühle, die durch Einwirkung des Universums entstanden sind. Gnade ist hier im Sinn der Freiheit des Universums verstanden und nicht eine positive Zuwendung Gottes zum Men-

[15] Ebd., 594f.

schen. Was ist Glaube? Jeder hat eine eigenständige Form desselben, die von anderen nicht übernommen werden kann. Der Nachdruck liegt hier auf dem Negativen. Glaube kann nicht erlernt oder nachgeahmt oder nachgefühlt werden. Der Mensch tritt im Glauben auf seine eigenen Füße. Glaube ist etwas Freies, jetzt auf Seiten des Menschen, nicht etwas Vorausgesetztes. Das hat besonders Wilhelm Herrmann überzeugt. Er hat jede Stunde in seinen Vorlesungen darauf bestanden, ja nicht etwas nachzuglauben, also bestimmte vorgelegte Sätze für wahr zu halten.[16] Was ist ein Mittler? In jedem Fall nur eine vorläufige Gestalt, ja kein Mittler, der endgültig *der* Mittler wäre, der uns Menschen von Gott her mit Gott verbindet, vielmehr jemand, der *mich* meinerseits anstiftet, selber Mittler zu sein. Was ist die Heilige Schrift? Eine Art Mausoleum, das aussagt: Da war einmal ein großer Geist. Aber er *war*, «Friede seiner Asche»! Nicht derjenige hat Religion, der die Heilige Schrift nötig zu haben meint, sondern der, der selber eine Heilige Schrift machen könnte.

Wie verhält sich die Religion zu «Gott» und «Unsterblichkeit»? Zunächst: Wer oder was ist Gott? Eine einzelne Anschauungsart! Barth: Ist das erbaulich? Student: Nein, Schleiermacher macht keine positive Aussage über Gott. Barth: «Wer eine bei ihm finden würde, dem würde ich einen Preis geben, vielleicht einen Sigmund-Freud-Preis.»[17] Student: Im Mittelalter nannte man das *theologia negativa*. Barth: Wäre es für Schleiermacher nicht naheliegender gewesen, Gott den Genius der Menschheit zu nennen? Oder könnte er sich auf die Aussage einlassen, dass es noch etwas Höheres als die Menschheit gibt? Oder denkt er entsprechend dem Grundsatz von Tertullian: Deus non est in genere[18]?! Das heißt: Gott ist nicht in einem Gattungsbegriff unterzubringen. Gott ist so ein Wesen, das im und über das Universum frei und weise regiert? Aber das passt Schleiermacher nun gar nicht, weil es ihm um das Universum geht und nicht um ein Wesen im Universum. Er erklärt: Ob der Mensch sich einen

16 Wilhelm Herrmann, Der Verkehr des Christen mit Gott, 7. Aufl., Tübingen 1921, z. B. dort schon Seite V.

17 Damals war Barth die Verleihung dieses Preises angekündigt, wegen seiner wissenschaftlichen Sprache, nicht wegen einer positiven Beziehung zu Freud. Im Blick auf Schleiermacher denkt er wohl, dass er solchen Preis in letzterer Beziehung verdient haben würde.

18 Der von Barth geschätzte Satz geht auf Thomas von Aquin zurück: Summa Theologica, I Qu III, Art. 5.

Gott wählt oder nicht, das hängt von seiner Fantasie ab. Aber ein Gott in meiner Fantasie darf nicht zum Maßstab für andere gemacht werden, ja nicht ihnen gegenüber eifern! Hier taucht spürbar der Schrecken über die Ronsdorfer Sekte auf, die seinem Großvater nahetrat. Man kann aber doch auch glücklich sein und seine Pflicht tun als religiöser Mensch, ohne eine Gottesvorstellung zu haben. Eine Religion ohne Gott kann besser sein als eine mit Gott (126).

Und Unsterblichkeit? Für gewöhnlich war der Begriff in Schleiermachers Zeit so gebraucht, dass er vollkommen irreligiös gemeint war. Nach ihm geht es im Tod darum, dass ich mich dem Universum öffne und mit dem Universum eins werde. Meistens wird diese Gelegenheit verpasst, indem ich etwas in mir und für mich erwarte, was den Tod überragt. Solche Individualität muss aber gerade im Tod vernichtet werden. Es geht doch darum, dass ich mitten in der Endlichkeit ins Unendliche aufgelöst werde. Barth: Hier müsste nun die Orgel oder das bei Beerdigungen übliche Cello einsetzen! Student: Schleiermacher ist stark von Plato beeinflusst. Was er über das «Wesen der Religion» sagt, ist von dessen Begrifflichkeit her zu verstehen – wobei «Wesen» so viel bedeutet wie «Idee». Barth: In der Glaubenslehre» tönt alles anders. Zwar ist der Romantiker immer noch da, aber er hat sich nun spezialisiert auf die Thematik der fünften seiner «Reden». Dort ist Gott nun das Woher des schlechthinigen Abhängigkeitsgefühls.[19] Hier bei dieser Formulierung spürt man immerhin auch noch einen Hauch des geistigen Einflusses von seinem Großvater Daniel Schleyermacher, der Pastor in der von einem Elias Eller angeführten radikal-pietistischen Ronsdorfer Sekte war; sein Enkel verschwieg freilich lieber diese seine Herkunft.

Nach der zweiten Rede wurde das Problem der fünften Rede Schleiermachers besprochen. Was er in den vier ersten Reden gesagt hat, wurde offenbar nur vorgetragen, um den Weg frei zu machen, um nun die Religion selbst wirken zu lassen (236). Nur der kann sie verstehen, der selber Religion hat. Die Sache muss für sich selbst sprechen. Student: Nährt sich diese Auffassung nicht von der altprotestantischen Lehre über das «testimonium spiritus sancti», das innere Zeugnis des Heiligen Geistes? Barth: Doch ein neuer Widerstand gegen diese Auffassung erfordert ein neues

[19] Friedrich Schleiermacher, Der christliche Glaube nach den Grundsäzen der evangelischen Kirche im Zusammenhange dargestellt, 3. Aufl., Berlin 1835, § 4.

Geschäft des Überlegens. Das Thema, dem sich Schleiermacher jetzt stellt: Er will zu dem Gott führen, der Fleisch geworden ist. Das heißt: Er will die Religion zeigen, in der sie sich ihrer Unendlichkeit entäußert hat. *Die* Religion! Aber sie existiert nur in den Religionen. Es liegt im Wesen der Religion selbst, dass sie im Endlichen nur in verunreinigter Form gegeben sein kann. Von der Religion zu reden, heißt also, im irdisch Verunreinigten das Ursprüngliche aufzusuchen. Der Gesamtinhalt der fünften Rede ist jedenfalls der Gedanke: Der Religion ist es wesentlich, sich zu individualisieren. Wo das geschieht, wo eine Anschauung aus der Fülle der Anschauungen des Universums auf ein Individuum zukommt und es erweckt, da ist das Unendliche sozusagen Fleisch geworden. – Frage: Heißt das, dass Schleiermacher lieber eine natürliche Religion als gemeinsamen Oberbegriff über den Religionen haben möchte? – Nein, Schleiermacher ist sogar heftig dagegen. Eine natürliche Religion gibt es nach ihm gar nicht.

Es gibt nur positive Religionen.[20] Von ihnen kommen für Schleiermacher, sagt Barth, allerdings nur zwei ernstlich in Betracht: Der «Judaismus» – aber der sei eine «unverwesliche Mumie» und der sei kein Vorläufer des Christentums. In ihm schimmere überall die Idee einer allgemeinen Vergeltung durch. «Hat Schleiermacher wohl einmal Psalm 103 angesehen mit seinem Lob dessen, der alle Schuld vergibt? Der zentrale Begriff des Bundes fehlt völlig. O weh!» Das Alte Testament hat er auf die Seite geschoben. Sodann das im Neuen Testament begründete «Christentum». Aber das verstehe er nicht besser: Das stelle die Religionen unter ein göttliches Gericht, und so vermittle es als eigentliches Grundgefühl die «heilige Wehmut» (299) – ein Grundbegriff der Romantik. Aber wie nur hat dieser Mann das Neue Testament gelesen! Es fehlt ganz der Ton der Freude. Und das hat seine Ursache darin, dass bei ihm der Grundton des Neuen Testaments nicht zum Klingen komme: das *eu-angelion* – Gottes Ja zum Menschen. *Da* kann man in der Tat nur noch in Wehmut fallen. «Leider, leider haben auch die heutigen Theologen, die in den Spuren Schleiermachers gehen, keinen Spaß.»

Dass jener helle Ton nicht zum Klingen kommt, hängt wohl damit zusammen, dass Jesus Christus nicht im Zentrum dieser Theologie steht. Gewiss, Jesus ist hier nicht vergessen. An ihm interessiert den Christen Schleiermacher aber weder Kreuz noch Auferstehung, sondern – die

[20] Das Folgende nach: Eberhard Busch, Barth-Tagebuch, 600–603.

Zwei-Naturen-Lehre im Sinn der Aussage über einen Mittler. Jedoch in einer bestimmten Einschränkung! Jesus ist nicht der einzige Mittler, es gibt zahllose weitere Mittler. Was in Jesus offenbar wird, ist die *Idee* der Vermittlung. Die Darstellung des Christentums endet hier überhaupt mit Einschränkungen. Statt dass das Evangelium in der Zuwendung Gottes in Christus zu den Menschen laut wird, ist die Rede von der Exemplarität Jesu «hoffnungslos gesetzlich». Statt die Heilige Schrift zu Wort kommen zu lassen, heißt es: Es gibt noch mehr Heilige Schriften, ja, jeder kann eine schreiben. Ein Student fragt, ob Schleiermacher seine Mit-Romantiker nicht doch in seiner fünften Rede angesprochen habe? Barth antwortet: Friedrich Schlegel hat die fünfte Rede in der Tat hoch gelobt, aber er ist zuletzt katholisch geworden. Goethe hat die vier ersten Reden mit Interesse gelesen, aber bei der fünften Rede hat er das Buch mit heiterer Abweisung beiseitegelegt. Gerade bei dieser Rede, wenn denn alles darauf zielte, hätte Schleiermacher ein Feuerwerk an Geistesblitzen leuchten lassen müssen, aber er hat selbst bemerkt, sie sei ihm zu trocken geraten.

Nachdem Barth sich das Semester entlang redlich Mühe gegeben hatte, Schleiermacher genau und gesammelt anzuhören und seine Gedanken nachzuvollziehen, nachdem er oftmals erklärt hatte, dass er, wenn, dann lieber mit ihm als mit gegenwärtigen Theologen gehen würde, äußerte er in der letzten Sitzung doch eine Kritik an seinem Denken. Kritik? Ach, er sagte, er könne ihn nicht verurteilen, nur «fragen und seufzen, ohne dass ich ihn ablehnen müsste. Denn ich bin in eigentümlicher Weise mit ihm verbunden. Ich liebe ihn. Und das, obwohl ich seit mehr als 30 Jahren mich theologisch woanders befinde als er. Es könnte eine eschatologische Möglichkeit geben, wie ich hoffe, wo noch etwas Anderes an Verständnis herausspringt, als es hier möglich ist.»

Zum Schluss des Kolloquiums führte Barth aus: Klaus Harms, der lutherische Propst hat bekannt, er habe von den «Reden» Schleiermachers einen Anstoß zu einer ewigen Bewegung erfahren. Ob dergleichen auch jemand unter den Anwesenden widerfahren könnte? Aber lassen wir das einmal dahingestellt, in welche Richtung diese Bewegung dann wohl gehen würde! «Es sei jedenfalls unser Zusammensein mit der Mahnung geschlossen: Lest in Schleiermacher weiter! *Auch* in Schleiermacher! Aber vergesst dabei nur nicht das Neue Testament – und insbesondere nicht das Alte Testament!»

Als Barth Mitte Juni 1968 mir das «Nachwort» zu jener Schleiermacher-Auswahl diktierte, hatte sein Text noch einmal andere Akzente gegenüber dem, was er im Kolloquium ausgeführt hatte. Vielleicht lag es daran, dass er noch nicht die kritischen Einsichten im Kopf hatte, die er in der letzten Sitzung des Kolloquiums äußerte, wenn er in dem Text den erstaunlichen Gedanken ausführte: Er habe «zur sachlichen Klärung» seine Verhältnisses zu Schleiermacher «gelegentlich in Erwägung gezogen [...] die Möglichkeit einer Theologie des 3. Artikels, beherrschend und entscheidend also des Heiligen Geistes».[21] Barth schaute mich interessiert an, nachdem er solch einen Ausblick – «fast wie einst Mose beim Ausblick nach Kanaan» – gewagt hatte. Ich fand das «Nachwort» eindrucksvoll, zögerte aber mit der Zustimmung zu jenem Ausblick. Ich holte für Barth u. a. ein neues Büchlein von Heinrich Ott[22], in dem er in Anspruch nahm, mit Schleiermacher und von ihm her eine solche Theologie des Heiligen Geistes in Angriff zu nehmen. Barth griff begierig nach der Schrift und las sie. Anderntags rief er mich an: Nein, so wie das dort gemacht worden sei, habe er das natürlich keineswegs gemeint. Er diktierte mir alsbald einen neuen Passus, in dem er seine Vision gehörig präzisierte:

> «Aber dass mir nun nicht alsbald irgendein begabter junger Mann – in der Meinung, er sei der dazu Berufene – mit einer flott geschriebenen Broschüre ‹Zur Theologie des Heiligen Geistes› oder dergl. über den Weg und auf den Markt laufe! Und wie wäre mein schöner Traum missverstanden, wenn einer meinte, es gehe dabei darum: ‹das Selbe nun vom Menschen her› noch einmal zu sagen! Als ob nicht eben das das tief Problematische bei Schleiermacher wäre, dass er – glänzend wie keiner vor ihm und nach ihm – ‹vom Menschen her› gedacht und geredet hat! Als ob ausgerechnet der Heilige Geist ihn dazu ermuntert hätte oder irgend jemand dazu ermuntern würde! Als ob Pneumatologie Anthropologie wäre! Als ob ich, statt von einer Möglichkeit besseren Verständnisses von Schleiermachers Anliegen, ganz primitiv von einer Fortsetzung seines eigenen Weges geträumt hätte!»

21 Karl Barth, Nachwort, 310f.
22 Es handelte sich wohl um den Aufsatz in Heinrich Ott, Bonhoeffer – Der Wirkliche, Hamburg 1968,146–152.

August Tholuck (1799–1877)

«Wie steht es mit deinem Herzen?» Karl Barth und August Tholucks Frage

1. Reiner Erweckungstheologe

Im Werk des älteren Karl Barth taucht der Name August Tholucks fast nicht auf. An drei Stellen erwähnt er dessen Namen: jedes Mal in Erinnerung an eine Anekdote, in der sich seine frühere Beschäftigung mit dem Hallenser Theologen und alles, was ihm an ihm eindrücklich geworden war, verdichtet. In seiner Kirchlichen Dogmatik schreibt er: «Sind wir denn wiedergeboren, bekehrt, erneuert? Sind wir also Christen?» Die Frage greift «tiefer und ist wirklich bedrohlicher als alle die, durch die sich der Christ etwa von einer Philosophie und Weltanschauung oder von einer durch solche begründete Bibel-, Dogmen- und Kirchenkritik her beunruhigt finden könnte. Sie geht ihn ja im Unterschied zu allen derartigen Fragen persönlich an. ‹Bruder, wie steht es mit deinem Herzen?›, wie der alte Tholuck seine Studenten höchst privatissime anzureden pflegte.» Schließlich und zuletzt reduzierte sich für Barth die theologiegeschichtliche Bedeutung Tholucks auf die Hervorhebung dieser Frage, und er anerkannte ihr sachliches Recht, auch indem er es relativierte als ein berechtigtes «Nebenthema», wenngleich nicht als «Hauptthema» christlicher Theologie.[1]

Stellen wir daneben noch die vielleicht letzte Erwähnung Tholucks, in Barths letzter Vorlesung! Ein Christenmensch sei, so hören wir, der auch persönlich «von Gottes Wort Betroffene, Gefragte und Verklagte, Gerichtete und Aufgerichtete, Getröstete und Gemahnte. Eben *ihn* macht Gott damit zu einem Ich, dass er ihn mit Du anredet. Von dem einst berühmten Hallenser Professor Tholuck wird erzählt, dass er seinen Studenten auf die Bude zu steigen und sie mit der Frage zu bedrängen pflegte: ‹Bruder, wie steht es mit deinem Herzen?› – nicht mit deinen Ohren, nicht mit deinem Kopf, nicht mit deinem Mundwerk, auch nicht mit deinem Sitzle-

---

1 Karl Barth, KD IV/3, 777; vgl. auch IV/1, 554. Barth bezieht sich wohl auf den Bericht bei Leopold Witte: Das Leben D. Friedrich August Gotttreu Tholuck's, Bd. 2, Bielefeld/Leipzig 1886, 306: Er «zog einen jeden neben sich nieder auf sein Sofa, legte auch wohl den Arm ihm um den Nacken und leuchtete mit einer hellen Frage in die Herzenskammern des inwendigen Menschen.»

der (obwohl das Alles auch zum Theologen gehört), sondern mit dir selbst …? Eine sehr wohl angebrachte Frage an jeden jungen *und* alten Theologen!»[2] Auch hier eine Anerkennung des Anliegens Tholucks, hier sogar ohne relativierende Einschränkung vorgetragen, obwohl sie sinngemäß mitgemeint ist.

Freilich ist nicht anzunehmen, dass Barth sich in seinen mittleren und späteren Jahren noch einmal eindringlich mit Tholucks Werk beschäftigt habe. Die Berufung auf jene Frage dieses Mannes ist ein kondensierter Gesamteindruck von dessen theologiegeschichtlicher Bedeutung, der Barth eben von seiner *frühen* Einlassung auf dessen Werk übrig geblieben ist. Eine solche hat in der Tat in den Jahren seiner theologischen Anfänge stattgefunden. Die Frage wird im Folgenden nicht nur sein, was er von Tholuck zur Kenntnis genommen und wie er ihn verstanden hat. Beides hängt zusammen mit der anderen Frage, was überhaupt der Anlass war, sich mit ihm eingehender zu befassen.

Obwohl Barth Tholucks Name von früh an vertraut war[3], fand seine nähere Beschäftigung mit dem Hallenser entscheidend während der Entstehung seiner ersten Auslegung des Römerbriefes statt. Gemeint ist hier weniger dies, dass dabei Barth unter anderen auch unbefangen dessen Kommentar benutzte. Selbst wenn dessen Kommentar für ihn nicht so einflussreich war wie etwa der von Tobias Beck, so respektierte er ihn jedenfalls als Exegeten.[4] Ihm verdankte er etwa den so interessanten rabbinischen Satz: «Das Geheimnis Adams ist das Geheimnis des Messias.»[5] In einem Vorwort-Entwurf zählt Barth ihn zu den treuen und unentbehrlichen Ratgebern seiner Exegese.[6] Doch schrieb er später: «Tholuck besaß eine achtunggebietende (besonders orientalistische) Gelehrsamkeit. […] Aber nicht um dieser Dinge willen hat er einen großen, sogar internatio-

2 Karl Barth, Einführung in die Evangelische Theologie, 7. Aufl., Zürich 2010, 93.

3 Vgl. die Zitierungen aus Tholucks Werken in den Seminararbeiten des 19- bzw. 20-jährigen Theologiestudenten Barth. In: Karl Barth, Vorträge und kleinere Arbeiten 1905–1909, hg. von Herbert Helms/Hans-Anton Drewes/Hinrich Stoevesandt (GA 21), Zürich 1992, 24.127.

4 Vgl. auch noch: Karl Barth, Erklärung des Johannesevangeliums 1925/1926 und 1933, hg. von Walther Fürst (GA 9), 2. Aufl., Zürich 1999, 41f.139.

5 Karl Barth, Römerbrief (1), 188, zitiert August Tholuck, Auslegung des Briefes Pauli an die Römer nebst fortlaufenden Auszügen aus den exegetischen Schriften der Kirchenväter und Reformatoren, 3. Aufl., Berlin 1831, 193.

6 Karl Barth, Römerbrief (1), 589.

nal berühmten Namen bekommen», sondern darum, weil Unzählige an ihm «eine christliche Seele» erleben konnten.[7] Barth unterscheidet bei ihm zwischen dem Gelehrten, mit dem er positiv umgehen konnte, und dem anderen, dem «erweckten» Tholuck, mit dem er sich während seiner Verständnisbemühung um den paulinischen Römerbrief zugleich kritisch auseinandersetzte. Warum gerade mit ihm? Warum im Sommer 1917? Nach Martin Kähler hat Tholuck «die verschiedenen Seiten der Erweckungsbewegung des 19. Jahrhunderts am vollständigsten und wirksamsten in seiner Person zusammengefasst».[8] Karl Barth hat ihn ähnlich gesehen: «Reiner Erweckungstheologe gewesen und geblieben ist der eine Tholuck und keiner neben ihm, und wenn der Einschlag jener Erweckungsbewegung für das Ganze der theologischen Problematik des 19. Jahrhunderts wichtig genug ist, [...] so müssen wir uns an diesen Einen halten.»[9]

Fassen wir von da aus ins Auge, was für seine Sicht Tholucks wohl zu beachten ist: In und unter seiner ersten Römerbriefauslegung setzte Barth zu einem Klärungsversuch seiner eigenen theologischen Grundlagen an; und das verband sich bei ihm mit einer Auseinandersetzung mit den ihm vor Augen stehenden herrschenden theologischen Strömungen und namentlich mit einer Revision seiner eigenen geistigen und religiösen Wurzeln. Dazu gehörte offenbar an prominenter Stelle jene Erweckungsbewegung, die ihm in verschiedenen Gestalten in seiner Umwelt begegnete. In gewisser Weise begegnete sie ihm in dem Freien Gymnasium in Bern, in der er seine ganze Schulzeit verbrachte und die pietistisch geprägt war, und schon vorher auch in seinem Elternhaus, wenn auch der Vater in seiner Prägung durch den Tübinger Tobias Beck ein Gegengewicht gegenüber dem Halle Tholucks hatte. Der Sohn schrieb im Alter die kryptischen Worte, dass ihm bei der Inangriffnahme der Römerbriefauslegung «der Gedanke durch den Kopf schoss, ich wolle und werde nun eine Art Vergeltung an denen üben, die meinen Vater, obwohl er soviel wusste wie sie (nur eben anders), so in den Schatten gestellt hatten!»[10] Er mag dabei auch daran gedacht haben, dass sein Vater gern von Bern weg auf

7 Ders., Protestantische Theologie, 460.
8 Martin Kähler, Art. August Tholuck, in: Realencyclopädie³, Bd. 19, 696.
9 Karl Barth, Protestantische Theologie, 460.
10 Karl Barth, Nachwort. In: Schleiermacher-Auswahl, hg. von Heinz Bolli, München/Hamburg 1968, 295.

den Lehrstuhl für Neues Testament in Halle wechseln wollte, dort aber übergangen wurde.[11]

Sicher ist, dass er durch seinen Vater wohl seine erste – eine durchaus wohlwollende – Kenntnis von Tholuck bekam. In einer Vorlesung von Fritz Barth «Geschichte des Christentums im 19. Jahrhundert» im Winter 1901/02, die er im Sommer 1905, nun unter Zuhörerschaft seines Sohnes Karl, wiederholte, stellte er neben August Neander vor allem August Tholuck als Exponenten der «biblisch-positiven Richtung» vor, die sich «in Gegensatz zum Rationalismus» stellte. Sie «betonte aber weniger [sc. als der Konfessionalismus] die alten Bekenntnisse und Dogmen, als den biblischen Lehrgehalt», und zwar so, dass sie «die Resultate der Erweckung theologisch zu verwerten» suchte. Tholuck war, so Fritz Barth, «weitherzig, aber energisch die Notwendigkeit der Bekehrung und des persönlichen Verhältnisses zu Christus betonend, einflussreich als akademischer Prediger und im Privatverkehr mit den Studenten». Erst zu Neander diktierte der Vater den Satz, den sich der Sohn notierte: «Pectus est, quod theologum facit.» – Das Herz macht den Theologen aus.[12]

Noch eine andere Spur ist hier zu beachten. Keine andere Theologie hat Karl Barth in seinen theologischen Anfängen so beeinflusst und beeindruckt wie die von Wilhelm Herrmann vertretene. Darum ist interessant, dass er 1925 über ihn mit Worten Ferdinand Kattenbuschs schrieb, wie er es dann wenig später ähnlich über das Verhältnis von Schleiermacher und Tholuck sagte[13]: «Was bei Ritschl den Anstrich bloßer Reflexion über den geschichtlichen Christus, einer abstrakten Theorie in Hinsicht seiner haben kann, tritt bei Herrmann wie eine Intuition auf, so sehr, dass

---

11 Nach mündlichem Bericht Barths an den Verfasser wurde der Vater – es muss sich, wenn die Mitteilung zutrifft, wohl um die Besetzung der Stelle 1888 gehandelt haben – wegen seiner Bestreitung der Lehre von der Jungfrauengeburt dort übergangen, aber dafür dann mit der Auszeichnung eines Ehrendoktors «abgefunden». Wenn Fritz Barth als Dank für diese Auszeichnung der Fakultät Halle die dritte Auflage seines Buches: Die Hauptprobleme des Lebens Jesu. Eine geschichtliche Untersuchung, Gütersloh 1907, widmete, so hatte das die pikante Spitze, dass er eben darin auf Seite 271ff. seine Kritik der Lehre von der Jungfrauengeburt ausgiebig dartut.

12 Handschriftliche Dokumente im Karl Barth-Archiv, Basel.

13 Siehe unten; vgl. Karl Barth, Protestantische Theologie, 462; ders., Vorträge und kleinere Arbeiten 1925–1930, hg. von Hermann Schmidt (GA 24), Zürich 1994, 169ff.

man gewissermaßen von Christusmystik bei ihm sprechen kann.» Und weiter: «Hier ist bei Herrmann der Einfluss, den *Tholuck* (der Prediger!) auf ihn geübt, zu erkennen.»[14] Ferner bemerkte Barth mit Blick auf die zentrale Bedeutung der «inneren Umwandlung» des Menschen zur «freien Hingabe» an Gott in Herrmanns Theologie: «Vermutlich im Blick darauf hat ihn Troeltsch [...] ‹einen unserer lebendigsten Erbauungsschriftsteller› genannt. Es ist das im guten und weniger guten Sinn *Pietistische* bei Herrmann, auf das wir hier aufmerksam werden. Ganz umsonst ist er gewiss nicht in seiner Jugend amanuensis bei dem großen Herzensvirtuosen *Tholuck* gewesen.»[15]

2. Auseinandersetzung in Pro und Contra

Wenn Barth im Zuge seiner eigenen theologischen Klärungsbemühung sich auch mit der Erweckungsbewegung (und dabei stillschweigend auch mit der Theologie seines Lehrers Herrmann) auseinanderzusetzen gedrängt sah, so versteht sich, dass es sich ihm nahelegte, dabei zu dem Punkt vorzustoßen, wo für ihn das erweckliche Anliegen wie in einem Brennpunkt versammelt war – eben bei Tholuck. Barth las darum im Sommer 1917 die beiden Bände der Biographie Wittes über ihn[16], und zwar während er sich im Eingang zur Auslegung von Röm 5 befand.[17] Es lässt sich die Vermutung wagen, dass er sich mit Gestalten der Erweckungsbewegung und speziell mit Tholuck befasste in der wohl zunächst positiven Erwartung, bei ihnen Sukkurs zu finden im Verständnis der

14 Karl Barth, Vorträge und kleinere Arbeiten 1922–1925, hg. von Holger Finze (GA 19), Zürich 1990, 573.

15 Ebd., 589.

16 Leopold Witte, Das Leben D. Friedrich August Gotttreu Tholuck's, Bielefeld/Leipzig 1884/1886. Barth las damals auch die folgenden Biographien (alle über Persönlichkeiten der Erweckungsbewegung des 19. Jahrhunderts): Christian Stokar, David Spleiß, weil. Antistes der Schaffhauser'schen Kirche, 1858; Albert Knapp, Leben von Ludwig Hofacker mit einer Auswahl aus seinen Briefen, 6. Aufl., 1895; wahrscheinlich auch Biographien über Sixt Karl von Kapff, Christian Gottlob Barth, Gottfried Menken. Vgl. Eberhard Busch: Karl Barth und die Pietisten. Die Pietismuskritik des jungen Karl Barth und ihre Erwiderung, München 1978, 45f.

17 Karl Barth – Eduard Thurneysen, Briefwechsel Bd. 1, 1913–1921, hg. von Eduard Thurneysen (GA 3), Zürich 1973, 220.

starken paulinischen Aussagen gerade in Röm 5 («Sind wir nun aus Glauben gerecht gesprochen, so haben wir Frieden mit Gott […]»). Ist die Vermutung richtig, so ist die Erwartung doch enttäuscht worden, so dass er dann die Eindrücke von seiner Lektüre erst Ende 1917 ausgerechnet in der Auslegung von Röm 7 explizit verarbeitete.[18] Nach vollbrachter Lektüre der Tholuck-Biographie schrieb er an Freund Thurneysen: «Ich habe […] allerlei Merkwürdiges entdeckt, aber mehr Merkwürdiges als Erfreuliches. Das Bild vom Pietismus, das man sich macht, rundet sich nach und nach ab.»[19]

Demnach gibt es dort wohl *auch* Erfreuliches zu entdecken; und es blieb für Barths Umgang mit Tholuck wie mit der Erweckungsbewegung im Ganzen bezeichnend, dass er sie differenziert sah: nicht nur in Zustimmung, aber auch nicht nur in Abgrenzung, nicht nur im Licht, aber auch nicht nur im Dunkel. Besonders an zwei Stellen kommt die Zustimmung zum Ausdruck. Einmal dort, wo er sich auf Tholucks Satz von der Gemeinde Jesu als der Schar von Tragenden und Getragenen beruft für das Verständnis der durch Christus bestimmten, rechten Gemeinschaft: «Die Kraft Gottes offenbart sich uns als die Kraft, die Schwachen zu tragen.»[20] Barth hätte sich hier auch auf den von ihm noch mehr geschätzten Gerhard Tersteegen berufen können: «Sollt' wo ein Schwacher fallen, der Stärkre spring ihm bei; man trag, man helfe allen […]» Hier ist der Gedanke präfiguriert, der später in der Ekklesiologie von Barths Kirchlicher Dogmatik ausgeführt wird: Die Gemeinde Christi «existiert ekstatisch, ekzentrisch: auch innerhalb der Welt, zu der sie gehört, nicht auf sich selbst, sondern ganz auf sie, auf ihre Umgebung bezogen. Sie errettet und erhält ihr eigenes Leben, indem sie es für die übrige menschliche Kreatur einsetzt. […] Das Zentrum, um das sie sich ‹ekzentrisch› bewegt, ist […] nicht einfach die Welt als solche, wohl aber die Welt, für die Gott ist.»[21]

18 Ebd., 241.245. Die Auseinandersetzung wird implizit und ohne Namensnennung doch schon in der Auslegung von Röm 5 angedeutet.

19 Karl Barth – Eduard Thurneysen, Briefwechsel Bd. 1, 215; Bezug auf: Friedrich August Gotttreu Tholuck, Auslegung des Briefes Pauli an die Römer (1824), 3. Aufl., Berlin 1831, 511.

20 Karl Barth, Römerbrief (1), 560.

21 Karl Barth, KD IV/3, 872.

Das andere Zitat Tholucks bezieht sich auf dessen Satz seiner Eschatologie: «Wie der Mensch zum Sein gelangen wird, so soll auch die Erscheinung der Natur im Sein ihr Urbild erreichen.» Das belegt für Barth die Erkenntnis: «*Keine Vernichtung* der Welt und ihrer Elemente!»[22] Er setzt hinzu: Das so wenig, wie die «*Erhaltung* der jetzigen Existenz- und Erscheinungsformen, sondern radikale *Verwandlung*, indem er [Gott] gütig und gebieterisch eins ums andere heimruft aus der Fremde ins Vaterhaus, in sein wahres, reales Sein.» Auch diese Erkenntnis ist in Barths späterem Werk bestimmend geblieben, jedoch nicht im Sinn des thomistischen Systems: *gratia non destruit naturam, sed praesupponit et perficit* (die Gnade zerstört nicht die Natur, sondern setzt sie voraus und vollendet sie), sondern dies in dem genau umgekehrten, von der Gnadenoffenbarung her gedachten Sinn, den man so umschreiben könnte: *gratia non destruit naturam, quia gratia creationem et creaturam se praesupponit et creat in analogia revelationis sive gratiae foederis* (die Gnade zerstört nicht die Natur, weil die Gnade sich die Schöpfung und das Geschöpf voraussetzt und schafft in Entsprechung zur Offenbarung oder dem Gnadenbund).[23] Die Gnade bejaht die geschöpfliche Welt, indem sie nicht die in sich unzerstörbar gute Schöpfung, sondern die in sie eingedrungene Verkehrung und Selbstentfremdung der menschlichen Kreatur beseitigt.[24] So wenig wie das Neue Testament die Ersetzung eines «alten» durch einen «neuen» Bund bedeutet, sondern eine «radikale Strukturveränderung» innerhalb des einen, ungekündigten Bundes[25], dessen der Israel-Bund bedürftig, aber auch «fähig» ist, so wenig kann daher der biblische Begriff der «Neuschöpfung» die Ersetzung der guten Schöpfung durch eine andere bedeuten. So als hätte Gott diese Schöpfung nicht gut genug gemacht oder als ob es in der Macht des Menschen stünde, das von Gott Gutgemachte tatsächlich in ein Böses zu verwandeln! Sondern Neuschöpfung

22 Karl Barth, Römerbrief (1), 330. – Der Satz bezieht sich auf Tholucks Römerbriefkommentar, 313.

23 Ob Tholuck es so gemeint hat, wenn er sagt: «Gott als der Offenbarende ist der Quell des natürlichen Lebens»?, in: August Tholuck, Kommentar zu dem «Evangelio Johannis», 2. Aufl., Hamburg 1828, 43. Vgl. Barths Fragezeichen dazu in: Karl Barth, Erklärung des Johannesevangeliums 1925/1926 und 1933, 45f. Im Übrigen Karl Barth, KD III/1, 67.

24 Karl Barth, KD III/1, 44ff.

25 Ebd., IV/1, 32.

bedeutet die alles zum Guten wendende Vollendung des inmitten von Gottes Schöpfung geschlossenen Gnadenbundes in endgültiger Überwindung allen Widerspruchs gegen ihn. Gott «wird die Wirklichkeit des Geschöpfs wandeln, er wird sie aber nicht zerstören; er wird sie ihm nicht mehr nehmen».[26] Am Anfang dieser nach Barth wichtigen Erkenntnis steht der Satz von Tholuck.

Aber was ist nun das mehr «Merkwürdige», auf das er bei diesem stieß? Das lässt sich aus seiner Römerbrief-Auslegung nur in Andeutungen erfassen, da er dort ja nicht thematisch von Tholuck handelt. Immerhin ist die Passage die Röm 7,14–25 überschrieben: «Das Gesetz und der Pietismus».[27] Barth vertritt in diesem Abschnitt die Auffassung: «Gott und die Seele – die Seele und ihr Gott!» sei das Thema des Pietismus (hier ja wohl identisch mit der Erweckungsbewegung) und der Rahmen, innerhalb dessen sich alle seine Fragen und Aussagen abspielten. Mit diesem Thema und in diesem Rahmen könne der Mensch aber nur vermeintlich erlöst sein, verharre er vielmehr – das ist «die ganze Trostlosigkeit der pietistischen Dialektik»[28] – in der unerlösten Welt, weil in der für ihr verkehrtes Wesen charakteristischen selbstbezogenen, selbstsüchtigen, so oder so auf private Bereicherung bedachten «Individualisierung». Und so hat er, indem er Gott zu erfahren meint, es nur *vermeintlich* mit Gott, in Wahrheit nur mit sich *selbst* und seiner Welt zu tun, nicht mit dem Neuen, das von Gott her in Christus dem Menschen begegnet und ihn aus seiner individualistischen Isolation hineinnimmt in seinen «Leib».

Ein Beleg für diese kritische Sicht ist Barth der von Witte[29] überlieferte Traum des 22-jährigen Tholuck, der mit seinen Freunden zwischen brennenden Häusern «Jesum Christum mit der Siegesfahne mitten unter schwarzen Wolken stehend» sah. Aber die Hoffnung, jetzt dem Herrn «entgegengerückt» zu werden, wird enttäuscht; es geschieht nichts und ein Freund bemerkt: «O …, es war nur eine Naturerscheinung.» Schon als Barth das im Juli 1917 las, schrieb er an Thurneysen: «Da wird's ziemlich deutlich, was sie im Grunde selber von sich denken mussten!»[30] Im

[26] Ebd., III/1, 45.
[27] Karl Barth, Römerbrief (1), 276.
[28] Ebd., 291.
[29] Leopold Witte, Das Leben Tholucks, 453.
[30] Karl Barth – Eduard Thurneysen, Briefwechsel Bd. 1, 215.

Zusammenhang der Auslegung zu Röm 7,24f. greift Barth diesen Traum auf:

> «Die vermeintliche triumphierende Enderscheinung Jesu Christi löst sich, wie in jenem warnenden Traum des jungen Tholuck, in ein simples Naturphänomen auf, und der Mensch findet sich selbst wieder in seiner ganzen traurigen Blöße: unerlöst trotz aller Erlösungskünste. Es kann nicht anders sein. Aus nichts wird nichts. Solange sich mir Alles *darum* dreht, dass die *Seele* die Heimat, die Ruhe finden möchte, muss auch mein innigstes, feurigstes Streben erfolglos sein, denn die Seele, die etwas für sich sein und es nicht fassen will, dass sie im Christus gerade aus diesem Fürsichsein, aus dieser falschen Mittelpunktstellung erlöst ist, sie kann *nicht* in Gott zur Heimat und zur Ruhe kommen, sie ist und bleibt im ‹Leibe des Todes›».[31]

Die Illusion, die hier stattfindet, ist nach Barth auf der einen Seite *unheimlich*. «Auch bei ihm raucht es nur, aber es brennt nicht»[32], sagt Barth über den Erweckungspietisten. Aber der Rauch kann durch seinen Nebel vortäuschen, als brenne es – nach dem scheinbar logischen Spruch: «Wo ein Rauch ist, ist auch ein Feuer.» Die Illusion enthält vielmehr in sich gewissermaßen einen Mechanismus, durch den man sich verbergen kann, was sich hier abspielt. Indem jenes selbstische Ich sich wohl nach Erlösung sehnen kann, aber in seinem «Fürsichsein» doch immer wieder bei sich selbst landet, mündet die Unruhe bald in einem Sich-zufrieden-Geben, in einer Selbstzufriedenheit, das Hungern und Dürsten in einem Haben und Besitzen. Es setzt sich eines Tages durch. Es kommt zu Erfolg. Es siegt – so, dass es seinen Gewinn, sein Haben genießen kann. In diesem Sinn bemerkt Barth im Blick auf die 1917 gelesenen «Pietistenbiographien»: «[...] was für ein *tragischer* Moment es vor 100 Jahren war, als sie anfingen, begehrt und gehört zu werden und die Wüste verlassen konnten.»[33] Entsprechend notiert er in seiner Auslegung zu Röm 10,16f.: «Gerade das einseitig und ausschließlich Göttliche *will* die Kirche nicht.» Es graut ihr «vor dem Bruch, den sie vollziehen, vor dem Selbstopfer, das sie bringen müsste. Sie hat für eine wirkliche Buße keinen Sinn [...]. Sie möchte ihr

31 Karl Barth, Römerbrief (1), 292f.
32 Ebd., 290.
33 Karl Barth – Eduard Thurneysen, Briefwechsel Bd. 1, 200.

Leben erhalten.» Sie fasst das verkündigte Gottesreich auf «als eine neue Variante von Religiosität», als «‹Erscheinung›, interessiert sich (dies die besondere Pest des Jahrhunderts!) für die redenden und schreibenden Persönlichkeiten».[34]

Auf der anderen Seite ist jene Illusion *gefährlich*. Denn indem in ihr das selbstische Ich nur eben einen religiösen Anstrich erfährt, wird dabei nicht hinausgegangen, ja, nicht einmal hinausgewiesen über die verkehrte «alte» Welt hin auf die neue Welt Gottes. Damit vollzieht sich in Wahrheit nur eine Anpassung an das Unwesen des selbstischen Ichs, das die sonstige («alte») Welt prägt. Ja, durch die religiöse Überhöhung der Bestrebungen dieser («alten») Welt werden diese nur erst recht verfestigt und sanktioniert. Barth schreibt: «Stark entwickelte Religiosität und Moralität ist noch immer eine besonders kräftige Stütze der dunklen Gewalten gewesen. Die Himmelsstürmer von 1825 sind 1850 Konsistorialräte Friedrich Wilhelms IV.».[35] Es ist wahrscheinlich[36], dass Barth hier besonders an Tholuck denkt, der 1843 ins Magdeburger Konsistorium berufen wurde und in seinen Predigten ein Lobredner dieses «von einer überspannten Vorstellung seiner königlichen Machtvollkommenheit» bestimmten preußischen Monarchen[37] sein konnte. Jedenfalls: «Wie sollte der Pietist etwas zu sagen oder zu tun wissen gegen Mammon, Krieg, Krankheit, Schicksal, Tod[38], wo sein tiefstes Wesen in demselben Abfall von Gott besteht, wie das Wesen jener Mächte? Er begegnet in der Welt überall der gleichen Eigenherrlichkeit, deren er sich selber schuldig weiß, und so kann er sich kraft seines besseren *Wissens* und *Wollens* wohl in Gegensatz stellen zu

[34] Karl Barth, Römerbrief (1), 419. Der Herausgeber der Neuausgabe des Römerbriefs, Hermann Schmidt, weist an dieser Stelle zu Recht auch auf die von Barth gelesene Biographie Wittes über Tholuck hin.

[35] Ebd., 290.

[36] So auch Hermann Schmidt, mit Belegen.

[37] So Meyers Konversationslexikon, Bd. 6. 5. Aufl., Leipzig/Wien 1895, 923; bei Hermann Schmidt findet sich auch ein Beleg aus einer Predigt Tholucks für seine hohe Begeisterung für diesen Preußenkönig.

[38] Vgl. Karl Barth, Protestantische Theologie, 467, wo er im Zusammenhang mit Tholuck ein Schwanken des Pietismus zwischen Pelegianismus und Erinnerung an reformatorische Erkenntnis feststellt: Zutrauen zum guten Kern im Menschen aufgrund einer eingegossenen Gnade, «zum Schluss auch noch eine üble Sterbebettromantik gehen wunderlich genug neben erstaunlich klaren Einsichten einher».

ihrer religiösen Oberflächlichkeit und zu ihrem moralischen Leichtsinn, aber niemals kraft eines besseren *Tuns* hindurchbrechen durch die Naturgesetze ihres Daseins.»[39]

Von hier aus, rückwärts gelesen, leuchtet es ein, dass Barth sich doch schon bei seiner Auslegung zu Röm 5 – unmittelbar parallel zur literarischen Beschäftigung mit Tholuck – implizit mit ihm auseinandergesetzt hat, implizit auch in dem Sinn, dass hier deutlicher die Position hervortritt, in der das Kritische eingeschlossen ist:

> «Die Liebe Gottes ist es, die sich uns durch die Gabe des Geistes zuwendet, ja noch mehr: die durch sie unser eigener Besitz und jenseitiger Lebensgrund wird. Nicht als ‹Gefühl›. Es ist vielleicht gar kein ‹Gefühl› davon vorhanden in uns. Sie bewährt sich auch gegenüber dem stärksten Ansturm der entgegengesetzten ‹Gefühle›. Sondern als die wiedergewonnene Erkenntnis Gottes, mit der Gott unmittelbar sich selbst erkennt und erkannt wird und die nun als Kraft dem Menschen zu eigen wird. Nicht als eigener seelischer Besitz. Was daran eigen und seelisch ist, ist dem Zweifel und der Veränderung unterworfen. Sie kann gerade da am stärksten sein, wo das eigene Seelische, das Pathos, die Überzeugung am Dürftigsten, wo das Rufen aus der Tiefe: wo ist nun dein Gott?, wo die geistliche Armut […] am größten ist. Sondern als Besitz *Gottes,* der aber durch den Heiligen Geist Wesensgrund des Menschen wird. […] Er ist unser Lebensgrund, nicht unser Erlebnis. Wir stehen im Sieg des Lebens, weil Gott Sieger ist, nicht weil wir gesiegt haben. Wir sind neue Menschen, nicht weil wir uns ‹bekehrt› haben, sondern weil Gott unzweideutig sein Recht aufgestellt hat. Das Neue an uns ist die neue Welt, in deren Luft wir atmen dürfen, nicht die neuen Erfahrungen, die wir da vielleicht gemacht haben. Wir schließen nicht vom Kleinern aufs Größere, von unserem veränderten Seelenzustand auf die geschehene Erlösung, sondern vom Größern […] aufs Kleinere, vom Anbruch des Gottesreiches auf unsere persönliche Rechtfertigung und Errettung. Wir gründen unsre Zuversicht nicht auf die von uns durchgemachten innern Kämpfe, Krämpfe, Windungen und Anstrengungen, sondern auf eine Tatsache, die *über* unsern persönlichen Errungenschaften und Torheiten steht […] Wir halten uns an die objektive Wahrheit. Der Glaube schneidet den Umweg des Pietismus über das Seelische ab. Er fängt mit dem an, mit dem

39 Karl Barth, Römerbrief (1), 289.

der Pietismus im besten Fall unsicher endet […], mit der Zuversicht und mit dem Trotzen auf Gottes Wahrheit.»[40]

Barth berührt hier das, was Wolfhart Pannenberg formuliert hat, dass es bei Tholuck, indem er sich im Rahmen der reformatorischen Erfahrung von Sünde und Vergebung bewegt, doch zu einer Verkehrung der reformatorischen Position komme: «Die Subjektivität der sittlichen Selbsterfahrung sollte jetzt die Wahrheit des Evangeliums begründen, statt dass umgekehrt die Wahrheit des Evangeliums ihrerseits die Gewissheit der Sündenvergebung begründet.»[41]

Halten wir fest: Barth befasste sich damals mit Tholuck im Rahmen einer Auseinandersetzung. Und diese galt nicht an sich dem ja von ihm respektierten Hallenser Gelehrten, sondern der (von diesem repräsentierten) Erweckungsbewegung. Die Auseinandersetzung erfolgte im Zuge eines theologischen Klärungsprozesses, in dem er in der Folgezeit auch noch sich selbst zu korrigieren Anlass bekam. Gewann er dabei auch ihm bleibende Einsichten, so wurden die damals gewonnenen Abgrenzungen auch nicht einfach hinfällig. Sie blieben, indem das dabei Verneinte jedoch nicht an die Erweckungsbewegung gebunden bleiben musste. So konnte Barth etwa später ein wesentliches Merkmal neuzeitlichen Denkens überhaupt mit dem Stichwort «Individualisierung» bezeichnen, womit nicht das Einzelner-Sein gemeint und kritisiert wird, sondern dies: die «Inthronisierung des Menschen […], je des hier und jetzt sich erlebenden Menschen zum heimlichen, aber für ihn selbst höchst realen König mindestens der sublunarischen Welt». Individualisierung heißt «Verinnerlichung des Außen, des dem Menschen Gegenständlichen, wodurch es seiner Gegenständlichkeit beraubt, sozusagen verspiesen und verdaut, zu einem menschlichen Innen gemacht wird», und heißt zugleich Veräußerlichung, in der «der Mensch sein Innen so nach außen projiziert, dass es nun ganz auch da draußen ist, sich dem Gegenstand aufdrängt, sich selbst mit dem Gegenstand identifiziert. Individualisierung heißt Aneignung des Gegenstandes zum Zweck seiner Beherrschung.»[42]

40 Ebd., 158ff.

41 Wolfhart Pannenberg: Problemgeschichte der neueren evangelischen Theologie in Deutschland (UTB 1979), Göttingen 1997, 86.

42 Karl Barth, Protestantische Theologie, 92f. Vielleicht hatte Barth bei dieser Formulierung die gegen ihn gerichtete These Adolf von Harnacks im Ohr: Die

3. Ein Briefträger

Das sachlich hier Abgelehnte blieb für Barth auch später abgelehnt. Eine Revision an diesem Punkt kam für ihn nicht in Frage. Aber seine Abgrenzung dagegen trifft nun nicht mehr die Erweckungsbewegung oder einen ihrer Vertreter. Sie trifft sie nur mit, sofern sie durch dieses neuzeitliche Wollen bestimmt sind. Das ermöglicht neue Differenzierungsmöglichkeiten im Blick auf diese Bewegung. Vor allem war die Abgrenzung gegen eine nun so verstandene «Individualisierung» erst möglich, nachdem Barth bei sich selbst neuen Erkenntnissen Raum gegeben hat. Eben, das Problem, das eine theologische Neubesinnung provoziert, liegt nicht im Verständnis des Menschen als Einzelnen, so dass dann etwa gar ein Kollektivismus die Lösung des Problems bedeuten könnte. Das Problem liegt in einem Denken, das in dem – individuell oder kollektiv verstandenen – menschlichen Selbstbewusstsein Gottes *habhaft* zu werden glaubt. *Dieses* Denken versteht Barth als die Rebellion gegen die Begrenzung des Menschen durch das Gegenüber eines Anderen. Barth nennt *das* den «Gegenstand» des christlichen Glaubens, der Verkündigung, der Theologie, gerade nicht im Sinn eines dem Ich zur beliebigen Verfügung zustehenden Objektes, sondern genau umgekehrt: im Sinn eines jedem verfügenden Zugriff Entgegen-Stehenden. Entscheidend *Gott* ist dem Menschen solches Gegenüber, das des («ganz») Anderen. Indem dieser Gott dem Menschen begegnet und entgegenkommt, macht er sich zum Gegenstand des Menschen und beendet damit jenen «Individualisierungs»-Versuch. Er begegnet dem Menschen von sich aus, aus Gnade in seinem «Wort», das für Barth fortan das «Hauptthema» der Theologie ist. Damit, dass er den Menschen in seinem Wort anspricht, macht er ihn seinerseits nicht etwa umgekehrt zu einem Objekt, über das nun Gott verfügte, sondern zu seinem Gegenüber, das – dank des gnädigen An-spruchs Gottes an den Menschen – Gott anerkennen und erkennen kann und darf und soll. In dieser Richtung setzte sich Barths theologischer Klärungsprozess über seine erste Römerbriefauslegung hinaus fort.

Das brachte auch eine Revision in seiner Stellung zur Erweckungsbewegung und zu ihrem prominenten Vertreter mit sich. Etwa 10 Jahre

Wissenschaft, inklusive der Theologie, sei vielmehr *die* «Möglichkeit, sich des Gegenstandes erkenntnismäßig zu bemächtigen.» Karl Barth, Theologische Fragen und Antworten. Gesammelte Vorträge, Bd. 3, Zollikon 1957, 14.

später befasste er sich erneut mit Tholuck.[43] Dass seine neu hinzu gewonnene theologische Perspektive auch eine neue Umgangsweise in sich schloss, auch mit diesem Theologen, dessen war er sich bewusst. Am 11. Juni 1926 schrieb er an Thurneysen, er sei bemüht, die Theologen jener Epoche so zu besprechen, «dass neben der Bedenklichkeit des Ganzen bei jedem ein gutes Haar bzw. die dem Ganzen verheißene Sündenvergebung irgendwie sichtbar wird. […] Demnächst komme ich zu Tholuck!»[44] Gewiss, diese Verheißung, nicht eine abstrakte Vermittlungstheologie, soll das Licht sein und eine in ihm gewährte Solidarität, in der jeder der Besprochenen, statt sich von ihm bloß abzugrenzen, zu einem ernstzunehmenden Gesprächspartner wird – zu einem, dem gegenüber am Platz ist:

> «Aufgeschlossenheit und Interesse für seine konkrete Gestalt mit ihren besonderen Konturen, Verständnis für die ihm vorgegebenen Zusammenhänge, viel Geduld und auch viel Humor angesichts seiner offenkundigen Schranken und Schwächen, ein wenig Grazie im Sichtbarmachen auch der tiefgehendsten Kritik, […] im letzten Grund sogar immer (und das auch im schlimmsten Fall) eine gewisse ruhige Freude an seinem Sosein.»[45]

Wie tritt Tholuck Barth 1926 in den Blick? Vor allem «als reiner Erweckungstheologe», der um des willen – unbeschadet allen Respektes vor seiner Gelehrsamkeit – denkwürdig geworden ist und denkwürdig bleibt. «Rein», d. h. er zeichnet sich vor anderen Mitmenschen und Mittheologen seiner Zeit dadurch aus, dass von seiner Theologie entscheidend nur dies

43 Ich beziehe mich im Folgenden auf das erst 1946 publizierte Kapitel über ihn in Barths Buch: Karl Barth, Protestantische Theologie. Das Buch gibt unverändert Barths Bonner Vorlesung 1932/1933 wieder. Diese Vorlesung aber geht in ihrem zweiten Teil zurück auf eine frühere, im Sommer 1926, in der er die «Geschichte» der protestantischen Theologie im 19. Jahrhundert vortrug. Ob Barth das damals verfasste Kapitel über Tholuck 1933 noch einmal nennenswert änderte, ist mir unbekannt, aber unwahrscheinlich. In Kurzfassung kommen Aussagen aus jenem Kapitel auch vor in Barths Vortrag «Das Wort in der Theologie von Schleiermacher bis Ritschl» vom Oktober 1927, in: Barth, Vorträge und kleinere Arbeiten 1925–1930, 196ff.

44 Karl Barth – Eduard Thurneysen, Briefwechsel Bd. 2, 1921–1930, hg. von Eduard Thurneysen, (GA 4), 2. Aufl., Zürich 1987, 423.

45 Karl Barth, Protestantische Theologie, VI.

zu sagen ist, «dass er sie als erweckter und erweckender Mensch getrieben hat».

> «Theologische Beschäftigung ist bei Tholuck […] in der dramatischsten Weise Beschäftigung mit sich selbst […]. Wichtiger kann das religiöse Individuum, gestaltloser alles Übrige gar nicht werden, kräftiger kann die Biographie gar nicht an die Stelle der Theologie treten, mehr kann die christliche Sache unmöglich im Menschen aufgehen, als dies bei Tholuck der Fall gewesen ist.»[46]

Während bei Schleiermacher Theologie «Rede über …» ist, ist sie bei ihm «Rede aus Religion …» Schleiermacher verhält sich zu Tholuck gerade in Bezug auf den Zentralbegriff seiner Theologie, das vielberufene «Gefühl» wie eine gemalte Blume zu einer wirklichen oder wie ein Spiel mit Streichhölzern zu einer Feuersbrunst.

> «Umsichtige, scharfsinnige Lehre vom Gefühl dort, unumsichtige, stürmische, einseitige Sprache des Gefühls selber hier. […] Wir haben es bei Tholuck mit wirklicher persönlicher Erregung zu tun, nicht mit dem Begriff, sondern mit dem ungemeisterten Ereignis der Erregung des jenseits von aller Verständigkeit und Absichtlichkeit liegenden Bewusstseins- und Lebenszentrums, mit dem ‹Unmittelbaren›, wie Tholuck gerne sagt.»[47]

Wie ich denke, lässt sich das auch dann sagen, wenn man in Rechnung stellt, worauf Pannenberg hingewiesen hat[48], dass Tholuck dieses «Ereignis der Erregung» dann denkerisch in dem von Kant beschriebenen, aber nach Tholuck von Kant selbst nicht genügend verstandenen Zwiespalt von Können und Sollen zu platzieren und auf die Sündenvergebung zu beziehen sucht.

Wie ist diese eigentümliche Theologie zu beurteilen? Barth antwortet mit einem Nein und zugleich einem Ja. Das Nein ist unumwunden. Es bezieht sich auf den Punkt, den er mit dem Stichwort «Individualisierung» aufgedeckt hat, verstanden als «Aneignung des Gegenstandes zum Zweck seiner Beherrschung». Er kann das Trachten Tholucks danach mit

---

46 Ebd., 460–463
47 Ebd.
48 Wolfhart Pannenberg, Problemgeschichte, 82f.

dessen eigenen Worten belegen: Das von Natur aus Gott verwandte Innere des Menschen dränge je länger, je mehr zu dem ihm «Verwandten» hin, suche «in dasselbe einzudringen, sich seiner zu bemächtigen», durch «Aneignen des geliebten Gegenstandes».[49] Damit ordne dieser Theologe sich den Bemühungen seiner durchaus «unerweckten theologischen Zeitgenossen» nahtlos ein. Und damit setze auch er sich zumindest dem dann von Ludwig Feuerbach geäußerten Verdacht aus, dass der da gemeinte «Gott», indem er aus seiner Gegenständlichkeit in ein Eigentum des Menschen überführt werden soll, gerade nicht Gott ist, sondern ein Spiegelbild des trotz seiner religiösen Erregung, ja vielmehr in ihr nur erst recht um sich selbst kreisenden «Herzens».[50] Gibt es kein prinzipielles Gegenüber von Gott und Mensch, und ein solches hat die Erweckungstheologie so wenig herausgearbeitet wie Schleiermacher, dann drohen Hand in Hand eine Selbstvergottung des Menschen und eine Entgottung Gottes.[51] Barth kann seine Kritik auch mit den Worten eines zeitgenössischen Briefeschreibers an Tholuck aussprechen: «Du bist im Dogma vom Heiligen Geist nicht ganz richtig, der der alleinige Lehrer und Bekehrer zu Christo ist.»[52]

Aber Barth sagt zugleich auch ein Ja, und zwar, ohne es mit jenem Nein auszugleichen. Das sagt er nicht, weil er Tholuck in einer Art Schizophrenie gefangen sah, noch weil er nach Art des Schemas von Erscheinung und Idee zwischen tatsächlich Gesagtem und eigentlich Gemeintem unterschied, noch weil er selbst in einer Unentschiedenheit ihm gegenüberstand, die es offen ließe, ob man sich lieber mehr dieses oder jenes für sich aussuchen möchte. Das anscheinend unausgeglichen sich gegenüberstehende Nein und Ja hat seine Einheit wie seinen Grund in jenem Licht der verheißenen Sündenvergebung, die es erlaubt und nahelegt, densel-

---

[49] Karl Barth, Protestantische Theologie, 463. Zitiert nach: Friedrich August Gottreu Tholuck: Guido und Julius. Die Lehre von der Sünde und vom Versöhner oder Die wahre Weite des Zweiflers (1823), 8. Aufl., Hamburg 1862, 159.

[50] So Barth in seinem Aufsatz über Ludwig Feuerbach: Karl Barth, Vorträge und kleinere Arbeiten 1925–1930, 487. Vgl. auch 197: Indem hier «Alles, alles kreisen darf um […] die Erlebnisfähigkeit des Menschen» ist das Wunder und die Dialektik der Theologie «schlechterdings das Wunder und die Dialektik des menschlichen Herzens, des erregten, des enthusiastischen, des erweckten, des christlichen, aber – Fleisch ist Fleisch – des menschlichen Herzens.»

[51] Karl Barth, Vorträge und kleinere Arbeiten 1925–1930, 199.

[52] Ebd., 198; so auch in: Karl Barth, Protestantische Theologie, 464.

ben Theologen so und zugleich noch einmal anders zu sehen, zu lesen, zu verstehen. Weil das Nein und das Ja in jenem Licht seinen Ursprung hat, darum kann an der Klarheit kein Zweifel sein, in der hier Nein und dort Ja gesagt wird. Darum ist der Verdacht ausgeschlossen, als ob sie sich gegenseitig relativieren würden oder gar in Frage stellten. Darum ist es wiederum müßig, eine Grenze zwischen zu verneinenden und zu bejahenden Aussagen zu ziehen. Das Ja bezieht sich ja auf Aussagen, hinter die ein großes Fragezeichen zu setzen ist, wie das Nein auf solche, die, nachdem sie kritisch beurteilt wurden, dann doch nicht einfach verworfen, sondern, noch einmal in einem anderen Licht besehen, positiv aufgenommen werden.

Das Ja bezieht sich nach Barth besonders auf zweierlei, was die Erweckungsbewegung in der Theologie geleistet hat» und wofür Tholuck repräsentativ ist. Zum einen hat sie in Erinnerung gebracht: «Es gibt keine theologischen Wahrheiten im Allgemeinen, es gibt nur solche, die im Munde dieses und dieses in einer bestimmten Situation redenden Menschen Wahrheit sind, indem sie nun gerade in seinem Munde und in dieser Situation zeugniskräftig und insofern erkenntnisbegründend sind.»[53] Sie hat das geltend gemacht in einer, wie gesagt, gefährlichen und bedenklichen Weise. Sie hat es in Gestalt der Tatsache von im Vergleich mit den übrigen Zeitgenossen religiös «ungleich tiefer» beunruhigten und heftiger bewegten «*Menschen*». Ja, aber sie hat diesen *beunruhigten* und *bewegten* Menschen «in einer so akuten Gestalt auf den Plan geführt», wie es jene herrschende Theologie eigentlich gar nicht vorgesehen hatte.[54] Nicht durch ihr Zutun, aber durch das Zutun eines Anderen haben ihre Erfahrungen und Äußerungen faktisch noch ein anderes bedeutet, als was sie sie verstanden.

> «So fremd und erstaunlich wirkten diese Geister mit ihren Berichten aus dem Innenland des frommen Gemüts, dass der Zweifel entstehen konnte, ob diese Berichte, wie sie selbst allerdings ausgaben, nur aus diesem Innenland stammten, […] ob sie nicht entgegen ihren eigenen Erklärungen nicht als Botschafter ihres Herzenserlebnisses, sondern bei aller anhaftenden Torheit als Zeugen Christi zu verstehen waren.»

[53] Ebd.

[54] Karl Barth, Protestantische Theologie, 465.

Indem sie zwar ein «Nebenthema» zum Hauptthema machten, indem sie dadurch jenes andere Hauptthema, nämlich das Wort Gottes, zwar verdunkelten, in dem es eigentlich nur mitgesetzt ist, aber immerhin mitgesetzt, hatten sie faktisch doch recht damit, dass sie es geltend machten – eben die etwas zudringliche, aber «recht verstanden doch ganz sachgemäß aufzuwerfende» Frage[55]: «Bruder, wie steht es mit deinem Herzen?» Oder denn den Satz: «pectus facit theologum.» «Sie hat ihn so kräftig zur Geltung gebracht, dass er in seiner ganzen Zweideutigkeit über sich selbst hinauswies.»[56]

Zum anderen, Barth weist auf Tholucks Satz hin: «Das dritte Kapitel der Genesis und das siebente des Römerbriefes, das sind die zween Pfeiler, auf denen des lebendigen Christentums Gebäude ruht, das sind die zwei engen Pforten, durch die der Mensch zum Leben eingeht.»[57] Für Barth hat der Verdacht mehr als Wahrscheinlichkeit – und diesen Verdacht hat Pannenberg in seiner Deutung im Grunde erhärtet –, dass Tholuck diese «zween Pfeiler» mühelos in das System seiner Herzenstheologie einbauen konnte, so dass sie gegenüber der Bewusstseinstheologie seiner Zeitgenossen ihre Tragkraft und Tragweite nicht merklich erweisen konnten. Aber indem es doch *diese* Pfeiler waren, die darin steckten, war es auch hier faktisch so, «dass jener emotionalen Erregung das Wissen um das, was mehr ist als Erregung, nicht fehlte». Faktisch war es so, dass die Erweckungsbewegung hier «ein bestimmtes Stück christlichen Erkenntnisgutes jedenfalls wieder an die Oberfläche, ins Bewusstsein der Zeit gebracht hat».[58] Sie hat «den Gedanken der freien Sündergnade wieder gekannt, wenn auch [ihm] nicht eigentlich nachgedacht», und hat ihn, «verstanden oder unverstanden, dem Jahrhundert in einer Weise zugeru-

55 So Karl Barth, KD IV/1, 554.

56 Ders., Protestantische Theologie, 466. Erinnern wir uns des Satzes über den Erweckungstheologen: «Bei ihm raucht es nur, aber es brennt nicht» (Römerbrief [1], 290), so könnte das von 1926 soeben über das Verhältnis Tholucks zu Schleiermacher Angeführte (statt Spiel mit Zündhölzern, eine Feuersbrunst) eine Anspielung auf den frühen Satz und eine gewisse Korrektur ihm gegenüber bedeuten.

57 Tholuck, Guido und Julius, 22; zitiert nach: Karl Barth, Protestantische Theologie, 466.

58 Ebd., 460.

fen […], dass es ihn nicht mehr ganz vergessen konnte».[59] Barth fragt zuletzt, ob die Erinnerung daran nicht schließlich für Tholucks Sendung bedeutungsvoller gewesen ist und bleibt als alles andere, was sich im Gedanken an ihn in den Vordergrund drängen konnte. Barth fragt, ob er nicht «eine Art Briefträger» sein möchte, «der dies auszurichten hatte». Er wäre also zu verstehen als jemand, der nicht der Verfasser und Absender dessen war, was er überbrachte, ja, der anscheinend nicht einmal selbst genau wusste, was er weitergab, und der doch derjenige war, der diese Funktion ausübte. Und – «es gibt ja wirklich Situationen, in denen einem der Besuch des Briefträgers lieber ist als alle anderen, an sich viel wertvolleren Besuche».[60]

[59] Ebd., 468. – An einer (neben den eingangs genannten drei Stellen) vierten Stelle, an der der alte Barth noch einmal auf Tholuck zu reden kam, beruft er sich auf ihn als Zeugen der Rechtfertigung des Sünders gegenüber einem falschen Verständnis von Heiligung – so in Barths Gespräch mit Methodistenpredigern am 16.5.1961 – in: Karl Barth, Gespräche 1959–1962, hg. von Eberhard Busch (GA 25), Zürich 1995, 184: «Der alte Tholuck hat in seinen letzten Lebenswochen die schwersten Glaubensanfechtungen durchmachen müssen [vgl. Witte, Das Leben Tholucks, Bd. 2, 505ff.]. Darauf müssen wir alle gefasst sein. Und dann hilft doch nichts als das: ‹Mein Gott, ich bitt' durch Christi Blut, mach's nur mit meinem Ende gut!› Durch Christi Blut! – nicht durch das, was ich da aufgebaut habe! Wir werden alle noch einmal froh sein, aus reiner, purer Gnade selig zu werden.»

[60] Karl Barth, Protestantische Theologie, 468.

Leonhard Ragaz (1868–1945)

Konkreter Pazifismus
Karl Barth und Leonhard Ragaz[1]

Karl Barth und Leonhard Ragaz – beide Theologen entstammen dem Schweizer Reformiertentum. Diese Tradition lebte in beiden besonders auch insofern, als sie davon überzeugt waren, dass Kirche – nicht *zusätzlich* zu ihrer eigentlichen Aufgabe, auch nicht etwa unter dem Mantel und Vorwand dieser ihrer Aufgabe, sondern in deren *Vollzug* auch einen gesellschaftlichen, einen politischen Auftrag und speziell den eines Wächteramtes habe. Dieser Auftrag ergebe sich unmittelbar aus dem Wesen der sie beschäftigenden Sache selbst, und sie wäre ihrer Aufgabe also untreu und würde sie missbrauchen, wenn sie sich auf einen von der Profanität abgehobenen sakralen oder seelischen Binnenraum zurückziehen würde. Als Barth 1941 öffentlich kritisch Stellung nahm zur allzu konformen Politik der Schweizer Regierung gegenüber dem nationalsozialistischen Deutschland und als Bundesrat Eduard von Steiger sich die Einmischung des Theologen in die Politik verbat, antwortete er mit Worten, die ebenso von Ragaz hätten stammen können: Es gehöre der Bezug auf das Leben und damit auch auf die politischen Entscheidungen eines Landes und seiner Regierungen mit zu den unverzichtbaren Aufgabengebiete der Kirche und ihrer Theologie. Namentlich die reformierte Kirche könne von ihren Reformatoren Huldrych Zwingli und Johannes Calvin her sich unmöglich das Recht und die Pflicht dazu absprechen lassen.[2]
Der 18 Jahre ältere Leonhard Ragaz (geb. 1868) war seit 1906 Spiritus Rector des schweizerischen Religiösen Sozialismus. Dieser unterschied sich von christlich-sozialen Bewegungen in Deutschland dadurch, dass er

1 Zum Verhältnis der beiden vgl. Eduard Buess/Markus Mattmüller, Prophetischer Sozialismus. Blumhardt – Ragaz – Barth, Freiburg 1986; ferner: Ulrich Dannemann, Der unvollendete Abschied vom Bürgertum. Karl Barths Kritik des religiösen Sozialismus, in: Günter Ewald (Hg.), Religiöser Sozialismus (Urban-TB 632), Stuttgart u. a. 1977, 91–113; und: Silvia Herkenrath, Leonhard Ragaz und die Anfänge der Dialektischen Theologie, in: Neue Wege 75 (1981), H. 5 und 6.

2 Zitiert nach Eberhard Busch, Der Theologe Karl Barth und die Politik des Schweizer Bundesrats. Eine Darstellung anhand von unveröffentlichten Akten der Schweizer Behörden, in: Evangelische Theologie 59 (1999), 181. Vgl. unten Kapitel «Gehört Politik zum Herzstück der Theologie?»

nicht die *Arbeiter* wegen ihres Atheismus zur Buße rief, sondern die *Kirche* wegen *ihrer* faktischen Gottlosigkeit, erwiesen in ihrem Versagen in der sozialen Frage. Der schweizerische Religiöse Sozialismus unterschied sich ferner vom *deutschen* Religiösen Sozialismus, und zwar dadurch, dass er nicht so sehr an einer theoretischen Erörterung des Sozialismus interessiert war als an der praktischen Solidarität mit der organisierten Arbeiterbewegung.

Karl Barth (geb. 1886) war als junger Pfarrer auch Religiöser Sozialist und kam so in Fühlung mit Ragaz. In seiner ersten Römerbriefauslegung von 1919 setzte er sich indes kritisch mit dem Religiösen Sozialismus von Ragaz auseinander.[3] Daraufhin kam es zwischen beiden zum Bruch. Barth konnte nun erklären, seine Begegnung mit Ragaz gleiche zwei sich kreuzenden Zügen, die in verschiedene Richtung fuhren: Ragaz zur Kirche hinaus, er in sie hinein.[4] Merkwürdig, dass 1921 Barth ins akademische Lehramt überging, worin er bald eines der Häupter der sogenannten Dialektischen Theologie wurde, während Ragaz im selben Jahr seine Zürcher theologische Professur niederlegte, um sich in einem Arbeiterquartier als ein moderner Franziskus der Arbeiterschulung zu widmen.

Doch kam es 1944, kurz vor Ragazens' Ableben, zwischen beiden zu neuer Annäherung. Sie werfe, sagte Ragaz, «einen versöhnenden Schimmer auf den Rest meines irdischen Tages. Denn zu dessen schwersten Verdunkelungen hat der Konflikt zwischen den ‹Religiösen› und den ‹Dialektikern› […] gehört.»[5] Zuvor hatte Barth ihm versichert:

> «Wie gut ist es, dass die menschlichen Lebenslinien offenbar nicht notwendig in Geraden verlaufen müssen, die sich dann wohl annähern können, an bestimmter Stelle sich kreuzen müssen, um sich nachher hoffnungslos voneinan-

---

3 Barths Auseinandersetzung erfolgte im Zusammenhang der Auslegung von Röm 13,1ff. und besagt, dass alle innerweltliche Kritik an misslichen Zuständen und alle innerweltlichen Besserungsversuche die innerweltliche Problematik allenfalls umschichte, aber nicht wirklich ändere und das erst recht nicht, wenn das gewiss alles verändernde und eine neue Welt heraufführende, aber von uns nur zu erwartende, doch nicht zu errichtende Reich Gottes einfach identifiziert werde mit jener Kritik und jenen Besserungsversuchen. Vgl. Karl Barth, Römerbrief (1), siehe unten bei Anm. 70 und 71.

4 Nach Markus Mattmüller, Leonhard Ragaz und der religiöse Sozialismus, Bd. 2, Zürich 1968, 229.

5 Unveröffentlichter Brief vom 27.4.1944 im Karl Barth-Archiv, Basel.

der zu entfernen, sondern dass es da Kurven – Spiralen wahrscheinlich – gibt, in denen sie sich bei aller Eigenart und Verschiedenheit je und dann aufs Neue begegnen dürfen. So etwas hat nun […] zwischen Ihnen und mir stattfinden dürfen.»[6]

Beim Thema «Verantwortung für den Frieden» aus der Sicht der beiden drängt sich vor allem der Eindruck der Nähe auf. So ist zuerst davon zu reden, bevor auf den Unterschied im theologischen Ansatz ihrer Friedensethik hinzuweisen ist.

1. Gemeinsame Grundlinien einer Friedensethik

Das Nein zum Krieg

Das Nein ist bei beiden zwar kein absolutes, aber doch so betont, dass sie öfters als Pazifisten aufgefasst oder verschrien wurden. Dabei ist ihr Nein ein *konkret* begründetes, historisch argumentierendes Urteil über die Problematik speziell des modernen Kriegs. Schon im Ersten Weltkrieg sagt Ragaz, dass, «wer heute den Frieden will, den Feind [den Krieg] in seiner ganzen Furchtbarkeit vor sich hat. […] Nun ist der Friede nicht mehr ein schöner Gedanke, sondern eine bittere Notwendigkeit. Nun […] ist aus dem Ideal eine dringende, gewaltig ernste Pflicht geworden.»[7] Der Krieg ist heute von einer Art, dass er durch die Gründe, mit denen man ihn früher begründete, nicht mehr zu rechtfertigen ist. Und nicht nur wünschbar, *machbar* muss der Friede sein – nicht nur «*ein* Friede» als Ende *eines* Krieges, sondern «*der* Friede» als «Ende *jedes* Krieges». Oder begreifen das die Leute noch immer nicht?, fragt Ragaz. «Vielleicht müssen wir darum noch tiefer hinabgetaucht werden in die Not […], wir müssen durch noch furchtbarere Gluten, bis zuletzt ein allgemeiner Schrei nach Frieden ertönt: […] Genug, kein Krieg mehr!»[8]

Nach dem Zweiten Weltkrieg argumentiert Barth ähnlich historisch[9]: Es habe sich im modernen Krieg erwiesen: 1) Er ziehe nicht mehr nur

6 Unveröffentlichter Brief vom 22.4.1944 im Karl Barth-Archiv, Basel.

7 Leonhard Ragaz, Weltreich, Religion und Gottesherrschaft, Bd. 2, Erlenbach-Zürich/München/Leipzig 1922, 139.

8 Ebd., 136.151.

9 Karl Barth, KD III/4, 516–518.

Gruppen eines Volkes, sondern *das* Volk als ganzes in Mittäterschaft und Mitleidenschaft. 2) Als sein Motiv zeige sich nun unverhüllt: nicht der Mensch und sein echtes Lebensbedürfnis, sondern das wirtschaftliche Machtinteresse. 3) Seine Inhumanität trete offen zutage als die «kalte Sachlichkeit des militärischen Tötens, das Raffinement und die massenhafte Wirkung, zum Teil auch die Abscheulichkeit seiner Methoden, Instrumente und Maschinen und seine Ausdehnung auf die feindliche Zivilbevölkerung», so dass sich die Frage stelle, ob er nicht geradezu organisierter Massenmord[10] sei. 4) In solchem Krieg müsse «auf breitester Front ungefähr Alles getan werden, was Gott verboten hat».[11]

Das alles bedeutet, «dass das rigorose Nein der pazifistischen Ethik fast unendlich viel für sich hat, fast überwältigend stark ist».[12] Und das bedeutet die Notwendigkeit größten Misstrauens auch gegenüber einer Theorie vom gerechten Krieg, die faktisch auf die Sanktionierung der eigenen Aggression hinausläuft, so dass dann Krieg «immer [!] der heilige, der gerechte, der notwendige Krieg» ist[13] – so dass er seine Bosheit eben davon nährt und zugleich darin verbirgt, dass er sich versteht als «Kampf zwischen dem angeblich Guten und dem angeblich Bösen, in welchem sich Alle […] für die Freunde des Guten und Feinde des Bösen halten».[14] Das Nein ist deutlich. Aber wie ist es geltend zu machen? Der Krieg muss vor allem *verstanden* werden, um überwunden werden zu können.

Die Wurzel des Krieges

Für beide, Ragaz wie Barth, lässt sich der Krieg angemessen nur als die Konsequenz eines größeren Zusammenhangs begreifen.[15] Ihre Kritik an einem absoluten Pazifismus meinte die Gefahr in ihm, für diesen Zusammenhang blind und darum gegenüber dem Krieg, bei aller mutigen Gesinnung, ohnmächtig zu sein oder denn, wie Ragaz bemerkt, unversehens. kopflos doch in Gewalt umzuschlagen.[16] Der Krieg hat nach ihm

10 Ebd., 522.
11 Ebd., 520.
12 Ebd., vgl. auch unten Barths absolutes Nein zur Atomrüstung.
13 Karl Barth, KD IV/1, 501.
14 Ebd., 496.
15 Vgl. Karl Barth, KD III/4, 524.
16 Leonhard Ragaz, Das Reich und die Nachfolge. Andachten, Bern 1938, 330.

seinen Nährboden in Zeiten *sogenannten* Friedens, eines «Scheinfriedens»[17], währenddem ein System der Ungerechtigkeit herrscht. Dieses System ist es, das «zum Krieg führen muss». Es «*ist* ja eigentlich schon Krieg, noch nicht ‹blutiger›. [...] Unser heutiges Wirtschaftssystem ist ja auch Krieg», sogar «unser ganzes Zusammenleben [im Geist des Egoismus ist] eigentlich Krieg». «Der Egoismus beruht auf einer inneren Leere. Diese begehrt nach Ausfüllung [...]. Dies treibt zum Raub [...]. Er möchte die ganze Welt haben und die ganze Welt machte ihn, wenn er sie hätte, nicht satt.» *So* führt die Welt des Egoismus zum Krieg.[18] *So* enthüllt der Krieg den Schein des vorherigen Friedens. So sehr *dann* die Maske der Militaristen vom Gesicht fällt, so sehr werden sie *zuvor,* wie Ragaz spitz bemerkt, größten Wert auf ihre Maske legen, werden gegenüber dem ungerechten Zustand, obwohl dieser den Krieg heimlich schon in sich trägt, sich des «Pazifismus bemächtigen und ‹Friede! Friede!› sagen, wo ‹Krieg›, ich meine: schärfster Kampf gegen Unrecht und Gewalt nötig wäre».[19]

Ähnlich Barth: «Der Krieg offenbart den im tiefsten Grund chaotischen Charakter schon des sogenannten friedlichen [...] Strebens [...] des Menschen.»[20]

> «Wo die Staatsmacht den inneren Bedürfnissen des Landes *nicht* gewachsen ist, da wird sie für die dadurch erweckte Unruhe ein Ventil nach außen suchen und im Krieg zu finden meinen. Wo *nicht* der Mensch, sondern das zinstragende Kapital der Gegenstand ist, dessen Erhaltung und Mehrung der Sinn und das Ziel der politischen Ordnung ist, da ist der Automatismus schon im Gang, der eines Tages die Menschen zum Töten und Getötetwerden auf die Jagd schicken wird. [...] Von einem Frieden her, der kein rechter Friede war, kann der Krieg allerdings unvermeidlich werden.»[21]

---

17 Ders., Weltreich, Religion und Gottesherrschaft, Bd. 1, Erlenbach-Zürich/München/Leipzig 1922, 141f.

18 Ebd., 142–145.

19 Leonhard Ragaz, Das Reich und die Nachfolge, 528.

20 Karl Barth, KD III/4, 517.

21 Ebd., 525. Vgl. schon in: Karl Barth, Friede, in: Die Glocke 23 (1915), 55f., die These: Auf dem Boden des Unfriedens gibt es keinen Frieden, und in: ders.,

Statt vom egoistischen Menschen redet Barth vom *einsamen* – aber eben auch nicht koexistierenden! – Menschen: Er sei «der potentielle und in irgend einer […] Form auch der aktuelle *Feind* aller anderen. Der Ausbruch des Krieges zwischen ihm und ihnen wird immer nur eine Frage der Zeit, der Gelegenheit, oft genug eines lächerlichen Zufalls sein.»[22]

Nach beiden Theologen hat also der Krieg seine Wurzel in einem Vorkriegsunheil und ist nur die folgerichtige *Aufdeckung* der *Inhumanität* des vorherigen Unheils. Diese Sicht steht kritisch zu der des alten Satzes «Si non vis bellum, para *bellum*» (Willst du den Krieg nicht, so rüste dich auf ihn). Demnach zieht die *militärische Schwäche* eines Landes einen Aggressor an, so dass «Frieden» nur durch Aufrüstung zu «sichern» ist. Die Sicht der beiden sagt dagegen, dass *mangelnde Sozialität* ein Gemeinwesen zum potenziellen Aggressor macht. In *diesem* Zusammenhang versteht sich Barths These von 1953, dass der Kalte Krieg «von Gott her gesehen wahrscheinlich noch schrecklicher und infamer» sei als der heiße Krieg.[23] Das hatte mit Weichheit gegenüber dem Kommunismus nichts zu tun, wie man meinte, aber mit der auch realpolitischen Einsicht, dass das Defizit an humanen Verhältnissen im Kalten Krieg die geheime-unheimliche Brutstätte des heißen Kriegs ist.

Die Sorge für den Frieden

Folglich stellt sich die Friedensfrage vor allem in der Nichtkriegszeit. Den Krieg ablehnen, wenn er da ist, mag edel sein. Er lässt sich dann aber nicht mehr aufhalten. Der Krieg ist zu verneinen, wenn er nicht da ist. Er ist zu verneinen im Widerstand gegen seine kriegstreibenden Ursachen in der Gesellschaft der Nichtkriegszeit. Der Friede ist, wenn die Waffen nicht angewandt werden, nicht von selbst da. Er ist dann hart zu erarbeiten. Es gilt dabei den Scheinfrieden der Nichtkriegszeit umzugestalten in befriedete gesellschaftliche Verhältnisse. Wie es Jesaja 32,17 sagt: «Und das Werk der Gerechtigkeit wird Friede sein.»

So betont Ragaz: «Der Friede darf keine abgetrennte Sache sein, keine Sache, die man bloß für sich haben und für sich pflegen kann.»[24] Kampf

---

Vorträge und kleiner Arbeiten 1914–1921, hg. von Hans-Anton Drewes (GA 47), Zürich 2012, 145–151.

22 Ders., KD IV/2, 474.

23 Ders., KD IV/1, 501.

24 Leonhard Ragaz, Das Reich und die Nachfolge, 536.

für Frieden ist zuerst «Kampf für Wahrheit und Recht, für die Wahrheit und das Recht Gottes, deren sichere Frucht der Frieden ist, der *nur* auf diesem Boden wächst [...]. Darum muss, wer Frieden will, für die Gerechtigkeit kämpfen. [...] Darum gibt es nur auf Grund der Wahrheit Frieden.»[25] Ja, nach Ragaz

> «darf es uns auch nicht so sehr darauf ankommen, gerade eine bestimmte Art des allgemeinen Krieges, eben den ‹blutigen› Krieg, zu bekämpfen. Das ist nicht einmal seine schlimmste Form. Sie wird von selbst verschwinden, wenn einmal die Bedingungen [für ihn] verschwunden sind. Es führt vielleicht nur zur Oberflächlichkeit, wenn wir uns zu sehr gerade gegen diese *eine* Form einsetzen, als ob es auf sie allein ankäme, auf Frieden um jeden Preis, auf die Frucht ohne den Baum.»[26]

Ähnlich Barth: Die christliche Ethik habe in dieser Sache entscheidend zu sagen:

> «Es gestalte der Staat, es gestalte die für den Staat verantwortliche Gesamtheit seiner Bürger, es gestalte im Leben des Staates jeder Einzelne in seinem Tun und Lassen den *Frieden* [...] so, dass er [...] den Krieg überflüssig und unmöglich mache. Es braucht [...] wenig Glauben, Verstand und Mut dazu, den Krieg prinzipiell [...] zu verdammen, weil ja sicher (außer den Kreisen der Kriegsindustrie und gewisser unverbesserlicher höherer Offiziere) kein Mensch der Meinung ist, dass er dem Frieden an sich vorzuziehen sei. [...] Es braucht aber christlichen Glauben, Verstand und Mut dazu [...], den Völkern und Regierungen zuzurufen, dass [...] der *Friede* der Ernstfall ist»: der Fall, in dem «alle Zeit, alle Kraft, alles Vermögen dafür einzusetzen sind, dass die Menschen [...] recht leben können, um dann zur Flucht in den Krieg keinen Anlass zu haben.»[27]

Nicht Ab- oder Aufrüstung «kann cura prima [erste Sorge] sein, sondern allein die Herstellung einer für Alle sinnvollen und gerechten Lebensordnung». Das schließt auch ein: internationale Verständigungen, Werben

25 Ebd., 537f.
26 Ders., Weltreich, Religion und Gottesherrschaft, Bd. 2, 147.
27 Karl Barth, KD III/4, 525f.

für Aufgeschlossenheit gegenüber anderen, Friedenserziehung der Jugend, Ablehnung von stehenden Armeen und von hetzerischer Hysterie.[28] Kurz: *Si non vis bellum, para pacem!* (Willst du den Krieg nicht, so rüste dich auf den Frieden.)[29] – Diese gemeinsamen Gesichtspunkte einer Friedensethik schließen für beide Theologen drei Abgrenzungen ein.

2. Nötige Abgrenzungen einer Friedensethik

Die Kritik an der traditionellen kirchlichen Ethik

Der Vorwurf beider an die kirchliche Ethik, wie sie im Zeichen des konstantinischen Bündnisses von Kirche und Staat formuliert worden ist, lautet: Die Kirche habe sich ihre Anerkennung durch den Staat erkauft durch ihr Ja zum obrigkeitlichen «Schwertamt». Darin komme eine Verweltlichung der Kirche zum Ausdruck, durch die Anpassung ihrer Ethik an obrigkeitliche Interessen.

So sagt Ragaz: Die Kirche «hat sich mit dem Staat verbündet und sich seine Hilfe gesichert, mit dem Hintergedanken, dass er mehr oder weniger christlich werde. [...] Nachdem man sich so mit den Interessen des Staates solidarisch gemacht hatte, musste man auch den letzten Schritt tun: man musste mit ihm in den Krieg gehen, musste für seinen Waffensieg beten.»[30] Diese Kirche stehe «stets auf der Seite derer [...], die Macht hätten, möge diese Macht noch so stark mit Unrecht verbunden sein» ja, sie werde von diesen Mächten mit Vorliebe und besonderem Erfolg benutzt, «um dem Unrecht ein Mäntelchen umzuhängen.»[31] Das geschieht nach Ragaz allerdings auch da, wo die Kirche sich scheinbar von der Welt unterscheidet, indem sie «das ganze Ziel des Strebens [...] in das Jenseits» verlegt. Aber indem so die Religion sich ganz auf sich selbst zurückzieht, bekommt gerade die Welt die Herrschaft – zuletzt auch in der Religion selbst.[32]

Ebenso kritisch sieht auch Barth «die Elastizität, mit der sich die Kirche seit Konstantin auf Krieg und Kriegsgeschrei positiv eingelassen hat». Sie verfehlte sich darin, dass sie mit den Gegebenheiten der staatlichen

[28] Ebd.
[29] Ebd., 517.
[30] Leonhard Ragaz, Weltreich, Religion und Gottesherrschaft, Bd. 2, 179.
[31] Ders., Weltreich, Religion und Gottesherrschaft, Bd. 1, 319.
[32] Ebd., 329.

Welt nun «*stärker* rechnete als mit dem Vergehen dieser Welt und dem Kommen des Herrn und eben damit das Kriterium verlor, ohne dessen Anwendung auch innerhalb dieses Äons das christliche [...] Handeln aus aller Kontrolle kommen muss. [...] Die Blankoberechtigung zum Kriegführen ist zu beanstanden, die die Christenheit damals und von da ab – und leider dann aufs neue in der Reformation – der Welt, dem Staat, der sogenannten ‹Obrigkeit› und damit doch sich selbst und allen ihren Gliedern erteilt hat.» Wie konnte sie «eine kleine, aber bedeutsame Friedensmacht sein, da sie dem Krieg gegenüber [...] gar nicht mehr besonders erschrak, sondern ihn zunächst in das von ihr anerkannte politische, damit aber auch in ihr eigenes Lebenssystem ganz gemütlich einbauen wollte und konnte?»[33]

Diesen Gedanken hat Barth noch ein Korrektiv hinzugefügt. Die bisherige Argumentation setzt ja voraus, dass der Staat *obrigkeitliche* Gewalt ist. Sie ändert sich, wenn der Staat, von Ragaz und Barth christlich bejaht, *demokratisch* ist und also eine von den Bürgern kontrollierte Macht hat. Es ist dann das Axiom moderner christlicher Ethiken als «hinterwäldlerisch» zu bestreiten, dass die militärische Gewaltausübung das *Wesen* des Staates sei. Gehört sie zu seinem Wesen, dann bedeutet das jene Blankoberechtigung zum Kriegeführen wie die Setzung eines Obrigkeitsstaats. Gehört militärische Gewaltübung nicht zu seinem Wesen, dann bedarf jede Gewaltübung einer Kontrolle durch das «Volk». Dann bedeutet jeder militärische Einsatz eine solche Ausnahme, dass ihr die christliche Ethik «in jedem Fall» mit der Frage entgegentreten muss «ob er das nun wirklich *müsse?*»[34]

Die Kritik an der sozialistischen Gewalttheorie

Die These der beiden Theologen steht der sozialistischen These nahe, der *Kapitalismus* sei die Ursache von Kriegen und mit dessen Abschaffung würden die Kriege aufhören. Dass die Thesen auf beiden Seiten aber nicht dasselbe meinen, kann man an dem Argument von Ragaz ersehen: Jene These habe sich bei der «gedankenlosen Rede beruhigt, wenn der Kapitalismus einmal besiegt sei, so höre der Krieg von selbst auf, und hat nicht bedacht, dass vielleicht ein großer Krieg dem Kapitalismus für lange das

33 Karl Barth, KD III/4, 521f.
34 Ebd., 522f.

Leben stärken» kann.[35] Auch nach Barth gibt es bei Gewalthabern ein *Interesse* am Krieg als «Basis für weitere Machtentfaltungen zu weiterer Machtgewinnung ‹wirtschaftlicher› Art»; speziell gebe es eine Kriegs-*industrie,* die mit ihren Verbindungen zu Industrie, Technik und Handel anderer Art ein gebieterisches Bedürfnis danach habe, «dass von Zeit zu Zeit unter möglichst großem Verschleiß des vorhandenen Materials und zur Anregung weiterer Nachfrage nach solchem aufs neue Kriege geführt» werden.[36] Gibt es nicht bis in die Gegenwart militärische Auseinandersetzungen, bei denen bisherige Waffen entsorgt werden, damit modernere hergestellt werden können?

Das sozialistische Absehen von der möglichen Stärkung eines kapitalistischen Gewaltsystems durch den Krieg wurde für Ragaz zum Ausgangspunkt seiner von Anfang an unerbittlich radikalen Kritik am Sozialismus Lenins. Weil der Erste Weltkrieg eine Sache gegenseitig sich zerfleischender und so sich selbst beseitigender kapitalistischer Mächte sei, war Lenin desinteressiert an dessen Beendigung durch einen gerechten Frieden, der der Demokratie eine Chance gab. Das bedeutete nach Ragaz nicht zufällig eine Stützung des preußischen Militarismus durch Lenins Sozialismus.[37] Denn dieser Sozialismus brauche zu seinem Aufbau sowohl das möglichst krasse Gegenbild eines kapitalistischen Gewaltsystems wie auch für sich selbst die Anwendung eines Gewaltsystems. Zwar verspricht er die Herstellung einer Gesellschaft, die den Krieg überflüssig macht. Aber er kann dieses Versprechen nicht einlösen, weil seine Mittel zur Herstellung dieser Gesellschaft die alten Mittel der Gewalt, der Unterdrückung, der Ausbeutung, des Militarismus sind.[38] In dem Sinn sah Ragaz schon Ende 1917 als einer der Ersten eine Verwandtschaft zwischen dem kapitalistischen und bolschewistischen Gewaltsystem und sagte: «Ein Sozialismus, der den Gewaltgeist in sich trägt, ist im Grunde Kapitalismus.»[39]

---

35 Leonhard Ragaz, Weltreich, Religion und Gottesherrschaft, Bd. 2, 157.

36 Karl Barth, KD III/4, 517.

37 Die Zusammenhänge hat eindringlich erhellt: Markus Mattmüller, Leonhard Ragaz, 153ff.

38 Leonhard Ragaz, Weltreich, Religion und Gottesherrschaft, Bd. 2, 410–413.

39 Ebd., 41. Vgl. auch 422f.: «Die Gewalt-Reaktionäre» wie «die Gewalt-Revolutionäre» basieren auf einer knechtenden Gesetzlichkeit, die «wie zum Bolschewismus, so auch zum Libertinismus» führt.

Sein Argument, dass sich mit den Mitteln einer ungerechten Welt immer nur eine ungerechte Welt bauen lasse, spielt auch in Barths Römerbrief von 1919 eine Rolle.[40] Darum sieht auch er eine Affinität zwischen einem rechten und einem linken Gewaltsystem: «Paragraphen und Maschinengewehre sind die Weisheit der bestehenden Gesellschaft, Paragraphen und Maschinengewehre sind die Weisheit der Revolution.»[41] Zur Zeit des Dritten Reiches, als das wegen dessen dröhnendem Antikommunismus nicht opportun war, spitzte Barth wie Ragaz[42] diesen Satz zu zur These der Verwandtschaft von braunem und rotem Regime[43]. Wenn er nach 1945 diese These nicht mehr wiederholte, dann lag das an der Überzeugung, dass unter den neuen politischen Umständen eine solche Gleichsetzung kriegstreibend wirken und von der kriegsverhütenden Aufgabe der «Herstellung einer für alle sinnvollen und gerechten Lebensordnung» ablenken musste. Auf den Spuren von Ragaz lag Barths Abgrenzung gegenüber dem Kommunismus aber in der Erkenntnis, dass die Herstellung solcher Lebensordnung nicht durch einen verfügten «Staatssozialismus»[44] zu erreichen sei, sondern durch «die Gestaltung des Staates zur Demokratie und der Demokratie zur sozialen Demokratie».[45]

---

40 Karl Barth, Römerbrief (1), z. B. 24f., 376ff.

41 Ebd., 377. Friedrich-Wilhelm Marquardt, Theologie und Sozialismus. Das Beispiel Karl Barths, München/Mainz 1972, 128, zitiert nur den ersten Teil des Satzes, wodurch dessen Sinn in Schieflage gerät.

42 So schon andeutungsweise in: Leonhard Ragaz, Zur Weltlage, in: Neue Wege 27 (1933), 187.

43 Zum Beispiel: Karl Barth, Kerrl und die Bekenntniskirche, in: Basler Nachrichten 4.12.1935, 1. Beilage zu Nr. 333, 1; ders., KD II/2, 342. Vgl. Eberhard Busch, Barths Lebenslauf, 312. Als einer der Gründe dafür, dass Barth nach 1945 diese Gleichsetzung nicht mehr so wiederholte, lässt sich *vielleicht* auch seine *zunächst* gehegte Meinung vermuten, dass ein Staat, der dann schließlich doch so entschieden dem NS-Unrechtsstaat widerstanden hat wie der russische, nicht nur, wie zuvor selbst angenommen, ein bloßer Unrechtsstaat sein könnte. Der wichtigere Grund aber war die für Barth *jetzt* vorrangig gewordene Kritik am Kalten Krieg.

44 In KD III/4, 624f. hält Barth den «faktisch von einer regierenden und genießenden Gruppe gelenkten Staatssozialismus» nicht für «*das* Heilmittel der sozialen Krankheit».

45 Ebd., 525ff.

Die Auseinandersetzung mit dem prinzipiellen Pazifismus

Beide Theologen stimmen überein auch in dem doppelten Argument, mit dem sie einen absoluten Pazifismus ablehnen. Der Einwand ist zum einen fundamental-ethischer Art und nennt den Pazifismus, so Ragaz, «schon an sich eine falsche Sache», falls er «ein ‹Ismus›, ein für sich bestehendes System sein» will.[46] Denn eine Ethik könne nicht unabhängig von den konkreten Entscheidungssituationen allgemeine, immer und überall gültige inhaltliche Sätze aufstellen. Dazu kommt der sachliche Einwand gegenüber der Losung, die Ragaz so umschreibt: «Friede um jeden Preis! Auch um den des Rechtes und der Wahrheit. Denn was sind Recht und Wahrheit, wo es sich um den Frieden handelt! Frieden ist doch das Höchste!» Ragaz nennt das einen «sentimentalen Kultus des Friedens – der nicht einen einzigen Krieg verhindert! Denn dieser Pazifismus ist eine leere Form ohne rechten Gehalt».[47] Weil der absolute Pazifismus auch um den Preis von Recht und Wahrheit Frieden will, versäumt er, entschieden gegen die Wurzel zu kämpfen, aus der der Krieg erwächst. Darum ist er nicht der Versuchung des Gewaltglaubens gewachsen.[48] So sagt auch Barth, dass den Pazifisten und Militaristen gewöhnlich gemeinsam die Friedensarbeit als Aufbau eines freien und gerechten Staates bloß eine beiläufige Frage sei neben dem Interesse daran, dass abgerüstet bzw. aufgerüstet werde.[49]

Der Gedanke bedeutet, dass die christliche Ethik mit dem Grenzfall zu rechnen hat, in dem ein militärischer Verteidigungskrieg zu bejahen ist. Er darf es, wenn ein sich demokratisch und sozial gestaltender Staat in seinem Bestand fundamental militärisch bedroht wird. Dort, wo es um seine Erhaltung oder Preisgabe als eines Lichts geht, das um der Freiheit und Gemeinschaft auch der Angreifer willen am Leuchten bleiben muss, ist dieser Krieg ein *gerechter*. In dem Fall hat die Kirche diesen Krieg dem Staat sogar als von *Gott* geboten einzuschärfen. So Ragaz: «Wenn es denkbar wäre, […] dass auf der einen Seite Unrecht und Lüge stünden, aber als Preis des Friedens, und auf der andern Seite Recht und Wahrheit,

[46] Leonhard Ragaz, Das Reich und die Nachfolge, 536; vgl. Karl Barth, KD III/4, 524. Barth spricht «von dem nun einmal unzulässigen Absolutismus» der pazifistischen These.

[47] Leonhard Ragaz, Das Reich und die Nachfolge, 536.

[48] Ebd.

[49] Karl Barth, KD III/4, 525f.

aber mit der Gefahr des Krieges, so würde ich (mit Gandhi!) ohne Besinnen das Zweite wählen; denn es gibt keinen wirklichen Frieden auf Grund von Unrecht und Lüge.»[50] *Wenn* ein Staat sich erkennbar aufbaut auf dem Ja zu einem demokratisch-sozialen Gemeinwesen, dann hat es für sein Ja dazu mit der Bereitschaft notfalls zur militärischen Abwehr des Versuchs zu seiner Beseitigung zu zahlen und zwar, sagt Barth, ohne Rücksicht auf die Überlegung, dass auch der gerechteste Krieg mit einer Niederlage enden kann.[51] In dem Sinn haben die beiden entschiedener und früher als Viele ihrer Zeitgenossen den Krieg gegen Hitlerdeutschland bejaht.

Im Kalten Krieg hat Barth diesen Gedanken modifiziert: Wenn freilich Krieg heute Atomkrieg heiße, «dann bleibt allerdings wohl nichts übrig, als zu sagen: dann eben nicht Krieg». Denn «Atomkrieg ist eigentlich vom ersten Augenblick an das Ende aller Dinge! Da verliert die Kriegsführung selber als solche jeden Sinn.»[52] Wenn der nun doch absolute Atompazifismus nur eine Variation des Gedankengangs bedeutet, dann nicht bloß wegen des Rechnens weiterhin auch mit nichtatomaren Kriegen und nicht bloß wegen des Interesses an der Pointe, dass Friedensarbeit Kampf gegen die kriegstreibenden Ursachen sein muss: Dann auch darum, weil der Gedankengang das Argument gegen den Atomkrieg enthält.[53] Denn ist zugunsten einer gerechten Ordnung notfalls ein Krieg bejahbar, dann muss der Krieg gerecht sein nicht nur hinsichtlich seiner Ursachen und seines Ziels, sondern auch in seiner Durchführung. Es kann in ihm also nicht jedes Mittel recht sein. Darum kann ein Atomkrieg kein gerechter Krieg sein.

3. Unterschiedliche Begründung der Friedensethik

Beide Theologen stimmten indes in der *Begründung* ihrer Friedensethik nicht so überein wie in dieser selbst, und das obwohl sie auch darin übereinstimmten, dass ihre Ethik zwar in Kooperationen mit Nichtchristen

[50] Leonhard Ragaz, Das Reich und die Nachfolge, 537f.
[51] Karl Barth, KD III/4, 531.
[52] Karl Barth, Texte zur Barmer Theologischen Erklärung, hg. von Martin Rohkrämer, 2. Aufl., Zürich 2004, 206f.
[53] Vgl. dazu ebd., 208.

übersetzbar ist, dass aber *für sie* die christliche Begründung ein notwendiges Element ihrer Argumentation ist. Als sie in ihrem letzten Kontakt über ihre neue Annäherung sprachen, sah Ragaz[54] ihre bleibende Differenz darin: Er könne allem Wesentlichen zustimmen, «nur setze ich zum Ganzen *ein anderes Vorzeichen*». Gerade *weil* sie so übereinstimmen, wie wir sahen, und gerade weil für sie das Vorzeichen ihrer ethischen Sätze weder wegfallen kann noch beliebig austauschbar ist, stellt das andere Vorzeichen ein Problem dar.

Die theologische Position von Ragaz

Ragaz' Theologie ist nicht leicht zu fassen, weil das Fließende ihrer Begriffe bewusste Folge ihres Inhalts ist. Ihr Zentralbegriff ist jedenfalls auch so der des Reiches Gottes, das durch die alttestamentlichen Propheten und durch Jesus in Gang gebracht worden ist und das nun immer wieder in bestimmten, neuen Formen schon kommt. Es lässt im Gegensatz zur bestehenden Welt eine «neue Welt» anbrechen – «an Stelle der Räuberwelt die Welt der Solidarität, an Stelle der Herrschaft der Materie eine neue Herrschaft des Geistes, an Stelle des Mammon der Mensch, an Stelle der Macht das Dienen».[55] Diesem Reich widersteht die Macht des Bestehenden, die die Gefahr des Bösen in sich trägt, weil sie, statt dynamisch[56] statisch verfasst ist – die politische, die wirtschaftliche Gewalt, aber auch die damit paktierende institutionelle Kirche und Theologie. Das Reich Gottes ist dagegen überall da im Kommen, wo ein Bestehendes, Festgefügtes nach vorne in Bewegung kommt, in Richtung auf eine praktische, diesseitige und äußere Verwirklichung jener Wahrheiten oder Ideale des Gottesreichs, in der Regel am Rand und außerhalb von Institutionen wie die der Kirche. Nicht sind derlei Bewegungen schon das volle Gottesreich, aber Aufbrüche zu ihm hin je nach gegebener Zeitlage, wahr-

---

[54] In seinem in Anm. 5 genannten Brief vom 27.4.1944, unter Bezugnahme auf das eben erschienene Werk Barths «La confession de foi de l'Eglise» (1943), im Blick auf das Ragaz namentlich seine Nichtübereinstimmung mit Barths Lehre vom Heiligen Geist aussprach.

[55] Leonhard Ragaz, Weltreich, Religion und Gottesherrschaft, Bd. 2, 11.

[56] Von seiner ersten, eigentlichen religiös-sozialen Schrift an – Leonhard Ragaz, Das Evangelium und der soziale Kampf der Gegenwart, Basel 1906, 20ff. – in der er die ruhende und vorwärtsdrängende Religion einander gegenüberstellt, ist diese Unterscheidung für Ragaz fundamental.

zunehmen in prophetischer Zeitdeutung. Und nicht sind derlei Bewegungen bloß Menschenwerk, sondern von Gott gewirkt, und zwar in denen, die sich, jenseits institutioneller Sicherung, in den Strom seines Wirkens hineinreißen lassen.

Wir verstehen hier *erstens* die innere Voraussetzung der Friedensethik von Ragaz. Sie ergibt sich nicht aus einem Gebot Gottes, aber daraus, dass die prophetische Zeitdeutung in ihr «jetzt das große Thema, nein, das einzige» erkennt – *jetzt,* weil etwa 1914 «in der Geschichte des Reiches Gottes» eine Entscheidungsstunde da ist, wie sie vorher nicht da war. In ihr ist darum nun «mit leidenschaftlicher Entschlossenheit das *eine* Ziel zu ergreifen: ‹Wir wollen den Krieg besiegen!›»[57] Diese Stunde ist da, weil eine Friedensbewegung da ist. Die hat zwar mit Beginn des Weltkriegs Schiffbruch erlitten[58], aber nur, damit sie erneuert und vertieft wird dadurch, dass «nun Gott *selbst* Friedensbewegung in großem Stil [...] macht».[59] In der Niederlage des Widerstands gegen *diesen* Kriegs sieht Ragaz prophetisch die Chance eines Widerstands gegen *jeden* Krieg heraufziehen. *Das* ist der Punkt, an dem er seine Friedensethik ansetzt, und er tut es, indem er zur Näherbestimmung des Begriffs Frieden diesen mit anderen zum Reich Gottes gehörenden Begriffen verbindet und indem er erläutert, inwiefern deren praktische Verbindung den Nährboden des Kriegs austrocknet. Er verbindet den Begriff des Friedens mit dem von Wahrheit und Recht oder von Freiheit und Sozialismus[60], zusammengezogen im Begriff der «freien Genossenschaft»[61], deren Verwirklichung ihre Frucht im Frieden hat.

Wir können im selben Zusammenhang *zweitens* verstehen, inwiefern Ragaz bei Barth ein anderes Vorzeichen sieht, das er ablehnt. «Der gewaltige Fehler» von dessen Theologie sei, dass sie an die Stelle der Botschaft vom Reiche Gottes «das Theologoumenon von der Rechtfertigung aus dem Glauben allein» gesetzt habe.[62] Ragaz versteht unter der Rechtfertigung aus Glauben anscheinend eine Verurteilung des Menschen zur

57 Leonhard Ragaz, Weltreich, Religion und Gottesherrschaft, Bd. 2, 136.
58 Ebd., 139.
59 Ebd., 149.
60 Ebd., 44, vgl. 68.
61 Ebd., 53.
62 Leonhard Ragaz, Sinn und Werden der Religiös-Sozialen Bewegung, Zürich (1931), 38.

Untätigkeit oder gar eine Rechtfertigung der bösen Welt, wenn denn nach ihm dieser Fehler bedeutet, dass dadurch «aus der dynamischen Bewegung eine statische Erstarrung geworden» sei. «Diese Erstarrung hat nicht nur zu der Form einer neuen Theologie, sondern auch zu einer neuen Kirchlichkeit geführt. [...] Die Bewegung auf das Reich Gottes hin kam wieder einmal in der Kirche zur Ruhe. [...] Also statt Reich Gottes Theologie und Kirche»[63], statt Prophetie Schriftgelehrsamkeit[64], statt streitbares Leben in der Wirklichkeit und statt Erspürung darin von neuen Gottesoffenbarungen eine Theologie des Wortes Gottes.[65] Die Kritik ist so global, dass man sich wundert, dass Ragaz dabei gleichwohl den Unterschied zu Karl Barth nur «innerhalb einer selbstverständlichen Gemeinschaft» zu sehen meinte.[66]

Die theologische Position von Barth

Auch Barths Theologie ist nicht leicht zu fassen, aber aus anderem Grund. Sie ist es deshalb, weil sie manche Stadien durchlief. In seiner Frühzeit betonte Barth die unverfügbare Gottheit Gottes und deren religionskritische Kraft gegenüber allen von Menschen entworfenen Gottesbildern. Dieser Gedanke bekam dann in der Theologie des Wortes Gottes die Funktion, die göttliche Initiative in der Herstellung der Gottesbeziehung herauszustellen. Diese Beziehung verstand Barth dann inhaltlich als den in Christus vollzogenen Versöhnungsbund zwischen Gott und Mensch. Dieser Bund, der nun *Barths* eigentliche Zentralvorstellung ist, ist das in der Bibel bezeugte Geschehen von Gottes freier Selbstbestimmung zur Gemeinschaft mit den Menschen, um sie ihrerseits zu bestimmen zu freier Selbstbestimmung in der Gemeinschaft mit Gott und untereinander.[67] Wie Ragaz benutzt Barth dabei die Begriffe «Freiheit» und «Gemeinschaft» und sieht sie in diesem Bund in Beziehung gesetzt. Dabei ist für ihn der Begriff «Reich Gottes» im Sinn der Errichtung einer neuen Gegenwirklichkeit entgegen einer schlechten Wirklichkeit aufbewahrt. Die Begriffe Freiheit und Gemeinschaft bezeichnen indes keine aus der Größe «Reich Gottes» abzuleitenden Ideale, sondern Gottes Handeln an und mit dem

[63] Ebd., 39.
[64] Ebd., 30.
[65] Ebd., 31.
[66] Ebd., 27.
[67] Vgl. Karl Barth, KD II/2, 101.192ff.

Menschen, das diese Begriffe und ihren Zusammenhang aller erst definiert. Gottes Handeln ist dabei ein Perfektum, eine vom Menschen nicht erst zu schaffende, sondern ihm vorgegebene Wirklichkeit, doch eine, die nicht abgeschlossen ist, sondern die auf den Menschen zukommt, um ihm so Zukunft zu eröffnen.

Von da aus lässt sich *erstens* Barths Ansatz für seine Friedensethik verstehen. Sie setzt an beim göttlichen Gebot. Das steht bei ihm an *der* Stelle, an der bei Ragaz die in der Geschichte erkannte Entscheidungsstunde steht, durch die der Friede als *das* Thema erkennbar werden soll. Nicht was eine geschichtliche Stunde uns nahelegt, sondern was in irgendeiner Stunde Gott uns gebietet, ist entscheidend. Und nicht in der Aktion, in der wir das und das tun, handelt Gott; sein Wille steht uns gegenüber in einer Beziehung, in der der in Freiheit und Liebe an uns handelnde Gott der uns in Anspruch Nehmende ist und wir die von ihm Beanspruchten sind. Wenn Barth das Gebot Gottes ein gnädiges nennt, so heißt dies das Doppelte: Zum einen wird durch das göttliche Handeln an uns unser Handeln ermöglicht, als Antwort darauf. Zum anderen wird unser Handeln dazu in Anspruch genommen, seiner freien Selbstbestimmung zur Gemeinschaft zu entsprechen – durch ein Handeln auf dem Nenner der Freiheit in Koexistenz.[68] Damit stehen wir auch hier an dem Punkt, an dem Barths friedensethische These einsetzt, dass solches Handeln dem Krieg seine Ursache entzieht und seine Grenze setzt.

Von dem theologischen Ansatz her lässt sich *zweitens* Barths Kritik umgekehrt an Ragaz verstehen. Er hat sie am schärfsten[69] 1919 ausgesprochen. Er hat dabei die Kritik von Ragaz an Lenins Sozialismus auch auf den Religiösen Sozialismus angewandt: Man könne die «neue Welt» der Gerechtigkeit, die Welt Gottes, nicht vertreten mit den Methoden der «alten Welt» der Gewalt, des Gegensatzes.[70] Barth hält Ragaz ein Denken

[68] Zu der für Barths Ethik grundlegenden Formel «Freiheit in Gemeinschaft» vgl. Karl Barth, KD III/4, 127; ders., Eine Schweizer Stimme 1938–1945, Zollikon 1945, 164f. Gottfried W. Locher (sen.) machte mich mündlich darauf aufmerksam, dass diese Formel auf Ragaz zurückweist.

[69] Wie sehr Ragaz diese Kritik als auf ihn gemünzt verstanden hat, zeigt Markus Mattmüller, Leonhard Ragaz und der religiöse Sozialismus, Bd. 2, 247ff.

[70] Karl Barth, Römerbrief (1), 368.371.373. – 1933 argumentierte er erneut mit dieser Denkfigur gegenüber den Religiös-Sozialen: Man könne dem Gegner, den Deutschen Christen, nicht mit den Methoden des Gegners widerstehen. Belege bei Hinrich Stoevesandt, Was heißt «theologische Existenz»? Über Ab-

vor, in dem sich der Kämpfer für eine gute Sache auf die Seite Gottes stellt und aus einem *solchen* Gegensatz gegen die anderen agiert, in dem er den Gegensatz von gut und böse gegeben sieht. Diese Desolidarisierung schon im Denken, ja, gerade die gutgemeinte, aus dem Gedanken des Kampfes der Guten mit den Bösen gespeiste Desolidarisierung, «nicht das brutale Böse, sondern das gottlose Gute» sei, meint Barth, ein Denken nach den Gesetzen der alten Welt, ja, sei «die Ursache ihrer Kriege [...] im *letzten* Grunde».[71] Obwohl man dabei auf Gottes Seite zu kämpfen meint, sei dieses Gute gottlos, weil da das eigene Tun mit dem Tun Gottes hoffnungslos vermischt sei. Denn da sei in einer solchen Weise «das Göttliche [...] politisiert und das Menschliche [...] theologisiert»[72], dass Gott den Menschen als echtes Gegenüber verloren ist.

Zum Umgang mit der Differenz zwischen Ragaz und Barth

Zum offensichtlich vorliegenden Missverhältnis von gemeinsamer Friedensethik und deren abweichender theologischer Begründung lassen sich drei Anworten denken. *Erstens*, wenn es denn mit verschiedenen theologischen Begründungen zu gleichen ethischen Resultaten kommt, so könnte das heißen, dass es auf die theologische Begründung gar nicht ankommt. Das könnte zeigen, dass beide ihre Friedensethik in profaner Vernunft gebildet und ihr erst nachträglich eine theologische Begründung unterschoben haben. Dann könnten die einen das Theologische als ein beliebiges Ornament abstreifen, um sich allein des ethischen Resultats zu erfreuen, und es könnten die anderen umgekehrt die Friedensethik abtun als etwas, womit die Theologie unverworren bleiben muss. Diese Antwort wäre so oder so unbefriedigend, weil sie der erklärten Absicht der beiden Theologen zuwiderliefe, gerade vom inneren Zentrum des Glaubens her zu einer christlichen Neuorientierung in der Friedensfrage zu kommen.

Zweitens, es ließe sich auch erwägen: Durch das verschiedene Vorzeichen bekommt das in der Ethik wohl ähnlich Gesagte doch einen je anderen Sinn – nach dem Spruch: «Wenn zwei dasselbe sagen, ist es nicht dasselbe.» Beide wären dann also nicht nur in ihrer Theologie, sondern

---

sicht und Bedeutung von Karl Barths Schrift «Theologische Existenz heute!», in: Evangelische Theologie 44 (1984), 155.162.

[71] Karl Barth, Römerbrief (1), 370.

[72] Ebd., 381.

auch in ihrer Ethik getrennt. Zwar vertreten beide dann eine vergleichbare These von der Friedensarbeit als dem Widerstand gegen kriegstreibende Ursachen in Herstellung freier, gerechter Verhältnisse. Aber bei Ragaz war diese Arbeit verstanden einerseits als ein Wirken Gottes in den Menschen guten Willens und andererseits als ein Bauen des Reiches Gottes durch solche, die dessen Ideale zu verwirklichen suchen. Und bei Barth war die Friedensarbeit ganz anders verstanden – nicht als solche Vermengung von göttlichem und menschlichem Tun, sondern als eine menschliche Antwort und Hoffnung auf die von Menschen nicht zu schaffende, sondern sich selbst verwirklichende und von sich aus auf den Menschen zukommende versöhnende Gottesherrschaft. In diesem Fall, den anzunehmen es gute Gründe gibt, wäre in den scheinbar gleichen ethischen Aussagen der beiden eine tiefer liegende theologische Differenz *verborgen*, die nur durch gründliche theologische Diskussion auszuräumen wäre. In ihr wäre wohl die größere Frage an Ragaz zu stellen, ob bei ihm nicht tatsächlich eine Vermengung von göttlichem und menschlichem Tun vorliegt, durch die das Göttliche als eine Überhöhung des menschlichen Tuns erscheint und das menschliche Tun als eine Überforderung durch das Göttliche.[73]

Drittens, es könnte aber auch gesagt werden: Die Nähe in ihren ethischen Aussagen ist ein Anzeichen dafür, dass sie sich auch in ihren *theologischen* Grundlagen faktisch näher waren, als sie es sahen. Dafür könnte der Grund sprechen, aus dem Ragaz 1944 erklärte, ein *Streit* zwischen Barths Theologie und den Religiös-Sozialen sei gegenstandslos geworden.[74] Der Grund dafür war seine weitgehende Zustimmung zu Barths Erwählungslehre. Es war genauer dies, dass ihm an ihr etwas aufging, was er zuvor – ob aus eigenem Missverständnis, ob aufgrund einer Ungeklärtheit auf Seiten Barths – nicht gesehen hatte. Er hat dann gemerkt,

[73] Ulrich Dannemann meint im Blick noch auf andere sachliche Hinsichten zum Verhältnis von Barth und Ragaz: «Die Affinität war größer als die Distanz» (Ulrich Dannemann, Der unvollendete Abschied vom Bürgertum, in: Günter Ewald (Hg.), Religiöser Sozialismus, Stuttgart 1977, 113). Er sieht an dem oben genannten Punkt nun doch die eigentliche Distanz und den Grund für die Kritik Barths an der religiös-sozialen «Bindestrich-Theologie». Barth habe diese durch die Hervorhebung der Initiative des an uns handelnden göttlichen Subjekts «aus den Fesseln der liberalen Theologie» befreien wollen (ebd., 104).

[74] Leonhard Ragaz, Zur theologischen Lage, in: Neue Wege 38 (1944), 169.

dass der von ihm zuvor als trennend behauptete Unterschied wegen der Konzentration hier auf das Reich Gottes und dort auf die Rechtfertigung allein aus Gnade nur ein scheinbarer sei.[75] Darum sieht nun Ragaz das als das vielmehr fundamental Gemeinsame ihrer Erkenntnis: Barth «glaubt [...] wie wir an den Sieg Gottes, und zwar Gottes als der Gnade, wie er in Christus offenbar ist, über alle Mächte, die ihm entgegenstehen, und damit auch an die Neugeburt der Schöpfung.»[76] Könnte es nicht auch so gewesen sein – und man möchte zuletzt glauben, dass es so *war* –, dass es einiger Umwege auf beiden Seiten bedurfte, damit beide ihre theologische Gemeinsamkeit an diesem zentralen christlichen Punkt entdeckten, der dann auch das doch *gemeinsame* Vorzeichen ihrer Friedensethik war? Ihre Übereinstimmung in ihren ethischen Sätzen war dann allerdings kein Zufall. Ihr gemeinsames Plädoyer für den Einsatz zugunsten eines *gerechten Friedens* spricht dann nur umso kräftiger zu uns. Dieser Einsatz ist die konkrete Gestalt eines politischen Gottesdienstes, der begründet ist eben in dem Sieg des Gottes der Gnade über die gottwidrigen und unmenschlichen Mächte und der damit verbürgten Verheißung eines neuen Himmels und einer neuen Erde, worin Gerechtigkeit – und Friede wohnt.

[75] Ebd., 165.
[76] Ebd., 167.

Franz Rosenzweig (1886–1929)

«... nur noch die Hand geben» Karl Barth und Franz Rosenzweig

Raphael Geis und Hans Joachim Kraus nannten ihre Dokumentation zur «jüdisch-christlichen Begegnung» in den zwanziger Jahren des 20. Jahrhundert «Versuche des Verstehens».[1] Der Titel sagt ein Dreifaches. Zunächst, es ging um den *Aufbruch* aus einer Endlosgeschichte der Nichtbegegnung zu einem Sich-Verstehen. Der lief, im Unterschied zur aufklärerischen Nivellierung der Religionen, Hand in Hand mit einem neuen Sichgründen in der eigenen Herkunft. Zum anderen: *Versuche*, das hatte auch den frohgemuten Sinn des Erkundens neuer Zugehensweisen, jenseits scheinbar eherner Mauern und törichter Scheuklappen, in der Zuversicht, man werde in der *terra incognita* eine zuvor ungewusste Nähe entdecken. Und drittens: Die Versuche des Verstehens *blieben* nur Versuche, teils darum, weil sie vor ungeahnte Schwierigkeiten stellten, begründet nicht nur in zähen Denkgewohnheiten, sondern in der Sache selbst, teils darum, weil das zarte Pflänzlein ersten Verstehens abgeknickt wurde – durch die dunkle Zeit der Verkehrung von Begegnung in mörderische «Vergegnung»[2]. Wenn es trotzdem seither zu neuen Begegnungen kam, so befinden wir uns heute erneut in Verstehensversuchen. Wir können darin von den damaligen lernen.

1. Ein Nachtgespräch und seine Folgen

Wir gehen aus von dem legendären Nachtgespräch am 7. Juli 1913 in Leipzig zwischen dem dortigen Juristen Eugen Rosenstock-Huessy, dem Heidelberger Philosophen und Theologen Hans Ehrenberg, dem Göttinger Mediziner Rudolf Ehrenberg und ihrem Vetter Franz Rosenzweig, der in Göttingen Medizin studiert und dann in Freiburg über Hegel glänzend doktoriert hatte. Rosenstock und die Ehrenbergs waren getaufte Juden, und Rosenzweig kam aus einer assimilierten jüdischen Familie in Kassel. In jener Nacht brachten die Ersteren Rosenzweigs relativistische Weltsicht

[1] Raphael Geis/Hans Joachim Kraus, Versuche des Verstehens. Dokumente jüdisch-christlicher Begegnung aus den Jahren 1918–1933, München 1966.

[2] Eine Wortprägung von Martin Buber.

durch das Pochen auf die unverbrüchliche Offenbarung Gottes so ins Wanken, dass auch er zur Taufe bereit war. Ihm imponierte Rudolf Ehrenbergs Hinweis auf Hebr 10,25, man dürfe die von Christus endzeitlich versammelte Synagoge nicht verlassen.[3] Aber nicht als Heide, für den er sich hielt, wollte er sich taufen lassen, «nur als Jude», den er aber erst noch für sich entdecken wolle. Bei dieser Entdeckung war ihm Hermann Cohen behilflich, der soeben sein Philosophenamt in Marburg niedergelegt hatte und an der jüdisch-theologischen Lehranstalt in Berlin wirkte. Die Entdeckung war derart, dass Rosenzweig im Herbst 1913 an Ehrenberg schrieb: «Ich bleibe [...] Jude.»[4] Denn er glaube, das von Ehrenberg empfohlene Hebräerbrief-Christentum sei auf den lebendigen und nicht verdorrten Ast des gegenwärtigen Judentums aufzupfropfen.[5] Er unterstrich das mit viel zitierten Sätzen, die er dann in die Formel fügte: «Extra Ecclesiam nulla salus nisi Judaeis in religione eorum manentibus.» – Außerhalb der Kirche kein Heil, abgesehen von Juden, die in ihrer Religion bleiben.[6] Die Formel lässt offen, ob für die *nicht* in ihrer Religion bleibenden Juden der in der Kirche verkündigte Christus der Weg zum Vater sei, nach Joh 14,6. Jedoch das in seiner Religion bleibende Judenvolk sei schon so beim Vater, dass es den Christus-Weg nicht brauche. Und Rosenzweig schreibt weiter:

> «Das Volk Israel, erwählt von seinem Vater, blickt starr über Welt und Geschichte hinüber auf jenen letzten fernsten Punkt, wo dieser sein Vater [...] ‹Alles in Allem› sein wird. Bis zu diesem Tag aber ist es Israels Leben, als ein lebendiges Vorzeichen dieses Tages dazustehen. [...] Welche äußeren (Verfol-

[3] Vgl. Wolfgang Ullmann, Die Entdeckung des neuen Denkens. Das Leipziger Religionsgespräch und der Briefwechsel über Judentum und Christentum zwischen Eugen Rosenstock und Franz Rosenzweig, in: Stimmstein. Jahrbuch der Eugen Rosenstock-Huessy Gesellschaft, Bd. 2, Moers 1988, 156. – Ehrenberg betitelte mit dieser Stelle eines seiner Bücher, das er dann auch Barth zusandte: Rudolf Ehrenberg, Ebr. 10,25. Ein Schicksal in Predigten, Würzburg 1920. Barth las dieses Buch und fand es, wie er am 27.4.1920 schrieb, dunkel, «trotz einzelner schöner und guter Stellen». Karl Barth – Eduard Thurneysen, Briefwechsel Bd. 1, 1913–1921, hg. von Eduard Thurneysen (GA 3), Zürich 1973, 385.

[4] Franz Rosenzweig, Die Schrift. Aufsätze, Übertragungen und Briefe, hg. von K. Thieme, Frankfurt/M. o. J., 215.

[5] Ebd., 216.

[6] So an Hans Ehrenberg, am 12.4.1918, ebd., 225.

gung) und inneren (Erstarrung) Leiden [dieses Volk] durch seine Absonderung auf sich nimmt, darüber sind wir [...] einig. Dennoch, da diese Leiden der Weltverneinung von der Synagoge in der gleichen Endhoffnung aufgenommen werden, wie von der Kirche die Leiden der Weltbejahung, und da [...] die Wurzel dieser Hoffnung, der Gott aller *Zeit* hier und dort zusammenentspringen, die Offenbarung des Alten Bundes uns gemeinsam ist: so sind Kirche und Synagoge aufeinander angewiesen. Die Synagoge, unsterblich, aber mit gebrochenem Stab und die Binde vor den Augen, [Rosenzweig nimmt ungescheut das umstrittene Bild in den Plastiken am Straßburger Münster auf[7], doch in Neudeutung, – sie] muss selbst auf alle Weltarbeit verzichten und alle ihre Kraft darauf verwenden, sich selbst am Leben und rein vom Leben zu erhalten. So überlässt sie die Weltarbeit der Kirche und erkennt in ihr das Heil für alle Heiden, in alle Zeit. [...] Und die Kirche mit dem unzerbrechlichen Stab, weltoffenen Auges, sie ist sichere Kämpferin, ist allezeit in Gefahr, dass ihr die Besiegten Gesetze geben.[8] [...] Darum findet die Kirche allezeit, wenn sie vergisst, dass sie ein Ärgernis ist und sich mit dem ‹Allgemeinmenschlichen› ausgleichen möchte [...], in der Synagoge die stumme Mahnerin, die [...] nur vom Ärgernis weiß; und da [sagt sie] wieder das Wort vom Kreuz.»[9]

In diesen Sätzen, in denen sich schon Rosenzweigs «Stern der Erlösung» abzeichnet, rumort es. Infolge der Begegnung mit dem christlichen Zeugnis durch die Judenchristen wird der nach eigenem Urteil heidnische Jude zum jüdischen Juden – wie er zu Rudolf Ehrenberg ruhig sagt: in «Ver-

7 In KD I/2, 111, nimmt auch Barth dieses Bild auf und reflektiert es vornehmlich im Blick auf die *Kirche* – in einem zweifachen Gedanken: Zum einen, «eine Gestalt mit verbundenen Augen und zerbrochenem Speer kann auch die Kirche sein, obwohl auch das Neue Testament in ihren Händen ist». Zum anderen, wenn das die Kirche aber nicht ist, «so ist das, wie Paulus Röm 11,20f. gesagt hat: unverdiente Gnade». Indem das Bild zutiefst *darauf* aufmerksam macht, weist es erst recht auf das hin, was «die Kirche des Neuen Testamentes unzerreißbar mit dem Volk zusammen [schließt], dessen Begnadigung uns im Alten Testament bezeugt ist als Erwartung Jesu Christi. Und eben dieses Geheimnis steht nicht nur trennend, sondern auch verbindend zwischen der Kirche und der Synagoge ...»

8 Vgl. dazu Karl Barth, Das Evangelium in der Gegenwart, Theologische Existenz heute 25, München 1935, 31: Das Christentum – «es ‹siegte›», indem es «die Welt [darum] bat», ihm «Daseinsberechtigung ja Hausrecht zu gewähren».

9 Rosenzweig, Die Schrift, 217–219.

stocktheit»; die aber sei keineswegs «Verworfenheit von Gott», sondern Gestalt der Treue des erwählten Volkes[10], und die bedeute das Begehen eines Weges «an dem Jesus, zu dem die Heiden ‹Herr› sagen [...], *vorbei,* [...] nicht durch ihn hindurch».[11] Indem Rosenzweig erst recht Jude wurde, sah er sich zu der Mission berufen, die in seinen Augen heidnischen Juden durch Deutung der Schrift zum Judentum zurückzurufen und nicht einer christlichen Judenmission zu überlassen, wie sie jene lateinische Formel nicht ausschließt.[12] Er pflegte dabei weiter den Bund mit jenen Judenchristen – in der Erwartung, dass seine neue Erkenntnis die «Anerkennung auch von den Christen verlangt».[13] Er glaubte, das erwarten zu dürfen, weil er *in* seiner «Jüdischkeit»[14] umgekehrt auch die Funktion der Kirche bejahte, im Namen Christi «das Heil für alle Heiden» zu verkündigen.

Der Begriff des «Judenchristen» war darum Rosenzweig nicht genehm. Wie er an seinen anderen Vetter Hans Ehrenberg schrieb, ist ein sich taufen lassender Jude ein «Heidenjude»[15] und aufgrund der Taufe nicht mehr Jude. «Da du Jesus für den Messias hältst [...], bist du [...] einfach Christ, sans phrases.» Aber «ob er der Messias war», ist *mir* ganz «problematisch». «Gewiss ist mir nur, *Gott* und *sein* Reich. Deshalb bin *ich* Jude und du – Christ.»[16] Trotz der These Rosenzweigs muss der Begriff «Judenchrist» nicht hinfallen, schon weil zu fragen ist, ob ein Jude damit, dass er «Jesus für den Messias hält», tatsächlich sein Judentum ablegt (meint es Rosenzweig wirklich so?). Das würde ja bedeuten, dass der Glaube an den Messias den Übertritt zu einer fremden Religion oder gar bloß die Anerkennung anderer Ansichten bedeuten müsste. Die für Christen wichtigen Kapitel Röm 9–11 wären doch unverständlich, wenn man davon absieht, dass der hier redende Paulus, wie Karl Ludwig Schmidt sagte[17], «Jude und Christ in einem» ist. Der Begriff «Judenchrist» unter-

---

10 Ebd., 221.
11 Ebd., 213.
12 Vgl. dazu ebd., 212–215.
13 Ebd., 215.
14 Ebd., 247.
15 Ebd., 225.
16 Ebd., 226.
17 Karl Ludwig Schmidt, Der Jude und Christ Paulus als Mensch und Apostel, in: Schweizerische Monatshefte für Politik und Kultur 16 (1936), 204–218.

streicht zudem das Faktum, dass gerade diese Gestalt in den bösen Zeiten des 20. Jahrhunderts für die Kirche eine Schlüsselbedeutung bekam, sich ihrer Verbundenheit mit dem Judentum überhaupt bewusst zu werden. Nach Hans Ehrenbergs «Leitsätzen zur judenchristlichen Frage» vom Sommer 1933 ist «der Judenchrist» zusammen mit dem «heiligen Rest seiner ungetauften Stammesgenossen» gegenüber allen anderen zum Zeugen dafür berufen, «dass Gott seine Treue dadurch überschwänglich preist, dass er [...] die Verheißung der kommenden Vollendung ganz an Israel nach dem Fleisch gebunden sein lässt».[18] Es war ja auch bei Rosenstock und Ehrenberg so, dass sie nicht erst durch den Rassenwahn zu Juden gemacht wurden. Schon in ihrer Gemeinschaft mit Rosenzweig wurden sie sich als Christen ihrer unkündbaren Bindung an das Judentum bewusst.

Dazu half ihnen Rosenzweigs theologische Arbeit. So in dem rasanten Aufsatz «Atheistische Theologie». Darin erklärt er, schon 1914: Die auf dem modernen Begriff der Religion fußende, religionistische Theologie sei in Wahrheit atheistisch. Deren rationalistische wie deren mystische Fassung seien nur Varianten im selben Schema. Die Kritik wandte sich gegen die damalige protestantische *und* jüdische Theologie. *Dort* werde der Christus zu einem bloßen Menschen gemacht, unter Absehung von dem Dogma «wahrer Gott wahrer Mensch», mit dessen Preisgabe das Christentum sich selbst auflöse, und *hier* werde Israel zu einem völkischen Wesen abstrahiert, unter Absehung von seinem Gott und dessen Erwählung. Und beidemal werde *dann* das bloß Menschliche vergottet. «Statt [...] das Menschliche unter der Gewalt des Göttlichen zu zeigen, versucht man, umgekehrt das Göttliche als Selbstprojektion des Menschlichen in den Himmel des Mythos zu verstehen.»[19] «Die Unterschiedenheit von Gott und Mensch, dieser furchtbare Anstoß für alles neue und alte Heidentum, scheint beseitigt; der beleidigende Gedanke der Offenbarung, dies Hereinstürzen höheren Inhalts in unwürdiges Gefäß, ist zum Schweigen gebracht.»[20] Der «Kampf zwischen übermenschlicher Offenbarung und menschlicher Unbereitschaft [ist hier] ins Innermenschliche

[18] Kurt Dietrich Schmidt, Die Bekenntnisse und grundsätzlichen Äußerungen zur Kirchenfrage des Jahres 1933, Göttingen 1934, 68.

[19] Franz Rosenzweig, Die Schrift, 170.

[20] Ebd., 172.

übersetzt»[21], in eine immanente «Gegensätzlichkeit im Menschlichen selbst».[22] «Statt der Menschwerdung behauptet man so das Menschsein Gottes, statt seines Niedersteigens zum Berge der Gesetzgebung die Autonomie des Sittengesetzes, [...] statt der Offenbarungsgeschichte [...] menschliches Wesen.»[23] Und Rosenzweig schließt: Die «Theologie mag wissenschaftlich sein, wie sie will und kann: um den Gedanken der Offenbarung kommt sie nicht herum».[24] Ob Karl Barth diesen Aufsatz 1920 gelesen hat? In seiner zweiten Römerbriefauslegung hat er ja erstaunlich ähnlich geredet. Demnach hätten sie sich gut verstehen können.

2. Der Begriff Offenbarung

Aber was ist Offenbarung? Und was bedeutet sie für Juden und Christen? Darum dreht sich 1916 der spannende Briefwechsel zwischen Rosenstock und Rosenzweig, der eine Soldat bei Verdun, der andere auf dem Balkan – Dialog und Streitgespräch, ohne sich zu schonen, ohne sich zu entzweien.[25] Rosenstock redet darin den Freund einmal so an: «Lieber Mitjud post Christum natum post Hegel mortuum.»[26] Das Hegeln war beiden vergangen; und wenn Rosenstock sich hier Mitjude nennt, so in konkreter Solidarität. Auch als getaufter Jude glaubt er, Jude zu sein. Aber damit verbindet sich für ihn die Frage, wie könne ein Jude post Christum *natum* ungetauft bleiben? Von verschiedensten Seiten stellt Rosenstock diese Frage immer wieder. «Das Wort ward Fleisch – an dem Satz hängt wohl alles.»[27] Offenbarung und Inkarnation sind eins, mit der Tragweite, dass dadurch jenseits aller völkischer Bindungen die Menschen erlöst sind zur «neuen Einheit aller Sünder, Mühseligen und Beladenen».[28] Aber indem die Synagoge scheinbar «wartet auf das Wort des Herrn», tue sie alles, «um seine Wirklichkeit zu hindern». Sie kennt daher wohl ein «ursächli-

[21] Ebd., 172.175.
[22] Ebd., 172.
[23] Ebd.
[24] Ebd., 176.
[25] Vgl. Hans Joachim Schoeps, Jüdisch-christliches Religionsgespräch in 19 Jahrhunderten, Frankfurt/M. 1949, 120–136.
[26] Franz Rosenzweig, Briefe, Berlin 1935, 655.
[27] Ebd., 679.
[28] Ebd., 680.

ches Beieinander des Blutes, des auserwählten Volkes, aber kein finales Zueinander aller Kinder des Vaters».[29]

Rosenzweig antwortet bedächtig und kühn und schlägt dabei, so Wolfgang Ullmann, «ein ganz neues Kapitel in der gemeinsamen Geschichte von Christen und Juden» auf.[30] Er sieht sie nicht unter jenem Religionsbegriff, um dann beide Religionen entweder entgegenzusetzen oder historisch zu relativieren. Er will beide und ihr Verhältnis neu sehen von «dem großen Einbrechen des Geistes in den Ungeist [her], das man Offenbarung nennt»[31], und zwar, was das Entscheidende ist und worin er Rosenstock recht gibt, in der Erkenntnis, dass die Offenbarung Gott selbst zum Inhalt hat und nichts sonst, dass es darum nur *eine* Offenbarung und darum auch nur *einen* Heilsweg gibt[32], nur den Weg von Gott zum Menschen, zu seinem Volk, zur Welt. Aber, so fährt er fort, die *Einheit* der Offenbarung Gottes begründet die *beiden* verschiedenen, ja gegensätzlichen Existenzweisen der Christen und der Juden.[33] Heiko Miskotte bemerkte, er habe schon Ende der 1920er Jahre Karl Barth auf Rosenzweig hingewiesen als auf den Zeugen der «*Einheit* der *Gemeinde Gottes* (in Israel und in der Kirche) – neben der scheidenden Entscheidung», so wie Barth es dann selbst in seiner Dogmatik vortrug.[34]

Zur Bezeichnung des Unterschieds vertieft Rosenzweig nun seine These von 1913, nach der Christus der Weg sei für die, die noch nicht beim Vater sind, nicht aber für das erwählte Volk, das schon beim Vater ist. Nun sagt er: Das Judentum allein verkörpert sichtbar-wirklich das *erreichte* Ziel, «während die Völker nur auf dem Weg zu diesem zu *erreichenden* Ziel sind und sein müssen».[35] Das Judenvolk verkörpert das erreichte Ziel, weil es durch seine Erwählung schon von Gott erreicht ist. Nicht, dass es deshalb nicht mehr selbst zu warten hätte! Im Gegenteil, indem es still verharrt bei diesem erreichten Ziel, wartet es viel *mehr* als die Kirche, auf die Erfüllung aller Verheißung. Es wahrt seine von allen Völkern gesonderte Existenz, ohne seinen Blutzusammenhang sakralisie-

29 Ebd., 681f.
30 Ullmann, Entdeckung des neuen Denkens, 163.
31 Franz Rosenzweig, Briefe, 671.
32 Vgl. Ullmann, Entdeckung des neuen Denkens, 168.
33 Ebd., 163.
34 Karl Barth – Kornelis Heiko Miskotte, Briefwechsel 1924–1968, Zürich 1991, 79.
35 Franz Rosenzweig, Briefe, 128.

ren zu dürfen, aber «um des messianischen Zieles willen». An ihm wird das unter den Völkern zu erreichende Ziel erreicht sein im «Zusammentreten in Einen Bund.»[36] Rosenzweig gibt von da aus dem Recht, was Rosenstock an der Synagoge stört: Dies, die Armut, die Starre, das Gesondertsein, ja, das Offenbarungslose. Doch verkenne Rosenstock das *Wozu* dessen, «dass wir euch das ewige Denkmal eures *Noch-nicht* sind. Denn ihr, die ihr in der ecclesia triumphans lebt, habt einen stummen Diener nötig», der euch wie jener persische Höfling bei Herodot zuschreit: «memnesco to eschaton.»[37] So bleibt Rosenzweig bewusst Jude wie Rosenstock Christ, aber beide einander zugetan.

3. Der Kontakt zwischen den «Patmos»-Leuten und Karl Barth

1919 verbanden sich Rosenstock und die Ehrenbergs mit anderen zu einer Gruppe, die sich als Kreis prophetischer Seher nach Art des Verfassers des letzten Buchs der Bibel verstand und daher «Patmos»-Kreis nannte; ihr Publikationsorgan waren die «Bücher vom Kreuzweg». Die erste Schrift der Reihe stammt von einem anderen Cohen-Schüler – dem Schweizer Pfarrer Karl Barth: seine Tambacher Rede «Der Christ in der Gesellschaft». Die «Patmos»-Leute hatten sie begeistert gehört als Worte eines Geistes von ihrem Geist. Erst recht erkannten sie sich wieder in Barths kurz darauf publizierter erster Auslegung des Römerbriefes, fast zur selben Zeit verfasst wie Rosenzweigs «Stern der Erlösung». Rudolf Ehrenberg sah in einem Brief an Barth das Gemeinsame beider Bücher in der Zentralität des Offenbarungsbegriffs, profiliert im Gegensatz zum Religionsbegriffs, und schrieb: «Es ist [auch bei Rosenzweig] wieder wirkliche Theologie, ich glaube, Sie werden das auch gelten lassen. Denn glauben Sie nicht auch, dass mit dem Erkennen des ‹senkrecht von oben› sich zugleich auch die Dinge in die Breite ordnen und zeigen? Wie der Blitz nicht nur sich als Strahl [kundtut], sondern Alles umher, Himmel und Erde, beleuchtet.» Auch Rosenzweig denke so, «nicht nach Art eines philosophischen Systems, […] sondern Alles, die ganze Wirklichkeit

36 Ebd., 693.
37 Ebd., 690.

entsteht zuerst aus dieser Plötzlichkeit und offenbart sich dabei, als was es ist, als Wort Gottes, [...] als Geschaffenheit oder Erwähltheit».[38]

Hellhörig waren die «Patmos»-Leute bei Barths Ausführungen zu Israel und Kirche. Denn auch hier wird deren Verhältnis im Licht der Offenbarung gesehen. So lasen sie hier:

> «Ihr wisst, welches euer Verhältnis zum Judentum [...] ist: ‹Du trägst nicht die Wurzel, sondern die Wurzel trägt dich!› *Dort* ist das Fundament der Wahrheit Gottes, auf dem ihr auferbaut seid [...]. *Dort* ist der Christus – von Rechts wegen [...]. Es kam zu einem großen, hilfreichen Durchbruch der Gotteskräfte Abrahams, Israels und Jakobs in die weite Heidenwelt. [...] Es kam zu einer Einbeziehung aller Menschen an allen Enden in den heiligen Kreis, in dem einst nur Juden wohnten [...]. Das alles durch den Messias – Israels.»[39]

Barth versteht Christus neu als Verbindung der Christen mit den Juden, nicht als Grund der Trennung von ihnen. Sein Text unterscheidet sich dabei von dem Dialog zwischen Rosenzweig und Rosenstock in zwei Hinsichten. Erstens, er will nur eben Auslegung von Röm 9–11 sein – der Text, der ihm auch in Zukunft maßgeblich für das Verständnis des Verhältnisses der Christen zu den Juden sein wird. Barth wird von dem Text so überwältigt, dass er zu einer – später wieder durch Differenzierungen zu korrigierenden – Übertreibung kommt, in der er das Gegenüber von Israel und Kirche aus Juden und Heiden als das Gegenüber von Israel/Kirche einerseits und außerkirchlichen Heiden anderseits ausdeutet. Dabei sieht er immerhin Israel und Kirche so nah zusammen, dass er speziell die israelkritischen Aussagen des Paulus kirchenkritisch wendet: «Die *Kirche* hat den Christus gekreuzigt.»[40] Aber diese Aussage steht im Zusammenhang dessen, dass für Barth hier die Kirche auf der ganzen Linie teilhat an der Ambivalenz des Abgeschlossenseins Israels im Verhältnis zur «Welt».

Zweitens ist bei ihm das Verhältnis Israel – Kirche stärker als im Dialog von Rosenzweig und Rosenstock, gemäß seiner Textvorlage, in der Perspektive des erwählenden *und* verwerfenden Handelns Gottes reflek-

[38] Brief von Hans Ehrenberg an Karl Barth, 17.3.1921, im Karl Barth-Archiv, Basel.

[39] Karl Barth, Römerbrief (1), 565f.

[40] Ebd., 361.365.

tiert. Neu und aufschlussreich ist dabei, dass Barth Gottes Hassen des Ersterwählten gegenüber seiner Liebe zum Letzterwählten (Röm 9,19) nicht als Ausschluss *vom* Bund, sondern als Geschehen *im* Bund begreift. Denn Gott zeige in seiner Freiheit gegenüber jedem menschlichen Anrecht (Röm 9,14f.) an seinen *Erwählten*, was Verwerfen ist, und an den *Verworfenen*, was sein Erwählen ist, um damit zu manifestieren, dass seine Wahl «die Wahl der Gnade» sei[41]. So ist die *Gnaden*wahl «die eigentliche Meinung Gottes mit den Menschen und darum [...] die Wahrheit aller Geschichte, die sich am Ende auch als ihre Wirklichkeit beweisen [...] wird».[42]

Auf solcher Basis kam es 1919/1920 zu intensiven Kontakten zwischen Barth und den «Patmos»-Leuten. Sie besuchten ihn in Safenwil, und er besuchte Hans Ehrenberg in Heidelberg und Eugen Rosenstock in Stuttgart.[43] Er fand im Austausch in den «conformitates»[44] «eine verheißungsvolle Verbindung für unsere Geistesrichtung [...], mit Ausblick nach der Synagoge».[45] Anscheinend spiegeln sich diese Begegnungen wider in Barths Aarauer Vortrag vom April 1920 «Biblische Fragen und Antworten»: «Ein Volk wie andere, gewiss, das Volk Israel-Juda», aber eines, «in dem jene steile Aufmerksamkeit auf ein ganz Anderes nie ganz auslöschen wollte. Oder erliegen wir [...] einer historischen Halluzination, wenn wir das sagen?» Nein, denn – und Barth sieht hier wie Rosenstock Juden und Judenchristen zusammen gegenüber den Heidenchristen –

> «[d]er Blick auf das *unheimlich* bewegte und bewegliche Volk der Juden und Judenchristen, wie es noch in unserer Mitte lebt, mag uns darüber belehren, dass da einst auf alle Fälle neue befremdliche Dinge am Werk gewesen sind [...]. Menschen, die glaubten, wie Abraham, [...] Fremdlinge im verheißenen Land wie Isaak und Jakob [...], die hielten sich wie Mose an den, den sie nicht sahen, als sähen sie ihn. [...] Wir denken an Johannes den Täufer auf Grüne-

41 Ebd., 368.
42 Ebd., 457.
43 Karl Barth – Eduard Thurneysen, Briefwechsel Bd. 1, 336.
44 Ebd., 74.
45 Ebd., 348.

walds Kreuzigungsbild mit seiner in fast unmöglicher Weise zeigenden Hand. Diese Hand ist's, die in der Bibel dokumentiert ist.»[46]

Anders als christliche Interpreten hat Leo Baeck den *Kontext* von Barths Hinweis auf die Johanneshand beachtet, wenn er ihn 1935 in einem Lehrhausvortrag zitiert und bemerkt: In der Tat, diese Hand *ist* «das Eigentümliche der jüdischen Existenz, dieser außerordentlichen, dieser gefährdeten Existenz», gefährdet durch die Versuchung zur Assimilation, um «gesättigte Existenz» zu werden, statt «immer von neuem [zu] beginnen», statt inmitten der Gefährdung seine Rettung allein in der gehorsamen Ausrichtung auf *das* Jenseits zu haben, auf das die Hand hinweist.[47] Ob Barth diese Bemerkung kannte? Jedenfalls schrieb er etwa 1940: Es ist «Israels eigentümliche Ehre, die Kirche beim Wort vom Kreuz festzuhalten».[48] Und wie sagte doch Rosenzweig? Die Synagoge, die vom Ärgernis weiß, ist «die stumme Mahnerin», dass die Kirche «wieder das Wort vom Kreuz» sagt.[49]

4. Missverständnisse

Die Begegnung mit den «Patmos»-Leuten geriet indes in eine Verlegenheit. Im Briefwechsel zwischen Barth und seinem Freund Eduard Thurneysen liest man bald von verlegenem Kopfschütteln über das, was sie in den Gesprächen mit jenen Leuten hörten und in deren Büchern lasen. Es sei ihnen völlig «änigmatisch»[50]. Rosenstock äußerte ein sonderbares Verständnis von Offenbarung. «Gott hat sich [...] *offenbart.* Wo ist da Transzendenz?», schreibt er an Barth.[51] Offenbarung ist für ihn Auflösung der Transzendenz in die Immanenz, so dass sie nur in der von ihr vorauszusetzenden Immanenz etwas sein kann. Barth als ein bei Kant hängen-

46 Karl Barth, Das Wort Gottes und die Theologie, München 1924, 78f.

47 Leo Baeck, Die Existenz des Juden. Vortrag 30.5.1935, in: Leo Baeck-Institut, Bulletin 81 (1988), 10–12.

48 Karl Barth, KD II/2, 288.

49 Vgl. Franz Rosenzweig, Schrift, 217–219.

50 Karl Barth – Eduard Thurneysen, Briefwechsel Bd. 1, 387 (Barth, am 3.5.1920); 443 (am 17.11.1920). Vgl. 384f. (am 27.4.1920); 421 (am 16.8.1920).

51 Brief von Eugen Rosenstock-Huessy an Karl Barth, 18.1.1919, im Karl Barth-Archiv, Basel.

gebliebener Philosophiestudent und Rigorist glaube aber an das «trans», das allem Gegebenen kritisch gegenüberstehe. Barth denke nur, «was Gott jeweils verwandelt», aber nicht, «was alles [Gott] stehen lässt» – das Natürliche, Sinnliche, Materielle, Passive, Weibliche, Kybelehafte oder, was dasselbe sei, die Wirklichkeit.[52] Barth hörte Hans Ehrenberg gar sagen, diese Wirklichkeit sei die einer 1919 angebrochenen «neuen Zeit, die einzig und allein von ihnen in Deutschland verkündigt werde».[53] Kurz, Rosenstock wirft Barth vor, es liege ihm an einem Geist, der nicht in solcher Wirklichkeit sein Fleisch hat. Der «Scheinpfarrer von Safenwil» betreibe daher nur «Studierstubenweisheit»[54]. Und da «wir Deine Position in der unsrigen enthalten und überwunden finden»,[55] verhalte sich Barth zu «Patmos» wie die Sintflut zum Regenbogen am Ararat, wo nun «wir auf Dich warten».[56] Wir warten auf euch, fügt Hans Ehrenberg an, bis ihr in dem demnächst erscheinenden «Stern der Erlösung» von Franz Rosenzweig (1921) «mehr von uns allen seht; denn trotz seines waschechten Judentums billigt Rosenzweig nicht Euch, sondern uns, obwohl Ihr bei ihm naturgemäß auch Dinge finden werdet, die Euch nahe stehen.»[57]

[52] Brief von Eugen Rosenstock-Huessy an Nelly Barth, 20.11.1920, im Karl Barth-Archiv, Basel.

[53] Karl Barth – Eduard Thurneysen, Briefwechsel Bd. 1, 421 (Barth, am 16.8.1920). Vgl. auch das Vorwort von Hans Ehrenberg zu Barths Tambacher Vortrag: Der Christ in der Gesellschaft. Der Bücher vom Kreuzweg erste Folge, Patmos-Verlag, Würzburg 1920, III: Im Weltkrieg «schuf uns Gott ein Gleichnis durch unser Blut. Denn einen teuern Preis wahrlich ließ er uns zahlen, und tat er es nicht, um uns erneut zu kaufen? Es ist anders als damals vor zwei Jahrtausenden: jetzt müssen wir selber zahlen, um in Gottes Hand zurückzukehren. Wohl können wir das geflossene Blut unseres Volkes in die Körper nicht zurückrufen; aber wir vermögen ihm einen neuen Leib zu erwirken, in dem es wieder Kraft und Leben geben wird.» Anders empfinde der Schweizer Barth: «[…] dieser ist nicht wie wir teuer erkauft; und doch ist er unser! Für ihn ist kein Blut der Seinen geflossen, kein Elend und Jammern in den Häusern gewesen. Und doch war auch er ein Mit-leidender der modernen Schädelstätte!» «Sie sind alle Gottes! Aber wir leben in unserem Schicksal, die anderen in ihrem; wir sind alle erkauft; uns aber ist auch unser Blut geflossen …» (Ebd., Vf.)

[54] Brief von Eugen Rosenstock-Huessy an Karl Barth, 18.1.1919, im Karl Barth-Archiv.

[55] Brief von Eugen Rosenstock-Huessy an Karl Barth, 18.3.1920, im Karl Barth-Archiv, Basel.

[56] Brief von Hans Ehrenberg an Karl Barth, 26.8.1920, im Karl Barth-Archiv, Basel

[57] Ebd.

Was beide hier meinen, ist etwas anderes als das, was Rudolf Ehrenberg im Bild vom Blitz von der die Wirklichkeit erhellenden, ja schaffenden Offenbarung sagte. Rosenstock begreift die Natur als Vorbedingung der Gnade, um Gnade sein zu können. Und es war im Kern *das*, was Barth den Zugang zum «Patmos»-Kreis verschloss,– dies und nicht der sich ihm da eröffnende «Ausblick nach der Synagoge». Allerdings, damit dass sich jene Konzeption im Verhältnis zwischen dem «Patmos»-Kreis und Barth so in den Vordergrund schob, trat das in den Hintergrund, was Rosenzweig und Barth aufgrund ihrer theologischen Erkenntnis des sich offenbarenden und erwählenden Gottes in eine förderliche jüdisch-christliche Begegnung hätte führen können und müssen und so in ein Gespräch über das Verbindende und in der Verbundenheit Unterscheidende. Es kam nicht dazu.

Barth scheint erst später durch Miskotte Genaueres über den «Stern der Erlösung» erfahren zu haben.[58] Durch die Art der Empfehlung dieses Werkes seitens der «Patmos»-Leute hatte er zuvor das Vorurteil gefasst, daraus nichts anderes zu vernehmen, als was Rosenstock ihm, Barth, entgegenhielt.[59] Umgekehrt bekam Rosenzweig durch seine Freunde ein negatives Barth-Bild und schrieb an Rudolf Ehrenberg: Ohne dass er sonst von Barth wisse, habe dieser schon darum Unrecht, weil er seine Freunde

58 So hat er es jedenfalls gegenüber Kornelis Heiko Miskotte erklärt, der sich wieder und wieder viel Mühe gab, Barth Rosenzweigs «Stern» zu erklären, vgl. Karl Barth – Kornelis Heiko Miskotte, Briefwechsel 1924–1968, Zürich 1991, 89–98 (Miskotte am 7.5.1957). Mir scheint freilich, dass Barth gegenüber seinem Freund Miskotte kokettiert und (warum auch immer) versteckt hat, was er längst kannte. Immerhin hat Miskotte, nach seinem Bericht an mich, schon 1928 bei seinem Besuch Barths in Münster bereits ausgiebig von Rosenzweig geredet.

59 Vgl. Barths seltsamen Brief vom 12.7.1956 an Miskotte, in: Karl Barth – Kornelis Heiko Miskotte, Briefwechsel 1924–1968, 81: «Habe du […] Rosenzweig gleich auch für mich gelesen! Habe ich mich je geradezu ‹geweigert›, ihn auch selbst zu lesen? Die Sache ist nur die, dass ich eine Hemmung gegen die ganze Geistigkeit des Kreises habe, dem er einst angehörte oder nahestand (‹Patmosverlag›, die beiden Ehrenberg, Rosenstock …), der mich um 1919/20 mit seiner Gnosis überschwemmen und ersticken wollte: eines von den Phänomenen, gegen die ich mich im Römerbrief (2) zur Wehr setzte. Ich mag, was Rosenzweig betrifft, Unrecht haben: Erzähl du mir einmal gelegentlich das unentbehrlich Neue, das ich bei ihm zu lernen hätte!»

angegriffen habe.[60] Und an Martin Buber: Nach Jehuda Hallevi sei ewig Seine Güte.

> «Aber Barth und Gogarten singen ihre Litanei auf den Refrain ‹Höchster Gott› das ganze Jahr hindurch: Man muss wirklich wissen, wie kulturverschwoft der Protestantismus 150 Jahre lang war, um den Erfolg dieser langweiligen Aschermittwochpredigt zu begründen. Ich bin selbst ein ehemaliger mehrjähriger Barthianer. Es ist jetzt bald 10 Jahre her, dass mir Rosenstock meinen Barthianismus wegoperiert hat.»[61]

Das rekurriert auf das Leipziger Nachtgespräch, in dem Rosenzweig kein Barthianer war (so wenig wie einer seiner Freunde), aber ein Skeptiker, dem Rosenstock den Offenbarungsbegriff nahebrachte. Immerhin las er dann in Barths (zweiter) Römerbriefauslegung, wie er schrieb[62] – «mit Bewunderung für diese Fähigkeit, aus einer reinen Negation so viel zu machen, dass das Buch an keiner Stelle, wo man es aufschlägt, gleichgültig wird». Gleichwohl schrieb er im Hallevi-Kommentar die, wie er selbst sagte, «etwas boshafte Bemerkung»[63]: Hier leiste sich ein «friedlicher Professor und Bücherschreiber» eine bloße und falsche Theorie[64] – das war eine Variation von Rosenstocks Schlagwort von der Studierstubenweisheit. Und an anderer Stelle[65]: Wie Marcion und Adolf von Harnack

60 Brief von Franz Rosenzweig an Rudolf Ehrenberg, 3.3.1922, in: Franz Rosenzweig, Gesammelte Schriften (GS), Bd. 1, Den Haag 1979, 756.

61 Brief von Franz Rosenzweig an Martin Buber, 14.2.1923, ebd., 893.

62 Brief von Franz Rosenzweig an Martin Buber, 24.12.1922, ebd., 875f.

63 Brief von Franz Rosenzweig an Rabbiner Max Dienemann, 7.11.1924, ebd., 998.

64 Franz Rosenzweig, GS 4/1. Der Mensch und Sein Werk, Den Haag 1983, 49. Barth warf Vergleichbares 1911 der durchschnittlichen christlichen Beschäftigung mit dem Sozialismus vor: «So redeten und so schrieben die Herren Pfarrer und dann – aß man sehr gut zu Mittag». Karl Barth, Jesus Christus und die soziale Bewegung, in: Der Freie Aargauer, 23.12.1911. Wiederum konnte Barth im Alter sagen, dass doch auch sein «Bücherschreiben» ein harter Kampf, eine realer Streit mit realen Widersprüchen war.

65 Franz Rosenzweig., GS 4/1, 70. Vgl. ders., Kleinere Schriften, Berlin 1937, 192: Barth habe wie Gogarten die jüdische Ineinssetzung des fernen und des nahen Gottes gefährdet. Dass Rosenzweig gerade an diesem Punkt Barth und Gogarten in *einem* Atem nennt, zeigt, dass er offenbar beide doch nicht näher kannte, wie auch sein Einwand (ebd., 132) zeigt: Beide wollten Wissenschaft

habe Barth nicht begriffen, dass «der unbekannte [Gott] kein andrer [ist] als der offenbare, der Schöpfer kein andrer als der Erlöser.»[66]

Hier stutzt man. Da liegt ein grobes Missverständnis vor. Tatsächlich sagte Barth schon damals dies auch, dass der Erlöser und der Schöpfer derselbe ist, beziehungsweise: «Als der unbekannte Gott wird Gott erkannt.»[67] Allerdings sagte Barth das nicht so, wie es seine judenchristlichen Gesprächspartner anscheinend meinten – nicht so, dass die Verborgenheit Gottes durch sein Offenbarsein abgelöst und beseitigt werde. Barth betonte, dass Gott sich in seiner Offenbarung gerade nicht weggibt, «so dass ein Gut und Besitz daraus werden könnte. Immer wieder ist solche Offenbarung sein eigenes Werk, seine alleinige Gabe. Denn [...] nur er offenbart die Schöpfung im Kosmos, und nur er offenbart, dass er selber der Erlöser ist.»[68] In dem Sinn kann Barth dann geradezu sagen: «Die Offenbarung in Jesus ist [...] zugleich die denkbar stärkste Verhüllung. [...] In Jesus wird Gott wahrhaft Geheimnis, macht er sich bekannt als der Unbekannte.»[69] Das sagt nicht den Unfug, dass Gott sich demnach gar nicht offenbare. Vielmehr Barth beruft sich dabei auf Ex 3,13–15, wo Gott seinen Namen offenbart in Gestalt seiner Namensverweigerung: «Ich werde sein, der ich sein werde.»[70] Damit ist gesagt, dass es nicht nur einmal in Gottes Hand *war*, sich zu offenbaren; sondern seine Offenbarung ist seine Klarstellung, dass es in seiner Hand *bleibt*, sich zu offenbaren. Das aber konnte Rosenzweig eigentlich nicht fremd sein. Er führte ja durchaus auch aus: Das Wesen Gottes «verbirgt sich gerade indem es sich offenbart.» Und indem das Verborgene offenbar wird, wird «das Offenbare [...] zum Verborgenen».[71]

Das Missverständnis hätte ausgeräumt werden können, wäre es zu einer Begegnung gekommen und darin zu einer Erkenntnis des Gemeinsamen und des wirklich Unterscheidenden im Gemeinsamen. Auch wenn dies unentfaltet blieb, die Potenziale dafür waren da. Als Hans Ehrenberg

und Religion trennen – und nicht etwa, wie sie es wollten, deren Verhältnis neu bestimmen und klären.

66 Ebd.

67 Karl Barth, Römerbrief (2), 22.65.

68 Ebd., 306.

69 Ebd., 73.

70 Ebd., 307.

71 Franz Rosenzweig, Der Stern der Erlösung (1921), Frankfurt/M. 1993, 424.434.

im August 1920 Safenwil verließ, schrieb Barth: «Fertig wird man jedenfalls nicht mit ihm, *das* hat er mit Abraham, Isaak und Jakob sicher gemein. [...] Das Beste war ein Abschnitt aus ‹Tragödie und Kreuz›, den er uns vorlas, und – er selbst [...] als urweltliches Rätsel wie Leviathan und Behemoth. [...] Alles in Allem [...], ein ‹vorlaufender Strahl› von Röm 11.»[72] Hans Ehrenberg dedizierte ihm damals seine Schrift «Die Heimkehr des Ketzers. Eine Wegweisung» (Würzburg 1920) – mit der Widmung: «O fremd Geländ, Geschick! trotz sprachvereint! Ergriffen, umgriffen – unbereint! / im Himmel erst begegnen sich die Hände. – / Hier unten noch stürmt ewge Zeitenwende.»[73] Und zu Weihnachten 1920 sandte Rosenstock an Barth ein aus Psalmworten zusammengestelltes Gebetbuch Rosenzweigs, das Barth umso mehr interessierte, als er zuvor Ähnliches verfasst hatte.[74] Rosenstock versah sein Geschenk mit der sonderbaren Widmung: «Dem Judenchristen von Safenwil und seinem Hause der christliche Jude ...» Das Wortspiel «Judenchrist/christlicher Jude» soll wohl beides sagen: das Gemeinsame in der die Christen mit den Juden verbindenden Anerkennung der einen Gnadenoffenbarung des Einen – *und* die Kritik an Barths angeblich allzu alttestamentlichem Unverständnis für Rosenstocks («neutestamentliche») Sicht eines Fleischgewordenseins des Geistes. Denn so schrieb er nach Safenwil: Bei Barth sinken «die Heilstatsachen des Neuen Bundes auf das Niveau [...] des Alten Bundes».[75]

72 Karl Barth – Eduard Thurneysen, Briefwechsel Bd. 1, 421f. Vgl. Hans Ehrenberg, Tragödie und Kreuz, Würzburg 1920.

73 Im Karl Barth-Archiv, Basel.

74 Das Büchlein «Der Tischdank» ist mit Barths Anstreichungen im Text im Karl Barth-Archiv, Basel. Zu Barths Erarbeitung liturgischer Psalmgebete vgl. Karl Barth – Eduard Thurneysen, Briefwechsel Bd. 1, 387. Am 3.5.1920 – also zur Zeit der Kontakte mit jenen judenchristlichen Freunde – schrieb Barth an den Thurneysen: «Denk, ich bin an der Arbeit an einem – Gebetbuch für unsere Gottesdienste, zunächst lauter Psalmen und Psalmenzusammenhänge. Dabei komme ich gründlich im Psalter herum und kann eigentlich nur staunen, dass die ‹Religion› sich durch diese merkwürdige Literatur nicht mehr hat erschrecken lassen. Es stehen ja unerhörte Dinge darin über das ‹ganz Andere›, auf deren Hintergrund sich eine ‹Erbauung› erhebt, die sehr anders aussieht als das, was man so nennt.»

75 Brief von Eugen Rosenstock an Nelly Barth, 20.11.1920, im Karl Barth-Archiv Basel.

5. Neues Gespräch

Begegnung – Vergegnung? Es gibt noch ein Drittes – das, was Adam Zak 1990 zu Rosenzweigs «Konzeption der Beziehung zwischen Judentum und Christentum» bemerkte: «die aufgeschobene Begegnung».[76] Doch «aufgeschoben» darf nicht «aufgehoben» heißen. Die Fäden waren bei neuer Gelegenheit da aufzugreifen, wo sie damals in dem beschriebenen Kreis liegen blieben – in Ausführung *der* Erkenntnis, wie sie Berndt Schaller formuliert hat: «Was uns Christen aus den Völkern an Israel und das Judentum bindet, ist der Jude Jesus als der *Christus*. Das heißt: was uns konkret trennt, bindet uns zugleich essentiell.»

Nachdem das direkte Gespräch Barths mit Rosenzweig abgebrochen war, fiel für ihn das Gespräch mit Juden nicht dahin. Das sei beispielsweise belegt mit dem Hinweis darauf, dass er seit 1933 sogar in erstaunlicher Intensität in Kontakt trat mit einer Reihe von Juden[77], etwa mit dem jüdischen Theologen Hans-Joachim Schoeps, dem er im Februar zu dessen Streitgespräch mit dem antisemitischen Philosophen Hans Blüher schrieb. Er erklärte ihm, er möchte ihm «die Hand drücken», in Freude darüber, dass hier «die Sache der Kirche Jesu Christi bei dem Sprecher der Synagoge unverhältnismäßig besser […] als bei dem Sprecher des ‹Christentums›» aufgehoben sei. Er begrüße in dem jüdischen Theologen einen, der «Gott ehrlich geben möchte, was Gottes ist». Dieser hatte die These vertreten: «Ein Goy soll nicht Jude werden, aber zum Gott der Bibel, der der Schild Abrahams, Isaaks und Jakobs ist, soll er sich bekehren.» Hingegen meinte Blüher, Barth werde «mehr Juden in die Synagoge zurückführen, als Christen in die Kirche». Barth machte gegenüber Schoeps gewiss seine christliche Erkenntnis deutlich, aber sagte gerade so zu ihm: «Ihre Sache geschieht im Raume des Glaubens, der zwar nicht der christliche, der aber in dem christlichen aufgenommen, als der im christlichen auf alle Fälle bejaht ist. Darum kann ich nicht anders, als an Ihrer Sache von Herzen teilnehmen.» Eine ähnliche Verbindung entstand damals auch mit dem orthodoxen Rabbiner Emil Bernhard Cohn. Der hatte Barth mitgeteilt, dass dessen Schriften heute in «den» jüdischen Kreisen mit großem Interesse gelesen würde. Barth antwortete mit dem Satz von

76 In: Judaica 46 (1990), 195–207.

77 Die Zitate im Folgenden finden sich in: Eberhard Busch, Unter dem Bogen des einen Bundes. Karl Barth und die Juden 1933–1945, Neukirchen 1996, 155–196.

der «in sich unmöglichen Trennung» von Juden und Christen. Gerade so aber war für ihn das die wichtigste Frage zwischen ihnen: «Wer hat, wer liest das wirkliche Alte Testament? Wer versteht es so, wie es lautet und wie sich selber verstanden haben will?»

Am Reformationsfest 1933 war Barth zu einem Vortrag in Berlin und zu Gesprächen mit 150 Vertretern des Pfarrernotbundes. Dessen Mitgliedern war jene Erkenntnis damals fremd. Darum formulierte er die gegenwärtige deutsche Behandlung der Juden und der Stellung zu ihnen als Frage an die deutsche evangelische Kirche und erklärte: Wo die Kirche sage, was (nicht der Staat, sondern) das Wort Gottes sagt, da müsse sie zu dem reden, was an den Juden geschehen ist. Das war keine zufällige Bemerkung. Er hatte 1933 mehrfach betont: «In Sachen des 1. Gebots ist heute Streit in der Kirche und haben wir zu bekennen.» Dabei war für Barth klar, dass das erste Gebot von Christen im Licht Jesu Christi auszulegen ist. Und dabei war auch klar, dass dieses Gebot sage, man dürfe nicht teils den Befehlen des Hitlerstaats, teils dem Wort Gottes und dessen Weisungen folgen, sondern *allein* dem Wort Gottes.

Es ergab sich, dass Barth im Dezember im Vortrag seiner Kirchlichen Dogmatik das Thema «Altes Testament» unter dem Titel «Die Zeit der Erwartung» ausgiebig besprach, während das «Neue Testament» dann unter dem Titel «Die Zeit der Erinnerung» stand. Er wies bei dem ersten Teil des Vortrags auf die Bücher von Schoeps und Cohn hin, sowie auf Martin Bubers Werk über des «Königtum» Gottes: Sie seien hier «lehrreich anzuhören».[78] Wenn man diese Schriften neben Barths Kapitel legt, geht einem auf, wie er mit jenen jüdischen Gelehrten redet und diskutiert, sie fragt und sich von ihnen fragen und belehren lässt.

Mitte Dezember 1933 hielt Barth in Bonn gemäß der Perikopenordnung eine Universitätspredigt nach Röm 15,3ff. Deren Druck sandte er dann auch Adolf Hitler zu. Sie stand unter dem provozierenden Obersatz: «Jesus war ein Jude» – das als sein heilsgeschichtliches Wesensmerkmal. Und eben «er sieht uns – als Juden im Streit mit dem wahren Gott und als Heiden im Frieden mit den falschen Göttern, aber er sieht beide vereint als ‹Kinder des lebendigen Gottes›». Daraufhin könnten sich beide «nur noch die Hand geben». Gottesstreiter ist nach Barth die wörtliche Übersetzung von «Israel». Einer durch jüdische Verwandte beunruhigten Got-

[78] Karl Barth, KD I/2, 87.

tesdienstbesucherin bestätigte er die Konsequenz des Gesagten: «dass man im Glauben an Christus, der selbst ein Jude war, [...] die Missachtung und Misshandlung der Juden, die heute an der Tagesordnung ist, einfach *nicht mitmachen* darf. Es wird kein Zufall sein, dass diese Haltung gegen die Juden sich immer deutlicher mit dem Rückfall ins reine Heidentum verbindet.» Dürfen wir wohl annehmen, dass Barth hier noch das Wort von Franz Rosenzweig im Ohr hatte, dass das Christentum ein getreues Judentum brauche, damit es nicht in seine heidnische Herkunft zurückfalle?

Emil Brunner (1889–1966)

Streit unter Weggenossen
Karl Barth und Emil Brunner

Im Lauf der Jahre habe ich die Korrespondenz zwischen Karl Barth und Emil Brunner oftmals gelesen.[1] Ich trat an die Lektüre heran mit dem Vorurteil, zwei so bedeutende und «verwandte» Theologen hätten einträchtiger beieinander sein dürfen. Unter der Lektüre hat sich mir das Bild eher umgedreht. Liest man die schroffe Kritik an Barths Theologie in Brunners Brief schon im Herbst 1920, kann man sich nicht wundern, dass es dann zu weiteren Zusammenstößen kam. Aber mehr noch staunt man darüber, dass beide bis zu ihrem Ende einander nicht losließen. Um von Barths berüchtigtem «Nein! Antwort an Emil Brunner» 1934 nicht erst zu reden, es gibt Briefe, vorher und nachher, bei denen man denkt, jetzt sei ihre Verbindung definitiv am Ende. Aber dann geht die Geschichte ihrer Beziehung gleichwohl weiter und eröffnet jeweils neue Ausblicke. Vielleicht stand ja das allem Nein überlegene gnädige Ja-Wort Gottes, das Barth dem sterbenden Brunner ausrichten ließ, schon von Anfang an über den beiden, so dass es sie trotz allem zusammenhielt. Es war wohl auch das im Spiel, dass das, woran sie aneinander Anstoß nahmen, sie zugleich auch wieder aneinander band. Sie waren nun einmal *Dialektische* Theologen. Was sie dennoch Freunde sein ließ, war dies: ihr Durchdrungensein davon, dass die Theologie eine Angelegenheit ist, die man ernstlich nur mit ganzem Einsatz, ganzer Hingabe, ganzer Leidenschaft treiben kann.

Natürlich hatten die beiden andere Charaktere, und manche haben schon dazu Ansichten geäußert, die beiden Theologen selbst auch: Hier der ältere, dort der jüngere Bruder, hier der Ironiker, dort der Ireniker, oder wie Brunner sagte: hier der Giftzahn, dort der Prolet, oder Barth: hier der Wal, dort der Elefant, oder: hier der Basler, dort der Zürcher. Aber es haben andere, die charakterlich noch viel verschiedener waren als sie, friedlicher miteinander verkehrt. Es scheint, die wirkliche Differenz zwischen beiden lag darin, dass sie trotz vieler sachlicher Berührungspunkte ein unterschiedliches theologisches und kirchliches Anliegen hatten. Dieses ihr je eigenes Anliegen verfochten sie auch da, wo sie ganz unpolemisch verkehrten. Und wo sich diese Differenz zuweilen in einer

[1] Karl Barth – Emil Brunner, Briefwechsel 1916–1966, hg. von Eberhard Busch (GA 33), Zürich 2000. Die Zahlen im Text verweisen auf Seiten in dem Buch.

schier unerträglichen Härte des Widerspruchs äußerte, fragt sich, ob wir die beiden als die Theologen, die sie sein wollten und waren, ernst nehmen, wenn wir diese Härte bloß auf ihre anderen Charaktere zurückführen und nicht zuerst auf ihr unterschiedliches theologisches Anliegen, das sie nötigte, ja, zwang, es ernst, und sei es grimmig ernst, zu nehmen. Wir würden das, was sie wollten und was sie in ihrem Wollen aneinander verwies und aneinander reiben ließ, bagatellisieren, wollten wir hier vorschnell psychologisieren, statt mit ihnen zu theologisieren.

Es mag überhaupt von ihrer fünfzigjährigen Beziehung gelten, was Barth im Herbst 1933 nach einer Zürcher Veranstaltung an Brunner schrieb, bei der ihm die Oxford-Gruppe schmackhaft gemacht werden sollte, die aber zu Brunners Bedauern unglücklich verlief:

> «[Es habe sich dabei] alles – meinetwegen ‹unglücklich›, aber was will das eigentlich sagen? – jedenfalls mit einer großen innern Notwendigkeit so abgespielt, wie es geschehen ist. [...] Man verstand sich gegenseitig gewiss so gut, als es möglich war. War nun der Effekt dennoch ein so kräftiges Sichabstoßen voneinander [...], stehen die Dinge so zwischen immerhin ernsthaften, ruhigen und erwachsenen Menschen, dann ist es doch kaum sinnvoll, nachträgliche Reflexionen darüber anzustellen, ob und wie Alles ganz anders hätte laufen können. Ich bin der [...] Überzeugung: jeder mögliche andere Verlauf hätte nur eine Variante des wirklichen sein können.» Änderungen auf beiden Seiten vorbehalten, aber für den Augenblick kam es «rund und klar heraus, dass du etwas meinst, was ich nicht meine, [...] Warum sollen wir [das] nachträglich bedauern?» (238)

Wir können das Andenken dieser beiden Lehrer der Theologie nicht besser ehren als so, dass wir ihre Anliegen aufgreifen als bleibende Anliegen, ein jedes in seiner Eigentümlichkeit. Ich rede davon aus der Perspektive Karl Barths.

1. Mit dem Anfang anfangen

Mit dieser für Barths Theologie typischen Formel lässt sich auch sein Anliegen im Verhältnis zur Theologie Brunners kennzeichnen. «Mit dem Anfang anfangen» – was besagt diese ungewöhnliche Formel? Bis 1915 heißt das Wort «Anfang» bei Barth so viel wie der bloße Ausgangspunkt, bei dem wir nicht stehen bleiben dürfen, über den hinaus es fortzuschreiten gilt, hin zu Erfüllung und Vollendung.[2] Dasselbe Wort erhält bei ihm wenig später eine umgekehrte Bedeutung. In einer Aarauer Predigt vom März 1916 sagt er:

> «Wer [...] möchte heute nicht bei aller Bescheidenheit einen wertvollen Baustein beitragen zum Bau einer besseren Zukunft? Ja, wir möchten, wir wünschen! Aber wir begehen immer aufs neue den verhängnisvollen Irrtum, dass wir nicht real genug mit dem Anfang anfangen. [...] Wir spüren es in unserem Kirchentum, in unseren nationalen [...] Bemühungen, in unserem Erziehungswesen und Sozialismus [...] – immer das gleiche: Wir haben nicht mit dem Anfang angefangen. Darum immer wieder unsere Irrtümer, Unzulänglichkeiten und Zusammenbrüche.»[3]

Und weiter lesen wir das hier Entscheidende: Es kommt unser Leben «nicht in Ordnung, [...], wir werden ewig probieren und nie wirken, [...] – so lange wir uns weigern, einmal fröhlich mit dem Anfang anzufangen.» «Die Wahrheit liegt in der Grundlegung. ‹*Im Anfang* war das Wort [...] und Gott war das Wort›.»[4]

In dieser Formel sind verschiedene Bedeutungen miteinander verwoben. Mit dem Anfang anfangen, das steht im Gegensatz zu Unternehmungen, in denen wir von uns aus etwas anfangen und ausführen, um dies nachträglich von Gott absegnen zu lassen. Denn so wird dem nichts hinzugefügt außer deren Sanktionierung. Gott erscheint dabei als Produkt unseres Produzierens. Wer nicht mit Gott anfängt, wird alles Weitere ohne ihn tun. Mit dem Anfang anfangen, das schließt auch aus, dass *wir* etwas mit Gott anfangen, so dass wir von ihm Ideen übernehmen, in unsere Hand, die wir dann auf andere anwenden oder zum Zweck einer Erneuerung der Verhältnisse realisieren wollen. Aber je mehr wir darin fortschreiten, desto mehr schreiten wir von Gott fort. Mit dem Anfang anfangen, heißt kritisch: Inmitten all der Verkehrtheiten ist *unser* Streben

2 Karl Barth, Predigten 1915, hg. von Hermann Schmidt (GA 27), Zürich 1996, 464f.

3 Ders., Predigten 1916, hg. von Hermann Schmidt (GA 29), Zürich 1998, 115–118.

4 Ebd.

nach einem Neuanfang vergeblich, weil unser Bemühen darum immer nur ein Umwälzen der Verkehrtheiten ist, in denen wir stecken. Gott allein ist es, der einen wirklich neuen Anfang schafft. Mit dem Anfang anfangen heißt, davon ausgehen: Wir leben von einer ersten und letzten Voraussetzung, die *wir* nie machen können, weil immer *sie* sich uns voraussetzt. Von ihr sind wir abhängig und bleiben es stets. Sie ist und bleibt das schlechthin Neue in der Welt, unsere Herkunft und unsere Zukunft, der wir nicht entgegengehen können, ohne schon von ihr herzukommen, wie wir von dort nicht herkommen können, ohne erst recht darauf zu hoffen. Kurz, Gott ist nie in unserer Hand, weil wir immer nur in seiner Hand sind.

Das ernst nehmen, das ist für Barth der Glaube. Glaube heißt, sagt er in jener Predigt: diesen Gott «gelten lassen», heißt «anerkennen, dass Gott Gott ist» und, dass er recht hat «gegen uns, für uns», heißt, «die Augen auftun», nämlich für diesen von ihm real gemachten und immerwährend neuen Anfang, heißt, stille werden, «damit er einmal in uns reden kann». In diesem Sinn: Glaube heißt «mit dem Anfang anfangen».[5] Mit Bezug auf jene Predigt wandte sich damals der Obstalder Pfarrer Emil Brunner an seinen Safenwiler Kollegen mit einem Seufzerbrief: Eben das schaffe er nicht, zu glauben; er sei einer von denen, die ewig nur probieren und sich im Kreise drehen. Barth antwortet ihm sehr nah, bietet ihm das Du an, gesteht, dass es ihm ja ähnlich gehe, um ihm dann zu sagen: Das Problem sei unlösbar im Zirkel der psychologischen Selbstbetrachtung. Aber wir müssten auch gar nichts dagegen machen außer wahrzunehmen, dass wir tatsächlich von einer Vorgabe leben, jenseits dieses Zirkels: «Gott gleichsam gänzlich außer mir», vielleicht «mir selber ganz verborgen, aber mit einem gewissen Halt, der nie versagt». Das ist «doch ein Axiom, mit dem wir *anfangen* müssen (außerhalb der Zirkel und unserer Antinomieen unseres Erfahrungsdenkens anfangen *müssen*!): Wer glaubt, flieht nicht [Jes 28,16]. Sie fliehen […], und ich fliehe sehr oft, immer wieder mit Ihnen. […] Besteht nicht die ganze Misere unserer Lage ganz simpel darin, dass wir uns immer wieder auf uns selbst zurückbiegen, statt uns nach dem Objektiven auszustrecken?» (12f.)

Barth hat die damals entdeckte Formel nie wieder aufgegeben. In jenen selben Tagen formulierte Thurneysen die Parole, es bedürfe einer

5 Ebd., 117–119.

«‹ganz anderen› theologischen Grundlegung»[6]. Barth nahm sie dergestalt ernst, dass er das Stillewerden, «damit Gott einmal in uns reden kann», exerzierte und den Römerbrief des Paulus las. Daraus entstand sein «Römerbrief», in dessen Mitte steht: «‹Also hat *Gott* die *Welt* geliebt …› Ohne Analogie und ohne Vermittlung dastehend, ist dieses Wunder der Anfang, mit dem wir angefangen haben und immer wieder anfangen.»[7] Zum Entsetzen Brunners (42–53) vertiefte sich diese Erkenntnis in der zweiten Fassung des Buchs durch die «Todesweisheit», dass dieser Anfang das völlige Ende aller Menschenmöglichkeiten ist, und es heißt nun: «Gott, die reine Grenze und der reine Anfang alles dessen, was wir sind, haben und tun, […] nie und nimmer identisch mit dem, was wir Gott nennen, als Gott erleben, ahnen und anbeten, das unbedingte Halt! gegenüber aller menschlichen Unruhe und das unbedingte Vorwärts! gegenüber aller menschlichen Ruhe, das Ja in unserem Nein und das Nein in unserem Ja, der Erste und der Letzte und als solcher der Unbekannte – das ist der lebendige Gott!»[8] Die Formel taucht mit neuem Akzent auch in der Kirchlichen Dogmatik auf: «Der Anfang unserer Erkenntnis […] ist nicht ein Anfang, den wir mit ihm machen könnten. Er kann immer nur der Anfang sein, den er mit uns gemacht hat.»[9] Das heißt, der Mensch hat keine Fähigkeit, es ist immer reine Gnade, Gott zu erkennen; *und*: Er erkennt den Gott, der sich selbst ihm vorstellt, nur indem er seinerseits vor Gott gestellt ist und bleibt.[10] Sobald er ihm den Rücken kehrt, und sei es auch nur, um das ihm Zuteilgewordene auszuteilen, hat er es schon nicht mehr mit Gott zu tun. Und so sagt Barth in seiner letzten Vorlesung 1962:

> «[Man kann in der Theologie] nie mit freiem Rücken von schon erledigten Fragen, von schon gesicherten Ergebnissen herkommen, […] [weil man] heute keineswegs von den Zinsen eines gestern angesammelten Kapitals leben kann, sondern darauf angewiesen ist, jeden Tag, ja, zu jeder Stunde neu mit dem

---

6 Karl Barth, Nachwort, in: Schleiermacher-Auswahl, München/Hamburg 1968, 294.
7 Ders., Römerbrief (1), 162.
8 Ders., Römerbrief (2), 315.
9 Ders., KD II/1, 213.
10 Ebd., 8.

> *Anfang* anzufangen. […] Fortfahren heißt in der theologischen Wissenschaft immer: noch einmal mit dem Anfang anzufangen.»[11]

Am Ende noch so am Anfang! Hier *ist* ein durchhaltendes Anliegen. Wie artikuliert es sich in Themen, die in anderer Weise auch Emil Brunner beschäftigt haben?

2. Natur und Gnade

Bevor Brunner in seiner gleichnamigen Schrift 1934 diese beiden Größen in dieser Reihenfolge miteinander verband, zum Zweck der Erarbeitung einer «rechten natürlichen Theologie», und bevor Barth dem sein «Nein!» entgegensetzte, waren ihre abweichenden Positionen in dieser Frage längst ausgesprochen. Der Sache nach hatte Brunner sein Anliegen schon 1932 in seinem Aufsatz vorgetragen «Die Frage nach dem ‹Anknüpfungspunkt› als Problem der Theologie»[12], und im Dezember 1932 hatte er in einem Brief an Barth die damit gegebene Differenz zu ihm unterstrichen (211f.). Barth antwortete im Januar 1933: «Ich weiß nach deiner Stellungnahme zum Problem der natürlichen Theologie […] nicht mehr, wieso wir uns näher stehen sollten» als im Verhältnis zu solchen, «die ich nur als theologische Fremdlinge bzw. Gegner respektieren und behandeln kann.» Unter einem theologischen Freund verstehe er jemanden,

> «zu dem ich das Vertrauen habe, dass er mit der alten Schlange weder hinsichtlich der Natur noch hinsichtlich der Gnade einen Vertrag schließen will. […] Du hast diesen Vertrag nach beiden Seiten so solenn wie möglich geschlossen. […] Es wird dir weh tun, das von mir zu hören. Aber es hat mir zuerst weh getan […] zu sehen, dass wir […] so miteinander daran sind […] und dass uns nichts übrig bleibt, als nun auch entsprechend ganz frei zu geben und auf das zur Fiktion gewordene Bild einer besonderen Solidarität unserer Arbeit […] Verzicht zu leisten.» (216)

[11] Karl Barth, Einführung in die evangelische Theologie, 7. Aufl., Zürich 2010, 182.
[12] Emil Brunner, in: Zwischen den Zeiten 1932, 505–523.

Sein sachliches Anliegen formulierte Barth in seinem Vortrag vom März 1933 «Das erste Gebot als theologisches Axiom»[13]. Axiom ist es, sofern es die entscheidende Voraussetzung der Theologie bezeichnet, die nicht bewiesen werden kann und muss, weil sie sich selbst beweist. Das Axiom besteht in der in der Freiheit seiner Barmherzigkeit getroffenen Entscheidung Gottes, sich zum Herrn seines Volkes zu machen, so wie es die biblische Urkunde «als das alleinige Zeugnis von Gottes alleiniger Offenbarung» sagt.[14] Zu diesem Volk gehören heißt, diesen Gott zum Herrn haben und darum in dankbarem Gehorsam sein Herz nicht zu teilen zwischen diesem Gott und all den «Möglichkeiten und Notwendigkeiten, Wahrheiten und Wirklichkeiten, ‹Anliegen› und Bedürfnissen»[15], wie sie die neuere Theologie neben dem Anspruch des Gottes des ersten Gebots entdeckt hat. Den Versuch, beides in ein ausgewogenes Gleichgewicht zu bringen, nennt Barth natürliche Theologie. Und er erklärt, «dass die Theologie heute» aller «natürlichen Theologie den Abschied geben und es wagen sollte, […] allein an dem Gott zu hängen, der sich in Jesus Christus offenbart hat».[16] Das bereitet die erste These der Theologischen Erklärung von Barmen vor, mit deren Annahme ein Jahr später die deutsche Bekennende Kirche begründet wurde: «Jesus Christus, wie er in der Heiligen Schrift bezeugt wird, ist das eine Wort Gottes, das wir zu hören, dem wir zu vertrauen und zu gehorchen haben.» Brunner hat diese These nie akzeptiert (463–475), weil damit jene natürliche Theologie gründlich abgelehnt war – und er verstand das besser als mancher andere.[17]

Worum ging es dabei? Kurz nach der Barmer Synode erklärte Barth die dortige Entscheidung so: Mit dem Nein zur natürlichen Theologie «soll nicht geleugnet werden, dass es Gestalten, Ereignisse und Mächte gibt, dass sie einen bestimmten Wert haben für unser Leben. […] Wir leugnen nicht den Satz, dass Gott die ganze Welt und also auch solche Gestalten, Ereignisse und Mächte in seinen Händen hält, ja, wir leugnen

13 Karl Barth, Theologische Fragen und Antworten. Gesammelte Vorträge, Bd. 3, Zollikon 1957, 127–143.

14 Ebd., 129.

15 Ebd., 137.

16 Ebd., 142f.

17 Vgl. Karl Barth, KD II/1, 194f.

nicht […], dass er sich auch in ihnen offenbart.»[18] *Das* ist also *nicht* mit der abgelehnten natürlichen Theologie gemeint. In dem Vortrag über das erste Gebot bejaht Barth es als Aufgabe der Theologie, dass sie, «wissend um ihre Verantwortlichkeit gegenüber dem ersten Gebot, die Offenbarung in Beziehung sieht – und denkend und sprechend in Beziehung *setzt* (in Beziehung setzen *muss*!) – zu Vernunft, Existenz, Schöpfung oder wie die andere Instanz nun heißen mag».[19] Also auch das ist mit der abgelehnten natürlichen Theologie *nicht* gemeint. Aber darum geht es, heißt es, dass die Theologie «jene anderen Instanzen nach Maßgabe der Offenbarung und nicht etwa die Offenbarung nach Maßgabe jener anderen Instanzen» interpretiert.[20] Das Letztere ist die abgelehnte natürliche Theologie. Ihr gegenüber gilt es mit dem Anfang anzufangen, das heißt jetzt: von dem auszugehen, wo Gott sich unzweideutig offenbart hat, um nach Maßgabe dessen die jeweiligen Gestalten, Mächte und Ereignisse und jene anderen Instanzen zu verstehen, zu prüfen, sich zu ihnen zu verhalten. Aber der Anfang, mit dem da anzufangen ist, ist kein dem Theologen ausgehändigter und von ihm nun hantierbarer Maßstab. Er ist Gottes eigene Sache und ist so sehr seine Gnade, dass er von uns nur in immer neuer Zuwendung zu ihm zu erkennen ist. Denn, sagt Barth zu Brunner:

> «Was hülfe mir die reinste Gnaden- und Offenbarungstheologie, wenn ich vielleicht ausgerechnet mit Gnade und Offenbarung so umginge, wie die natürliche Theologie mit ihren angeblichen Daten aus Vernunft, Natur und Geschichte umzugehen pflegt, so […], als ob man sie in der Tasche, als ob man ihre Erkenntnis unter sich, statt immer hinter sich und vor sich hätte?»[21]

Der Begriff Natur in dem Wortpaar Natur und Gnade bezeichnet ein Bündel von Größen, die es in der Welt des Menschen in irgendeiner Verschiedenheit gibt gegenüber dem, was Gnade heißt, Gottes freignädige Zuwendung zum Menschen, wie sie die Schrift bezeugt als Gottes Selbstoffenbarung. Was im Streit um die natürliche Theologie umstritten ist, ist

[18] Karl Barth, Texte zur Barmer Theologischen Erklärung, hg. von Martin Rohkrämer, 2. Aufl., Zürich 2004, 19.
[19] Karl Barth, Theologische Fragen, 140.
[20] Ebd., 138f.
[21] Karl Barth, Nein! Antwort an Emil Brunner, Theologische Existenz heute 14, München 1934, 14.

nicht, *ob* es eine Beziehung zwischen beidem gibt, sondern *wie* es zu ihr kommt. Und diese Frage ist fundamental, und man muss ihr schon weit entrückt sein, wenn man nicht die Leidenschaft versteht, in der die beiden Theologen ihre verschiedenen Antworten auf die Frage vortrugen. Die Frage ist die, ob etwa jene Natur die Voraussetzung ist, die Bedingung, unter die die Gnade sich zu stellen hat, um überhaupt zum Zuge kommen zu können – *oder* ob diese *Gnade* die Voraussetzung jener Natur ist, die sich ihr voraussetzt und sich so in Beziehung zu ihr setzt, ob sie also der Anfang ist, mit dem darum auch wir anzufangen haben. Barth meinte entschieden das Letztere und sagte daher zu Brunner: «Gibt es […] eine Begegnung und Gemeinschaft zwischen Gott und Mensch, dann muss durch Gott selbst eine Voraussetzung [dafür] geschaffen sein, die mit dem Vorhandensein [jener Natur] von Ferne […] nicht gegeben ist.»[22] Andernfalls läge die Ermöglichung solcher Beziehung nicht in der zuvorkommenden Gnade Gottes allein, sondern in der ihr entgegenkommenden Natur, gegenüber der die Gnade immer zu spät kommt. Mag man diese unabhängig von Gottes Offenbarung eigenständig gesehene vorfindliche Natur des Menschen dann wohl als sündenverderbt verstehen, um das Bedürfnis für die Gnade stark zu machen, es sind dann doch Natur und Gnade als zwei je respektable Größen nebeneinander auf dieselbe Ebene gestellt. Dann wird durch die vorausgesetzte Natur bestimmt, was die Gnade für sie zu sein hat, so dass Gottes Gnadenerweis darauf immer nur noch reagieren kann. Aber die Frage ist, ob dann Gott Gott und seine Gnade Gnade ist. Vielmehr setzt Gott sich in seiner Gnade in Beziehung zur Natur und sie in Beziehung zu sich. Gott reagiert nicht bloß im Blick auf sie; er agiert, nicht gebunden an eine von uns festgestellte Möglichkeit, sondern frei gegenüber allem außer ihm Vorhandenen, frei, weil er einen solchen Anfang zu setzen vermag. So bestimmt er in seiner Gnade, was die Natur ist und was aus ihr durch ihn wird. Die Aufgabe der Theologie ist daher die, wie gesagt, dass sie mit diesem Anfang anfängt, das heißt, wie Barth präzise formuliert, dass sie diese von der Gnadenoffenbarung gesetzte Beziehung *sieht* und sie daraufhin nachträglich denkend und sprechend ihrerseits in Beziehung *setzt* zur Vernunft, Existenz, Schöpfung, um dann mit diesen Instanzen nach Maßgabe der Offenbarung umzugehen und niemals umgekehrt.

22 Ebd., 26.

3. Was-Frage und Wie-Frage

In den Briefen zwischen Barth und Brunner in den 1930er Jahren fast noch strittiger als Natur und Gnade ist die Stellung zur Oxford-Bewegung. «Du [hast] mit deinem Übergang» zu ihr «eine ganz schlimme Verwüstung angerichtet» (229f.), schreibt Barth. Und der Freund schreibt, dass dessen Kritik daran «schlimmer» sei als die Schrift «Nein!»; die «war zu ertragen, diesmal geht es gegen das Werk Jesu Christi und des Heiligen Geistes» (294). Barth äußerte sich auch in dieser Beziehung so entschieden, weil er in der deutschen Situation ein geschärftes Ohr für ein da vorliegendes Problem hatte durch eine gewiss sehr andere «Glaubensbewegung», die der Deutschen Christen, mit ihrem Anspruch, die Kirche zu erneuern. Sein Diktum vom Sommer 1933: «Der Heilige Geist braucht keine ‹Bewegungen› und die allermeisten ‹Bewegungen› hat wahrscheinlich der Teufel erfunden»[23]; das bezog er in einem Brief an Brunner auch auf die Oxford-Bewegung (230). Ein «Symptom für faktisch bestehende sachliche Zusammenhänge» zwischen beiden Bewegungen sah er, wie er an Brunner schrieb, in dem Zusammentreffen von deren Führern auf einem Kongress für «Volksmission», obwohl Barth weder dem Leiter der Oxford-Bewegung, Frank Buchman, noch geschweige Brunner damit eine Bejahung der «*groben* Irrtümer» der Deutschen Christen unterstellte (239f.).

Der Vergleichspunkt lag für ihn in dem Stichwort Volksmission. Dieses hing damals in der Luft und wurde bei den Deutschen Christen, aber der Struktur nach ähnlich auch bei der deutschen innerkirchlichen Opposition gegen sie so verstanden: Es sei die reine Lehre der Kirche, die gewiss «unangetastet» bleiben solle, zu ergänzen durch ein «Lebensbekenntnis»[24], um so das der Kirche entfremdete Volk zu erreichen und damit zum «inneren Aufbau des Volkes» zu verhelfen.[25] Dieses Lebensbekenntnis komme zu seiner Wirkung erst, wo die Kirche den Adressaten ihrer Botschaft konkret erfasse, sich auf ihn einstelle und auf ihn eingehe, sich ihm anpasse, ja in seiner Welt Wurzeln schlage. Ohne neben jener reinen Lehre ein derart verstandenes Lebensbekenntnis zu vollziehen, würde die reine Lehre zu einem niemanden erreichenden, ja, sich vom

23 Karl Barth, Theologische Existenz heute! 1, München 1933, 37.
24 Joachim Gauger, Chronik der Kirchenwirren 1, Elberfeld 1934, 67.
25 Ebd., 77.

Volk entfremdenden Unternehmen missraten, «im luftleeren Raum», wie das damals allerorten hieß. An *diesem* Punkt einer so begründeten Volksmission sah Barth bei allen Unterschieden zwischen der Oxford-Bewegung und der deutschchristlichen Glaubensbewegung eine Berührung.

Dem Konzept solcher Volksmission setzt sich aber nun die sechste These der Barmer Erklärung entgegen. Unter dem wegweisenden Satz aus 2Tim 2 «Gottes Wort ist nicht gebunden» bekennt sie das als Auftrag der Kirche, im Dienste Christi und seines eigenen Wortes «die Botschaft von der freien Gnade auszurichten an alles Volk». Der letzte Abschnitt in Barths Schrift «Nein!» ist eine Exegese dieser These. Die Frage nach dem *Inhalt* der Botschaft nennt er dabei die Was-Frage, gegenüber der Wie-Frage nach deren *Adressaten*, «was ich und was meine Hörer [...] damit anfangen› sollen?»[26] Barth weiß sich mit Brunner darin einig, dass Kirche und Theologie «beständig vor (dieser) doppelten Frage stehen».[27] Aber er bestreitet, dass diese Doppelfrage sich in zwei verschiedene Fragen trennen lasse, so dass nach Behandlung der Ersteren die Wie-Frage ein selbständiges Gewicht bekommt. Das hätte dreierlei zur Folge: Wir hätten dann irgendwann die Frage nach dem Inhalt schon erledigt hinter uns. Ferner, es würde dadurch eine Kaste von solchen etabliert, die schon begriffen und jenen Inhalt so zur Hand haben, dass sie sich nun der anderen Frage, der Austeilung jenes Inhalts an diejenigen widmen kann, die noch nicht begriffen haben. Und schließlich, es bekäme so der Adressat eine gesonderte Bedeutung, in der seine Ansprechbarkeit auf die Botschaft, sein Vorwissen von ihr festgestellt wird, um diese Botschaft daran anknüpfen zu können. Es würde also «dieses Wie als Träger einer angeblichen natürlichen Gotteserkenntnis [...] selbständig zu Wort kommen».[28]

Barths Anliegen ist, dass die beiden Fragen nie zu trennen sind, dass die Wie-Frage immer «in dem einen Thema der Theologie [...] eingeschlossen» und nie «auch nur auf einen Augenblick außerhalb jenes Was zu beantworten ist».[29] Er hält darum jenem Dreifachen entgegen: Zum einen, wenn es in der der Kirche aufgetragenen Botschaft um *diesen* Inhalt geht, die freie Gnade, dann kann die Kirche die Frage nach dem Inhalt nie

26 Karl Barth, Nein!, 57.
27 Ebd.
28 Ebd., 61.
29 Ebd., 58.61.

schon erledigt haben. Sie hat dann immer wieder mit diesem Anfang anzufangen. «Haben wir denn», fragt Barth Brunner, «die erste Aufgabe jemals hinter uns, so dass wir von ihr zu jenem zweiten Traktandum übergehen *könnten*?»[30] Zum anderen entfällt damit jenes Gegenüber von Begriffen-Habenden und noch Noch-nicht-Begreifenden. Indem wir, immer wieder auch selbst noch nicht begriffenhabend, mit dem Anfang anzufangen haben, ist in der Frage nach dem Inhalt der Botschaft die nach ihrem Adressaten und seinem Verstehen immer eingeschlossen, weil «wir *selbst* es sind, die uns mit dieser Sache beschäftigt finden».[31] Ist es eine Frage, wie *andere* die Botschaft denn verstehen können, so ist schon damit die Rückfrage gestellt, ob denn auch nur wir *selbst* schon verstanden haben; so werfen diese anderen uns selbst auf die Anfänge des Verstehens zurück. Und schließlich, es entfällt dann auch die Sorge um den Adressaten, um seine Ansprechbarkeit, um den Anknüpfungspunkt bei ihm. Ist die Botschaft die von der *freien* Gnade Gottes, die ihm auszurichten ist, dann kann «diese Sorge nicht anders existieren denn als auf Gott geworfene Sorge».[32] Dann haben wir davon auszugehen, dass schon vor all unserer Bemühung Gott etwas mit dem anderen anzufangen weiß. Der Heilige Geist «bedarf keines Anknüpfungspunktes als dessen, den er selbst setzt».[33] Es kann dann nicht unsere Aufgabe sein zu meinen, «das, was Gott gutgemacht hat und gutmachen wird, besser machen zu müssen».[34]

Um Barths Anliegen noch näher zu beleuchten, gehe ich zeitlich einen Schritt zurück. 1929 hatte Brunner seinen Aufsatz publiziert «Die andere Aufgabe der Theologie»[35], der eben jene Wie-Frage als gesondertes Problem anvisierte.[36] Barth entfaltete seine sachliche Gegenposition in seinem Vortrag «Die Theologie und die Mission in der Gegenwart».[37] Die Mission wendet sich an Menschen, die insofern Heiden sind, als sie die Stimme Jesu Christi noch nicht gehört haben. Solche Heiden sind aber auch in der

---

30 Ebd., 60.
31 Ebd.
32 Ebd., 58.
33 Ebd., 56.
34 Ebd., 59.
35 Emil Brunner, Die andere Aufgabe der Theologie, in: Zwischen den Zeiten 1929, 255f.
36 Karl Barth, Nein!, 57f.
37 Ders., Theologische Fragen, 100–126.

Kirche, die zwar diese Stimme schon gehört haben und schon getauft sind und doch immer wieder als Heiden leben. Sie sind darum ständig «der göttlichen Wiederholung» des mit ihnen gemachten Anfangs und so der Wiederholung des kirchlichen Dienstes bedürftig. «In der Mission wagt die Kirche dasselbe, was sie sonst in Form von Wiederholungen wagt, […] nunmehr in Form von Anfängen.»[38] «Sie wagt es [hier], an die Möglichkeit eines reinen Anfang zu glauben.» Sie kann dabei «nur an solche Punkte anknüpfen, die [die christliche Botschaft] selbst zuvor setzen muss, nicht an solche, die schon vorher und an sich da wären. […] Sie rechnet nicht mit Entwicklungen eines schon Vorhandenen, sondern mit Schöpfungen aus dem Nichts.» Insofern ist solche Missionspredigt sogar der «Prototyp der kirchlichen Predigt überhaupt».[39] Die Kirche kann also nicht ihre Botschaft schon verstanden haben, um sie dann anderen verständlich zu machen. Das wäre jene Trennung von Was- und Wie-Frage. Mit dem Anfang anfangen heißt hier, dass «die Kirche [die] Solidarität der Kirchen drinnen mit den Heiden draußen» *bestätigt*, und zwar so, dass sie nun zusammen mit jenen anderen noch einmal ganz von vorne die freie Gnade dessen erkennt, der der Herr *ist*, dem jeder Mensch im Voraus gehört «*jenseits* alles menschlichen ‹Noch nicht› und *vor* allem Dienst», den die Kirche bei der Anerkennung seiner Herrschaft «vielleicht» leisten kann.[40] Versteht sie das mit jenen anderen zusammen noch einmal neu, dann kann es doch nicht anders sein, als dass darin die Klarheit dessen eingeschlossen ist, was sie und jene «damit anfangen sollen». Dass die Klärung der Wie-Frage immer nur derart in der Klärung der Was-Frage eingeschlossen sein kann, ist hier das bleibende Anliegen Barths.

4. Kirche und Staat

In seinem Wipkinger Vortrag Ende 1940 meldete Brunner auch sein Bedenken gegenüber der zweiten These der Barmer Erklärung an, nach der es keine Bereiche unseres Lebens gibt, in denen wir nicht Jesus Christus, sondern anderen Herren zu eigen sind. Denn, sagt Brunner, Christus

[38] Ebd., 101.
[39] Ebd., 108.
[40] Ebd., 102.

dürfe nicht «auch Herr des Staates genannt werden. [...] Sein Herrschaftsbereich ist [...] die Gemeinde», nicht die Schöpfung, innerhalb derer der Staat eine eigene Schöpfungsordnung ist (468). Brunner sah wohl, dass Barth zwischen Kirche und Staat unterschieden hatte, es regte sich aber nun jenes Bedenken, seitdem Barth die außerdeutschen Kirchen drängte, ihre Regierungen zu einem militärischen Widerstand gegen den aggressiven Hitlerstaat aufzurufen. In einem Papier, vielleicht der Entwurf zu einem Brief, nannte Brunner deshalb Barth einen «Sektenstifter», «mit einem kirchengefährdenden Fanatismus» (462f.), und er führte den in seinen Augen vorliegenden Übergriff Barths auf jene zweite Barmer These zurück. Die verkenne, dass der Staat «nach einem anderen Gesetz» regiert werden müsse als die Kirche (468). Wie verstand denn Barth jene zweite Barmer These? Sie sagt in der Tat, Christen könnten nicht Christus als den Herrn bekennen, um dann außerhalb der Kirchentüren sich nach ganz anderen Herren und ihren Gesetzen zu richten. Denn Jesus Christus ist «wie Gottes Zuspruch der Vergebung aller unserer Sünden, so und mit gleichem Ernst auch Gottes Anspruch auf unser ganzes Leben». So sagt es die zweite These und fährt fort: «[...] durch ihn widerfährt uns frohe Befreiung aus den gottlosen Bindungen dieser Welt zu freiem, dankbarem Dienst an Gottes Geschöpfen.» Das besagt zunächst, Christen tun dem Anspruch Gottes auf unser ganzes Leben gegenüber nichts Fremdes, es gehört zu ihrer Freiheit, wenn sie im Alltag der Welt in ordentlicher Arbeit und in Kooperation mit vielleicht sehr anderen Dienst an Gottes Geschöpfen tun.

Aber die Frage Brunners ist noch eine andere – nämlich ob die Kirche als Kirche Jesu Christi bestimmte politische Stellungnahmen abgeben darf. Und das *ist* eine Frage. Denn die Kirche *hat* in der ersten Hälfte des 20. Jahrhunderts ständig auch politische Urteile abgegeben, meist so, dass sie die jeweils herrschende Meinung und Schicht unterstützte und bestärkte. Wenn Barth nun von der Christusherrschaft spricht, so geht es dabei nicht um die Benennung eines neuen oder schon bekannten Prinzips, aus dem die Kirche «richtige» politische Urteile ableiten kann. Es geht um ein bestimmtes Verfahren angesichts von politischen Herausforderungen. Klaus Scholder hat das Verfahren als Barths Methode im Jahr 1933 beschrieben, als in verschiedener Weise die deutschen Theologen ihre weithin zustimmende Stellungnahme zum nationalsozialistischen

Regiment mit dem kirchlichen Auftrag kombinierten: Es ging ihm, sagt Scholder, nicht um die Frage,

> «ob die politische Entscheidung [...] für den Nationalsozialismus richtig war, und auch nicht um die Frage, ob die Theologie denn überhaupt politisch urteilen könne, sondern ganz allein darum, ob dieses politische Urteil auf eine theologisch richtige Weise zustande gekommen war. [...] Es ging hier also weder um eine politische [...] noch um eine unpolitische Theologie, sondern um eine Theologie, die ‹zuvor› – nämlich bevor sie politische Urteile fällte – sich über sich selbst klar geworden war.»[41]

Diesem Verfahren ist Barth seit 1916, als er jene Formel von dem «Anfang» fand, immer treu geblieben. Die Kirche hat angesichts einer konkreten Herausforderung weder einfach ein zustimmendes noch kritisches politisches Urteil abzugeben, sondern mit dem Anfang anzufangen. Sie hat sich dann jeweils neu zu besinnen auf das in Christus offenbare Wort Gottes, um dann den Fall nach Maßgabe dessen zu prüfen und dann zu einem Urteil zu finden und dementsprechend zu reden oder zu schweigen, sich zu betätigen oder zu verweigern.

5. Das Verhältnis der christlichen Kirche zum Volk Israel

Während der grauenhaften Judenverfolgung und Judenermordung durch das nationalsozialistische Deutschland entstand unter den Evangelischen in der Schweiz ein neues Verständnis für das jüdische Volk. Das drückte sich in der Bemühung aus, entgegen der offiziellen Schweizer Politik so vielen Juden wie nur möglich Asyl im Land zu gewähren. Das zeigte sich in einem wachsenden Willen zur Zusammenarbeit mit der Synagoge. Das führte zugleich auch zu einer theologischen Besinnung auf die Verbundenheit der Christen mit den Juden in dem einen Bund Gottes nach der Heiligen Schrift. Darum bemühte sich namentlich das «Evangelische Hilfswerk für die Bekennende Kirche in der Schweiz», geleitet von Pfarrer Paul Vogt.

---

41 Klaus Scholder, Die Kirchen und das Dritte Reich, Bd. 1, Frankfurt/M. u. a. 1977, 547f.

Darin stand besonders Karl Barth für die Erkenntnis: Im Glauben an Jesus Christus bekennen sich Christen als so wesentlich mit den Juden verbunden, dass ihre Lossage von den Juden über die ethische Untat hinaus die Absage an Christus und seine Gnade, die unvergebbare Sünde wäre. 1942 schrieb er: «Wer Jesus im Glauben hat», der muss die Juden als die «Verwandten Jesu *mit*haben. Sonst kann er auch den Juden *Jesus* nicht haben. Sonst verwirft er mit den Juden Jesus selber.» «Der Grund der Kirche selber steht [hier] auf dem Spiel.»[42] Gegen diese Erkenntnis wandte sich aber nun Emil Brunner: Damit mache Barth aus einer Nebenfrage, in der man auch gegenteiliger Ansicht sein könne, einen Glaubensartikel, bei dem es im Ja oder Nein dazu angeblich um das Bekennen oder Verleugnen Christi gehe. Dadurch errichteten «die Herren von Basel» in der Kirche eine Diktatur.[43]

Was vertrat dagegen Brunner? Nach ihm fasst Paulus in Röm 9–11 ein tief geschiedenes «doppeltes Israel» ins Auge, eines «im Sinne der Natur und natürlichen Geschichte», d. h. das jüdische Volk – und ein zweites «Israel im Sinne der Gottesgeschichte», das zwar auch Wurzeln im Alten Testament habe, aber im Grunde eins sei mit der Gemeinde der Christusgläubigen. Nur diese würden errettet, während Gott das dem Christus ungehorsame Israel «verwirft». Die Kirche ist nun an deren Stelle das wahre Israel. Das andere Israel ist nicht mehr «das Volk der Verheißungen», ja wegen seines Unglaubens von Gott daraus verstoßen. Eine Lösung kann nach Brunner nur durch christliche Judenmission geschehen. Denn Hoffnung gebe es für die Juden nur, wenn sie wie die Heiden in der Kirche Christusglauben haben.[44] Hier ist genau der Neuerkenntnis widersprochen, zu der die Gruppe um Barth aufgebrochen war. Das war der christliche Antijudaismus.

Darum konnte die Gruppe um Barth diese Sicht nicht als eine zu tolerierende Schulmeinung in einer Nebenfrage hinnehmen. Man war sich in *Christus* uneins, indem er hier als das Ja und dort als ein Nein zu dem nicht christusgläubigen Israel verstanden wurde. So wird der harte Streit begreiflich, der an der 4. Wipkinger Tagung im November 1941 ausbrach

42 Karl Barth, KD II/2, 318.

43 Eberhard Busch, Unter dem Bogen des einen Bundes. Karl Barth und die Juden, 1933–1945, Neukirchen-Vluyn 1996, 382.

44 Ebd., 379. Der Alttestamentler Walther Zimmerli unterstützte Brunner massiv in dieser Auffassung.

und an dem das Hilfswerk fast zerbrach. Es wurde dabei die Auslegung von Joh 4,22 zum Kern eines theologischen Grundsatzstreites. Brunner beharrte darauf, die Stelle meine: «Das Heil *kam* von den Juden», während Barth darauf pochte: «Das Heil *kommt* von den Juden».[45] Der Satz «Das Heil kam von den Juden» bedeutet: Das Heil ist seit Christus von den Juden weg- und zur Kirche hingegangen. Es gibt also keine im Christusglauben begründete, geistliche Verbundenheit von Christen mit den Juden. Es gibt allenfalls eine geschöpfliche Verbundenheit so wie mit allen Menschen sonst. Der Satz: «Das Heil kommt von den Juden» meint hingegen: Es gibt für Christen kein Heil in Christus, ohne dass für sie in Christus die Juden mitgegeben sind. So sind sie unlöslich mit den Juden verbunden. Gibt die Kirche die Juden preis, so gibt sie daher Christus preis und zerstört ihre eigene Substanz.

6. Stellung zum Ost-West-Konflikt

Blicken wir auch noch auf Barths Einstellung nach dem Krieg! 1948, kurz nach seiner Reise in das noch nicht kommunistische Ungarn, unterstellte ihm Emil Brunner in einem Offenen Brief[46] eine Einigkeit mit der Auffassung seines Freundes Josef Hromádka von der geschichtlichen Notwendigkeit des Kommunismus. Barth hege mithin den Grundfehler, dass er den russischen Kommunismus nicht als Gestalt des Totalitarismus auffasse. Er habe verkannt, dass der Hitlerstaat nur dilettantisch versuchte, was der kommunistische Staat perfekt vollende; und der sei ökonomisch falsch und antitheistisch. Barth mache sich «zum Wortführer derer», «die nicht nur den äußern, sondern auch schon den innern Widerstand verurteilen». Barth rückte nicht alle groben Unterstellungen Brunners zurecht; er antwortete mit dem Titel, in dem das Wort «heute» hervorgehoben ist: «Theologische Existenz ‹heute›»[47]. Das heißt,

[45] Ebd., 375f.

[46] Emil Brunner, Wie soll man das verstehen? Offener Brief an Karl Barth, in: Karl Barth, Christliche Gemeinde, 59–66.

[47] Karl Barth, Theologische Existenz «heute». Antwort an Emil Brunner, in: ebd., 66–70.

> «dass bekenntnismäßige, geistliche und theologisch verbindliche Stellungnahmen der Kirche im politischen Bereich dann und da von ihr gefordert sind, [...] wo sie in der konkreten Auseinandersetzung mit einer bestimmten Erscheinung durch Gottes Wort in Ausübung ihres Dienstes zur Verantwortung ihres Glaubens aufgerufen wird. Sie hat es nicht zeitlos mit diesen oder jenen -ismen oder Systemen, sondern mit den jeweils in das Licht des Wortes Gottes und des Glaubens tretenden geschichtlichen Wirklichkeiten zu tun. Sie ist nicht irgend einem Naturrecht, sondern ihrem lebendigen Herrn verpflichtet. Sie denkt, redet und handelt darum gerade nie ‹prinzipiell›. Sie urteilt vielmehr geistlich und darum von Fall zu Fall. [...] Sie wahrt sich darum die Freiheit, neue Erscheinungen auch neu zu würdigen. [...] Für die Einheit und Kontinuität der theologischen Existenz ist gerade dann aufs beste gesorgt, wenn sie es sich nicht verdrießen lässt, immer wieder theologische Existenz ‹heute› zu sein.»[48]

Diese Sätze zeigen erneut, inwiefern auch auf diesem Feld Barths bleibendes Anliegen dies ist, «mit dem Anfang anzufangen». Das sei umso mehr nötig, als der Unterschied zwischen 1933ff und «heute» der sei: Damals habe ein Zauber unsere Seelen übermannt, mächtig, «uns für den Glauben an seine Lügen und für das Mittel bei seinem Unrecht zu gewinnen». Hingegen sei das heutige östliche System so abstoßend, dass es keine christliche Aufgabe ist, «mit theologischer Begründung auch noch einmal zu sagen, was jeder Bürger ohnehin täglich kopfschüttelnd auch in seiner Zeitung lesen kann»[49].

Die Kritik Brunners regte in der Folge eine Fülle neuer Widerworte gegen Barth an. Und das erst recht nach dem Druck eines Vortrags, den er Anfang 1949 in Bern gehalten hatte: «Die Kirche zwischen Ost und West». Darin sagte er Ähnliches. Aber sein Satz, man sollte «einen Mann von dem Format Joseph Stalins», der wesentlich an der Beseitigung des Nationalsozialismus beteiligt war, nicht «mit solchen Charlatanen wie Hitler, Göring [...] im gleichen Atem nennen»[50], erregte heftigen Widerspruch. Dieser Satz hinderte zu hören, was Barth ja auch gegen den «sehr abscheu- und entsetzenerregenden» Kommunismus sagte[51], und zu hören,

---

48 Ebd.

49 Ebd., 69.

50 Karl Barth, Die Kirche zwischen Ost und West, Zürich 1949, 22.

51 Vgl. ebd., 21.

was er fragte: Ob im Westen wirklich für «Recht und Frieden» (mit der fünften Barmer These zu reden) gesorgt werde – was er offenbar darum fragte, weil das wie nichts anderes den Osten entkräften werde.

Die Uneinigkeit zwischen den Weggenossen Barth und Brunner erinnert daran, dass die Theologie ein Feld ist, auf dem ernste Entscheidungen fallen. Wir ehren das Andenken der beiden, wenn wir diesen Ernst nicht durch Harmonisierungen zudecken. Aber auch so bleibt es wahr, dass es ein geheimes Band zwischen den beiden gab, das in allem zwischen ihnen Strittigen unumstritten blieb, begründet nicht in der allgemeinen Relativität aller Menschenmeinungen, aber im Umgriffensein von Gottes Güte. In seinem Brief vom 16. Januar 1933, in dem Barth ihrer beider Arbeitsgemeinschaft für beendet sieht, schreibt er: «Uns bleibt die Gemeinschaft der Kirche.» (214) Was das bedeutet, erläutert er in seinem Vortrag über das erste Gebot, worin jener Bruch ausgesprochen ist:

> «Aber wenn wir alles gesagt haben, was notwendig gesagt werden muss, wird auch das ‹Band des Friedens› (Eph. 4,3) sichtbar werden, das Wissen um die schlechthin überlegene Weisheit des Herrn der Kirche, die Verheißung ‹Siehe ich bin bei euch alle Tage›, die wir, wenn wir sie auf uns selbst beziehen, auf andere nicht weniger als auf uns selbst beziehen können. Nur in gemeinsamer Hoffnung kann der notwendige theologische Streit recht geführt werden.»[52]

Zuletzt das ist ein bleibendes Anliegen Karl Barths im Verhältnis zu Emil Brunner.

[52] Karl Barth, Das erste Gebot als theologisches Axiom, 143.

Paul Tillich (1886–1965)

Theologie, eine Funktion der Kirche[1]
Karl Barth und Paul Tillich

1.

Man hört zuweilen die These von der grundsätzlichen Unvereinbarkeit von Wissenschaft und kirchlich ausgerichteter christlicher Theologie, von «Wahrheit», der die Wissenschaft verpflichtet ist, und vom «Glauben», der für die Kirche verbindlich ist. Manche ziehen daraus die Folgerung: Der Theologie sei darum ein Daseinsrecht im Bereich der Universität abzusprechen. Um dem gleich die Gegenthese entgegenzuhalten: Die christliche Theologie hat darauf zu insistieren, dass sie aufhört, Wissenschaft zu sein, wenn sie ernstlich aufhört, «eine Funktion der Kirche» zu sein. Sie *ist*, ob sie ihren Titel behält oder abändert, im Fall ihrer Unkirchlichkeit immer schon umgewandelt in eine religionswissenschaftliche Einrichtung. Immerhin gibt es mindestens seit 200 Jahren einen schwelenden und zuweilen brennenden Streit über die Frage der legitimen Zugehörigkeit der mit Bedacht evangelischen Theologie zum universitären Betrieb und also über die grundsätzliche Vereinbarkeit von Wissenschaftlichkeit und Kirchlichkeit der christlichen Theologie. Die Frage ist: Darf eine freie Wissenschaft kirchlich angebunden sein? Und darf der kirchliche Auftrag sich durch die Ausübung freier Wissenschaft binden lassen?

Wie klärungsbedürftig diese Fragen sind, mag ein Vorgang illustrieren: 1930/31 wehrte sich die Theologische Fakultät Marburg vehement gegen eine rechtliche Gleichstellung mit den preußischen Fakultäten.[2] Der Grund dafür war, dass der zuständigen kirchlichen Behörde das auch sonst in Preußen geltende Recht eingeräumt werden sollte, bei Berufungen von Theologen eine Stellungnahme über Bekenntnis und Lehre der Anzustellenden abzugeben. Bislang wurden in Marburg die Inhaber der

[1] Karl Barth, KD I/1, 1. Der folgende Text bezieht sich dankbar auf das Buch des einstigen, in seiner Nachdenklichkeit einflussreichen Theologen an der Yale-Universität: Hans W. Frei, Types of Christian Theology, hg. von George Hunsinger/W. D. Placher, New Haven/London 1992.

[2] Andreas Mühling, Karl Ludwig Schmidt. «Und Wissenschaft ist Leben», Berlin/New York 1997, 116–133.

theologischen Lehrstühle ohne kirchliches Plazet nur vom Staat eingesetzt. Die Marburger Theologen, auch Rudolf Bultmann, sahen in der Änderung einen Angriff auf das «Kernstück unseres theologischen Berufs», auf «das Selbstverständnis der Theologie als Wissenschaft», und drohten mit Kirchenaustritt! Ihnen widersprach am entschiedensten der Bonner Theologe Karl Ludwig Schmidt, in Absprache mit Karl Barth. Dies unter Berufung auf den biblischen Zusammenhang von Kirchenleitung und kirchlicher Lehre und so auf die kirchliche Verantwortung für die Lehre und Ausbildung an den staatlichen Hochschulen. Schmidt widersprach auch in der sensibel gespürten Sorge vor möglichen Eingriffen eines allzu mächtigen Staates. Jenes preußische Gesetz wurde in einer Kompromissfassung schließlich doch auch an der Marburg Theologischen Fakultät akzeptiert, und sie hat damit ihre kirchliche Funktion an der staatlichen Universität anerkannt. Dieser Vorgang unterstreicht den Ernst der Doppelfrage: Bedeutet die Wissenschaftlichkeit der Theologie die Preisgabe ihrer Kirchlichkeit? Oder bedeutet ihre Kirchlichkeit die Preisgabe ihrer Wissenschaftlichkeit?

Hans W. Frei ist diesen Fragen in gründlicher Weise nachgegangen.[3] Er hat damit deutlich gemacht, dass diese Fragen sich auch unabhängig vom deutschen System theologischer Fakultäten an staatlichen Universitäten stellen, auch dort, wo christliche Theologie an kirchlichen Einrichtungen betrieben wird, oder wo ihre Arbeit unter dem Dach einer vom Staat unterhaltenen religionswissenschaftliche Fakultät geschieht. Wie Frei hellsichtig wahrnimmt, sind diese Fragen akut auf dem Feld deutscher Einrichtungen von theologischen Fakultäten innerhalb der staatlichen Universitäten aufgebrochen.[4] Wiederum ermutigt er durch die Grundsätzlichkeit, mit der er die Fragen bespricht, die deutsche Theologie, jene Fragen zu bedenken ohne Beunruhigung durch das Problem, ob die Aufgabe der Theologie am Status eines Beamten an einer deutschen Universität hängt, oder ob sie mit dem Verlust dieses Status geschmälert wird. Denn auch wenn einmal dieser Status verloren ginge, stünde die Theologie immer noch vor derselben Grundsatzfrage.

3 Hans W. Frei, Types of Christian Theology. Die Zahlen im obigen folgenden Text verweisen auf Seiten in diesem Buch.
4 Sie dazu ebd. den Abschnitt «The Case of Berlin», 1810, 95–116.

Frei nennt Friedrich Schleiermacher (34–38; 70–78) als denjenigen, der das Problem dieser Frage in der Moderne scharf erfasst und angefasst und der es auch einer bestimmten Lösung zugeführt hat. Er sah sich vor die Spannung zwischen Theologie als Wissenschaft und Theologie als eine «activity of the Church» (116) gestellt. Auf der einen Seite galt es, die provozierende These Fichtes zu bedenken:

> «A school of the scientific use of reason presupposes that whatever is given to it may be understood and penetrated down to its ultimate ground; accordingly, something which proscribes the use of reason and puts itself forward a priori as an unfathomable mystery, is in the nature of the case excluded from such a school» (105).

Auf der anderen Seite ist Schleiermacher von der unaufhebbaren Eigenart der theologischen Aufgabe (114) durchdrungen, die ja in ihrer praktischen kirchlichen Abzweckung zum Ausdruck kommt. «He was a fullblooded Christian theologian, who would not countenance the reduction of theology to philosophy; theology is an independent discipline» (110). Seine wissenschaftstheoretische Bemühung galt dem Versuch, dieses beides, in Spannung Stehende gedanklich und praktisch zu vereinigen (107). Seine Lösung sieht so aus, dass die Theologie ihre Wissenschaftlichkeit zwar nicht sich selbst bescheinigen könne, sondern sie durch ihre Verbindung mit der Philosophie bekomme. Diese wiederum weise ihr den Ort als eine positive Wissenschaft zu, in der sie sich eigenständig, als «independent discipline», entfalten könne, nämlich als Erkundung des von einer bestimmten Vorgeschichte her in der Gegenwart sich ergebenden, herrschenden religiösen Bewusstseinsstandes *und* der professionellen Ausbildung zur Fertigkeit der praktischen religiösen Betätigung in der Gegenwart. Das Erstere nennt er historische Theologie (Exegese, Kirchengeschichte, Dogmatik und Statistik), das Letztere praktische Theologie. So versteht sich Schleiermachers These: «Die historische Theologie ist sonach der eigentliche Körper des theologischen Studierens, welcher durch die philosophische Theologie mit der eigentlichen (!) Wissenschaft und durch die praktische mit dem tätigen christlichen Leben zusammenhängt.»[5] So sucht er die Spannung zwischen Kirchlichkeit und Wissenschaftlichkeit der Theologie zu überwinden und ihr ihren Platz in der Universität zu sichern. Hans Frei konstatiert darin ein Unvermögen: «Schleiermacher's inability to integrate conceptually the idea of the university and the practical school of professional education» (129).

2.

Dieses Unvermögen Schleiermachers lag darin, dass in seiner Konzeption gleichsam ein Webfehler steckte. Er platzierte das, was der Theologie ihre Wissenschaftlichkeit besorgt, außerhalb der Theologie und vertraute darauf, dass diese außertheologische Instanz doch der Theologie einen Platz zu eigenständiger, kirchlich-praktisch ausgerichteter Entfaltung einräume. Was berechtigt zu diesem Vertrauen? Und was berechtigt *die* Instanz, der die christliche Theologie *unmittelbar* verantwortlich ist, dazu, sich von solcher außertheologischen Instanz die eigene Wissenschaftlichkeit gutheißen zu lassen? Jedenfalls ist diese Instanz eine Variable. An welche Philosophie sollen wir uns denn halten?

> «Schleiermacher, like Fichte, gives philosophy the pre-eminent place among the faculties. For Schleiermacher, philosophy really contains the ‹idea› or essence of the university, and as with Kant and Fichte, philosophy is equated with Wissenschaft in general» (108).

Aber warum überhaupt die Philosophie und nicht eine andere Fakultät? In späteren, positivistisch, teils naturwissenschaftlich, teils historisch orientierten Jahrzehnten wurde das in der Tat eine große Frage. Als die die Wissenschaft der Theologie normierende Instanz wurde dann in ihr eine allgemein-universitäre, mehr oder weniger klar definierte oder vielmehr auch diffuse «Wahrheit» oder auch einfach Wahrhaftigkeit angenommen, der die Theologie verpflichtet sein müsse, um als Wissenschaft gelten zu dürfen und ihren Platz an der Universität zu behaupten.

Frei zeigt am Beispiel Adolf von Harnacks, in welche Verlegenheit dabei die Theologie geriet (116ff.). Wohl habe er sich entschieden gegen eine

5 Friedrich Schleiermacher, Kurze Darstellung des theologischen Studiums zum Behuf einleitender Vorlesungen, § 28.

Umwandlung der theologischen Fakultät in eine religionswissenschaftliche Abteilung gewehrt, und zwar durchaus auch mit der an Schleiermacher erinnernden Begründung der Ausbildungsaufgabe für das kirchliche Amt. Aber er geriet dabei in Erklärungsnöte. Denn für ihn war die Disziplin, an der die Theologie ihre Wissenschaftlichkeit zu erweisen hatte, die historische Forschung. Wohl habe die Theologie dabei spezielle Bereiche zu erforschen. Aber in diesem Bereich gelte es weniger, die biblisch bezeugte Wahrheit zu verstehen, als die historische Zuverlässigkeit bestimmter Texte und Überlieferungen zu erweisen. Die «Wahrheit», der die Theologie verpflichtet ist, um als wissenschaftlich gelten zu können, solle eine möglichst objektive, «vorurteilsfreie» Feststellung historischer Sachverhalte sein. «Objektiv» bezeichnete dabei nicht so sehr das Zutrauen, solche historischen Sachverhalte in unumstößlicher Richtigkeit erfassen zu können – man bewegte sich hier ja, wie man wusste, im Bereich des Relativen und Relativierbaren. «Objektiv» hieß zuerst: Feststellung möglichst unter Enthaltung der subjektiven Einstellung dazu – und gemeint war auch: unabhängig vom Glauben, der so in den Verdacht einer reinen Privatsache geriet. So wurde es nun schwierig zu erklären, in welchem notwendigen Zusammenhang diese der «historischen Wahrheit» verpflichtete Forschung mit der Ausbildung für das kirchliche Amt steht: «He could not really give any significant content to the professional aspect of the ministry and training for it» (117).

Oder kann da die Meinung eine Hilfe sein, dass, scheinbar gegenläufig zu dem soeben Gesagten, die historische Forschung am Ende ihres Weges nicht «Objektives», sondern «subjektive» Meinungen und Ansichten alter Verfasser von Schriften feststellt (die ja nicht aufhören subjektiv zu sein, wenn psychologisch, soziologisch, religionsgeschichtlich deren Bedingtheit erwiesen wird)? Es ergibt sich also der paradoxe Sachverhalt: Was «objektiv» festgestellt wird, möglichst unter Absehung von aller persönlichen Einstellung, besteht am Ende aus lauter «subjektiven Ansichten», notiert möglichst unter einer «wissenschaftlich sauberen» Absehung von den «transhistorischen Realitäten», von denen sie angeblich bewegt sind. Dadurch entsteht ein Bündel von Problemen. Was gehen uns überhaupt die Anschauungen von Menschen einer anderen Zeit und Welt unbedingt und verbindlich an? Warum sollten wir uns nicht ebenso gut ganz anderswo Ermutigungen holen? Wiederum, wenn wir sie uns nun einmal, etwa aus abendländischer Gewohnheit, im Bereich der christlichen oder abendländischen Tradition holen, treffen wir da nicht auf ein Gewirr unterschiedlicher Meinungen? Zwingt uns das nicht dazu, eine Auswahl zu treffen? Doch woher haben wir ein einleuchtendes, verbindliches Kriterium für solche Auswahl? Und so stehen wir erneut vor der dornigen Frage: Was kann denn die eruierten, als solche immer bloß relativen Ansichten von Menschen einer vergangenen Epoche und Situation für uns verbindlich machen – außer allein dies, dass *wir* ihnen durch unsere Wertschätzung oder Pietät Verbindlichkeit *verleihen* oder *zuschreiben*! Aber woher kommt denn diese Wertschätzung oder Pietät? Und worin bestehen die ihnen Verbindlichkeit erlaubenden Kriterien solcher Wertschätzung oder Pietät? Soll ich mich etwa auf mich selbst zurückziehen: diese oder jene von mir bevorzugte Ansicht sei halt nur für mich privat verbindlich – warum, das gehe aber niemand etwas an? Damit lässt sich nicht gerade Kirche bauen! Oder liegen diese Kriterien etwa in einem kulturell ausgeprägten religiös-moralischen *common sense*? Aber bedürfte es nicht auch für einen solchen bestimmter Kriterien? Wie wenig diese Kriterien jedenfalls in der Bibel begründet sind, könnte die Geschichte der modernistischen Lust an der «Sachkritik» an ihr belegen. Die große Variabilität der jeweils behaupteten «Sache», mit der immer wieder andere und zwar größte Partien der Schrift unter Verdikt gestellt werden, legt die Vermutung nahe, dass man die dabei jeweils behauptete «Sache», mit der man sich weiter Partien der Schrift entledigen zu können glaubte, in der Bibel nur wiedererkannte, nachdem man sich ihre Maßgeblichkeit zuvor anderweitig zurechtgelegt hatte.

Wiederum verrät sich ein Gespür für die da drohende Willkür darin, dass dieses sachkritische Verfahren eine eigenartige Liaison eingegangen ist mit einem Axiom, dessen Sinn doch wohl ein Schutz vor Willkür ist. Es ist das Axiom, dass das historisch am frühesten Auszumachende auch das Wahrste sein müsse, verbunden mit dem negativen Axiom, dass das historisch spätere nur Zutat und sogar Entstellung und Verderbnis bedeutet, das darum ohne allzu viel Umschweife vernachlässigt werden darf. Und so paart sich jene modernistische Lust an der Sachkritik mit der unentwegten Jagd nach dem Ursprünglichen, d. h. dem *historisch* Frühesten. Wer zum Beispiel war Jesus? Dazu, so heißt es auf dieser Argumentationslinie, muss man absehen vor allem von dem «dogmatischen Christus» der frühen Christenheit und absehen davon, dass er auferweckt ist von den Toten, auch absehen von dem Verkündigungsinteresse der Schriftzeugen, um zurück und zurückzugehen zu einer mutmaßlichen, gleichwohl mit der Tragkraft des ursprünglich Wahren ausgestatteten Urgestalt, einer nackten Figur, entblößt von all jenen «Zutaten», die nur den Nachteil hat, dass nun niemand mehr genau sagen kann, warum sie gekreuzigt und auferweckt worden ist, geschweige, warum sie unbedingte Verbindlichkeit für die Kirche hat, warum das Heil in seinem Namen und in keinem anderen zu verkündigen und warum an sie zu glauben ist. Muss man von dieser Figur nicht auch sagen, dass ihre (ja dann auch immer wieder sehr verschieden vorgehaltenen) Konturen in verblüffender Weise jeweils mit den Anliegen koinzidieren, die die Forscherperson auch – abgesehen davon – vertritt? Kurz: Indem man sich zwar subjektiver Einstellungen enthalten will, um zu «objektiven» Feststellungen zu kommen, zeigt sich am Ende, dass man die Subjektivität gar nicht los wird, dass sie, nachdem man sie zu unterdrücken suchte, zuletzt doch das Feld beherrscht.

Die Kennzeichnung dieser Art von Theologiebetrieb ist nicht ganz unaktuell und geht über das hinaus, was speziell Harnack vertreten hat, obwohl sein Name doch repräsentativ ist für die Richtung solcher Theologie. Und solche Art von Theologie kann ja auch durchaus – jene Marburger Fakultät hatte da eine allzu voreilige Angst – vonstatten gehen, wenn die Kirche bei einer Besetzung von theologischen Lehrstühlen ihre «Nihil obstat»-Erklärung abgegeben hat. Das Problem dieser Art von Theologie kommt darin zum Vorschein, dass sie nicht erklären kann, inwiefern die von ihr betriebene Wissenschaft kirchlich ist und zwar so, dass sie für die Ausübung des kirchlichen Amts grundlegend ist. Entweder überlässt sie diesen Aspekt derselben Privatheit, in der sie die subjektive Glaubenseinstellung, von der sie bei ihren objektiven Feststellungen absehen möchte, verweist. Oder sie verfährt so, als ob das kirchliche Verkündigungsamt eine Funktion der Wissenschaft wäre – insofern sie anweist, dieses Amt habe jene Feststellungen (z. B. das jeweils sachkritisch oder als Frühestes erhobene, im Unterschied zu den angenommenen Entstellungen) in den Gemeinden oder auch gegen sie zu propagieren. Der so oder so defizitäre Bezug solcher Wissenschaft zur «Kirche» ist schon in seinem Ansatz problematisch, weil hier (auf der schon bei Schleiermacher sichtbaren Linie) mit einem außertheologisch gewonnenen Begriff von Wissenschaft bzw. von einer in ihr verpflichtenden Wahrheit gearbeitet wird. Dieser außertheologisch gewonnene Begriff wird dann nachträglich der Theologie aufgepfropft, und das mit dem Resultat, dass solche Wissenschaft weder ihre Kirchlichkeit erweisen kann noch inwiefern das von ihr Betriebene *Theologie* ist und nicht etwa Religions- oder Literaturwissenschaft. Mehr noch. Indem sie nicht auch nur fragt, geschweige einen Beweis dafür erbringt, ob ihre als selbstverständlich angenommene Wissenschaftlichkeit bzw. Wahrheitspflicht der *theologischen* und so *kirchlichen* Aufgabe angemessen ist, darf zurückgefragt werden, ob ihre Theologie auch nur (theologische) *Wissenschaft* ist.

3.

Diese Rückfrage warf Karl Barth als Gegenthese zu jener Art theologischer Wissenschaft auf. Hans Frei fasst die Gegenthese zusammen: «Barth tells us that theology is a function of the Church» (59).[6] Barth schrieb die entscheidende Passage, in der er seine Gegenthese dartut, 1931, in der Zeit, als die Marburger Fakultät ihren Streit gegen eine kirchliche Zustimmung zur Besetzung von theologischen Lehrstühlen führte. Zudem war dem in seinem Seminar soeben die Debatte mit dem Philosophen Heinrich Scholz über die Möglichkeit der evangelischen Theologie als Wissenschaft vorangegangen – eine Debatte, die in diesem Passus ihren Nachklang findet.[7] Zudem hatte er den sicheren Instinkt, parallel zur Nieder-

---

6 Als Barth seine These noch unentfaltet vertrat, spürte Harnack schon das seinem Konzept so Entgegengesetzte, dass er 1923 Barth einen «Verächter der wissenschaftlichen Theologie» nannte, worauf sein einstiger Schüler ihm antwortete: «Wer einen Einwand erhebt, gegen die Form protestantisch-wissenschaftlicher Theologie, die sich [...] insbesondere in den letzten fünfzig Jahren deutscher Vergangenheit als maßgebend herausgebildet hat, braucht darum noch kein ‹Verächter› *der* ‹wissenschaftlichen Theologie› zu sein. Der Einwand lautet dahin, *diese* Theologie möchte sich mehr als gut ist von ihrem [...] Thema entfernt haben.» Harnack fasste dann den Gegensatz so zusammen: «Sie sehen in der wissenschaftlichen Theologie der Gegenwart ein labiles und vergängliches Produkt. [...] Ich sehe in dieser wissenschaftlichen Theologie die einzige Möglichkeit, sich des Gegenstandes erkenntnismäßig zu bemächtigen. [...]. Sie sagen: ‹Die Aufgabe der Theologie ist eines mit der Aufgabe der Predigt›; ich erwidere: die Aufgabe der Theologie ist eines mit den Aufgaben der Wissenschaft überhaupt». Karl Barth, Theologische Fragen, und Antworten. Gesammelte Vorträge, Bd. 3, Zollikon 1957, 7.9.14.

7 Karl Barth, KD I/1, 7.

schrift des einschlägigen Kapitels «Kirche, Theologie, Wissenschaft», worin er gleich zu Anfang die von Frei zitierte These formulierte, in seinem Seminar die dem gleichen Thema gewidmeten Prolegomena von Schleiermachers Glaubenslehre zu behandeln und so dessen eigentümliche Lösung der Spannung von Theologie und Wissenschaft. Erwähnt sei ferner, dass der Niederschrift auch Studien zum theologischen Programm Anselms von Canterbury vorangegangen waren, die im Sommer 1931 in Barths Buch mit dem programmatischen Titel «Fides quaerens intellectum» zum Abschluss kamen. So hatte er Herausforderung und Gesprächspartner genug, um seine These zu formulieren.

Es empfiehlt sich, zu ihrem Verständnis auch die gleichlautende These zu beachten, mit der Paul Tillich seine «Systematische Theologie» beginnt: «Theologie ist eine Funktion der christlichen Kirche.»[8] Sie gilt bei Tillich so wenig wie bei Barth in subalterner Ausführung kirchlicher, geschweige kirchenbehördlich vorgeschriebener Lehrgesetze (sollte die Marburger Fakultät ernstlich das damals gefürchtet haben?). Sie gilt, wie es auch Barth sagen könnte, weil sie, wenn sie ihre Aufgabe recht versieht, «die methodische Auslegung der Inhalte des christlichen Glaubens» (22) ist. Dabei ist mit Glauben zwar (im Unterschied zu jenem die Subjektivität ausschließen wollenden Streben nach «objektiven» Feststellungen!) das persönliche Einbezogensein in diese auszulegenden Inhalte mitgemeint. «Die Grundhaltung des Theologen ist Bindung an den Inhalt, den er erklärt. Distanzierung wäre ein Verleugnen des wahren Wesens seines Erkenntnisgegenstandes» (31). Aber nicht ein Enthaltensein des Inhalts in dem durch ihn gebundenen erkennenden Subjekt ist der theologische Erkenntnisgegenstand, sondern (das nun im Unterschied zum Enden historischer Rekonstruktionen bei religiösen Ansichten gewisser Subjekte) das, *was* dieses Subjekt bindet und *worauf* sich seine Erkenntnis bezieht: die christliche Botschaft, und zwar gilt das für alle theologischen Disziplinen: «Das Kriterium jeder theologischen Disziplin liegt darin, ob sie die christliche Botschaft als eine Aussage von letzter Bedeutung versteht» (38).

---

8 Paul Tillich, Systematische Theologie, Bd. 1, 1951 (deutsch 1957), zitiert nach der 8. Aufl., Berlin 1987, 9. Die Zahlen im obigen folgenden Text verweisen auf Seiten in diesem Band.

Damit ist die eine Bestimmung der christlichen Theologie bei Schleiermacher eingeholt und noch schärfer geltend gemacht: Sie hat eine eigene, besondere Aufgabe. Nicht in dem Sinn, als handle sie nur von einem beschränkt, für einen abgezirkelten Sonderbereich gültigen Wirklichkeitsausschnitt! Nach Tillich muss – und kann die christliche Theologie, gerade sie, das scheinbar Paradoxe zeigen, dass das Besondere, mit dem sie es zu tun hat, zugleich das Universale ist (24). Aber das zeigt sie, indem sie ihrer besonderen Aufgabe nachgeht, nämlich die christliche Botschaft auszulegen und so eine Funktion der christlichen Kirche zu sein. Das muss sie nicht scheiden, aber unterscheidet sie von der Arbeit der Religionsphilosophie (17). Das bedeutet zugleich, dass für sie im Verhältnis zur Philosophie «weder ein Konflikt nötig, noch [...] eine Synthese möglich» ist; denn beides setzt «eine gemeinsame Basis» voraus, – aber «es gibt keine», bei allen Konvergenzen! (35) Dasselbe gilt nach Tillich erst recht im Verhältnis zu den Einzelwissenschaften. «Wenn nur das, was uns unbedingt angeht, Gegenstand der Theologie ist, so hat sie nichts mit wissenschaftlichen Verfahren und Ergebnissen zu tun, und diese wiederum haben nichts mit Theologie zu tun. Die Theologie hat weder das Recht noch die Pflicht, gegenüber physikalischen oder historischen, soziologischen oder psychologischen Untersuchungen Vorbehalte zu machen. Und kein Ergebnis einer solchen Untersuchung kann direkt fördernd oder zerstörend für die Theologie sein» (26).

Aber was erlaubt denn dann, die als besondere Disziplin verstandene Theologie als *Wissenschaft* zu begreifen? Tillich will vermeiden, dass sich in der Antwort auf diese Frage die Tür öffnet für die Zumutung, dass sich die Theologie unter einen ihr fremden Begriff von Wissenschaft zu beugen hat. Denn er sagt: Die wissenschaftliche Theologie müsse «den Erfordernissen der Kirche entsprechen». Aber um ihnen zu entsprechen, müsse sie zwei grundsätzliche Bedürfnisse befriedigen: «Theologie steht in der Spannung zwischen zwei Polen: der ewigen Wahrheit ihres Fundaments und der Zeitsituation, in der diese Wahrheit aufgenommen werden soll» (9). Das erinnert an die Spannung zwischen Kirchlichkeit und Wissenschaftlichkeit, in der die Theologie in Schleiermachers Konzept steht. Nur sind hier beide «Pole» durch die christliche Botschaft als den theologischen Erkenntnisgegenstand gesetzt. Darum wird die Wissenschaftlichkeit der Theologie nicht einfach durch einen der Pole gesichert; sondern sie besteht darin, eine plausible Beziehung zwischen beiden Polen denkerisch herzustellen. Allerdings ist mit dem zweiten Pol, der Situationsbezogenheit, der Ort bezeichnet, an dem die Theologie in intensiven Kontakt mit nichttheologischer Wissenschaft zu treten hat. Erst dadurch unterscheidet sich die Theologie von der Verkündigung. Denn die «Situation» kann professionell nur erfasst werden, weil sie «die Summe der wissenschaftlichen und künstlerischen, der wirtschaftlichen, politischen und sittlichen Formen» ist, in denen eine Gruppe von Menschen ihr Existenzverständnis zum Ausdruck bringt (10). Doch zielt das theologischwissenschaftliche Bemühen weder darauf, die Botschaft der Situation einfach anzupassen, noch darauf, der Situation die Botschaft aufzupfropfen. Es sucht die Situation als Frage und die Botschaft als Antwort zu deuten und zu formen, um beide so «in Korrelation zu bringen» (15).

Man wundert sich, wie nah Tillich hier die wissenschaftliche Theologie mit der Verkündigung verbindet (oder die Verkündigung als eine Abart des Betriebs wissenschaftlicher Theologie versteht?). Denn die Verkündigung hat nach seinem Verständnis ja wohl auch zwischen jenen «Polen» eine Korrelation herzustellen. Der Unterschied kann mithin nur ein gradueller sein. Doch mutet er dem Theologen mehr zu. Aber welcher Theologe sollte das leisten können, was er jedenfalls dem Prediger nicht zutraut: jene «*Summe*» der «Formen» auf all den von ihm genannten Feldern zu erfassen? Wird auch er es anders als in mehr oder weniger zufälligen, immer sehr begrenzt ausgewählten Ausschnitten und in einer mehr oder weniger notdürftig informierten Laienhaftigkeit tun? Und übernimmt er sich nicht vollends bei der Unternehmung, zwischen jenen zwei Ebenen, die anscheinend an sich nichts miteinander zu tun haben, eine Korrelation *herzustellen*? Das soll geschehen, indem er die Ebene der menschlichen Situation so bearbeitet, dass sie zur *Frage*, und die der göttlichen Offenbarungswahrheit so, dass sie zur *Antwort* auf *diese* Frage wird. So, durch deren Deutung im Verhältnis von Frage und Antwort, soll zwar ein Dominiert-Werden der göttlichen Wahrheit durch das menschliche Existenzverständnis vermieden werden. Aber kann das gelingen, oder um welchen Preis kann das gelingen? Und wird da bei jenem Hersteller nicht beiden Seiten Gewalt angetan? Wird sich das menschliche Existenzverständnis so ohne weiteres auf eine Frage reduzieren lassen wollen? Was wird es dazu nötigen, wenn es vielleicht von sich aus sich durchaus nicht als Frage versteht? Wird es, wenn ihm das widerfährt, sich nicht durch rächen, dass es als die Vorgabe des *Rahmens*, in dem allenfalls eine Antwort an es ergehen darf, behauptet, bereits die Vorwegnahme der *Antwort* zu sein? Und wird andererseits die göttliche Offenbarungswahrheit es sich gefallen lassen, sich auf ein bloßes Reagieren auf solche Frage zustutzen zu lassen? Wird sie, wenn sie denn Offenbarungswahrheit ist, sich dem Menschen anders verständlich machen können als so, dass sie ihm jedenfalls auch widerspricht, ihm auch eine Frage sein wird, auf die der Mensch so noch gar nicht gekommen ist, auf die sie ihrerseits Auskunft gibt, um daraufhin vom Menschen eine verantwortliche Antwort zu erwarten? Und vor allem: Wer ist denn diese Figur, die zunächst Disparates «in Korrelation zu bringen» vermag, die offenbar beides so in der Hand hat, dass sie – aller erst sie! – eine Vermittlung zwischen beiden herstellen kann? Inwiefern versieht sie damit «eine Funktion der *Kirche*»? Tut sie damit nicht vielmehr etwas, was allen Auftrag der Kirche übersteigt, weil das allein das Vermögen der Offenbarungswahrheit selbst ist? Denn das sagt doch diese Wahrheit, dass Gott gar nicht der dem Menschen Unvermittelte ist, den diese Figur dann erst zu vermitteln hätte, sondern dass er der dem Menschen (und namentlich und ebenso auch dieser Figur!) *sich selbst* Vermittelnde *ist*.[9] Das alles sind Fragen, die sich bei diesem Versuch stellen, eine eigenständige Aufgabe der Theologie wiederzugewinnen, durch den an sich verheißungsvollen Ansatz, sie als Funktion der Kirche zu verstehen.

9 Hier ist der Dissens zu Barth am deutlichsten: Nach diesem erkennt der Mensch «Gott, indem er vor Gott steht» (KD II/1, 8). Gottes Erkenntnis kann ein Mensch darum nur so an andere vermitteln, dass er mit diesen anderen «vor Gott steht», vor dem, auf den beide angewiesen sind, dass er sich ihnen vermittelt. Nach Tillich erkennt ein Mensch Gott, indem der *Theologe* zwischen Gott und Mensch vermittelt. Indem Gott dabei gedacht wird als eine Größe, die das nicht zureichend leistet, und indem dabei im Blick auf den menschlichen Vermittler, um ihn nicht geradezu zu einem Gott zu machen, seine Beschränktheit mitzudenken ist, ist Gott, anders als bei Barth, nicht zu verstehen als der wesentlich sich selbst den Menschen Vermittelnde, der die Korrelation zwischen Gott und Mensch Schaffende und Erhaltende. Darum muss Tillich unterscheiden zwischen dem Gott, wie er uns in der Offenbarung erscheint, und dem davon abgehobenen Gott an sich, dem «Gott über Gott».

4.

Über ihre Differenz führten Barth und Tillich schon Anfang der 1920er Jahre literarisch eine Diskussion. Sie stellten im Grunde schon zum selben Problem ihre unterschiedliche Erkenntnis gegenüber. Bereits 1923 wird das je eigenen Profil der Theologie der beiden deutlich.[10] Was war damals zwischen beiden eigentlich umstritten? Tillich wies gegenüber Barth darauf hin, dass in der Dialektischen Theologie dieser Jahre fälschlich ein bloßes Nein zur Welt geltend gemacht werde. Demgegenüber lag ihm daran, dass im Verhältnis von Gott und Welt ein Nein *und* ein Ja in Betracht zu ziehen sei. Und das darum, weil jede Negation ihr Recht und ihre Möglichkeit aus einem vorausgesetzten Ja, einer Position beziehe, die selbst nicht mehr Nein, Krisis, ist. Die allerletzte Voraussetzung trete freilich erst hervor, wenn sämtliche kritische Negationen alles Anschaulichen und Bedingten in dem darin vorausgesetzten Positiven zerstört haben. Dieses letzte und tiefste Positive ist unanschaulich und unbedingt. Es ist «Gott», vielmehr «Gott über Gott» oder, wie Tillich lieber sagt: eben das Unbedingte. Weil es unanschaulich ist, könne der Mensch davon nur symbolhaft reden.

Barth sieht den Punkt, in dem er von Tillich fundamental abweicht darin: Der eigentliche «Gegenstand» der christlichen Theologie ist nach ihm keine von uns und jedermann zu entdeckende Gegebenheit, sondern «ein speziellstes, nur von Gott aus eröffnetes und nur, indem wir von ihm erkannt werden, zu erkennendes *Geschehen,* [...] eine *Gabe* im strengsten Sinn des Wortes, beides, die Sache *und* das Wissen darum.»[11] Für Tillich ist durch das Beieinander von Ja und Nein, von Position und Negation im Grunde jeder in der Lage, von sich aus mit Gott in Verbindung zu treten. Für Barth ist darum das Nein zu allen Türen vom Menschen zu Gott auszusprechen, weil diese Türen allein von Gott geöffnet werden. Für Tillich ist Christus die Darstellung einer überall sich ereignenden Heilsgeschichte in vollkommener *Symbolkraft.* Für Barth ist hingegen *Christus* das ‹positive Paradox›, gewiss unanschaulich, aber dies nicht in einem allgemeinen Sinn, sondern unableitbar als ganz spezielle, kontingente Freiheits- und Liebestat Gottes. Das war in der Tat zweierlei. Schon 1923 war

---

10 In: Anfänge der Dialektischen Theologie 1, 165–197.

11 Ebd., 184.

das deutlich, was dann ein Dezennium später unter neuen Vorzeichen bestätigt wurde.

5.

Gleich auf der ersten Seite seiner großen Kirchlichen Dogmatik schreibt auch Karl Barth den Satz, der sich bei Tillich findet: «Theologie ist eine Funktion der Kirche.»[12] Tillich scheint ihm jetzt näher zu stehen. Ob sie sich nun näher gekommen sind? Es versteht sich aufgrund des inneren Gewichts jenes Satzes, dass es im Verständnis dessen bei Tillich und Barth Überschneidungen gibt, auch wenn gilt: *duo cum dicunt idem, non est idem*. Nach Hans Frei hat Karl Barth im Verständnis dieses Satzes das von Schleiermacher gesehene Problem einer neuen Lösung zugeführt. Es geht auch ihm dabei nicht um ein solches Angebundensein der Theologie an die Kirche, durch das sie auf ihre Ausbildungsaufgabe für den kirchlichen Nachwuchs reduziert wird. Es geht vor allem um die Frage, in welchem Sinn die Theologie *sich* als *Wissenschaft* ernst zu nehmen hat. Barth sagt zwar nonchalant, dass die Frage, ob die Theologie eine Wissenschaft sei, «auf keinen Fall eine Lebensfrage» für sie sei; es gebe sogar «allerlei Anlass», auf die Zugehörigkeit zu diesem Genus zu verzichten (5). Die Bemerkung kommt nicht aus einer unbedachten Gleichgültigkeit. Sie signalisiert konkret, dass der Vollzug der Theologie sich nicht der universitären Wissenschaft verdankt. Sie hat ihren Grund und Ursprung in der Existenz der christlichen Kirche. Denn die Kirche redet von Gott. Und zwar redet sie als christliche Kirche in einer bestimmten Weise von Gott – von dem, der in einer ein für allemal geschehenen Geschichte geredet hat, wie es die biblischen Texte bezeugen, der aber als solcher lebt und redet, wie es die kirchliche Verkündigung gemäß der Heiligen Schrift bezeugt. Von diesem Gott redet die Kirche. Radikaler als Tillich sagt Barth, dass die Kirche nicht nur Theologie erfordert, sondern dass ihr sich äußerndes Handeln (in seiner mannigfachen Gestalt!) auch Theologie *ist*. Denn sowohl in ihrer Existenz in den Glaubenden als auch in ihrer gemeindlichen Existenz redet sie von Gott (1). Sie redet aber von Gott in einer anfechtbaren Weise und so, dass sie dafür Gott Rechenschaft schuldig ist. Nicht als

12 Karl Barth, KD I/1, 1. Die Zahlen im obigen folgenden Text verweisen auf Seiten in diesem Band.

ob die Theologie im gewöhnlichen, engen Sinn des Wortes die Problematik der kirchlichen Rede von Gott einfach beseitigen könnte. Auch ihr Tun und Treiben wird ein anfechtbares Tun sein, für das auch sie Gott Rechenschaft schuldig ist. Aber weil Gott in seiner Gnade (auch) für die Kirche in ihrer anfechtbaren Rede von Gott gutsteht, darum darf sie und soll sie noch einmal und neu und erst recht von Gott reden. Darum gibt es in ihr die Ausübung von Theologie in jenem engeren Sinn. Sie ist unter den mancherlei Diensten der Kirche derjenige Dienst, der sich in bestimmter Weise bezieht auf die schon geschehene und wieder geschehen dürfende und sollende Rede der Kirche von Gott. In dem Übergang von geschehener zu neu geschehender Rede der Kirche von Gott hat die (im engeren Sinn verstandene) Theologie ihren Ort und ihre Funktion. Darum ist ihr Dienst sinnvoll verknüpft mit der Ausbildung für das kirchliche Amt.

Worin besteht ihr Dienst? Barths Antwort schließt andere Antworten aus oder schiebt sie doch an den Rand. Die Theologie hat ihre wesentliche Aufgabe weder in der Erhebung des Bewusstseinsstandes der Kirche in ihrer jeweiligen Zeitsituation, noch in der Feststellung von «historischen» Daten, die womöglich befreit oder abstrahiert sind von sogenannten «Gemeindebildungen» oder gar von dem in den Zeugnissen Bezeugten, noch in der Herstellung von Korrelation zwischen einer aus der menschlichen Situation abgeleiteten Frage und einer daraufhin zurechtgemachten göttlichen Antwort, noch in der Erarbeitung einer Empfehlung als unter anderem möglicher oder besonders hervorgehobener Kulturfaktor («natürlich» immer der Faktor der abendländischen Tradition), noch auch in der rein technischen Ausrüstung für die Durchführung des geistlichen Amtes. Sondern ihre Funktion besteht strikt gemäß ihrem Ort im Übergang des Redens der Kirche von Gott zu ihrem ihr neu erlaubten und gebotenen Reden von Gott in der «Aufgabe der Kritik und Korrektur ihres Redens von Gott» (1). Ihr besonderer Auftrag ist in jener Situation des Übergangs, «die Wahrheitsfrage» zu stellen und sich selbst ihr zu stellen (2). Die Wahrheitsfrage ist aber nicht die nach irgendwelchen (historischen, dogmatischen, logischen, technischen) Richtigkeiten und Korrektheiten. Sie ist vor allem nicht die Frage nach dem Maßstab einer allgemeinen Instanz, die von dem Gott, von dem die Kirche redet und reden muss, abgelöst und verschieden ist. Die Wahrheit, nach der die Theologie fragt und fragen muss, ist vielmehr mit diesem Gott vollkommen identisch.

Und so ist die Wahrheitsfrage «die Frage nach der Übereinstimmung der der Kirche eigentümlichen Rede von Gott mit dem Sein der Kirche» (2) bzw., da dieses Sein ein redendes ist – Wort, Wort Gottes! – und kein stummes, die Frage nach der Angemessenheit des menschlich-kirchlichen Redens von Gott in Bezug auf Gottes Reden selbst.

Wenn Barth hier vom «Sein» der Kirche spricht, so signalisiert das ein dreifaches. Erstens, der Maßstab, an dem die kirchliche Rede von Gott zu prüfen ist, ist nicht ein ihr fremder, von außen an sie herangetragener, sondern der eine sachgemäße, an dem sie vielleicht nicht gemessen sein will, aber unbedingt gemessen werden muss, wenn sie im Ernst christliche Kirche ist. Zweitens, dieser Maßstab ist nicht ein beliebig erst zu erfindender und dann etwa gegen andere austauschbarer, sondern er ist der Kirche wie ihrer Theologie unbedingt vorgegeben; er ist identisch mit dem Fundament, das der Kirche und ihrer Theologie immer schon gelegt ist, mit dem Boden, auf dem sie sich befindet, den zu verlassen ihr vielleicht droht, den zu verlassen aber nur ihr Ende bedeuten könnte. Drittens, die theologische Frage nach der Übereinstimmung der Rede der Kirche von Gott mit ihrem «Sein» kann angemessener Weise nur behandelt werden, indem man dabei auch im Blick auf sich selbst nicht von diesem ihrem «Sein» absieht, indem der Theologe also auf diesem selben Boden der Kirche steht (in diesem Sinn ist Tillichs Gedanke vom existenziellen Charakter der Theologie aufzugreifen). So wird klar, dass die Theologie der Kirche nur dienen und nicht sie dominieren kann, dass sie aber überhaupt aufhört, wenn sie etwa nicht *ihr* dient. Denn dann ist die Frage nach der Übereinstimmung des Redens der Kirche von Gott mit dem Sein der Kirche immer auch umgekehrt an die gerichtet, die diese Frage in ihrem theologischen Amt zu behandeln haben.

Das Kriterium der Theologie ist «das Sein der Kirche, d. h. aber Jesus Christus, Gott in seiner gnädigen offenbarenden und versöhnenden Zuwendung zum Menschen» (2f.), – Gott in seiner von ihm hergestellten Korrelation mit dem Menschen. Die Wahrheitsfrage, die die Theologie zu stellen hat und der sie sich damit auch selbst stellen muss, ist dann sachgemäß, wahrheitsgemäß behandelt, wenn dieser Gott dabei *das* Kriterium ist. Die Theologie behandelt die Wahrheitsfrage im Ensemble ihrer Disziplinen, eine jede mit eigenem Profil: als Frage nach der Begründung (Exegese), nach dem Ziel (praktische Theologie) und nach dem Inhalt der kirchlichen Rede von Gott (Dogmatik) (3).[13] Das sagt nicht, dass diese Disziplinen das immer leisten und, indem sie das leisten, zusammenklingen in der einen Aufgabe der Theologie. Das klärt aber darüber auf, dass die theologischen Disziplinen das in dem Maße leisten und dann auch in dem Maße ein einheitliches Werk tun, wie eine jede auf ihrem Feld und unter ihrem Aspekt beteiligt ist an der Frage nach der Angemessenheit der kirchlichen Rede von Gott mit dem die Kirche konstituierenden Wort Gottes. Insofern ist diese Frage eben auch eine Frage an die Theologie selbst, ob sie wirklich Theologie *ist* und *tut*, was ihres Amtes ist. Das bedeutet zum Beispiel an die Adresse der Disziplin der Exegese den Hinweis, dass sie ihre Aufgabe noch nicht getan hat, ja, unwissenschaftlich zu werden droht, wo sie bei den Verfassern, abgesehen davon, dass sie als Offenbarungszeugen zu uns reden, nur gewisse Ansichten oder Fakten in einem historischen Damals feststellen will. Schon der junge Barth schrieb:

> «Die entscheidende Voraussetzung zur Erklärung eines Texts ist mir also die Beteiligung an seiner *Sache*. Für diese Beteiligung kann keine historische Akribie […] auch nur den geringsten Ersatz bieten. […] In diesen lebendigen Zusammenhang der Sache versetzt, ist Geschichtsverständnis ein fortgesetztes […] Zwiegespräch zwischen der Wahrheit die da *war* und die da *kommt* und die *eine* und *dieselbe* ist.»[14]

6.

Indem die Theologie in dieser Weise mit der Wahrheitsfrage befasst ist, bekommt sie nach Barth «den Charakter eines *wissenschaftlichen* Unternehmens» und ist sie neben anderen menschlichen Unternehmungen

[13] Wenn Barth hier die Kirchengeschichte eine «unentbehrliche Hilfswissenschaft» der Theologie nennt, so mag das eine Abgrenzung gegen die Dominanz dieser Disziplin in der Ära Harnack sein. Man könnte allerdings sagen, dass hier auch etwas von Harnacks Hochachtung dieses Faches durchblitzt, wenn nach Barth genau dieses Fach für *alle* anderen theologischen Disziplinen «*unentbehrlich*» hilfreich ist. Dieses Argument führt der alte Barth auch an, wenn er dieses Fach nun freilich sozusagen gleichberechtigt neben die anderen stellt: Karl Barth, Einführung in die evangelische Theologie, 7. Aufl., Zürich 2010, 194f.

[14] Karl Barth, Römerbrief (2), 591.

ähnlicher Art «diese *besondere,* die *theologische* Wissenschaft» (3). Inwiefern ist das von der mit jener Wahrheitsfrage befassten Theologie zu sagen? Dreierlei ist da zu bedenken.

1. Barth tritt aus der Reihe der modernen Theologen heraus, die ihren Eifer darein setzten, der Theologie im Gebäude der Wissenschaften einen besonderen Raum und ihr darin ein Daseinsrecht zu sichern. Nicht das ist die Frage, ob ihre vorhin beschriebene Aufgabe eine andere sein darf. Aber das ist die Frage, ob es zum Vollzug dieser Aufgabe einer speziellen theologischen Fakultät bedarf. «Es *könnte* ja sein, dass Philosophie oder Geschichtswissenschaft oder Soziologie oder Psychologie oder Pädagogik oder alle miteinander, im Raume der Kirche arbeitend, jene Aufgabe [...] übernehmen und eine besondere Theologie überflüssig machen würden.» Die Theologie «müsste das Geschehensein der Offenbarung, die Möglichkeit der Gnade und damit sich selbst verkennen» – man könnte auch sagen: Sie müsste die Begründung der göttlichen Wahrheit durch ihre Erkenntnis behaupten oder sie müsste die Wahrheit an ihre eigenen Vermittlungen binden – wenn sie das prinzipiell bestreiten würde (3). Dass es faktisch wohl eine besondere Theologie gibt, ist darum nur eine «Notmaßnahme» (5) angesichts dessen, dass die anderen Fakultäten das zwar Mögliche faktisch nicht leisten. Gleichwohl ist das Rechnen mit dieser Möglichkeit keine überflüssige Erwägung. Denn sie bedeutet, dass der «Erkenntnisgegenstand» eine solche objektive Gültigkeit hat, dass aufgrund dessen (nicht aufgrund immanenter menschlicher Möglichkeiten) seine Erkennbarkeit nicht *so* an die besondere Theologie gebunden ist, dass nicht auch andere Wissenschaften auf ihn stoßen können. Sie bedeutet ferner, dass die besondere Theologie keine solche Geheimwissenschaft betreibt, dass ihre Erkenntnisse – bei Konfrontation mit demselben Erkenntnisgegenstand – nicht auch von «Nichttheologen» nachvollziehbar sein dürften. Sie bedeutet ferner, dass die von der Theologie zu leistende besondere Arbeit in anderen Wissenschaften nicht einfach nur durchweg nicht geleistet wird; sondern die Theologie wird dort auch, in welchen Annäherungen und Ansätzen auch immer, auf Erkenntnisse treffen, die faktisch doch auch solche Arbeit mittun. Und sie bedeutet schließlich, dass die Theologie im Vollzug ihrer Arbeit die Freiheit hat, Gedanken, Einsichten, Fragestellungen, Sprachformen aus den anderen

Bereichen aufzunehmen und zu gebrauchen,[15] sofern sie ihrer gestellten Aufgabe dienlich sind und nicht etwa von ihr wegführen.[16]

2. Barth durchschaut, dass die Theologie, wenn sie sich ein besonderes Revier in den Wissenschaften zu sichern sucht, damit praktisch auch das ganze Gebäude der Wissenschaften garantieren muss. Sie muss dann als Theologie einen allgemeinen Begriff von Wissenschaft annehmen und behaupten, um sich dann an ihrem Platz einzuordnen. Sie muss also einen allgemeinen, verbindlichen Maßstab für das anerkennen, was Wissenschaft an sich heißt, um dann nur durch Unterordnung unter diesen Maßstab ihre Wissenschaftlichkeit erweisen zu können. Indem Barth bestreitet, dass die Theologie eine besondere Wissenschaft innerhalb der Wissenschaften sein muss, bestreitet er zugleich auch, dass sie die Verpflichtung übernehmen müsse, «sich an den für andere Wissenschaften gültigen Maßstäben messen zu lassen» (8).[17] Er hat dem Trend der neuzeitlichen Theologie widersprochen, sich durch Einordnung in allgemeine Voraussetzungen, die als nun einmal gegeben behauptet werden, und in den durch sie gesteckten Rahmen ein Daseins- und Überlebensrecht zu suggerieren. Er hat dem widersprochen in der Meinung, dass durch die Einordnung in solche nichttheologisch gedachten und gesetzten

15 Es müssen, worauf Hans Frei, Types, 46, hinweist, nicht nur solche aus der Philosophie sein; Barth konnte auch solche aus der Biologie aufgreifen.

16 Vgl. Frei, Types, 41: Sofern diese Bedingung eingehalten bleibt, muss die Theologie auch keine Sondersprache führen, sondern kann (aber muss nicht) – «eklektisch», d. h. frei, nicht systematisch, d. h. nicht durch die Logik eines ihr fremden Gedankens gefangen – sich an Sprach- und Denkformen aus anderen Disziplinen bilden.

17 Vgl. Karl Barth, KD I/1, 8f.: «Gegen die die Theologie als Wissenschaft einschließenden wissenschaftsenzyklopädischen Versuche, wie sie seit Schleiermacher immer wieder unternommen worden sind, ist insgemein der Einwand zu erheben, dass dabei die Abnormalität der Sonderexistenz der Theologie übersehen und darum etwas grundsätzlich Unmögliches unternommen ist. Das faktische Ergebnis aller solcher Versuche war und wird sein: die störende bzw. zerstörende Auslieferung der Theologie an den allgemeinen Wissenschaftsbegriff und – die milde Nichtbeachtung, mit der die nicht-theologische Wissenschaft […] auf diese Art, die Theologie zu rechtfertigen, zu antworten pflegt.» Vgl. Karl Barth, KD I/1, 7: Barths Ablehnung des allgemeinen Wissenschaftsbegriffs mit Grundkriterien für das, was theologisch-wissenschaftlich zu sein beansprucht, wie ihm sein Freund Heinrich Scholz den Begriff 1931 vortrug.

Voraussetzungen und Rahmenbedingungen, durch Anpassungen und Gleichschaltungen daran die Theologie sich unvermeidlich hinsichtlich des ihr eigenen Auftrags überfremden lassen wird, dass ihr Salz dadurch «dumm» wird (Mt 5,13). Der Widerspruch bedeutet weder, dass die Theologie für sich eine das «freie Denken» einschränkende Irrationalität behauptet, noch, dass sie sich, im Rückzug vor der freien Luft des Wissenschaftsbetriebs, durch Selbstisolation wichtig machen will. Der Widerspruch hat seinen Grund in der eigentümlichen Besonderheit ihres Erkenntnisgegenstandes, der gewiss nicht existiert durch Abgrenzung gegen Anderes. Aber doch existiert er auch nicht als ein, und sei es höchstes, Element in einem von Menschen gesteckten Rahmen; er lässt sich nicht durch uns einordnen, weil er sich nur erkennen lässt als der, der sich uns zuordnet. Er ist das Kriterium, mit dem der ihn erkennende Mensch ihn nicht messen kann, sondern an dem dieser Mensch – sonst würde er ihn glatt verkennen – von ihm gemessen wird. Die theologische Wissenschaft hat es mit diesem Erkenntnisgegenstand zu tun. «Der Ausrichtung auf diese ihre eigene Aufgabe hat sie […] *jede* Rücksicht auf das, was sonst ‹Wissenschaft› heißt, unterzuordnen und nötigenfalls zu opfern» (6).[18] Indem sie das tut, protestiert sie – nicht gegen die Wissenschaften, aber gegen einen «‹heidnischen› allgemeinen Wissenschaftsbegriff» und ordnet sich ihm nicht etwa unter; und «es kann der Universität nicht schaden, durch die Nachbarschaft des Theologen unter demselben Dach daran erinnert zu werden, dass die quasi-religiöse Unbedingtheit ihrer Interpretation dieses Begriffs faktisch nicht unangefochten ist» (9f.).

3. Unbeschadet aller Besonderheit aber hat es die Theologie wie andere Wissenschaften mit einem bestimmten *Gegenstand* zu tun. Und weil sie es mit einem solchen zu tun hat, wird auf ihrem Feld Erkenntnis ermöglicht, und zwar Erkenntnis so, dass sie keineswegs auf den Begriff von Wissenschaft verzichten muss und sollte. «Gegenstand» heißt nicht verfügbares Objekt menschlichen Hantierens. Der Begriff enthält für Barth zugleich die beiden Momente des (alles Verfügen ausschließenden) Entgegen-stehens und des (gnädigen) Entgegen-Kommens.[19] Dank des

---

18 Für Barth heißt das, dass darum jede Theologie unwissenschaftlich wird, wenn sie es an diesem Punkt anders hielte.

19 Der Begriff mit seinen beiden Momenten widerspricht dem Selbstverständnis der theologischen Aufgabe als ein In-Korrelation-Bringen von göttlicher Wahrheit und menschlicher Existenz. Die Theologie *kann* das nicht tun, weil sie

gnädigen Entgegenkommens Gottes kommt es zur Erkenntnis des dem Menschen entgegenstehenden Gegenstands, aber zu einer Erkenntnis in einer höchst charakteristischen Weise:

> «Der Stand des erkennenden Menschen diesem Gegenstand gegenüber ist der Stand eines grundsätzlichen, unaufhebbar dazu bestimmten *Nachhers,* [...] das in keiner Weise in ein Vorher des Menschen verwandelt oder umgedeutet werden kann. Es ist der Stand der *Gnade.*»

Denn «wir haben wohl Gott als Gegenstand, aber wir haben ihn nicht so, wie wir andere Gegenstände haben.» Mit Kant: «Wir haben nämlich alle anderen Gegenstände, indem wir vorher uns selbst haben, wir haben sie als Bestimmungen unserer vorher gesetzten eigenen Existenz und im vorher geordneten Modus unserer eigenen Existenz.» Erkenntnis Gottes aber ist «nicht die Beziehung eines schon zuvor vorhandenen Subjekts zu einem in seinen Bereich tretenden und damit den Gesetzen dieses Bereiches unterworfenen Objekts. Sondern, indem dieses Objekt auf den Plan tritt, schafft es selber erst das Subjekt seiner Erkenntnis.»[20] Es wird hier erneut verständlich, weshalb die Theologie im Vollzug ihrer Aufgabe sich nicht einem allgemeinen, festgelegten Begriff von Wissenschaft unterordnen kann, ohne sich selbst preiszugeben. Denn die Theologie kann nicht eine Wissenschaft sein, die sich irgendeinen und sei es nun ihren Gegenstand aussucht. Sie würde ihn dann gar nicht als Gegenstand haben. Wenigstens in ihrem Fall ist es umgekehrt so, dass der Gegenstand der wissenschaftlichen Erkenntnis vorangeht und sie allererst hervorruft – in seine Nachfolge beruft.[21]

ihren Gegenstand nicht so in die Hand bekommt, dass sie ihn derart je zu behandeln vermag. Und sie *muss* das nicht tun, weil der Gegenstand kraft der Gnade Gottes das selbst besorgt.

20 Karl Barth, KD II/1, 21f.

21 Es ist also der echten Wissenschaft eigen, in der Verantwortung eines durch das Gegenüber eines Du erst geschaffenen Ich zu denken – im Gegensatz zu einer in der Konsequenz inhumanen Wissenschaft, der man es anmerkt, «dass die theologische und philosophische Studierstube des Abendlandes so viele Jahrhunderte lang die Klosterzelle gewesen ist, von deren eigentümlicher Ich-Spekulation in Abwesenheit des Du man sich dann doch auch später und außerhalb der Klöster nicht los machen konnte». (Karl Barth, KD III/2, 349)

Um noch einen Schritt weiterzugehen: Wenn der theologische Erkenntnisgegenstand nicht nur *ein* gegenüber anderen Gegenständen besonderer ist, sondern in Wahrheit *der* eine, der wahre, echte Gegenstand, der den Menschen begegnet, ist der dann nicht maßgeblich für alles, was sonst Gegenstand heißt? Und könnte eine Theologie, die ihre Wissenschaft ganz und gar dem sie hervorrufenden, sie aller erst auf den Plan stellenden Gegenstand verdankt und die so ihre Arbeit zu verstehen und zu vollziehen sucht, nicht faktisch vorbildlich sein für das, was sonst und überhaupt Wissenschaft ist und heißt? Jedenfalls hat Hans Frei recht, dass es in Barths Konzept im Grunde nur *ein* Kriterium für die theologische Wissenschaft gibt: «He sets down the criterion of what he calls appropriateness to the subject matter; in other words, the criterion must be rules governed by the context and not imposed on it.»[22] Barth glaubte übrigens nicht, damit ein ganz neues Verständnis von theologischer Wissenschaft zu schaffen, sondern eine Einsicht geltend zu machen, die er schon in der Geschichte der Theologie vorfand, die er neu zu bedenken suchte. Diese Einsicht bedeute «eine ganze theologische Revolution, die, wenn man sie beachtet hätte, unendlich viel Irrtümer, Unfruchtbarkeiten und Langweiligkeiten in der Theologie unmöglich gemacht hätte.» Es ist die Einsicht des altkirchlichen Hilarius von Poitiers: «Non sermoni res, sed rei sermo subjectus est.»[23]

Epilog

Am 2. Dezember 1963 hielt Paul Tillich im Basler Bernoullianum einen Vortrag über «Das Christentum und die Begegnung der Weltreligionen», bevor er anderntags ausgiebig bei Karl Barth zu Besuch war – beide schätzten sich menschlich. Ich war schon lange vor seinem Vortrag am Ort des Geschehens, und während ich noch allein im Saal war, rief er mich zu sich und gab mir einen handgeschriebenen Bericht über seinen erst noch zu haltenden Vortrag. Den möge ich für eine Basler Zeitung austippen. Denn die Zeitungen pflegten von sich aus nicht sachlich über ihn zu berichten. Der Text sei hier eingerückt, weil er sonst wohl nicht vorhanden ist.

22 Hans Frei, Types, 45.
23 Eberhard Busch, Barths Lebenslauf, 349.

Der Vortrag begann mit einer Unterscheidung von theistischen, nichttheistischen und säkularen oder Quasi-Religionen. Ein Beispiel für das erste ist der Islam, für das zweite der Buddhismus. Die drei großen Formen des dritten sind Nationalismus mit seiner faszistischen Radikalisierung, Socialismus mit seiner kommunistischen Radikalisierung und Liberaler Humanismus, der zur Wissenschaftsanbetung werden kann. Die Quasi-Religionen erwachsen auf dem Boden des Säkularismus und greifen die Weltreligionen im engeren Sinne an. Daraus ergibt sich die Möglichkeit ein erdumspannendes lebendiges Panorama der religiösen Begegnungen zu entwerfen.

Die Stellung des Christentums zu der Gesamtbewegung, zu der es ja selbst gehört, ist bestimmt durch seine Geschichte, in der universalistische und partikularistische Tendenzen fortwährend im Kampfe lagen. Der ursprüngliche christliche Universalismus, den wir bei Jesus und der frühen Kirche bis über Augustin hinaus finden, ging weithin verloren, als mit dem Erscheinen des Islam das Christentum einer neuen, missionierenden Religion gegenüberstand. In den Kämpfen mit dem Islam entwickelte sich auch der religiöse Antijudaismus, der Hintergrund alles späteren Antisemitismus. Aber wieder erhob sich das universalistische Element in der Renaissance und die Religionsphilosophie von Nikolaus Cusanus über Kant und Schleiermacher bis Ernst Troeltsch. – Der Gegenschlag erfolgte dann unter der Führung der Dialektischen Theologie nach dem Ersten Weltkrieg. Die Stellung des Christentums zu den anderen Religionen, auch den Quasi-Religionen, war und ist unausgeglichen – wie auch die Wandlungen in der Missionstheorie zeigen.

Aus dem protestantischen Prinzip, dass nichts Endliches, auch keine Kirche, Absolutheit beanspruchen kann, ergibt sich, dass das Christentum sich mit allen anderen Religionen unter das Urteil des Kreuzes stellen muss und dadurch fähig ist, sich mit ihnen in einen Dialog einzulassen. Und es folgt ferner daraus, dass vor Gott die religiöse Sphäre keinen Vorrang vor der säkularen hat, und dass darum das Christentum die Schöpfungen der Kultur als Element ihres eigenen Lebens in sich aufnehmen kann und muss. Der Vortrag schloss mit dem Gedanken, dass jede Religion in ihrer Tiefe den Punkt finden kann, in dem sie über sich hinausweist zur Universalität des Reiches Gottes.

Friedrich Dürrenmatt (1921–1990)

«Die unmenschliche Welt muss menschlich werden. Aber wie?» Friedrich Dürrenmatt – Karl Barth

1. Die Begegnung

Als am 10. Januar 1948 in Basel das Drama «Der Blinde» uraufgeführt wurde, nahm auf Einladung des Regisseurs Ernst Ginsberg auch der Theologe Karl Barth teil. Er bekam den Eindruck, es stehe hinter dem von dem «hoffnungsvollen jungen Berner» Friedrich Dürrenmatt verfassten Stück «eine Theologie wie etwa die des ‹Römerbriefs› von 1921», das von Barth einst in unaufgelöster Dialektik geschriebene Werk.[1] Am 19. Januar traf er ihn zu einem vierstündigen Gespräch. Nachmittags kamen der Regisseur, der Theaterleiter Kurt Horwitz, die Schauspielerin Maria Becker sowie der katholische Theologe Hans Urs von Balthasar hinzu. «Es ging dauernd über das christliche Drama im Allgemeinen und über die Christlichkeit gerade dieses Dramas», die «von mir [...] verteidigt wurde», schrieb Barth. Der Autor ist «ein interessanter geistlich-weltlicher Naturbursche in einem Ledergilet mit Reißverschluss ohne Kragen und Krawatte».[2] Nach dessen Erinnerung, die er indes erst Jahrzehnte später niederschrieb, verlief die Begegnung weniger günstig. «Ich glaube nicht, dass ihm Der Blinde sonderlich gefiel. Dass der Glaube seinen Grund in der Blindheit habe, konnte er [...] nicht akzeptieren [...]. Bei Barth ist der Glaube eine Gnade.»[3]

Dürrenmatt sah aus der Perspektive seiner späteren Einstellung Barth abweisender, als es der Fall war. Er sah jetzt in seinem Frühwerk eine in sein Spätwerk weisende Linie, die unter dem unmittelbaren Eindruck des Stückes nicht auffallen musste. Und Barth hatte als Teilnehmer an der Aufführung des «Blinden» etwas vernommen, was dem Autor später nicht mehr zuvorderst erinnerlich war. Was Barth die «Christlichkeit» dieses Dramas nannte, war ein Charakter des Stücks, auf den sein Verfasser sich damals noch ansprechen ließ. Barth konnte nun der Meinung

---

1 Brief von Karl Barth an Christoph Barth, 16./17.1.1948, im Karl Barth-Archiv, Basel.

2 Brief von Karl Barth an Christoph Barth, 14.2.1948. ebd.

3 Friedrich Dürrenmatt, Vinter (Gesammelte Werke [= GW], 6 Bd.), 500.

sein, in dem Dichter einen in aller Profanität seines Metiers agierenden Gesinnungsgefährten zu haben. Ein Beleg dafür ist, dass er ihm (nach 1955) seine umfangreiche Kirchliche Dogmatik schenkte – mit der Widmung: «Der Dichter will den Theologen lesen? / Seine Freude darüber bezeugt der Verfasser dieser 10 (+ …) Bände! / Karl Barth.»[4] Nach dem Tod des Vaters Reinhold Dürrenmatt schrieb der Sohn 1965 über den Verstorbenen nach Basel: «Als gründlicher Mensch begann er von vorn und ist […] bis zum Band II/2 § 38.3 gekommen: Die Güte der göttlichen Entscheidung. Dieses Kapitel brauchte er nicht mehr zu lesen, er durfte es erleben […]. Sie bedeuteten meinem Vater sehr viel (auch seinem Sohn) und nun muss ich eben ‹allein› in Ihrer Dogmatik weiterlesen»[5] – was er nach den Lesespuren getan hat.

Sollte 1948 bloß die These besprochen worden sein, «dass der Glaube seinen Grund in der Blindheit habe», wie Dürrenmatt meinte? Das wäre für Barth zu schlicht gewesen, um das so ausgiebig zu debattieren. Es war das an seine dialektische Denkbewegung in seinem «Römerbrief» Erinnernde, was ihn elektrisierte. Er sah Dürrenmatt wohl in der Nachbarschaft Dostojewskis, den er 1921 als Zeugen der uns entzogenen, sperrigen Gotteswahrheit anführt. Am Ausgang seines Buchs, heißt es dort, werden wir wie am Ausgang des biblischen Römerbriefs «vor die undurchdringliche Problematik des Lebens (auch des christlichen und des christlichen Gemeindelebens!) gestellt, auf dass wir keinen Ausgang finden, sondern erst recht wieder von vorne anfangen, nur immer neu die Bedrängnis sehen sollen, in die uns unser Gespräch über Gott gedrängt hat.»[6]

> «In Betracht kommen auch unter den Heiligen die karamasoffischen Möglichkeiten […]. Von Gott aus ist der Mensch so fraglich, so unmöglich, so närrisch. Kann er sich darüber wundern, sich immer wieder so weit am Rande des Abgrundes zu finden […]? Was ist der Mensch, dass du seiner gedenkest? Aber

[4] So Barths Widmung in der Kirchlichen Dogmatik (= KD I/1). Die Bände stehen im Centre Dürrenmatt in Neuchâtel, das mir Nathanael Busch erschloss.
[5] Brief von Friedrich Dürrenmatt an Karl Barth, im Karl Barth-Archiv, Basel.
[6] Karl Barth, Römerbrief (2), 489.

> sollte er es aushalten in den Tiefen der Tierheit, wenn er es etwa auf den moralischen Höhen der Menschheit nicht mehr aushielt?»[7]

Spricht Barth von Dürrenmatts «Christlichkeit», so ist das so zu verstehen, wie er Dostojewski als Wahrheitszeugen hörte. Er meinte sogar, dass der Atheist Gottfried Keller «dennoch Recht hatte», weil er «etwas gesehen [hat] von dem Morgen, der sich da ankündigt, wo es für die Welt und ihre Lust Abend wird».[8] Man darf annehmen: Was ihn in «Der Blinde» ansprach, ist die unheimliche Rede von Sehen und Blindheit. «Was kann ein Blinder einem Sehenden geben?», fragt Negro da Ponte den blinden Herzog – er, der als Sehender das Entscheidende nicht sehen kann: «Für den Sehenden gibt es keine Gnade»[9]. Insgeheim erwartet er, dass der Blinde ihm zeigt, was er sieht. Doch verlegt er nach außen allen Fleiß darauf, nachzuweisen: «Was er glaubt, ist ein Wahn.»[10] Und wo der Blinde behauptet: «Nur der Blinde sieht»[11], hat er die Hände um den Hals eines Anderen gelegt, den er tötet. Ein Irrtum, er sieht (auch) nicht. Er kann nur glauben. Und er kann nichts tun gegen den Verdacht, dass der Glaube nur das ist: «ein Wahn, den sich das Geschöpf machen muss, um nicht zu verzweifeln».[12] In diesem Glauben ernennt er seinen Feind zu seinem Erben und nennt er eine Hure Edelfrau. Aber ist dieser Glaube tatsächlich Wahn? Den Verdacht kann der Blinde nicht widerlegen. Er kann nur hoffen, indem er weiß: «Vom Menschen kommt keine Rettung».[13] Gerade so wartet der Blinde aber darauf, «dass sich eine Hand auf meine Augen lege».[14] So hat er «Hoffnung auf Gnade, die mich nie verlässt».[15] Darum muss Negro da Ponte von ihm weichen, «tappend wie ein Blinder»: «Ich bin an dem zugrunde gegangen, der sich nicht wehrte.»[16]

7 Ebd., 486.
8 Karl Barth, Fürchte dich nicht! Predigten aus den Jahren 1934 bis 1948, München 1949, 305.
9 Friedrich Dürrenmatt, Der Blinde. Ein Drama (GW 1), 155.
10 Ebd., 185.
11 Ebd., 230.
12 Ebd., 212.
13 Ebd., 203f.
14 Ebd., 226.
15 Ebd., 238.
16 Ebd., 242.

Wahrscheinlich hat Barth das aus dem Drama herausgehört. Worin aber besteht dessen «Christlichkeit»? Denn der Raum, in dem der Dichter seine Figuren auftreten lässt, ist ja – abgesehen von dem ganz zuletzt auftauchenden Wörtlein «Hoffnung» – in all seiner Bewegtheit zu Gott hin verschlossen. Das entspricht dem, was Barth durch seine Ablehnung der sogenannten «natürlichen Theologie» sagte: Die vertritt sowohl die Meinung, der Mensch erkenne von sich aus teilweise Gott, wie die Negation dieser Meinung: der Mensch könne von sich aus seine Unfähigkeit dazu feststellen. Dagegen pocht Barth darauf: Der Mensch kann Gott nur erkennen, wenn Gott sich ihm zu erkennen gibt, sich ihm «offenbart». Und die Unfähigkeit des Menschen, von sich aus Gott zu erkennen, wird damit, dass Gott sich ihm offenbart, mit zu erkennen gegeben. Die Erkenntnis dieser Unfähigkeit ist Konsequenz der Offenbarungserkenntnis. Dürrenmatts Stück «Der Blinde» entspricht dem, indem hier, ohne den Grund dafür zu nennen, mit der These gearbeitet wird, dass die Sehenden Gott nicht sehen, aber auch der Blinde ihn nicht sieht, obwohl er glaubt: nur glaubt. Das Stück spricht in der verborgenen Gegenwart Gottes von der Verschlossenheit des Menschen für Gott. Aber in dieser Verschlossenheit ist er «ein schreiender Mund».[17] Dass der Sehende Gott nicht sieht, das kann der Glaubende nicht widerlegen, weil er als Blinder nicht die Realität des Geglaubten zeigen kann, so wenig wie dies, ob seine Vorstellung von der Hure als einer Ehrwürdigen eine Torheit oder die weise Anerkennung eines letzten Urteils ist.

2. Verwandtes

1990 schrieb Dürrenmatt: «Warum muss ich, denke ich an Karl Barth, immer zugleich auch an meinen Vater denken?»[18] Der Satz stellt vor ein Rätsel. Der Dichter hat in «Mondfinsternis» ein Bild seines Vaters gezeichnet, das kaum zu dem des Basler Theologen passt. Was jenem selbstverständlich war: die Verbindung von Patriotismus und Christentum, eine Kirche «verbacken mit dem Bürgertum», das Nein zum Sozialismus wegen dessen Atheismus, war Barth so fremd wie dem Sohn Dür-

[17] Ebd., 186.
[18] Friedrich Dürrenmatt, Vinter (GW 6), 505.

renmatt.[19] Hat der Sohn für seine Fragezeichen hinter die Welt seines Vaters nicht von dem Basler Theologen gelernt? Es erinnert an «Der Blinde», wenn er über seinen Vater urteilt: «Er gehorchte seinem Glauben mit bewusster Blindheit.»[20] Hat er etwa darin seinen Vater mit Karl Barth einig gesehen? Und hat er darum seine Kritik gegen den in seinen Augen Stärkeren gerichtet – ungeachtet dessen, dass seine Opposition auch da noch gegen «die Welt meines Vaters fixiert» war[21]? Die Frage, warum er seine Nähe zu Barth heruntergespielt hat, stellt sich angesichts der Nachbarschaften in den Einstellungen der beiden.

Eine Nachbarschaft bestand darin, dass beide kritische Schweizer waren. Barth erklärte 1963, die Schweiz sei dabei, der «Dorftrottel» Europas zu werden.[22] Und Dürrenmatt beurteilte 1990 den Schweizer als «engstirnig und rechthaberisch. Er lebt in seiner kleinen, überschaubaren Welt, die er immer aufgeräumt hält.»[23] Wie Barth an den Rat eines Luzerner Staatsmanns an die Eidgenossen erinnerte, sie sollten «das Kreuz in der Schweizer Fahne angemessener Weise durch eine Wurst ersetzen»[24], so spottete Dürrenmatt: Das Schweizer Kreuz sei «ein gemästetes Kreuz», «für die, die so tun, als wären sie Christen.»[25] Als Rolf Hochhuth in seinem in Basel aufgeführten Schauspiel «Der Stellvertreter» Papst Pius XII. wegen seines Versagens bei der Judenvernichtung anklagte, sagte Barth: Besser hätte Dürrenmatt etwa ein entsprechendes Stück über den Schweizer Bundesrat in derselben Zeit geschrieben.[26] Vielleicht griff der Schriftsteller diese Anregung auf, als er 1990 bei Überreichung eines Preises an Václav Havel anwesende Bundesräte durch den Vergleich der Schweiz mit einem Gefängnis empörte; die darin Eingeschlossenen fühlten sich

19 Friedrich Dürrenmatt, Mondfinsternis (GW 6), 181f.
20 Ebd., 183.
21 Ebd., 185.
22 Karl Barth, Uns fehlt das Bewusstsein der eigenen Relativität. Interview von Alexander J. Seiler, in: Die Woche, Olten/Zürich, 23.1.1963, 16f.
23 Friedrich Dürrenmatt, Gespräche 1961–1990, Bd. 4, Dramaturgie des Denkens 1988–1990, Zürich 1996, 150.
24 Karl Barth, Eine Schweizer Stimme 1938–1945, Zollikon 1945, 204.
25 Friedrich Dürrenmatt, Das gemästete Kreuz (GW 6), 382.393.
26 Karl Barth, Gespräche 1964–1968, hg. von Eberhard Busch (GA 28), Zürich 1997, 201.

darin nur darum frei, weil sie zugleich ihre eigenen Gefängniswärter sein dürften.[27]

In dem kritischen Geist beider steckte eine Lust zur Radikalität. Für Dürrenmatt richtete sich seine «Rebellion gegen jede Ideologie, gegen jede Gesellschaft und gegen jeden Glauben.»[28] Und in jungen Jahren erwog Barth eine Schrift «‹Gegen jedermann›, in der sie alle unmittelbar über den Schuhen abgesägt werden.»[29] Sein Zürcher Kollege Emil Brunner warnte ihn, er habe an einem entscheidenden Punkt «die theologische Tradition der ganzen Kirche» gegen sich und nannte seine Haltung ironisch nach Schiller: «Der Starke ist am mächtigsten allein»[30], andere nannten ihn den «prinzipiellen Nonkonformisten.»[31] Dürrenmatt konnte sagen: «Mein größter Fehler, das klingt jetzt sehr paradox, ist, dass ich nicht festzulegen bin.»[32] Doch war dieser «Fehler» die Konsequenz aus einer wohl bedachten Einstellung: «Ich bin immer gegen das Totale gewesen.»[33] Und Barth bemerkte – stolz? selbstkritisch? –, «dass meiner Lebensarbeit eine gewisse sammelnde Kraft zu fehlen, ja dass ihr geradezu eine explosive oder jedenfalls zentrifugale Wirkung eigen zu sein scheint».[34] Beide waren gegen «Systeme»[35]. Solcher Freimut war nicht Übermut. Beide hatten ein waches Sensorium für die Begrenzung des eigenen Lebens durch den Tod. Michael Haller sagte zu Dürrenmatt, es gehöre zu dessen Werk auch die Botschaft, «dass die Menschen ihre individuelle Sterblichkeit akzeptieren sollen»; darauf er: «Ja, […] das ist die uralte Erkenntnis, die uns schon das Alte Testament mitgeteilt hat.»[36] Barth hat sich ähnlich

27 Friedrich. Dürrenmatt, Die Schweiz ein Gefängnis (GW 7), 885–898.
28 Ders., Mondfinsternis (GW 6), 197.
29 Karl Barth – Eduard Thurneysen, Briefwechsel Bd. 1, 1913–1921, hg. von Eduard Thurneysen (GA 3), Zürich 1973, 449.
30 Friedrich Schiller, Wilhelm Tell I, 3; Karl Barth – Emil Brunner, Briefwechsel 1916–1966, hg. von Eberhard Busch (GA 33), Zürich 2000, 221.
31 Karl Barth, «Der Götze wackelt». Zeitkritische Aufsätze. Reden und Briefe von 1930 bis 1960, Berlin 1961, 204.
32 Friedrich Dürrenmatt, Gespräche 1961–1990, Bd. 3, Im Bann der «Stoffe», Zürich 1996, 226.
33 Ders., Gespräche Bd. 4, Dramaturgie des Denkens, Zürich 1996, 86.
34 Karl Barth, «Der Götze wackelt», 184.
35 Friedrich Dürrenmatt, Gespräche Bd. 4, 86; Karl Barth, KD I/2, 963–965.
36 Friedrich Dürrenmatt, Gespräche Bd. 4, 182.

geäußert.[37] Beide haben daraus die Dringlichkeit geschlossen zu wirken, «solange es Tag ist», und hier gründete ihr eigentümlicher Humor.

Auf die Bemerkung eines Interviewers, Dürrenmatt ersetze «das alte metaphysische Sinnsystem durch ein anderes», antwortete er: Es gehe ihm in der Tat darum, «den Menschen zum Maß aller Dinge» zu nehmen.[38] Für Barth stand es ebenso fest, dass «der Mensch das Maß aller Dinge» sei. Das steht für ihn fest, «nachdem Gott selbst Mensch geworden ist»; diese Voraussetzung mag für den späteren Dürrenmatt nicht gelten. Doch ist er sich mit dem Theologen darin einig, wie dieser sagte, dass «auch der elendeste Mensch – gewiss nicht des Menschen Egoismus, aber des Menschen Menschlichkeit – gegen die Autokratie jeder bloßen Sache resolut in Schutz genommen werden» muss.[39] Denn auch Dürrenmatts Hochschätzung der Humanität erfolgt im Wissen um die Bedrohung des Menschen durch sich selbst. Der Mensch befindet sich in einem «Labyrinth» und «ist ein Wesen, das von einem dreijährigen Knirps gesteuert wird.»[40] Ähnlich stand Barth Ende der 1950er Jahre unter dem «Eindruck, dass wir in einem Irrenhaus oder in einer Kleinkinderschule oder kumuliert: in der Kleinkinderabteilung eines Irrenhauses leben. Kyrie eleison!»[41] Wie das Plädoyer für die Humanität nicht den Blick für die gefährliche Torheit des Menschen ausschloss, so war im Leiden des Dichters unter dem Irrsinn nicht der Glaube an die Menschlichkeit des Menschen aufgegeben. «Diese unmenschliche Welt muß menschlicher werden. Aber wie? Aber wie?», heißt es zuletzt in «Die Wiedertäufer».[42]

Dürrenmatt hat bei der Lektüre in Barths Dogmatik einen Passus in Band IV/3 angestrichen, in dem die Existenz des Menschen in der Lüge besprochen wird («Gibt es [...] eine Liebe ohne Tyrannei? Einen Aufbau, in dem nicht auch ein Zerstören stattfände?»), – und dies nun zugespitzt auf die Problematik der Sprache: Wo der Mensch in der Unwahrheit lebe, könne seine Wirklichkeit «in seiner Sprache nicht zur Sprache kommen [...]. Die Sprache ‹das Haus des Seins›? Der Bewohner scheint ohne Angabe einer bestimmten Adresse ausgezogen zu sein!» Nun dient «seine Spra-

37 Karl Barth, Fürchte dich nicht!, 300f.276f.
38 Friedrich Dürrenmatt, Gespräche Bd. 4, 168.
39 Karl Barth, Christengemeinde und Bürgergemeinde, Stuttgart 1946, 33.
40 Friedrich Dürrenmatt, Gespräche Bd. 4, 180f.
41 Eberhard Busch, Barths Lebenslauf, 447.
42 Friedrich Dürrenmatt, Die Wiedertäufer (GW 2), 522.

che der Entfremdung und Uneinigkeit zwischen Mensch und Mensch.»[43] Der Dichter empfand es ähnlich: «Die Schriftstellerei und der Glaube sprechen die gleiche Sprache. Aus der gleichen Not heraus, sich verständlich zu machen.»[44] Er sah auch die böse Folge dessen im Blick «auf die leichte Veränderbarkeit der Welt durch falsche Informationen».[45] Dadurch kann es zu der Korruptheit kommen, in der unsere Schweizer Hände sauber sind, «nicht von, sondern vor Schuld».[46] Im Blick auf den Schweizer in der Hitlerzeit, sagte Barth: «Ihr [habt] für ein anderes, besseres, freies Deutschland kein Herz gehabt [...], sondern [...] habt eure Hände in Unschuld gewaschen.»[47]

Zu den religionskritischen Äußerungen Dürrenmatts: «Der Mensch ist durch seine Sterblichkeit, ich würde fast sagen, dazu verdammt, sich noch eine weitere Welt vorzustellen.» Gott ist also «ein Fluchtgedanke», «für mich ist Gott vom Menschen erschaffen».[48] Dem widerspricht der Theologe nicht notwendig. Flößt jenem die Religion Unbehagen ein[49], so Barth in seiner Weise auch: Die Religion sei einer jener «unheimlichen Versuche des Menschen, sich in einem gefühlsmäßigen, gedanklichen, aber auch praktischen Übergriff der Gottheit zu bemächtigen [...]. Marx hatte nicht Unrecht, wenn er die Religion als eine von den Unternehmungen verstanden hat, dem Leben des menschlichen Individuums und der menschlichen Gesellschaft einen zu seiner Begründung und Erhaltung wünschenswerten ‹ideologischen› Überbau zu geben.»[50] Und wenn Barth das wesentliche Christentum da anbrechen sieht, «wo die Religion grundsätzlich überwunden ist», wenn er es bestimmt sieht durch die aller Religion «entgegengesetzte Bewegung» eines «ganz anderen Subjektes»[51], so fragt sich, ob nicht auch Dürrenmatt diese andere Dimension sah. Denn darauf legte er Wert, «dass ihn die Bergpredigt revolutionierte»[52] und

43 Karl Barth, KD IV/3, 543–545.
44 Friedrich Dürrenmatt, Vinter (GW 6), 534f.
45 Ders., Mondfinsternis (GW 6), 203.
46 Ebd., 200.
47 Karl Barth, Eine Schweizer Stimme, 365.
48 Friedrich Dürrenmatt, Gespräche Bd. 4, 77f.
49 Ders., Mondfinsternis (GW 6), 184f.
50 Karl Barth, Das Christentum und die Religion, in: Junge Kirche, 24. Jg. (1963), 436–438.
51 Ebd.
52 Friedrich Dürrenmatt, Vinter (GW 6), 537.

dass für ihn das eigentliche «Ärgernis des Christentums nur die Auferstehung sein kann»[53] – in der Auferstehung des «krepieren» wollenden Trinkers im «Meteor» stellte er sie so drastisch dar, dass sie zum Ärgernis der Christen wurde.[54] Und dass inmitten des Handgreiflichen immer noch eine Türe ist, die der Mensch nicht öffnen kann, das treibt dazu an, damit zu rechnen, dass «es zum Offenkundigen noch ein Geheimnis gibt».[55]

3. Widerspruch

Angesichts der Nähe zwischen den beiden überrascht der heftige Widerspruch, in dem sich Dürrenmatt nach Barths Tod gegen ihn wandte. Man mag auch darin eine Ähnlichkeit mit dem Denken des Basler Theologen sehen, für den es typisch war, sich nicht mit Fernstehenden, sondern mit Nahestehenden auseinanderzusetzen. Offenbar soll in der Freundschaft keine das eigene Denken lähmende Kumpanei entstehen, aber auch die Verbundenheit im Streit um die Wahrheit bewährt werden. Die Art, in der Dürrenmatt den Theologen kritisierte, ist freilich merkwürdig. 1989 heißt es, dass er durch eine lange Beschäftigung mit der Religion dahin kam, sich «heute Atheist» zu nennen; und 1990: «Durch lange Studien der Philosophie bin ich Atheist geworden.»[56] 1985 erklärte er: «Durch Karl Barths Kirchliche Dogmatik wurde ich zum Atheisten.»[57]

Dabei ist es wenig klar, worin sein Atheismus besteht. Er kann ihn pragmatisch-statistisch als Konsequenz aus der abendländischen Situation ausgeben: Das heutige intellektualistische Christentum «glaubt [...] nicht mehr», es «täuscht nur den Glauben vor»[58], im Unterschied zum Islam, der «heute für die Menschheit die einleuchtendste Form der Religion ist».[59] Oder er kann den Atheismus als Ertrag einer psychologischen Deutung aller Religion vorstellen. Denn warum scheint sie so «absolut wichtig für den Menschen»? – «Der Mensch hat immer versucht, den Tod

---

53 Ders., Gespräche 1961–1990, Bd. 2, Die Entdeckung des Erzählens 1971–1980, Zürich 1996, 205.

54 Friedrich Dürrenmatt, Die Wiedertäufer, (GW 2), 323–408.

55 Ders., Gespräche Bd. 4, 179.

56 Ebd., 73.82f.

57 Ders., Gespräche Bd. 3, 228.

58 Ders., Gespräche Bd, 4, 82f.

59 Ebd., 89.

zu verdrängen.»[60] Oder der Atheismus ergibt sich aus der Anerkennung der «Kosmologie als Wissenschaft». Denn diese erkläre das «Geistes-Weltall» mit dem Resultat: «Der Begriff des Schöpfers ist wissenschaftlich nicht mehr denkbar.»[61] Aber wie auch immer die Begründungen der Einstellung lauten, sie laufen auf dasselbe hinaus – ja, worauf eigentlich? Ernst Molden sagte zu ihm: «Sie geben schon seit langem immer wieder an, Atheist zu sein. Der Atheist Dürrenmatt setzt sich aber doch mit den Beziehungen der Menschen zu Gott auseinander.»[62] In der Tat handelt sein Atheismus (im Roman «Durcheinandertal») nicht von der Nichtexistenz Gottes, sondern «von der Unmöglichkeit, sich Gott vorzustellen».[63]

Dieser Satz steht im Rahmen seiner gedanklichen Unterscheidung zwischen dem strukturellen Wissen und dem sympathetischen Verstehen.[64] Das Erstere ist «ein mathematisch ausdrückbares Wissen», während das sympathetische Verstehen anderer Art ist. Den Unterschied beschreibt er so: «Wer weiß, weiß, dass er glaubt, und wer versteht, glaubt, dass er weiß.» «Der Wissende weiß, dass sein Wissen eine Hypothese ist, und der Verstehende hält sein Verstehen für wahr», ohne beweisen zu können und zu müssen, dass es wahr ist. Beim ersteren geht es um ein objektives Wissen, was den Zweifel, weil Irrtumsmöglichkeit einschließt, und im zweiten Fall um Eindrücke in der Sphäre rein subjektiver Gefühle, was auch nur die Frage nach der objektiven Realität der subjektiven Erfahrung ausschließt. In diesem Subjektiven hat der Glaube seinen Sitz, der, «um Glaube zu bleiben, keine Metaphysik», d. h. keine objektive Realität braucht.[65] Das verbietet nicht, sich in diesem rein subjektiven Glauben Gottesbilder zu machen[66], ja, weil sie vom Menschen gemacht sind, kann er sich selbst als Gott aufspielen. Wiederum weil der vom Menschen gemachte Gott dem Menschen ähnlich ist, ist für Dürrenmatt Gott zugleich der «Große Alte», der sich «um überhaupt nichts kümmert, der auch mit niemandem spricht».[67] Denn dieses Bild von Gott, den die Men-

60 Ebd., 4.88, vgl. 69.
61 Ebd., 67.
62 Ebd., 66.
63 Ebd., 64.
64 Friedrich Dürrenmatt, Vinter (GW 6), 508–514.
65 Ebd., 512.
66 Ders., Gespräche Bd. 4, 73f.
67 Ebd., 74.85.

schen nichts angehen, entspricht dem Menschen, den Gott nichts angeht. In diesem Sinn ist Jesus «vielleicht der erste ‹religiöse Atheist› gewesen», «der Gott nicht mehr in metaphysischen Spekulationen suchte, sondern in sich, [...] als etwas Subjektives».[68]

«Barth erzog mich zum Atheisten.»[69] Heißt das, dass Dürrenmatt von ihm den Unterschied zwischen Nichtexistenz Gottes und Nichterkenntnis Gottes lernte? Oder dass er bei ihm das raffinierte Verfahren mit der christlichen Überlieferung entdeckte: «Man glaubt sie nur zu glauben oder man glaubt, die anderen würden sie glauben, und man dürfe darum nicht an sie rühren»?[70] Der Satz heißt aber auch, dass er sich von Barth zum Gegenteil des von ihm Gelehrten erzogen sah. Doch wandte er sich bei Barth überhaupt gegen die christliche Theologie, vorab gegen Paulus. Denn indem der den Menschen Jesus in einen Gottessohn «umdeutete, [...] setzte er die metaphysische Spekulation frei»[71], d. h. die Dogmatik. Und die «tötete Gott, indem sie ihn begrifflich machte, ohne ihn dem strukturellen Denken einverleiben zu können.» «In der Theologie vollzieht der Glaube Selbstmord: Er glaubt zu wissen.»[72] Das ist die Tragik der Theologie: Indem sie sich vor dem Zweifel, der zu dem rein Subjektiven des Glaubens gehört, durch Begriffliches, d. h. Metaphysisches in Sicherheit zu bringen sucht, bringt sie sich um den Glauben. «Dogmatisieren» heißt bei Dürrenmatt «ideologisieren». Mit diesem Schlagwort wird das Papsttum wie der Kommunismus belegt. Aber auch die sich gegen Hitler aufrichtende «Bekennende Kirche dogmatisierte sich mit und ohne Barth».[73] Und wenn Dürrenmatt in Barths Dogmatik Band II/1 im Kapitel über die Erkenntnis Gottes an den Rand schrieb: «Barth ist Mathematiker», so bedeutet das dasselbe.

Dürrenmatt hat dieses Kapitel aufmerksam gelesen, aber er ist dabei doch nicht Barth gefolgt, sondern dem neuprotestantischen Liberalismus, von dem sich Barth abgrenzt. Ihm gegenüber führt Barth aus: Wenn der Mensch von sich aus Gott denkt, dann erkennt er nicht, wie er meint, Gott, sondern in erhöhter oder vertiefter Weise noch einmal sich selbst.

68 Ders., Vinter (GW 6), 502.
69 Ebd., 516.
70 Ebd., 508.
71 Ebd., 503.
72 Ebd., 512f.
73 Ders., Gespräche Bd. 2, 206.

Der Mensch kann nur dann Gott erkennen, wenn Gott sich ihm aus reiner Gnade zu erkennen gibt. Dürrenmatt hat sich in Barths Dogmatik III/3 Seite 17 angestrichen, wo Barth sagt, dass eben dadurch der Glaube sich unterscheidet von einer Hypothese. Denn hier geht es darum, dass der Gegenstand der Erkenntnis allein seine Erkenntnis begründet. Darum geschieht menschliche Gotteserkenntnis «in ganz bestimmter Bindung», so, dass sie nicht ihren Gegenstand meistert, sondern dieser sie; denn «Alles, was auf Grund freier Wahl als ‹Gott› bezeichnet wird, [kann] gerade nicht Gott sein». Barth fährt fort, dass – im Unterschied zu solcher bindungslosen, nur falsche Götter erfassenden Erkenntnis – die in der Bindung an Gott vollzogene Gotteserkenntnis «unangegriffen und unangreifbar» ist. Es ist dabei klar, dass die Gewissheit der Gotteserkenntnis nicht im erkennenden Subjekt liegt, dem vielmehr «der Kampf gegen Unsicherheit und Zweifel [...] nicht fremd» ist[74]; sondern sie ist in dem diese Erkenntnis eröffnenden Gegenstand des Glaubens, allein in Gott begründet. Indem Dürrenmatt die Stelle zitiert, aber abstrahiert von ihrem Zusammenhang, besagt sie das Gegenteil vom Gesagten, und er schließt: «Wer so redet, glaubt sich im Besitz der Wahrheit», was eine zu verwerfende Fiktion sei.[75]

Das konnte Barth nicht treffen, weil er sich ebenso gegen Wahrheitsbesitz wendet. Aber er tut das in der Einsicht, dass es die Wahrheit ist, die den Hochmut ihres Besitzes ausräumt, indem sie ihrerseits nach dem Menschen greift. In dem Sinn «erkennen und anerkennen wir – indem wir jeden Übergriff unsererseits unterlassen – den Übergriff, der von Seiten Gottes geschehen ist und geschieht».

> «Dass Gott uns offenbar ist, das ist dann Gnade. Gnade ist die Majestät, die Freiheit, die Unverdientheit, die Unvorgesehenheit, die Neuheit, die Eigenmacht, in der die Beziehung zu Gott und also die Möglichkeit seiner Erkenntnis dem Menschen durch Gott selbst eröffnet wird.»[76]

Sieht man hier von der Gnade Gottes ab, wie es Dürrenmatt will, dann werden wir nicht «den Übergriff unsererseits» unterlassen; und dann

[74] Karl Barth, KD II/1, 5f.
[75] Friedrich Dürrenmatt, Vinter (GW 6), 500f.
[76] Karl Barth, KD II/1, 80.

treffen wir auf Götter als Spiegelbilder menschlicher Gegebenheiten – wie sie Dürrenmatt in seinen Götterbildern zeigte. Indem sie sich nicht um den Menschen kümmern, spiegeln sie dies, dass der Mensch sich auch nur um sich selbst kümmert. Barth bemerkt: «Allzu oft sagt man ‹Gott›» und meint jene «im Grunde tief langweilige sogenannte ‹Transzendenz›, die dann statt als echtes Gegenüber viel besser als illusionärer Reflex der menschlichen Freiheit, als deren Projektion in einen leeren Raum der Gegenstandslosigkeit interpretiert werden wird».[77] Nach Dürrenmatt ist es immer so, weil es aus dieser Verlegenheit keinen Ausweg gebe. Aus ihr führt nach Barth gewiss nicht die Behauptung «es gibt einen Gott».

Dürrenmatt sagt: «Ich halte die Frage, ob Gott existiere, für sinnlos.»[78] Ebenso Barth: «Als ob es einen Gott überhaupt und als solchen gäbe! Als ob die Frage nach ihm irgendeinen Sinn hätte!»[79] Aber er unterscheidet sich von Dürrenmatt darin, dass nach ihm erst da recht von Gott die Rede ist, wo von ihm nicht gesagt wird, dass es ihn gibt, sondern dies, dass er sich gibt. Das ist seine freie Gnade. Es ist wohl eine genaue Erinnerung Dürrenmatts an die Begegnung 1948, dass Barth dem widersprach, der Glaube beruhe auf Blindheit, denn «bei Barth ist der Glaube eine Gnade».[80] «Ich habe […] das Wort ‹Gnade›» nicht gern, sagte Dürrenmatt.[81] Konnte er mit dem Wort «Gott» spielen, so zieht dem das Wort «Gnade» eine Grenze; sie besagt: Der Mensch setzt seine Beziehung zu Gott nicht selbst, sondern verdankt sie Gott allein. Eben das vermisste Barth bei Dürrenmatt. Für ihn lag der Vorzug Carl Zuckmayers vor ihm im Rechnen mit der «nirgends versagenden Barmherzigkeit, in der die menschliche […] Verkehrtheit und Misere zu sehen» sei.[82]

Im Nicht-Rechnen damit ging Dürrenmatt achselzuckend an dem Theologen vorbei. Er moniert: Barths Verständnis des Bösen als «die Negation von Gottes Gnade […] genügt logisch nicht», und sieht die Antwort auf das Problem nicht, wenn er fortfährt mit der Frage: «Warum bedeutet das alles ‹zuerst und vor allem Gottes eigenes Problem›?»[83] Ja

77 Ders., KD III/4, 549.
78 Friedrich Dürrenmatt, Vinter (GW 6), 508.
79 Karl Barth, KD IV/1, 591.
80 Friedrich Dürrenmatt, Vinter (GW 6), 500.
81 Ders., Gespräche, Bd. 2, 204.
82 Karl Barth/Carl Zuckmayer, Späte Freundschaft in Briefen, Zürich 1977, 17.
83 Friedrich Dürrenmatt, Vinter (GW 6), 504.

darum, weil in dessen Licht das Böse sichtbar wird, nämlich in der Negation durch Gottes Gnade! Wir reden über das Böse recht nur im Blick auf sein Verschwinden in der Beleuchtung durch Gottes Gnade, die sich des Menschen annimmt, indem sie seine Bosheit verwirft. Oder: Dürrenmatt hält es für absurd, dass nach Barth Gott «die Welt und den Menschen erschafft, um Zeugen seiner Eigenschaften zu haben, wie ein Schauspieler, der Publikum braucht.»[84] Da liegt nun ein Missverständnis vor. Es geht Barth darum, dass der Mensch kein stummer Empfänger der Gnade Gottes ist, sondern durch sie befreit wird zu einer mündigen Antwort als deren Zeuge. Oder: Dürrenmatt nennt es schockierend, dass «für Barth der Christ nur durch Gnade Gottes kein Antisemit sein kann»[85], und verkennt dabei, dass das für Barth darum so ist, weil die Juden in ihrem offensichtlichen, ganzen Angewiesensein auf Gottes Gnade der «einzige natürliche Gottesbeweis» sind.[86] War Dürrenmatt so eingespannt in seine Idee von der bloßen Subjektivität des Religiösen, dass er übersah, wie Barths Theologie sich diesem Maßstab entzog?

4. Experimente

Es ist indes möglich, dass wir den Dichter missverstehen, wenn wir seine lehrhaft vorgetragenen Darlegungen neben die des Theologen legen und beide miteinander vergleichen. Wenn wir der Fährte folgen, die er wohl gelegt hat, geraten wir vielleicht in eine Falle, in der wir seines spöttischen Gelächters gewiss sein dürfen. Noch einmal: Sie reden beide in verschiedenen Räumen. Der eine unterrichtet Theologie in einem universitären Hörsaal, an den er, wie er gerne sagte, unmittelbar eine Kirche angrenzen sieht. Der andere befindet sich, obwohl ihm das später zu eng wurde, in einem Theatersaal, auf dessen Bühne diverse Personen sprechen, die in ihrer Unterschiedenheit zusammen anzuhören sind, da eine jede Gedanken des Autors ausspricht, und die spielen in einem Publikum, in Kenntnis dessen er formuliert: «Was ist heute das Christentum? Es ist mehr ein Kulturbegriff; die Vorstellung von Gott selbst ist sehr un-

[84] Ebd., 508.

[85] Friedrich Dürrenmatt, Über Toleranz, in: ders., Philosophie und Naturwissenschaft, Zürich 1998, 140.

[86] Karl Barth, KD I/2, 567.

klar.»[87] Und dabei weiß er: «Als Dramatiker bin ich ein unvermeidliches Missverständnis.»[88] Das alles lässt vermuten, dass er in seiner Beziehung zum Theologen Barth nicht bloß eine «andere» Lehre vertritt, sondern (auch) Experimente mit dessen Texten anstellt, in denen er Möglichkeiten von dialektischer Annäherung ausprobiert.

Das erste Experiment ist das plumpste. Wenn er Barths Dogmatik so fleißig gelesen hat, wie er es bezeugt hat[89], und wenn er zugleich derart Freude an der Anrichtung von Chaossituationen hatte, so lässt sich sein Vorgehen auch als die Anrichtung eines Experiments verstehen: Was passiert, wenn ich Barths Theologie verzeichne? – so, dass selbst schwache Leser den Finger heben, hier liege eine Karikatur vor?! Denn was Dürrenmatt in «Vinter» als Lehre Barths vorstellt, tönt wie ein kolossales Missverständnis[90]. Etwa sei der Tod als Strafe für die Sünde des unsterblich geschaffenen Menschen aufgekommen, wo vielmehr Barth breit ausführt, dass die zeitliche Befristung des Menschen zur guten Schöpfung Gottes gehört. Oder: Statt die dem Teufel verfallene Menschheit zu vernichten, sei Gott Mensch geworden zur Demonstration eines vollkommenen Menschen, wo doch Barth genau umgekehrt erklärt, dass Gott, weil er die Welt so sehr liebt, sich selbst für sie in ihrer Entfremdung von ihm zu ihrer Heilung einzusetzen bereit ist. Oder: Wenn der Teufel «Barths ‹Nichtiges›» sei, dann könne auch die neue Welt immer wieder dem Nichtigen zufallen, «weil Gott sich nicht ändert», während Barth vielmehr sagt: weil Gott sich dem Widrigen ausgesetzt und dabei als Sieger erwiesen hat, ist uns die Freiheit gegeben, «das Nichtige für abgetan zu halten» und in einen ungetrübten Neuanfang zu stellen.[91] Oder: Laut Dürrenmatt bestehe Gottes Absicht darin, seine Güte und Gerechtigkeit an den Menschen durch Beseligung der einen und durch die Verdammung der anderen zu zeigen, wogegen Barth sich alle Mühe gibt, diese Auffassung als irrig zu erweisen. Und: «Nur der, der das alles akzeptiert, kann einmal das ewige Leben erlangen»[92], wo doch Barth unter dem Vorwurf einer Allversöhnung stand, weil er lehrte, der Glaube sei die Erkenntnis, dass sich Gott

87 Friedrich Dürrenmatt, Gespräche Bd. 4, 88.
88 Ders., Mondfinsternis (GW 6), 215.
89 Ders., Vinter (GW 6), 500.
90 Vgl. ebd., 505–508.
91 Karl Barth, KD III/3, 421f.
92 Friedrich Dürrenmatt, Vinter (GW 6), 507.

aller erbarmen will. Eine Lösung des Rätsels, warum Dürrenmatt so verfährt, wäre die, dass er seine Leser provozieren will, so dass sie entweder unter falschen Voraussetzungen auf den Theologen schimpfen oder den Dichter tadeln wegen seiner Falschaussagen oder sich anstiften lassen zu einer besseren Lektüre der Bücher Barths.

Ein anderes Experiment, das Dürrenmatt wohl angestellt hat, ist raffinierter. Er testet, ob sich ähnliche Aussagen machen lassen wie die des Theologen, aber unter Absehung von Gott bzw. unter Karikierung eines Gottesbildes, das aufdeckt, wie viele von Gott heimlich denken. Das mag sich ihm nahegelegt haben durch den anderen Raum, in dem er wirkte. Dabei bleibt es offen, wie er den Test verstehen wollte. Sollte der eine Kritik an Barth bedeuten? Indem er zeigt, dass man zu ähnlichen Resultaten auch ohne Gott komme, würden dessen theologische Aussagen als Fiktionen erwiesen?[93] Oder er arbeitet hier produktiv mit Barths Lichterlehre, nach der das eine wahre Licht, um das sich die Christen sammeln, sich widerspiegelt auch «im Gleichnis profaner Worte».[94] Dürrenmatts Unternehmung lässt sich auch in dieser Perspektive würdigen. Um das zu verdeutlichen, sei auf die Rolle des – Todes in seinem Denken hingewiesen. Wie ist das zu verstehen, dass er, der von sich sagt: «Ich bin ein Autor des Grotesken»[95], für den die Welt «viel schlimmer» war als in dem von ihm gedichteten «Durcheinandertal»[96], so durchgreifend vom Tod redet? Er redet davon unter Hinweis auf Ps 90,12[97], wo es in Form der Bitte zu Gott heißt: « Unsere Tage zu zählen, lehre uns, damit wir ein wieses Herz gewinnen.» Er redet davon im Wissen, dass der Tod die diesem grotesken Menschenwesen gesetzte Grenze ist[98] und von ihm nicht überstiegen werden kann – und nicht muss. Er redet von ihm in einer Nüchternheit, die an dieser alttestamentlichen Einsicht geschult ist und die darum die Metaphysik als eine Flucht durchschaut, weil «der Mensch den Tod nicht aushielt».[99] Solche Flucht kannte auch Dürrenmatt, wenn er den Tod als positiven Motor der Evolution wegdeuten kann. Aber dann

93 Vgl. ebd., 501.
94 Karl Barth, KD IV/3, 128.126–253.
95 Friedrich Dürrenmatt, Gespräche Bd. 3, 229.
96 Ders., Gespräche Bd. 4, 71f.
97 Vgl. ebd., 182.
98 Ders., Gespräche Bd. 3, 227.
99 Ders., Gespräche Bd. 4, 69.

weicht er ihm doch nicht aus und sagt, dass der Mensch seine Sterblichkeit akzeptieren kann «nur mit Humor».[100] Darum «mit Humor», weil der Tod nicht bloß Ende, sondern das Ende der Verkehrung im «Durcheinandertal» ist? Hat sein Humor nicht mit einer Erhörung der Bitte gerechnet, die die Heilsarmee am Ende von «Meteor» singt: «Und vertreib durch deine Macht [Blackout] unsere Nacht»[101]? Bei Barth las er: «Unser Tod ist unsere Grenze. Unser Gott aber ist die Grenze auch unseres Todes»[102] und strich sich die Sätze an: man könne nur «mit Freuden Theologe sein»; «grämliche Gesichter» können dabei «unmöglich geduldet werden».[103] Barth hat ihm übrigens 1956 seine Schrift «Wolfgang Amadeus Mozart 1756/1956» geschenkt mit den einladenden Widmungsworten: «Status mundi in Dei laetitia fundatus est (Calvin).» Der Dichter hat darüber seine eigene Unterschrift gesetzt.

Ein drittes Experiment, das Dürrenmatt nach meiner Sicht inmitten seiner wild bewegten Gedanken vollzogen hat, besteht in dem Versuch, Barths positive Aussage durch das Danebenhalten eines Negativs erst recht ans Licht zu bringen. Er demonstriert, was dabei herauskommt, wenn die Menschen auf einem dem Katarakt entgegentreibenden Floß bloß streiten um bessere Sitzplätze.[104] Er schreibt darüber, was eintritt, wenn die Menschen tatsächlich losgelöst von Gott ihr Leben einzurichten beginnen, los von dessen gnädigem Erbarmen, was Barth bei Dürrenmatt so entscheidend vermisste. Aber hat der Dichter nicht damit darauf hingewiesen, dass er die Bedrohung der Existenz in einem gnadenlosen Raum ausmalte? Auffällig, dass ihm dabei mit dem göttlichen Du auch das mitmenschliche Du verschwindet. Das ist die Contra-Entsprechung zu dem, was Barth lehrte: Dem, dass «Gott mit uns» ist, entspricht, dass Menschlichkeit Mitmenschlichkeit ist.[105] Kann dann ein Ich ohne Du auch nur ein Ich sein? Dürrenmatt schreibt – stolz? oder traurig? – «Ich möchte nur ich sein.»[106] Und «wer ist der andere? Das bin ja immer nur ich sel-

[100] Ebd., 175f.
[101] Friedrich Dürrenmatt, Meteor (GW 2), 408.
[102] Karl Barth, KD III/2, 743f.
[103] Ders., KD II/1, 740. In dem im Centre Dürrenmatt in Neuchâtel aufbewahrten Band ist diese Stelle von Friedrich Dürrenmatt angestrichen.
[104] Friedrich Dürrenmatt, Gespräche Bd. 4, 181.
[105] Karl Barth, KD III/2, 270ff.
[106] Friedrich Dürrenmatt, Gespräche Bd. 4, 194.

ber.»[107] «Der einzelne findet seinen Freund im andern, der so aussieht wie er selbst. Und indem er ihn zum Freund macht, findet er seinen Tod.»[108] Der Mensch ein Minotauros, im Labyrinth aus- und eingeschlossen, «eingemauert in sich selber»![109] Dürrenmatt hat in diesem Experiment sich selbst eingesetzt und hat es erlitten. Aber hat er darin nicht «bewiesen», was, wenn Gott der «Gott mit uns» ist, Gott sei Dank! nicht stimmt? Dann besteht die Humanität jedes Menschen «in der Bestimmtheit seines Seins als Zusammensein mit dem anderen Menschen»[110], sagt Barth. Dürrenmatts Auslotung dessen, was die Leugnung dessen bedeutet, war ein schreckliches Experiment. Bei seiner Lektüre von Barths Kirchlicher Dogmatik II/1 schrieb er zu Seite 14: «Was geschähe, wenn in diesem Buch Gott durch Mao oder Marx oder Hitler ersetzt würde?» Eine Angst? Ein Jux? Doch er setzt dazu: «Barths Kampf gegen Hitler war ein Glaubenskampf.» Ja, nach Barth befreit der Gott des ersten Gebots von den durch Menschen angerichteten höllischen Vergötzungen. Dürrenmatt erzählt, wie «Durcheinandertal» in einem völligen Durcheinander zugrunde geht, aber wie ganz zuletzt die eine, die geschändete gerettete, schwangere Elsa dasteht: «Weihnachten flüsterte sie. Das Kind hüpfte vor Freude in ihrem Bauch»[111] (vgl. Lk 1, 41!). Und er erzählt, wie die Lippen von Abu Chanifa und Ana ben David, «die so lange geschwiegen haben, jahrtausendelang,» das «erste Wort» hervorbringen: «Du».[112] Das deutet an: Er stand Rücken an Rücken mit dem Theologen zusammen, der es für beide hoffnungsvoll anzeigte, dass Menschen «in dem gerne, in der Freiheit bejahten Miteinander […] Gefährten, Gesellen, Kameraden, Genossen, Gehilfen» sind, die gegenseitig «sich unentbehrlich» sind.[113]

---

107 Ders., Über die Grenzen. Fünf Gespräche, München 1993, 83. Im Abdruck dieses Textes in: ders., Gespräche Bd. 4, 197, fehlt die Passage, in der obiger Satz steht.

108 Ders., Gespräche Bd. 4, 178.

109 Ders., Minotaurus (GW 5), 443.

110 Karl Barth, KD III/2, 290.

111 Friedrich Dürrenmatt, Durcheinandertal (GW 4), 929.

112 Ders., Abu Chanifa und Ana ben David (GW 5), 426.

113 Karl Barth, KD III/2, 326.

Epilog

Aus dem Besitz des mit Dürrenmatt nah befreundeten Gastwirts Hans Liechti ist mir von Hartmut Spieker ein handgeschriebener Brief Barths an den Schriftsteller vom 17. Februar 1965 zugänglich gemacht worden. Der Text spricht für sich selbst:

> «Lieber Herr Dürrenmatt! Ihr Brief bewegt mich. Zunächst wegen der Nachricht vom Tode Ihres Vaters. Seine Gestalt ist mir von der Zeit her, in der er als Student irgendwo in der [Berner] Schosshalde, wo ich als Gymnasiast existiert habe, gewohnt haben muss, sehr wohl erinnerlich. Nachher bin ich ihm, soviel ich weiß, nicht mehr begegnet. Und nun erzählen Sie mir, dass er zu den nicht wenigen stillen Lesern meiner K. D. gehörte! Es überrascht mich aber auch, zu vernehmen, dass auch Sie selbst sich mit dieser meiner Mammutproduktion beschäftigen. Ich habe meinerseits Ihre Dichtung auf Ihrem ganzen Weg, so gut ich es konnte, aus der Ferne begleitet, hatte aber den Eindruck, dass sie wohl einmal an meinem ‹Römerbrief›, aber jedenfalls weniger an all dem, was diesem folgte, interessiert waren. Eigentlich warte ich darauf, dass Sie nun in Ihren künftigen Hervorbringungen auch einmal etwas eben von der – ‹Güte der göttlichen Entscheidung› sichtbar machen möchten, von der ich selbst in der Zeit des ‹Römerbriefs› nur eben gedämpft und dialektisch zu reden mich getraute. Es wäre schön, wenn wir uns wieder einmal persönlich sehen und sprechen könnten! (Im Augenblick bin ich in der Rekonvaleszenz nach einer längeren Krankheitszeit.) Mit allen guten Wünschen und herzlichem Gruß) Ihr Karl Barth.

Eduard von Steiger (1881–1962)

Gehört Politik zum «Herzstück der Theologie»? Karl Barth und der Schweizer Bundesrat Eduard von Steiger

Sie kannten sich schon von Kindesbeinen an. Sie besuchten dieselbe Schule, die «Lerberschule», das heißt, das von den kirchlich «Positiven» geprägte Freie Gymnasium in Bern. Sie gehörten während ihres Studiums zur selben Studentenverbindung «Zofingia». Aber sie vertrugen sich von Anfang an schlecht. Den ersten Zusammenstoß gab es bei einem Kindergeburtstag, als der etwas ältere Eduard von Steiger den jüngeren Karl Barth lächerlich machte. In der Schülerzeit war dem bürgerlichen Barth der Zugang zu der Schülerverbindung verwehrt, die für die Sprösslinge aus den alten Patrizierfamilien wie den von Steigers reserviert war – und deren Vorzug in der Erlaubnis zum Biertrinken zum Ausdruck kam. Und in der «Zofingia» trat der Ältere als ein spöttischer Kritiker der sozialen Ideen des Jüngeren auf.[1]

Ein Grundsatzstreit

Immerhin redeten sie sich mit «Du» an und begannen ihre Briefe, auch noch als von Steiger in Bern zu höchsten Ehren aufgestiegen war, mit der Anrede «Mein Lieber». Bis sich das Verhältnis im Mai 1941 schlagartig änderte.[2] Nun schrieb Karl Barth «Hochgeehrter Herr Bundesrat!», der ihn seinerseits anredete als «Sehr geehrter Herr Professor». Was war passiert? Es war nun nicht mehr eine private Abneigung, die sie auf Distanz hielt. Es war ein Grundsatzstreit, der zwischen beiden ausgebrochen war. Als von Steiger zum Bundesrat gewählt worden war, schrieb Barth ihm einen Glückwunschbrief, sprach darin jedoch – in Anknüpfung an dessen

1 Nach: Eberhard Busch, Barth-Tagebuch, 394f.

2 In den folgenden Ausführungen sind zu einem größeren Teil Dokumente aus dem Schweizer Bundesarchiv in Bern verwendet worden. Publiziert in: Eberhard Busch (Hg.), Die Akte Karl Barth. Zensur und Überwachung im Namen der Schweizer Neutralität 1938–1935, Zürich 2008. Die Zahlen im obigen folgenden Text verweisen auf Seiten in diesem Buch.

Worte nach der Wahl – die Hoffnung aus, er möge den «Weg der Freiheit» bitte auch *konsequent* zu Ende gehen.[3] (172)

Der derart Begrüßte antwortete schroff, er wolle und werde seinen Weg jedenfalls nicht nach Barths Vorschriften gehen. Und dann fuhr er fort mit seinem Argument, das er auch in der Folge für das entscheidende gegenüber dem Theologen hielt:

> «Ich werde mich nie in Theologie-Angelegenheiten mischen. [...] Wenn aber der Theologe unter kirchlicher Flagge Politik zu treiben beginnt, dann muss er sich schon damit abfinden, dass seine Worte und Schriften als politische und nicht als theologische Angelegenheiten behandelt werden. Wir wollen auch von protestantischer Seite keine ecclesia militans [eine kämpfende Kirche]. Wenn Einzelne das wollen, dann müssen sie auch damit rechnen, dass sie nicht mit Handschuhen angefasst werden.»[4] (172f.)

Der Bundesrat verwendet den Begriff der *ecclesia militans*, vielleicht bewusst, in einem ungebräuchlichen Sinn, nicht als unvollendete Kirche, sondern als eine, die militärisch auftritt.

«Keine Einmischung!»

Barth antwortete nicht unmittelbar darauf. Jedoch schrieb er 14 Tage später an den «Herrn Bundesrat»: Auf einer Geheimkonferenz der Kantonalen Polizeidirektoren unter von Steigers Vorsitz sei letzthin eine irrige Behauptung über einen Vortrag Barths am 19. April 1941 in Genf aufgestellt worden. (191) Daraufhin wollte von Steiger sogleich von Barth den Namen des Informanten erfahren. Vor allem wiederholte er seinen Haupteinwand gegen den Basler Theologen:

> «Wir erlauben uns keine Einmischung in theologischen Dingen, dürfen aber vielleicht doch die bescheidene Frage aufwerfen, ob gerade *Sie* dazu berufen sind, durch politische öffentliche Vorträge und Druckschriften, wenn auch ‹in

[3] Nachdem von Steiger am 10. Dezember 1940 zum Bundesrat gewählt worden war, schrieb ihm Barth gleich am 11. Dezember.

[4] Briefentwurf von Steigers, in seinen Akten aufbewahrt.

kirchliches Gewand gehüllt›, die Aufgabe und Notwendigkeiten des schweizerischen Staates zu verfechten.» (203f.)

Barth gab den erfragten Namen nicht preis. Hingegen bat er von Steiger jetzt um ein klärendes Gespräch. Das kam jedoch wegen einer von diesem gestellten Bedingung nicht zustande: Er werde einen Protokollanten mitbringen. Merkwürdig ist die für Schweizer Begriffe ungebräuchliche Formulierung, die Aufgabe der *Bundes*-Regierung in Bern als die des Schweizer *Staates* zu bezeichnen. Noch merkwürdiger sind die in seinem Brief in Anführungszeichen gesetzten Worte «in kirchliches Gewand gehüllt». Tatsächlich waren diese Worte ein freies Zitat aus einem Artikel in einer Berliner Zeitung von Karl Megerle, der Sprachrohr von Joseph Goebbels war. Der wüste Artikel, der in Bern vorlag, bezog sich auf die angebliche «Feindseligkeit» des «Hetztheologen» Barth in jenem Genfer Vortrag, und er verfolgte offensichtlich die Absicht, überhaupt die Kritik aus der Schweiz an dem aggressiven deutschen Regiment und seinem Krieg gegen so vielen Länder und gegen die Juden stillzustellen.

Merkwürdig in von Steigers Brief ist sodann das darin unterstrichene Wort: «ob gerade *Sie* dazu berufen sind …»! Er spielte damit auf die Umstände an, unter denen 1927 die Berufung Barths an die Universität Bern verhindert wurde. Der Bundesrat erwähnte das, nachdem er Spezialisten dem nachforschen gelassen hatte: Um Barths Berufung zu verhindern, hatte man dort damals ein aus dem Zusammenhang gerissenes Zitat aus einem Vortrag von ihm im Jahr 1919 ausgegraben und gegen ihn verwendet – die Aussage, der Staat sei ein «Tier aus dem Abgrund». Von Steiger berief sich in seinem Brief ausdrücklich auf diese Formulierung, die Barth doch längst richtig gestellt hatte: Der rechte, demokratische Staat sei *kein* «Tier aus dem Abgrund» (Offb 11,7). Anscheinend wollte der Bundesrat mit seiner Anspielung darauf zum Ausdruck bringen, dass «gerade» jemand, der sich *so* geäußert habe, politisch den Mund halten müsse.[5]

5 Vgl. Die Akte Karl Barth, 144f.

Anstößige Texte

Was war denn das, was Eduard von Steiger damals so erregte? Was war an Barths Haltung so anstößig, dass ihm schließlich weitere Vorträge faktisch untersagt wurden, dass sogar seine Briefe und seine Telefonate überwacht wurden? Sonderbar war, dass Ende 1941 die bislang bei der Armee liegende Überwachung von Publikationen nun dem Amt von Steigers übertragen wurde. Eine seiner ersten Tätigkeiten in dieser Aufgabe war die Anordnung einer Überwachung Barths. Und noch sonderbarer war, dass in von Steigers Amt dann ernsthaft überlegt wurde, ob Barth nicht gefangen gesetzt werden könne. (654)[6] Aber Barth wurde auch eine Absetzung an der Basler Universität angedroht. (533)

Es waren namentlich drei Vorträge[7], die solche Unruhe hervorriefen. Diese Vorträge wurden an verschiedenen Orten wiederholt und deren Drucktexte fanden eine starke Verbreitung im Schweizer Volk: «Des Christen Wehr und Waffen» (1940), dann der u. a. auch in Genf dargebotene Text: «Unsere Kirche und die Schweiz in der heutigen Zeit» (1940) und schließlich der ebenfalls auf Französisch und deutsch gehaltene Vortrag zur 650-Jahr-Feier der Eidgenossenschaft: «Im Namen Gottes des Allmächtigen!» (1941). Der Druck des ersten Textes erschien mit einigen unleserlich gemachten Zeilen. Die Verbreitung des Drucks des zweiten und dritten Vortrags wurde verboten. Doch hinkte das Verbot dem Verkauf hinterher.

Neutralität heißt nicht Gleichgültigkeit

Im ersten Text ist die Rede von einem «Endkampf», dem wir entgegengehen. Er ist der Kampf in einer letzten Bedrohung, in der alle verloren gehen, wenn Gott in Christus nicht für uns eintritt und wir in ihm gerettet sind. Der gegenwärtige Krieg ist nicht dieser Endkampf. Er ist auch für die Kämpfer gegen die Wehrmacht kein «heiliger Krieg». Aber jenes

6 Eberhard Busch, Der Theologe Karl Barth und die Politik des Schweizer Bundesrats. Eine Darstellung anhand von unveröffentlichten Akten der Schweizer Behörden, in: Evangelische Theologie 59 (1999), 172–186

7 Der erste Vortrag wurde noch im Evangelischen Verlag Zollikon, veröffentlicht, die beiden anderen im Verlag der Evangelischen Gesellschaft St. Gallen. Barth wechselte wohl darum den Verlag, weil er dem Zollikoner Verlag nicht mehr traute.

Letzte hat doch mit dem Vorletzten zu tun. Der jetzige Krieg ist für die nichtdeutschen Armeen immerhin schlicht der «Versuch, die ‹Revolution des Nihilismus› aufzuhalten, die unserem Leben alles nehmen würde, was es lebenswürdig macht». Die in Anführungszeichen gesetzten drei Worte «Revolution des Nihilismus» sind der Titel des für Barths Einstellung gegenüber Hitler wichtigen Buches von Hermann Rauschning[8]. Und Barths Fazit aus dessen Ausführungen lautete: Die Neutralität der Schweiz darf keine Neutralität gegenüber dieser deutschen «Revolution» sein, noch eine gegenüber dem Versuch, sie aufzuhalten.[9]

Der zweite Vortrag verfährt umgekehrt – eben ihn hatte Barth im April in Genf auf französisch wiederholt. Er schließt mit einer gewiss aktuell zugespitzten Auslegung des Satzes: «Der Glaube, der uns hilft, ist der Glaube unserer Kirche an Jesus Christus.» Zunächst wird aber die gegenwärtige Situation analysiert: Wir sind heute Zeugen eines reinen Eroberungskriegs. Dessen Ziel ist eine unerträgliche Herrschaft: Gleichschaltung der Gewissen, Unfreiheit des Wortes, Ausrottung der Widerstrebenden und Schwachen. Dieser Herrschaft können «wir uns nur schon darum nicht fügen, weil wir das Heil Gottes, das nun einmal zu den Juden und von den Juden zu uns gekommen ist, nicht von uns stoßen und weil wir von da aus die ganze übrige Unmenschlichkeit dieses Weltreiches nicht mitmachen können». Die Schweiz steht inmitten dieses Kriegs wie eine Insel für eine Gemeinschaft, in der es Freiheit gibt, und für eine Freiheit, die der Gemeinschaft dient. Gerade darin ist sie durch den nazistischen Krieg bedroht.[10]

Im dritten Vortrag knüpfte Barth an letztere Formulierung an: Im Widerschein des Evangeliums sei die Schweiz eine «durch das Recht verbundene Gemeinschaft freier Völker von freien Menschen». Als solche stehe sie heute durch die Provokation im Nachbarland vor der klaren Alternative: Nachgeben oder Widerstehen! Als Anzeichen des Nachgebens nannte Barth die von der Regierung verhängte Zensur von kritischen Äußerungen in Vorträgen und Schriften, ferner eine den National-

8 Hermann Rauschning, Die Revolution des Nihilismus. Kulisse und Wirklichkeit im Dritten Reich, Zürich/New York 1938.

9 Karl Barth, Des Christen Wehr und Waffen (1940), in: ders., Eine Schweizer Stimme, Zürich 1945, 123–146.

10 Ders., Unsere Kirche und die Schweiz in der heutigen Zeit, in: ders., Eine Schweizer Stimme, 157–178.

sozialisten genehme Flüchtlingspolitik, die für die Verkehrten offen und für die Hilfs- und Schutzbedürftigen, namentlich jüdischen, verschlossen sei, und schließlich die Bereitschaft, als Geldgeberin der «Achsenmacht» (Deutschland und Italien) deren Kriegshelferin zu sein. Die Schweiz habe demgegenüber die geradezu europäische Aufgabe, solchen Zumutungen zu widerstehen. Und die Christen dürften im Blick auf diese Aufgabe nicht gleichgültig sein. Sie müssten bei ihr mithelfen statt mit anderen, bloß internen Angelegenheiten beschäftigt zu sein.[11]

Politischer Gottesdienst

Was Barth in diesen drei Vorträgen darlegte, war die konkrete, aktuelle Anwendung einer grundsätzlichen Besinnung, die er kurz vor dem Zweiten Weltkrieg in einer Vorlesung in Aberdeen ausgesprochen hatte. Er hatte darin den Begriff von einem «politischen Gottesdienst» geprägt. Mit dem Begriff ist nicht eine Herrschaft der Kirche über den Staat gemeint. Der gute Sinn der reformatorischen Unterscheidung zwischen den kirchlichen und den politischen Aufgaben ist damit keineswegs in Frage gestellt. Die Kirche darf auf alle Fälle immer nur Kirche sein und darf sich nicht so aufspielen, als sei sie eine Art Staat im Staate. Allerdings bedeutet der Begriff nicht, dass es der Kirche darum geboten oder erlaubt wäre, sich desinteressiert von der Welt zurückzuziehen. Das darf darum nicht geschehen, weil der politische Bereich zwar außerhalb der Kirche, aber nicht außerhalb des Herrschaftsbereichs Jesu Christi liegt.

Entscheidend dadurch wird ausgeschlossen, dass die Kirche zu allen politischen Unternehmungen ihren Segen geben kann. Wenn sie rechte Kirche ist, dann muss sie im Gehorsam gegen ihren Herrn allerdings ein vitales Interesse daran haben, dass der Staat *rechter* Staat ist. Und rechter Staat, so sagte Barth es damals, ist gekennzeichnet durch das politische Bemühen darum, dass im Zusammenleben der Menschen äußerlich für Recht, Frieden und Freiheit gesorgt wird. Das Bemühen darum, das ist der politische Gottesdienst. Wo der stattfindet, so sagt der Begriff weiter, da sind die Glieder der Kirche zu ehrlicher Mitarbeit gerufen, zusammen mit anderen, ohne dabei nach deren Glauben zu fragen, ohne auch ihre eigene Mitarbeit als «christlich» zu etikettieren. Wo hingegen in einem

---

11 Karl Barth, Im Namen Gottes des Allmächtigen! 1291–1941, in: ders., Eine Schweizer Stimme, 201–232.

Staatswesen tiefgehend Recht, Friede und Freiheit missachtet werden, da gilt es, wie Barth 1938 mit Worten des Schottischen Bekenntnisses von 1560 sagte, entschieden «der Tyrannei zu widerstehen» und also aktiv «*Gewalt* gegen Gewalt zu setzen».[12]

Entweder – oder

Woran es Barth in dieser Beziehung lag, ist also das Pochen darauf: Die christliche Theologie als eine kirchliche Aufgabe hat von ihren innersten Voraussetzungen her auch ein «prophetisches Wächteramt» wahrzunehmen, wie es nach Ez 3,17 genannt wird. In diesem Amt hat sie die Aufgabe, darüber zu wachen, dass im politischen und sozialen Leben und Zusammenleben eben jene Sorge für Recht, Frieden und Freiheit zum Zuge kommt und nicht verhindert wird. In diesem Amt hat sie sich darum speziell auch gegen die alte Unart der Religion zu wenden, unterwürfig gegenüber den jeweils herrschenden Obrigkeiten alle möglichen politischen Zustände und Bewegungen gutzuheißen und abzusegnen.

Es ist verwunderlich, dass von Steiger in seiner Stellung zu Barths Vorträgen nicht rein pragmatisch dafür warb: Aus taktischen Gründen möge er sich momentan mit kritischen Äußerungen zur deutschen Aggression zurückhalten. Vielmehr vertrat er gegenüber Barth die grundsätzliche Lehre: Die Theologie möge zwar irgendwelche internen religiösen Belange vertreten und versorgen. Aber sie habe sie sich jeder Einmischung in politische Angelegenheiten zu enthalten. Denn die würden ohne die Theologie von den Politikern besorgt. Das ist eben die Zwei-Reiche-Lehre im unguten Sinn. Barth hatte sie in Deutschland als das Haupthindernis für eine Opposition der Christen gegen den Unfug des Dritten Reiches erkannt. Von dieser Lehre hatte sich die Bekennende Kirche in der Theologischen Erklärung von Barmen im Mai 1934 distanziert. Sie tat es mit dem Satz von Jesus Christus als dem *einen* Wort Gottes, dem die Christen in jedem Fall zu vertrauen *und* zu gehorchen haben.

Es ist von ausschlaggebender Wichtigkeit, gerade diesen Punkt zu verstehen. In der reformierten Tradition, zu der Barth sich hier bekannte, wird der Begriff des Gesetzes nicht so ohne weiteren Zusatz aufgefasst wie zumeist im Luthertum, sondern wird unterschieden zwischen den

12 Ders., Gotteserkenntnis und Gottesdienst nach reformatorischer Erkenntnis, Zollikon 1938, 203–216.

menschlichen Gesetzen und dem Gesetz Gottes. Das Gesetz Gottes ist in der befreienden Zuwendung Gottes zu seinem Geschöpf gegeben und im Blick darauf zu erkennen. Insofern gehört das von Gott Gebotene zum «Herzstück» der Theologie. Es muss den menschlichen Gesetzen nicht widersprechen, sondern die menschlichen Gesetze können dem von Gott Gebotenen entsprechen. Und dann sind sie in aller Regel zu befolgen. Aber wenn die menschlichen Gesetze dem von Gott Gebotenen widersprechen, dann muss ihnen nicht gehorcht werden. Dann muss notfalls ihrer Anwendung widersprochen und widerstanden werden.

Geistige Stärkung des Widerstandswillens

Im Sommer 1941, zu Beginn des deutschen Feldzugs gegen Russland, begannen Einflussreiche in der Berner Politik von der deutschen Propaganda beeindruckt zu werden, dass die deutsche Wehrmacht an der Spitze Europas gegen den Kommunismus kämpfe. Der SS-Oberführer und Berliner Staatssekretär Ernst von Weizsäcker klärte auch die Schweizer Bundesräte darüber auf, der totale Krieg gegen Russland richte sich gegen den «jüdischen Bolschewismus» (607).

Als in dieser Situation Barths dritter Vortrag definitiv verboten wurde, wandte er sich gegen das Verbot und dessen Begründung an die Eidgenössische Rekurskommission – freilich vergeblich. Er protestierte in seinem Schreiben gegen die Unterstellung, er benütze überhaupt in seinen Schriften (!) «die theologische Umrahmung» für in Wahrheit politische Stellungnahmen. Er protestierte dabei gegen ein Zweifaches – zum einen gegen die Verdrehung seiner grundlegenden Auffassung, dass die rechte Theologie niemals missbraucht werden kann und darf, um vorgefasste politische Ziele und Zwecke zu rechtfertigen. Zum anderen stellte er sich zugleich gegen eine von allem politischem Einsatz gesäuberte, reine Theologie. Es sei hingegen so, «dass der Bezug auf das Leben und also auch auf die politischen Entscheidungen geradezu zum Herzstück nicht nur meiner, sondern jeder ordentlichen Theologie gehörten. Gerade die auf die Lehre Zwinglis und Calvins begründete reformierte Kirche unseres Landes kann sich das Recht und die Pflicht dieses Bezuges unmöglich absprechen lassen.» (312)

Sodann wandte sich Barth gegen die Unterstellung, er störe die Neutralität der Schweiz und die korrekten Beziehungen zu ihrem (nördlichen) Nachbarland. Er meinte, dass die da gegen ihn ausgerufene Neutralität so tadellos gar nicht sei. Denn sie bedeute für die Schweiz faktisch, «dass sie heute auf wirtschaftlichem Gebiet tatsächlich überwiegend dem einen Kriegführenden, nämlich Deutschland, indirekt sehr wesentliche Dienste leisten, den anderen, England, also entsprechend stören» müsse. Barth setzte dem etwas spöttisch hinzu: Angesichts dessen müsse also doch zum Ausgleich etwas für die Schweizer Neutralität getan werden. Das geschehe eben damit, «dass eine geistige Stärkung des schweizerischen Widerstandswillens, wie sie um unserer politischen Erhaltung willen nötig und wie sie in meiner Schrift beabsichtigt ist, indirekt für England und gegen Deutschland wirksam wird». Und immerhin – das sage er nicht nur im Interesse der Schweiz, sondern «letztlich sogar im wohlverstandenen Interesse des deutschen Volkes und Staates selber».

Dietrich Bonhoeffer (1906–1945)

Nachfolge Jesu
Karl Barth und Dietrich Bonhoeffer

1. Randnotizen zur Bonhoeffer-Forschung

Um zu verstehen, warum Barth sich mit Bonhoeffer zunächst nicht einig war, schauen wir zunächst auf das sogenannte Betheler Bekenntnis von 1933. Darin befindet sich ein Kapitel «Die Kirche und die Juden», auf das sich schon lange das Augenmerk der kirchengeschichtlichen Forschung gerichtet hat, mit der Frage nach dessen Verfasser. Wilhelm Niemöller nannte 1948 als Verantwortliche für den gesamten Text Robert Frick, Georg Merz, Friedrich von Bodelschwingh, Adolf Schlatter, Dietrich Bonhoeffer und Gerhard Stratenwerth; und er hielt den Text – gemeint ist seine Druckfassung unter dem Titel «Das Bekenntnis der Väter und die Bekennende Gemeinde»[1] – für beachtlich, weil darin jenes Kapitel «sehr modern und gegenwartsnah» gewesen sei[2]. 1965 edierte Eberhard Bethge die bislang nicht publizierte sogenannte «Erstform» des Textes, jetzt unter dem steilen Titel «Das Betheler Bekenntnis» und mit der Erklärung, dass dessen Entwurf «auf Dietrich Bonhoeffer und Hermann Sasse» zurückgeht.[3] Ersterer habe freilich «Missfallen» an der Überarbeitung der Erstform für den Druck geäußert. Als Erinnerung von Stratenwerth wird notiert, dass der «Abschnitt über die Juden [...] von Vischer entworfen wurde». Dessen ungeachtet habe Bonhoeffer «den entscheidenden Anteil» am Text der Erstfassung gehabt.[4] In Bethges Bonhoeffer-Biographie liest man, dass Vischer den Text über «Die Kirche und die Juden» damals «zu Bonhoeffers Freude» zu jenem Bekenntnis beigetragen habe.[5] Auch nach Wolfgang Gerlach «lieferte» Wilhelm Vischer den Text «zu Bonhoeffers Freude» für das im Wesentlichen eben von diesem verfasste Bekennt-

1 Untertitel: Zur Besinnung dargeboten von einem Kreise von Theologen und in ihrem Namen, hg. von Martin Niemöller, München 1934.

2 Wilhelm Niemöller, Kampf und Zeugnis der Bekennenden Kirche, Bielefeld 1948, 35f.

3 Dietrich Bonhoeffer, Gesammelte Schriften (GS), Bd. 2, 77.80. W 13.

4 Ebd., 82f.

5 Eberhard Bethge, Dietrich Bonhoeffer. Theologe – Christ – Zeitgenosse, München 1967, 355.

nis.[6] Aber bei Gerlach kommt alles zugespitzter heraus. Bei ihm heißt es, Bonhoeffer habe der Druckfassung «seine Zustimmung» entzogen.[7] Und bei ihm wird von der Erstform nur noch das Kapitel über «Die Kirche und die Juden» besprochen. Dies als ein Text, in dem auf einmal nur noch Bonhoeffer auf der Wacht stand und er deswegen aus der Kirche austreten wollte (was er übrigens nicht tat). Hingegen habe Karl Barth «zu Bonhoeffers Verwunderung» (die bis heute zwar noch nicht belegt ist) so gar nicht die «Bedeutsamkeit des Arierparagraphen [...] gesehen».[8] Nein, gesehen habe Barth sie wohl, heißt es sodann, weil er – um es genau zu nehmen – schon vor den Beratungen für jenen Betheler Text, wem auch immer, «eingeräumt» habe, dass mit diesem Paragraphen die Kirche aufgehört habe, Kirche zu sein. Wie verhält sich beides zueinander? Nach Gerlach so: Auch wenn Barth das wohl jemandem «eingeräumt» habe, so habe er doch nicht gemeint, das Aufhören des Kirche-Seins ernst zu nehmen. Schon zehn Jahre zuvor hat Klaus Scholder konstatiert, dass gerade jener Abschnitt «ganz der Bonhoefferschen Argumentation» folge.[9] Das heißt offenbar: Wer auch immer den Text verfasst haben mag, er war getreuer Protokollant dieses Einen, der der Verfasser eines Textes war. Zusammen mit den übrigen Kapiteln handle es sich um ein «glänzendes, scharfes und eindrückliches» Bekenntnis, teilweise «theologisch und politisch klarer und genauer als die berühmte Barmer Erklärung vom Mai 1934».[10]

Doch ließ sich nicht auf Dauer verbergen, dass bei Abfassung des Kapitels über Kirche und Juden vielmehr Wilhelm Vischer eine große Rolle gespielt hatte. Infolgedessen wandelte sich die Freude an dem Text rapide. Jetzt trat Christine-Ruth Müller mit einer Neudeutung dieses Kapitels hervor. Die ihr darin gut erscheinenden Bestandteile schrieb sie weiterhin Bonhoeffer zu. Denn dieser – ohne dass dafür Belege genannt werden – habe «sich in diesen Wochen und Monaten unaufhörlich für Juden und Judenchristen eingesetzt und viele Stellungnahmen zu diesem The-

6 Wolfgang Gerlach, Als die Zeugen schwiegen. Bekennende Kirche und die Juden, Berlin 1987, 57.
7 Ebd., 58.
8 Ebd., 62f. Hat Bonhoeffer nach der «Bedeutsamkeit» des staatlichen oder des kirchlichen Paragraphen Ausschau gehalten? Beides war nicht dasselbe.
9 Klaus Scholder, Die Kirche und das Dritte Reich, Bd. 1, Frankfurt/M. u. a. 1977, 581.
10 Ebd., 579.

ma abgefasst».[11] Auch sein «Vorentwurf» für das Bekenntnis, in dem sich zwar kein Kapitel über Kirche–Israel befindet, enthalte gleichwohl «viele Aussagen mit Bezug auf die Juden» – oder sind nicht vielmehr viele Aussagen mit Bezug auf das *Alte Testament* gemeint[12]? Hingegen befänden sich in dem speziellen Kapitel des Erstentwurfs über Kirche und Juden Passagen in der «Nähe antisemitischer Äußerungen»; und die gingen auf das Konto von Vischer. Denn «insgesamt» war dieser «vom Antisemitismus durchaus nicht frei».[13] Während Bonhoeffer – so erfahren wir verwirrenderweise – erkannt habe, dass es «in der Kirche Christi (!) keine trennenden Schranken geben dürfe», komme Vischer zu einer «völlig anderen», nämlich judenfeindlichen Auslegung. Denn er sage, dass durch Christus nach Eph 2,14 «der Zaun zwischen Juden und Christen abgebrochen» sei.[14] Überdies habe Vischer kurz vor Bethel einen Aufsatz geschrieben, in dem er «viel stärker» als in Bethel eben aufgrund jenes Bibelworts die Substitutionsthese vertreten habe, nach der die Kirche in der Heilsgeschichte an die Stelle Israels trete und es ersetze[15] – in seiner gegenüber Bonhoeffer «völlig anderen Auslegung».

2. Bonhoeffers Sicht des Verhältnisses von Juden und Christen 1933

Sehen wir uns den wichtigsten Text an, in dem sich Bonhoeffer 1933 zur Thematik geäußert hat! «Die Kirche vor der Judenfrage», veröffentlicht in der mit von Bonhoeffer herausgegebenen Zeitschrift «Der Vormarsch»[16] – sie nannte sich Blatt für gebildete Nationalsozialisten. (Bethge nennt nicht diese Quelle.) Der Aufsatz erregte nicht weiter Aufsehen. Denn er macht die in den 1920er Jahren verbreitete Sicht noch einmal geltend. Nach der dort vorgetragenen Zwei-Reiche-Lehre sind die Juden auf der einen Seite

11 Christine-Ruth Müller, Bekenntnis und Bekennen. Dietrich Bonhoeffer in Bethel (1933). Ein lutherischer Versuch, München 1989, 29.

12 Ebd., 31.

13 Ebd., 30.39.

14 Ebd., 38f.

15 Ebd., 29.

16 Dietrich Bonhoeffer, Die Kirche vor der Judenfrage, in: Der Vormarsch, Juni 1933, 171–176.

Zielgruppe staatlichen Handelns. Dieses Handeln «bleibt frei von kirchlichem Eingriff». Ja, sagt Bonhoeffer, «ohne Zweifel ist der Staat berechtigt, hier neue Wege zu gehen»; und die Kirche könne ihm «auch in der Judenfrage heute nicht [...] unmittelbar ins Wort fallen». Denn sie wisse sehr wohl um «das mit der Gewalt notwendig verbundene ‹moralische› Unrecht bestimmter konkreter Akte des Staates». Doch gebe es ein «mittelbar politisches Handeln der Kirche» – sei es, um «die Opfer unter dem Rad zu verbinden», sei es, um «dem Rad selbst in die Speichen zu fallen». Die letztere, extreme Möglichkeit sei erst dann geboten, wenn eine Gruppe von «Staatsuntertanen» rechtlos gemacht werde oder wenn der Kirche die Judenmission verboten würde. Gegen das Erstere ist der NS-Staat 1933 selbst eingeschritten.

Das Andere wurde Bonhoeffer wichtig, weil die Juden aus der Sicht der Kirche noch einmal anders aufzufassen sind. Sie sind nach ihm «das ‹auserwählte Volk›, das den Erlöser der Welt ans Kreuz schlug» und daher «in langer Leidensgeschichte den Fluch seines Tuns tragen muss». Die Kirche soll, erhaben über jedes billige Moralisieren, als immer wieder auch untreue Kirche sich «mit gedemütigt» wissen «beim Anblick jenes verstoßenen Volkes». Aber sie soll zugleich wissen, dass die Juden von dem auf ihm liegenden Fluch erlöst werden in der «Heimkehr des Volkes Israel zu seinem Gott. Und diese Heimkehr geschieht in der Bekehrung Israels zu Christus.» Entsprechend dieser Zwei-Reiche-Lehre stehen die zu Christus bekehrten Juden unter einer doppelten Bestimmung: «Biologisch» seien sie *Juden*, «religiös» seien sie *keine* Juden, sondern *nur* Christen, und es seien nur gesetzlich Denkende wie die Deutschen Christen Juden. So ist die Kirche da, «wo Jude und Deutscher zusammen unter dem Wort Gottes stehen» – wie es zu einer Zeit gesagt ist, in der deutsche Juden durchaus noch Deutsche waren.

Die Pointe des Textes ist der Streit gegen einen «Arierparagraphen *in der Kirche*», wie der Titel eines Flugblattes heißt, von Bonhoeffer verfasst vor der braunen Generalsynode im September 1933. Es empfiehlt sich daher, den von Bonhoeffer nach Bethel schon mitgebrachten «Vorentwurf» für das Betheler Bekenntnis[17] im Licht jenes «Vormarsch»-Aufsatzes zu lesen. Dieser Vorentwurf enthielt kein eigenes Kapitel über das Verhältnis zu den Juden. Wichtiger noch ist es, das unmittelbare Umfeld des

17 Christine-Ruth Müller, Bekenntnis und Bekennen, 82–108.

Abschnitts über Kirche und Juden im «Erstentwurf» anzusehen. Es fällt auf, dass die Berufung auf die Heilige Schrift in diesem Abschnitt *erheblich* bestimmender ist als in dem ganzen übrigen Text. Schwer lässt sich sodann diesem Abschnitt in Einklang bringen mit dem offenbar von Bonhoeffer erarbeiteten Kapitel[18] über «Die Ordnungen», das in seiner Härte in dessen «Vorentwurf» eher noch stärker hervortritt als im «Erstentwurf»: Zum Schutz «vor der Zügellosigkeit» der Selbstsucht «zwingt Gott das menschliche Leben» in die Ordnungen, in die des Volkes, des Eigentums, der Obrigkeit.[19] Es wird darum «jeder Versuch» verworfen, «aus dem Evangelium der Liebe ein Gesetz für den Aufbau einer neuen harmonischen Gesellschaftsordnung zu machen».[20] Es wird darum betont, dass der weltlichen Obrigkeit «jedermann Gehorsam schuldig sei»; denn sie «trägt das Schwert, um der Unordnung zu wehren», und steht insofern «im Raum des Todes» – und sie ist gerade *so* «dem Volke als väterliche Obrigkeit gesetzt, die unser Leben schützt, die Zucht und Ehre wahrt». Damit tut sie, was die Kirche nicht «kann», weil diese «irdisches Leben nicht schützen noch erhalten» kann.[21] … Man fragt sich an dieser Stelle, wo denn hier Jesu Ruf seiner Jünger in seine *Nachfolge* Platz haben kann? Haben Christen in ihr öffentlich nicht eventuell anderes zu tun, als es von der staatlichen Obrigkeit vorgeschrieben ist?

3. Wilhelm Vischers Stellungnahme

In dem Abschnitt «Die Kirche und die Juden» hingegen wird nicht bloß ein weiteres Thema behandelt, sondern dieses wird vor allem auch auf einem anderen Ton besprochen, im Hören auf Worte der Schrift.[22] Man merkt, dass hier ein anderer Theologe in einem dornigen theologischen

[18] Dietrich Bonhoeffer, GS 2, 83: Bethge zählt ihn zu den für Bonhoeffer wichtigsten Abschnitten.

[19] Ebd., 99.

[20] Ebd., 101.

[21] Ebd., 113.115.

[22] Hier klärt sich, warum Karl Barth im August 1933 dem Text «Die Kirche und die Juden» zustimmen konnte, während er, als er dann das gesamte Paket des sogenannten Betheler Bekenntnisses sah, sich darüber höchst kritisch aussprach. Vgl. Eberhard Busch, Unter dem Bogen des einen Bundes. Karl Barth und die Juden 1933–1945, Neukirchen 1996, 58f.132–135.

Problem Klarheit zu finden unternimmt, und man merkt es noch mehr, wenn man sich den bis jetzt nicht publizierten ursprünglichen Wortlaut seines Beitrags zum Betheler Bekenntnis anhört. Wilhelm Vischer, der Verfasser dieses Abschnittes, schrieb in einem Brief am 15. April 1983 an den Verfasser dieses Aufsatzes:

> «Was das Betheler-Bekenntnis betrifft, so war ich beauftragt, den Artikel ‹Israel› zu entwerfen, weil ich von jeher und besonders seit meiner Anstellung als Alttestamentler in Bethel (1928) mich damit befasst hatte. Bonhoeffer bearbeitete andere Artikel. Wir besprachen viel miteinander und waren in Bezug auf Israel einig, mit dem Unterschied, dass Bonhoeffer alles an der vollen Gemeinschaft mit den Juden in der Kirche lag, und mir darüber hinaus an Israel im Dienst der Weltpolitik Gottes. Das war schon in dem Text, den ich ablieferte, nicht so stark ausgedrückt, wie ich es dachte.»[23]

Hat sich Vischer richtig erinnert? Das sei überprüft an dem Text, den er, in zehn Thesen gegliedert, im August 1933 in Bethel an die dort tagende Kommission ablieferte. Die ersten fünf Thesen handeln von den nicht christus-gläubigen und die letzten fünf Thesen von den christus-gläubigen Juden. Im ersten Teil wird ausgeführt, dass Gott unter allen Völkern Israel zu seinem Volk erwählt hat. Dass – nicht Christus das Volk, sondern dass dieses Christus verworfen hat, hat nicht die Bedeutung, dass anstelle des Bundesvolks eine andere Nation getreten ist, sondern die, dass jetzt der Zaun zwischen Juden und Heiden (Eph 2,14) abgebrochen ist. Die Heiden dürfen nun hinzutreten. Nur in der Verbundenheit mit den Juden können sie Nachfolger Jesu sein. Darum darf niemand den sogenannten «Mord von Golgatha» rächen. Denn nach Dtn 32,35 sagt Gott: «Mein ist die Rache». Das führt Gott laut These 5 wunderlich so aus, dass er seinem Volk trotz dessen Untreue die Treue hält. «Er will die Erlösung der Welt, die er mit dem Herausrufen Israels angefangen hat, mit den Juden auch vollenden (Röm 9–11).» Der zweite Teil der Thesen redet von dem Auftrag, die Juden zur Umkehr zu rufen. Der Anstoß, den der Gekreuzigte Juden wie Heiden bereitet, hat seinen Grund darin, dass allein der Vater im Himmel durch seinen Geist den Glauben an ihn verleiht. Weil in der Bestimmung dadurch Menschen zur Kirche gehören,

[23] Der Brief Vischers befindet sich in meinem Privatbesitz.

sind Judenchristen Vollglieder der christlichen Gemeinde, und sie sind in der Kirche zugleich die Zeugen der Treue Gottes gegenüber Israel. Dass einer der Richter und Retter aller ist, das hat die evangelische Kirche in Deutschland zu verkündigen und nicht etwa ein artgemäßes Christentum auszubilden.

Dieser Gedankengang ist die originäre Leistung Vischers. Er hat dabei eine Menge Einsichten zusammengetragen und konzentriert, die er in der vorangehenden Zeit in Vorträgen und Aufsätzen niedergeschrieben hat.[24] 1932 sammelt er seine Gedanken um den im Alten Testament bezeugten «ewigen Treu-Bund» Gottes, der stets an dem «dünnen messianischen Faden hängt»; aber der «riss nie ab». Als der Messias Jesus kam, wurde er als Nachkomme Davids geboren.[25] In ihm wurde vollends gesagt, dass niemals «ihre [der Juden] Untreue Gottes Treue aufheben» kann.[26] «Jesus ist wohl das Telos des Alten Testaments, aber wohlgemerkt: als der gekreuzigte Messias.»[27] In einem Vortrag vom Frühjahr 1933 «zur Judenfrage» entfaltet bereits er seinen Kernsatz: «Gott will das Werk seiner Versöhnung, das er mit dem Herausrufen Israels angefangen hat, mit den Juden auch vollenden (Röm 9–11).» Darum kann «selbst die Untreue Israels […] die göttliche Wahl nicht außer Kraft setzen. Gott bleibt treu und lässt sein Volk nicht los».[28]

Im Betheler Text bezieht Vischer in das Gerüst seiner Gedanken auch verschiedene Überlegungen von Weggefährten ein. Der getaufte Jude Hans Ehrenberg etwa hatte in seinen 72 Leitsätzen erklärt:

> «Der Judenchrist sowie der heilige Rest seiner ungetauften Stammesgenossen ist zum Zeugen dafür berufen, dass Gott seine Treue dadurch überschwänglich preist, dass er nicht nur trotz aller Untreue Israels seinen Sohn als Sohn

[24] Vgl. auch: Wilhelm Virscher, Isaak, in: Zwischen den Zeiten 1931, 1–3; Der Gott Abrahams und der Gott Isaaks und der Gott Jakobs, in: Zwischen den Zeiten 1931, 282–297; Israel, in: Zwischen den Zeiten 1931, 361–366.

[25] Wilhelm Vischer, Das Alte Testament und die Geschichte, in: Zwischen den Zeiten 1932, 22–42, hier 35.

[26] Ebd., 37.

[27] Ebd., 41.

[28] Wilhelm Vischer, Zur Judenfrage, in: Monatsschrift für Pastoraltheologie 29 (1933), 185–190, das Zitierte: 186f. Vgl. zum Ganzen die Darlegung von Stephan Felber, Wilhelm Vischer als Ausleger der Heiligen Schrift. Eine Untersuchung zum Christuszeugnis des Alten Testaments, Göttingen 1999, 77–91.

Abrahams hat geboren werden lassen, sondern dass er auch, nachdem Israel als Ganzes den Messias verworfen hat, die Verheißung der kommenden Vollendung ganz an Israel nach dem Fleisch gebunden sein lässt.»[29]

Am 21. August 1933 schickte Vischer von Bethel aus seinem Freund Karl Barth seine Thesen zu und schrieb dazu, er habe in ihnen zusammengestellt, «was soweit ich höre, die Bibel dazu sagt»; aber sie seien in der Betheler Arbeitsgruppe («mit Ausnahme Bonhoeffers») auf Widerspruch gestoßen. Da Georg Merz erklärte, Barth würde dem Text auch nicht zustimmen, möge er dazu Stellung nehmen. Dieser antwortete am 24. August vom Bergli aus: «Sage den Dortigen, dass ich mit jedem Wort einverstanden sei und dass ich wohl wünschte, sie würden es auch sein.»[30]

4. Karl Barths Kritik an den Betheler Thesen

Das Merkwürdige ist jedoch: Als Barth im Herbst dieses Jahres neben anderen um eine Stellungnahme zu dem gesamten Text des «Betheler Bekenntnisses» gebeten wurde, notierte er höchst kritische Anmerkungen dazu, und er nahm davon den Artikel über Kirche und Juden nicht aus.[31] Wie ist das zu deuten? Nahm er jetzt seine Zustimmung zu Vischers Text wieder zurück? Die Sache lässt sich schwerlich so erklären. Wir haben uns vielmehr klarzumachen, dass der Text, zu dem er jetzt Stellung nahm, ein anderer war als der ihm im August bekannte. Nicht nur hatte es im Text über Kirche und Israel Umstellungen gegeben, die den vorherigen Gedankengang störten. Von größerem Gewicht war es, dass dieser Text jetzt in dem weiteren Zusammenhang des Gesamttextes eingebettet war und dadurch in Barths Augen erst recht einen unguten Anblick bot.

Er wandte sich in seiner Kritik schroff gegen die in dem Betheler Text vertretene Lehre von den «festen Ordnungen» wie Volk und Obrigkeit, in die Gott jeden «zwingt» und denen sich darum keiner «entziehen» darf,

29 Kurt Dietrich Schmidt, Die Bekenntnisse des Jahres 1933, Göttingen 1934, 68.

30 Beide Briefe maschinenschriftlich im Karl Barth-Archiv, Basel.

31 Barths Kritik befindet sich maschinenschriftlich im Hauptarchiv der von Bodelschwinghschen Anstalten Bethel, gelagert im Archiv der Evangelischen Kirche von Westfalen in Bielefeld unter dem Kennzeichen: Bestand 2, Nr. 39-203,3.

also gegen Bonhoeffers Formulierungen. Er befürchtete, dass damit eine andere Offenbarungsquelle als Maßstab für das christliche Denken und Handeln eingeführt werde, die selbst auch das Gute, das in anderen Teilen des Bekenntnisses gesagt wird, einklammert, unsicher macht und gar in Frage stellt. Er befürchtete, dass dadurch ein ganzer Bereich der menschlichen Wirklichkeit «gegen den Anspruch des göttlichen Gesetzes (das doch wohl immer auch das Gesetz der Liebe ist!) sichergestellt bzw. seiner ‹Eigengesetzlichkeit› überlassen» wird. Es ist ein nachdenkenswertes Faktum, dass sich nach dem Zweiten Weltkrieg in der kirchengeschichtlichen Forschung jenes zähe Unverständnis für den Gedankengang Barths ausbildete. Dessen Argument lautet: Viel wichtiger als ein doch «primär» wichtiges Votum für die Juden oder doch Judenchristen sei für Barth ein ganz anderes Thema gewesen, das des theoretischen Streits gegen die natürliche Theologie, d. h. gegen die Annahme einer zweiten Offenbarungsquelle und gegen die daraus abgeleitete Lehre von den «Ordnungen», in die jeder Mensch «gezwungen» werde. Die Schwäche dieses Arguments ist die Uneinsichtigkeit in die Entwertung aller noch so gut gemeinten «Bekenntnis»-Aussagen zugunsten der Juden, solange sie unter Berufung auf eine angebliche zweite Offenbarungsquelle stillgestellt werden.

Was Barth meinte, war in der Tat dies, dass beides notwendig zusammengehört: Die Kirche könne nur dann wirklich hilfreich gegen den staatlichen Antisemitismus einschreiten, wenn sie zugleich ihr eigenes Verhältnis zu den Juden wie ihr Verhältnis zu den politischen Aufgaben neu kläre. Erst mit der Ausschaltung der Berufungsmöglichkeit der Christen auf eine solche zweite Quelle wird das kirchlich-theologische Votum zugunsten der Juden zugleich auch eine politische Demonstration sein. Daher wandte er sich in seiner Kritik an dem «Erstentwurf» des Betheler Textes zuerst gegen die verhängnisvolle theologische Theorie von den «Ordnungen»: Es gelte an Stelle solcher Ordnungen «der Beanspruchung des Menschen durch das Gebot Gottes Raum zu geben». Denn

> «der Anspruch des *einen* Wortes Gottes gilt auch und gerade gegenüber dem Bereich, den wir jeweilen für durch die schon erkannten ‹Ordnungen› schon geordnet halten. Warum reden Sie nicht zuerst und vor Allem [...] von dem ‹konkreten Herrschaftsanspruch Gottes›, der sich auch auf das bezieht, was unter uns Menschen als ‹Ordnung› ausgegeben wird, was aber nach dem ers-

ten Gebot […] nicht beanspruchen kann, an sich und im voraus als *göttliche* Ordnung Geltung zu haben?!»

Die Pointe dieser grundsätzlichen Kritik an der dort vorgetragenen Zwei-Reiche-Lehre ist aber die, dass Barth das, was das Betheler Bekenntnis theologisch zum Thema Kirche–Israel sagt, hinsichtlich seiner nötigen politischen Konsequenz auf die Probe stellt und also bemerkt: «Ist die Bürgerliche Behandlung, die man den Juden im heutigen Deutschland systematisch zuteil werden lässt, eine solche, zu der ‹wir› nichts zu bemerken haben? Die ‹wir›, weil sie von der ‹Obrigkeit› verfügt ist, als gottgewollt hinnehmen und mitmachen?» Genau an diesem Punkt hatte sich zu dieser Zeit konkret die Nachfolge der Jünger Jesu zu bewähren. Sie konnte es so lange nicht, wie dem die Lehre von den «Ordnungen» dem entgegenstand.

5. Das Gespräch Barths mit Bonhoeffer über die «Nachfolge»

Bonhoeffer, dieser junge Theologe, vollzog auf seinem kurzen Lebensweg tiefgreifende Wendungen. Er hatte die so seltene Tugend, lernfähig zu sein. Er vermochte sich auf Neues neu einzustellen. Eine wichtige Wendung zeigt sich in seinem Buch «Nachfolge» – ein Thema, auf das man von seinem bisherigen Weg her eigentlich nicht gefasst war. Es geht hier nicht mehr um ein Leben in Ordnungen, die wir uns gehorsam einzufügen haben. Es geht hier darum, ganz und gar dem lebendigen Jesus nachzufolgen, wohin er einen auch führt.

Als Barth im Rahmen seiner Versöhnungslehre sich mit diesem Thema befasste, schrieb er ein in seiner Weise einmaliges Lob: «Mit Abstand das Beste, was dazu geschrieben ist, scheint mir in dem Buch ‹Nachfolge› von Dietrich Bonhoeffer (1937) vorzuliegen.» In den ersten Kapiteln dieses Buches ist «die Sache so tief angefasst und so präzis behandelt, dass ich wohl versucht sein könnte, sie hier einfach als großes Zitat einzurücken», geschrieben von einem, «der die Nachfolge, nachdem er über sie geschrieben, auch […] mit der Tat bis zum Ende wahr machen wollte».[32] Barth hat

[32] Karl Barth, KD IV/2, 604.

dies indes nicht getan. Aber umso mehr ist seine eigene Abhandlung darüber als ein Text zu verstehen, der sich im stillschweigenden Gespräch mit Bonhoeffer entfaltet.

Das Gespräch ist in diesem Fall nicht schwierig, weil beide Theologen hier in wichtigen Aspekten nahe beisammen sind, auch wenn sie ihre Erkenntnisse je in ihrer Weise vortragen. Nachfolge, so hören wir von beiden, ist nicht ein Leben nach den Vorschriften eines Programms; denn da hat er Mensch es im Grunde in seiner eigenen Hand, sie nach eigenen Vorstellungen auszulegen und anzuwenden, um so zu wissen, was er tun will. Nachfolge geschieht ganz und gar in der Bindung an eine Person, an die Person Jesu Christi, die bestimmt, was der Mensch zu tun hat, und dem er zu folgen hat.[33] Bonhoeffer konnte sehr konkret aussprechen, dass es Sünder sind, die Jesus beruft: «Sie sind schuldig geworden am Leben der schwächsten und wehrlosesten Brüder Jesu Christi.» Sie, die Christenheit, «bekennt, Beraubung und Ausbeutung der Armen, Bereicherung und Korruption der Starken stumm mit angesehen zu haben».[34] Ebenso betont Barth, dass Nachfolge die Bindung des Sünders an den ist, der die Sünde vergibt.[35] Dadurch wird klar: Er ist gut, der Menschen an sich bindet, und es ist gut, an ihn gebunden zu sein.

Damit hängt das Stichwort Bonhoeffers von dem «einfältigen Gehorsam» zusammen, das Barth direkt übernimmt.[36] Damit ist wohl genau das gemeint, was Bonhoeffer so formuliert: «Was Gehorsam ist, lerne ich allein im Gehorchen.»[37] Einfältig heißt hier nicht «töricht», auch nicht «unbedacht». Einfältig heißt, niemals heraustreten aus dem Gehorsam gegen den Vorangehenden, auch nicht beim Nachdenken darüber, was an der Zeit ist zu tun und wie es am besten anzustellen ist. Barth stimmt dem zu und zitiert hier Bonhoeffer ausdrücklich.[38]

Die Nachfolge vollzieht sich nach beiden als ihr Dasein für andere. Die durch Christus versammelte Schar ist *wesentlich* nicht für sich da, wie Bonhoeffer oft schrieb: «Kirche ist nur Kirche, wenn sie für andere da

---

33 Dietrich Bonhoeffer, Nachfolge, Berlin 1954, 28.

34 Ders., Ethik, München 1958, 58; vgl. ders., Widerstand und Ergebung. Briefe aus der Haft, hg. von Eberhard Bethge, Berlin 1982, 31.

35 Karl Barth, KD IV/2, 605f.

36 Ebd., 612.

37 Dietrich Bonhoeffer, Nachfolge, Berlin 1954, 50.

38 Karl Barth, KD IV/2, 612–614.

ist.»[39] Das ist ein radikaler Satz, weil er im Umkehrschluss besagt, dass sie, wenn sie nicht für andere ist, auch nicht Kirche ist. Wenn ihre Glieder sich dies klarmachen, so müsste sie das noch heute geradezu erschüttern. Barth sagt ähnlich: «Die Gemeinde Jesu Christi ist für die Welt da, will sagen: für alle, für jeden Menschen. […] Sie existiert ekstatisch, ekzentrisch. […] Sie errettet ihr eigenes Leben, indem sie es für die übrige menschliche Kreatur einsetzt und hingibt.»[40] Er setzt dem die Feststellung entgegen, die auch Bonhoeffers Äußerungen entspricht: «Merkwürdiges *Missverhältnis* zwischen der Selbstlosigkeit, ja Selbsthingabe Gottes und Jesu Christi […] – und der Genügsamkeit, in der die Christen es sich nur eben rechtsein […] zu lassen hätten, als seine Empfänger die Nutznießer des so ganz anderen Seins und Tuns ihres Herrn zu sein!»[41]

Beide Theologen unterstreichen auch, was Jesus sagt: «Wenn einer mir auf meinem Weg folgen will, verleugne er sich und nehme *sein* Kreuz auf sich, und so folge er mir.» (Mt 16,24) Es ist für beide klar, dass Christen dabei solches Kreuz nicht suchen sollen, aber auch, dass sie es nicht vermeiden wollen dürfen. Bonhoeffer legt den Finger darauf, dass hier gemeint ist ein «Leiden, das aus der Bindung an Jesus Christus allein erwächst». Es geht um etwas anderes als um das allgemeine Ungemach, das Menschen als endliche Wesen oft zu erleiden haben. Das Kreuz der Nachfolge Jesu darf nicht als solches Ungemach aufgefasst werden. Es geht hier um ein «an das Christsein gebundenes Leiden».[42] Barth sagt Entsprechendes – eben von dem Kreuz, das jeder in Christus Geheiligte und also jeder Christ als solcher zu tragen bekommt.

> «Das Kreuz ist die konkreteste Gestalt der Gemeinschaft zwischen Christen und den Christen. Wie Jesu Christi Erleiden seines Kreuzes seine, des einen Menschensohnes, […] *Krönung* war und ist, so ist das von jedem Christen zu erleidende Kreuz seine Überkleidung mit der ihm als einem Christen zukommenden Auszeichnung, Ehre, Würde.»[43]

---

39 Zum Beispiel: Dietrich Bonhoeffer, Widerstand und Ergebung, 415f.
40 Karl Barth, KD IV/3, 872.
41 Ebd., 651.
42 Dietrich Bonhoeffer, Nachfolge, 116–123.
43 Karl Barth, KD IV/2, 677.

Religion in all den Formen findet Duldung, ja, Anerkennung und Beifall unter den Menschen. Aber Nachfolger Jesu Christi sind wie Schafe unter den Wölfen (Mt 10,16). Sie werden ihren Mitmenschen «als ein Fremdling, ein Narr, ein Schädling erscheinen».[44] Auch hier besteht eine übereinstimmende Sicht bei den beiden Theologen.

Das Gespräch zwischen Barth und Bonhoeffer ist allerdings darum angebracht, weil sie an nicht unwichtigen Punkten auch *nicht* übereinstimmen, sondern Verschiedenes sagen, das sich schwerlich unter einen Hut bringen lässt – ohne dass sie das trennen müsste. Das zeigt sich bei der Frage: Wem gehorchen wir als Christen? Interessant ist, dass Bonhoeffer offenbar die Frage lieber so stellt: Wie verhalten sich Glaube und Gehorsam zueinander? Er sagt: Nicht so, dass der Gehorsam dem Glauben folgt. Denn so würde beides auseinandergerissen. Also sagt er zunächst, «dass Glaube nur *in* der Tat des Gehorsams Glaube ist».[45] Doch das versteht er in dem Sinn, dass der Gehorsam dem Glauben vorangeht. Dazu sei jeder Mensch frei, weil es ein Tun innerhalb der *iustitia civilis* ist, also nach lutherischer Tradition der erste, äußerliche Gebrauch des Gesetzes, wozu auch «der Schritt zur Kirche» gehört. Ohne diesen ersten Schritt gebe es keinen Glauben, obwohl ohne Glauben dieser Schritt fruchtlos sei.[46] Und – ohne diesen ersten Schritt habe man es mit der «billigen Gnade» zu tun. Sie wird also teure Gnade nicht durch die Hingabe Christi für uns ans Kreuz, sondern durch unseren äußerlichen Gebrauch des Gesetzes?

Barth behandelt die Frage des Verhältnisses von Glaube und Gehorsam anders – eben als Antwort auf die Frage, wem gehorchen wir als Christen? Antwort: Dem, an den wir glauben! Darum sind wir in seiner Nachfolge nicht blind, sondern erkennen den, dem wir folgen. Alles entscheidend ist bei der Frage von glauben und gehorchen dies, auf *wen* sich beides bezieht, und dabei gehört beides untrennbar zusammen. Wir *sind* nicht immer schon frei und zeigen das im äußerlichen Gebrauch des Gesetzes; denn wem gehorchen wir denn dabei? Wirklich Gott oder nur einer staatlichen und kirchlichen Vorschrift? Wir *werden* wirklich frei, und dies im Vertrauen zu Jesus. In diesem Vertrauen vollzieht sich unser «Glaube in

[44] Ebd., 617.
[45] Dietrich Bonhoeffer, Nachfolge, 34.
[46] Ebd., 35.

Gestalt des Gehorsams». Also, «wie Gehorsam ohne Glauben nicht Gehorsam wäre, so wäre Glaube ohne Gehorsam nicht Glaube».47 Hier stehen sich zwei Konzeptionen gegenüber, die nicht leicht zu verbinden sind.

Ein anderer Unterschied zeigt sich bei der Antwort auf die Frage: In welcher Weise begegnet uns Christus? Bonhoeffer antwortet auch in der wirren Zeit von 1937 – eine Zeit, in der Christus in so vielen kirchlichen Gottesdiensten verleugnet und verraten wurde:

> «Zu der Sichtbarkeit des Leibes Christi in der Predigt des Wortes tritt die Sichtbarkeit in Taufe und Abendmahl. Beide kommen her aus der wahrhaftigen Menschheit unseres Herrn Jesu Christi. In beiden begegnet er uns leibhaftig und macht uns der Gemeinschaft seines Leibes teilhaftig.»[48]

Der Satz fasst offenbar bündig zusammen, was Bonhoeffer sieben Jahre zuvor in seiner Dissertation «Sanctorum communio» geschrieben hatte. Barth hat auch diese mit hohem Lob bedacht[49], bevor er sich – «in meiner Weise», wie er sagt, – mit dem gleichen Thema befasst. Er lehnt sich wohl an Bonhoeffers Formulierung an, um sie dann doch neu zu fassen. Er differenziert zwischen Jesus Christus als dem Haupt seiner Gemeinde und ihr als seinem Leib. Dadurch vermeidet er es, das faktische Dasein einer Gemeinde mit seiner Gegenwart zu identifizieren. Dadurch ist klargestellt, dass ihr Dasein ganz und gar daran hängt, dass Jesus Christus selbst sich in ihr in seiner freien Gnade vergegenwärtigt. Es hängt ganz und gar daran, dass geschieht, was er und nur er kann: «Er kann sich eben die communio sanctorum auf Erden erschaffen, erhalten, regieren, kann irdisch-geschichtlich auch in ihr existieren.»[50] Demnach ist der irdische Gottesdienst bei rechtem Vollzug nicht automatisch ein Tun in der Gegenwart Gottes, er ist es nur, wenn es sich ereignet, dass Gott in Christus durch den Heiligen Geist sich selbst vergegenwärtigt. Darum können wir dabei nur bitten.

Noch ein Punkt: Jesus stellt in der Erwartung des kommenden Reiches Gottes menschliche Selbstverständlichkeiten in Frage. Beiden Theologen gibt das zu denken, und sie sind hier wohl nahe beisammen. Bonhoeffer

47 Karl Barth, KD IV/2, 607f.
48 Dietrich Bonhoeffer, Nachfolge, 222.
49 Karl Barth, KD IV/2, 725.
50 Ebd., 739.

handelt davon unter der Überschrift «Die Nachfolge und der Einzelne» und formuliert diese Thematik unter Hinweis auf Lk 14,26 («Wer zu mir kommt und nicht Vater und Mutter, Frau und Kinder, Brüder und Schwestern und dazu auch sein eigenes Leben hasst, kann nicht mein Jünger sein»). Die Zuspitzung auf den Einzelnen ergibt sich für ihn aus dem «Bruch mit den natürlichen Gegebenheiten, in denen der Mensch lebt». Dieser Bruch ist in dem Ruf Jesu «bereits vollzogen».[51] Wie anhand der Seligpreisungen ausgeführt wird, vollzieht sich die Nachfolge im Verzicht auf jedes eigene Recht, auf die eigene Gerechtigkeit, auf die eigen Würde, auf das eigene «Gute und Böse», auf Gewalt und Aufruhr.[52]
Ähnlich spricht Barth auch von solchem Bruch, den Menschen in der Nachfolge Jesu vollziehen. Es ist der Bruch mit der Bindung an Autorität und Geltung, an Besitz, an Ehre, an Gewalt, an Familienbande und gar an die Normen der Religion und der herrschenden Moral.[53] An den letzten Punkten geht Barth wohl über Bonhoeffers «Nachfolge» hinaus, aber es ist für diesen gewiss auch nachvollziehbar. Wiederum sagt auch Barth, dass ein Mensch durch die Nachfolge Jesu in seiner Umgebung ein Einsamer werden muss, und das dadurch, dass er nicht mehr das von den rundum verehrten Göttern gebotene Allgemeine tun darf.

Doch bei aller Nähe der beiden Theologen gibt es auch hier einen Unterschied zwischen ihnen. Bei Bonhoeffer ist das, was er zur «Nachfolge» sagt, im Rahmen der lutherischen Zwei-Reiche-Lehre gedacht, die ja schon in seinem Beitrag zum Betheler «Bekenntnis» von 1933 bestimmend war. Was die Nachfolger Jesu tun, hebt sich nach ihm wohl ab von dem, was die allgemeine Mehrheit tut, aber sie haben dabei durchhaus auch das zu bejahen, was in der «Welt» nach den irdischen Gesetzen vollzogen werden muss. Noch 1940/41 schreibt er:

> «Das Gebot Gottes will den Menschen immer in einem irdischen Autoritätsverhältnis, in einer durch ein klares Oben und Unten bestimmten Ordnung begegnen. […] Die echte Ordnung des Oben und Unten lebt aus dem Glauben

---

[51] Dietrich Bonhoeffer, Nachfolge, 68.
[52] Ebd., 82–86.
[53] Karl Barth, KD IV/2, 620–624.

> [...] an den ‹Herrn› der ‹Herren›. Der Glaube allein bannt die dämonischen Gewalten, die von unten her aufsteigen»[54]

– «von unten her», nämlich von den Proletariern, meint Bonhoeffer. Ja, im Gefängnis Tegel erklärt er:

> «Wir brauchen wieder eine echte Oberschicht Wir, wir müssten es sein, die sich an die Spitze stellen; denn wir wissen, was wir wollen. Und weil die meisten träge und feige sind, darum muss es Herren und Knechte, ja ich möchte wirklich fast sagen: Sklaven geben.»[55]

Barth denkt hier anders. Er versteht den Bruch, den Jesus vollzieht und in den er seine Nachfolger ruft, als einen radikalen Angriff auf *alle* irdische Gegebenheiten, ohne dass wir irgendeinen ganzen Bereich davon ausnehmen dürften. Sie unterstehen alle seiner Herrschaft und seinem Urteil. Diesen Angriff bezeichnete er als «Revolution Gottes» und erklärte dies des Näheren so:

> «Was der Mensch von sich aus tut, auch was er in Auflehnung gegen (solche Gegebenheiten) von sich aus herausnehmen mag, läuft immer wieder auf ihre Bestätigung und Verstärkung hinaus, ruft immer neuen Formen ihres Regimentes. Die kleinen Revolutionen und Angriffe [...] haben ihrer Macht noch nie auch nur wirkliche Grenzen gesetzt, geschweige denn, dass sie sie gebrochen hätten. Das Reich Gottes, die Revolution Gottes bricht sie, hat sie schon gebrochen. Jesus *ist* ihr Besieger.»

Doch heißt das nicht, dass hier ein Mensch nichts Rechtes tun kann, und sei es im Widerstand gegen Unrecht. Die Selbstverleugnung, die Jesus uns in seinem Ruf in die Nachfolge auferlegt, meint keinen Selbstzweck. Sie steht «im Dienst jenes großen Angriffs».[56]

Es ist in den jetzt genannten kritischen Punkten nicht genannt, wem von den beiden Theologen jeweils recht zu geben ist. Aber diese beiden fordern die heutigen Leser auf, darüber nachzudenken und sich darüber

[54] Dietrich Bonhoeffer, Ethik 224.
[55] Ders., Fragmente Tegel, 96.
[56] Karl Barth, KD IV/2, 614f.

klar zu werden, wem wir als Christen gehorsam zu folgen haben. Und zwar klärt sich das angemessenerweise im Hören auf das, was die beiden verbindet.

Charlotte von Kirschbaum (1899–1975)

Mitarbeit
Karl Barth und Charlotte von Kirschbaum

Wenn das Kapitel zu Karl Barth und Charlotte von Kirschbaum unter dem Titel «Mitarbeit» steht, so ist damit etwas Grundlegendes gemeint. Sie erfüllte mit dem Einsatz ihres Lebens, was Barth einmal geschrieben hat: «Recht arbeiten kann man nur, wenn man sich in die Hände arbeitet.» und «Arbeit, die nicht Mitarbeit ist, ist geschäftiger Müßiggang.»[1] Charlotte von Kirschbaums Leben war ein einprägsamer Kommentar zu der Wahrheit dieser Sätze. Männer und Frauen sind durch Gottes Gnade berufen zuerst zu Mitarbeitern *Gottes* (vgl. 1Kor 3,9). Aber als solche sind sie sofort hineingestellt sind in das Miteinander mit anderen Mitmenschen. Wir können nur so recht leben, dass wir miteinander leben und arbeiten, wechselseitig aufeinander angewiesen, dankbar, nicht allein tun zu müssen, was wir zu tun haben, sondern dies zusammen mit anderen tun zu dürfen. Vielleicht würde man sich dieser Frau vielleicht nicht mehr erinnern, wenn sie nicht die Mitarbeiterin Karl Barths gewesen wäre.

1. Persönliche Erinnerungen

Ich kannte sie erst in ihren letzten Lebensjahren. Im Herbst 1959 kam ich von deutschen Universitäten zum Theologiestudium nach Basel, um Karl Barth zu hören. Es war mir alles so fabelhaft interessant, als träte ich in eine neue Welt ein. Und bald begegnete ich Charlotte von Kirschbaum. Denn wo Karl Barth war, war auch sie, in den Vorlesungen, Seminaren und bei anderweitigen Zusammenkünften. Unter dem grauen Haar ein schönes, ein interessantes, sympathisches Gesicht, in dem das Eindrücklichste ihre blauen Augen waren – voll entschlossener, gesunder Klarheit und wacher Aufmerksamkeit. Es entstand bald eine freundliche Nähe. Karl Barth pflegte, weit mehr, als ich es von deutschen Professoren her kannte, intensiven Umgang mit den Studenten, lud sie nach jenen Veranstaltungen in Wirtschaften ein oder zu Gesprächen und Mahlzeiten in seinem Haus. Ich denke, von Kirschbaum war eine treibende Kraft bei dieser Kontaktpflege. Sie hatte ein genaues Gedächtnis für die früheren

[1] Karl Barth, KD III/3, 616, und: IV/2, 474.

und für die gegenwärtigen Studenten. Sie kannte schnell die Lebensumstände ihrer Mitmenschen und wusste, wer jetzt eine Ermutigung, jetzt ein tröstliches Wort, jetzt eine Hilfe oder einen Rat brauchte. Manchmal gab sie auch mir einen Geldschein oder ein neues Buch oder auch Medizin bei gesundheitlichen Schwierigkeiten. Sie war wie eine ältere Freundin, mit einem ansteckenden Lachen und einem hellen, zuweilen auch höchst kritischen Verstand. 1959 schrieb Barth ihr folgende Eigenschaften zu: Adlig, angenehm, demütig, entrüstend, friedliebend, harmonisch, heilig, immer treu, nimmer müde, Obsorge für Vögel …

Als ich im Lauf der Zeit häufiger bei Barths eingeladen wurde, war bei Charlotte von Kirschbaum eine zunehmende Veränderung zu bemerken, die Anfänge einer Hirnatrophie. Sie wurde stark vergesslich. Ihre Fähigkeit, ihre Handlungen zu lenken, ließ nach. Als sie einmal durch Unachtsamkeit eine höchst wertvolle farbige Scheibe, angeblich original von Holbein, zerstört hatte, lief sie weinend zu Karl Barth, der sie tröstete: «Ach, wiene doch nicht, ‹Glück und Glas, wie leicht bricht das›.» Ein anderes Mal half ich ihr, Arbeiten, die ihr über den Kopf gewachsen waren, zu ordnen. Da lehnte sie auf einmal traurig ihren Kopf an meine Schulter: «Ich kann nicht mehr; ich habe mich verzehrt. In früheren Zeiten hat Barth mich in mancher Nacht aus dem Schlaf geweckt, wenn er das nächste Stück seiner Dogmatik entworfen hatte, um es mir in die Maschine zu diktieren. Und nun bin ich ausgebrannt.» In meiner Hilflosigkeit war ich sprachlos, umarmte sie einfach. In diesem Moment war sie anlehnungsbedürftig; sie spürte den Zerfall ihrer hohen geistigen Kräfte. Aber im Ganzen hat ihre Krankheit doch dazu geführt, dass ihre Gesichtszüge nur noch freundlicher und abgeklärter wurden.

Als sie 1965 in ein Pflegeheim kam, mit dem sinnigen Namen «Sonnhalde», hatte ich Gelegenheit, einen Teil ihrer früheren Sekretariatstätigkeit auszuüben. Ich bekam dadurch wenigstens von ferne einen Eindruck von dem, was sie einst noch weit mehr geleistet hatte, als Barth selbst auf dem Zenit seiner Schaffenskraft stand. In der ersten Zeit meiner Tätigkeit war er doch immer noch voller Aktivität. Er arbeitete von früh bis spät, bevor er einen Abendausklang organisierte, mit Lesung von Gedichten, mit Diskussionen über aktuelle Fragen des öffentlichen Lebens und mit Hören von Musik, bevor er dann nach Mitternacht im Bett noch Berge von schöner Literatur verschlang: Shakespeare, Goethe, Kafka oder auch über den «Civil War». Er brauchte extrem wenig Schlaf. Denn schon frühmorgens telefonierte er mir: «Wo bleiben Sie? Die Arbeit geht weiter.» Und dann wurde den lieben langen Tag streng gearbeitet, nur unterbrochen durch fröhlich-entspannte Mahlzeiten. Gäste wurden empfangen, Aufsätze und Vorträge verfasst, Bücher gelesen, und es war auch das meine Aufgabe, zu seinem Gebrauch Exzerpte herzustellen. Viele Briefe wurden geschrieben, wobei es vorkam, dass ich Briefe vollständig verfasste, die dann er unterschrieb. Im Verhältnis zu Charlotte von Kirschbaum wird sich Ähnliches zugetragen haben. Er meinte, dieses Verfahren sei geheiligt durch die Heilige Schrift, nämlich durch die Pseudepigraphen. Entsprechend ging es zu bei der Bearbeitung des letzten Bandes seiner Dogmatik. Eines Tages händigte er mir das Manuskript aus: «Lesen Sie es ganz genau und nehmen Sie Verbesserungen und Einfügungen vor, wo es Ihnen hilfreich erscheint!» Zuletzt hatte ich einige Seiten geschrieben, indem ich seinen Stil nachahmte; doch er wollte sie nicht sehen: «Ich nehme an, es wird recht sein auch ohne meine Kontrolle.» Kurz, ich lernte so in Umrissen etwas davon verstehen, wie sich einst in großem Ausmaß die Arbeit von Charlotte von Kirschbaum abgespielt haben mochte – mit ihr als die beherzte Mitarbeiterin.

Zu meinen Aufgaben gehörte auch, ihre in Unordnung geratenen Dinge aufzuräumen. Dabei stieß ich auch auf private Dokumente von ihr, die ich Karl Barth vorlegte, und durch seine Erläuterungen begriff ich allmählich etwas von der so besonderen Beziehung zwischen den beiden. Ich zitiere aus zweien der Papiere, die ich da entdeckte. Im Jahre 1926, am Anfang ihrer Beziehung, schrieb er ihr ein Gedicht:

> «Sieh, ich kam so meines Wegs gegangen
> Etwas müde, aber wunschlos unbefangen,
> Litt ein bisschen, doch nicht an zu schweren Wunden,
> Hatte mich geruhig damit abgefunden,
> Dachte mir, es müsse wohl so sein,
> Dass man letztlich, letztlich sei allein.
> Sieh, dann kamest du desselben Wegs gegangen,
> Frei auch du von Vorsatz und Verlangen,
> Hattest still in deiner Jugend Tagen
> An des Lebens Last dein Teil getragen,
> Warst gedankenvoll bei deiner Pflicht,
> Warst in Not und kanntest sie doch nicht.

Und dann war es wie ein freudig-leidvoll Segnen,
Dass wir zwei uns mussten dort begegnen,
Konnten uns nicht in die Augen schauen,
Ohne siegreich gründlich offenes Vertrauen.
Wussten, sagten wir's einander? Nein!
Dennoch: Keines war nun mehr allein.
Und dann ist es über uns hereingebrochen
Schuldvoll, freudvoll, leidvoll ward es ausgesprochen,
Größte Klarheit, höchster Jubel, tiefster Kummer.
Gibt uns Ruhe nun und raubt uns Ruh und Schlummer.
Tut's dir weh? Mir ist's so leid – verzeih es mir!
Aber, Liebste, hör auch das: ich danke dir.»[2]

Als 1929 Charlotte von Kirschbaum in das Haus der Barths zog, entstand ein gewiss kompliziertes und von allen Beteiligten erlittenes Dreiecksverhältnis zwischen Karl Barth und seiner Frau Nelly und ihr. Aber sie suchten ihre schwierige Beziehung zueinander auf hohem Niveau von geistiger Disziplin zu leben. Natürlich war die Rolle der drei in dieser Beziehung je eine besondere.[3] Für Charlotte von Kirschbaum war es besonders belastend, dass sie nicht nur von der umgebenden Gesellschaft in Basel, sondern namentlich auch von Karl Barths Mutter und teils von seinen Geschwistern entschieden abgelehnt wurde. Darüber schrieb ihre Freundin Gerty Pestalozzi 1940 an Barths Bruder Heinrich, den Philosophen, Folgendes:

«Dass [gerade] sie immer wieder verstehende, erklärende Worte fand [im Blick auf diese sie verneinende Familie Barths und speziell seine Mutter, dass sie] entstandene Spannungen mit Humor und leichter Hand [...] zu lösen verstand, dass sie aus Entfremdungen nicht Kapital schlug, sondern immer wieder versuchte, Karl den Weg zu seiner Mutter zu ebnen, auf dem sie selbst das

2 Jetzt in: Karl Barth – Charlotte von Kirschbaum, Briefwechsel Bd. 1, 1925–1935, hg. von Rolf-Joachim Erler (GA 45), Zürich 2008, 75. Der Herausgeber des Buches, Rolf-Joachim Erler, hat die Aufgabe der Edition in vorbildlicher Weise eindrucksvoll angefasst.

3 Bei aller Zurückhaltung haben wir zu sehen, dass Charlotte von Kirschbaum in der Beziehung zu Karl Barth an einer Stelle stand, von der sie Nelly Barth gar nicht vertreiben konnte.

> Hindernis war […]. Dass sie nicht angenommen wurde, blieb für sie ein unbesprochener, ohne Bitterkeit ertragener *Schmerz* […] [Ihr] Einfluss [ist] zum Guten, zu Verständnis, Klarheit und absoluter Aufrichtigkeit. Diese Eigenschaften, verbunden mit Klugheit, machen das ‹Verarbeiten› mit ihr immer möglich und fruchtbar. […] Hier sind nicht zwei Ego und daraus keine eigensüchtigen Haltungen und Motive, sondern ‹zweisüchtige›, in einer ‹duozentrischen› Haltung.»

Karl Barth besuchte sie regelmäßig in ihrem Pflegeheim. Als sie nicht mehr reden konnte und ein Gespräch schwer möglich war, konzentrierte er sich darauf, ihr Lieder zu singen, Volkslieder, zum Beispiel das, das er 1935 nach seiner Verhaftung durch die Gestapo sang, worin es nämlich heißt: «Und sperrt man mich ein in finsteren Kerker, das alles sind rein vergebliche Werke. Denn meine Gedanken zerreißen die Schranken und Mauern entzwei, die Gedanken sind frei.» Einmal war ich dabei, als er ihr den Choral «Nun danket alle Gott» vorsang. Sie versuchte die vergessenen Worte von seinen Lippen zu erraten und mitzusummen: «Der ewig reiche Gott / woll uns in unserem Leben / ein immer fröhlich Herz und edlen Frieden geben, / woll uns in seiner Gnad / erhalten fort und fort / und uns aus aller Not / erlösen hier und dort.» Und als er ausgesungen hatte, schlug er laut auf den Tisch: «Gelt, Lollo, das ist aber auch wahr.» Und sie nickte, irgendwie hatte sie das gut verstanden. Er schrieb damals: «Sie ist mir in ihrer Hinfälligkeit erbaulich.»[4] Nach seinem Tod besuchten meine Frau und ich sie zuweilen. Anfangs trug sie eine Puppe bei sich, mit der wir zusammen spielten. Zuletzt war sie nicht mehr ansprechbar, und es war, als sei ihr Geist schon längst aus ihrem Körper ausgezogen, bevor sie dann 1975 starb.

2. Ihr Beteiligtsein

Eine ihrer nächsten Freundinnen, Dr. Lili Simon, besuchte meine Frau und mich nach Charlotte von Kirschbaums Tod für einige Tage, bevor auch sie starb. Sie wollte ihre Überzeugung hinterlassen, dass es ungerecht wäre, von Kirschbaums Leben zu würdigen unter dem Titel «Schat-

4 Karl Barth, Briefe 1961–1968, hg. von Jürgen Fangmeier/Hinrich Stoevesandt (GA 6), 2. Aufl. Zürich 1979, 478.

tenarbeit»[5]. Sie sagte, dass Charlotte von Kirschbaum selbst erklärt haben würde, ihr Leben sei auf der Entscheidung begründet, vielmehr im *Licht* zu leben und zu arbeiten, und dass eine andere Entscheidung bedeutet haben würde, im Schatten zu leben. Um dieser Entscheidung willen, habe sie wohl manche Nachteile akzeptiert. Sie habe aber gedacht:

> «In der Sache, die Barth vertritt, geschehen für die Kirche, für die Theologie, irgendwie auch für die Welt so entscheidende Dinge, dass ich so nah wie möglich dabei sein will; hier will ich meine Kräfte einsetzen in derselben Sache wie er und will daher mitarbeiten mit ihm, in der mir entsprechenden Weise. Kann ich nicht, was er tut, so ist es eine Hilfe ist, wenn ich tue, was ich kann.»

Dieser Punkt ist wichtig, um die auch schon erwogene Frage zu würdigen, ob sie von Barth «ausgebeutet» wurde. Dabei sollte klar sein, dass Ausbeutung nicht dasselbe ist wie das, was zu allen Biographien gehört, dass viele menschliche Möglichkeiten und Fähigkeiten unentfaltet bleiben, wenn das Leben eine bestimmte Richtung einschlägt. Ausbeutung liegt da vor, wo das Leben eines Menschen so fremdbestimmt ist, dass er es ehrlicherweise nicht mehr selbst bejahen kann. Das war bei von Kirschbaum allem Anschein nach nicht der Fall. Ihr besonderer Einsatz sei im Blick auf vier verschiedene Bereiche veranschaulicht.

Der deutsche Kirchenkampf 1933/34

Als 1933 der deutsche Kirchenkampf begann, war Barth Professor in Bonn. Er war in dieser Zeit völlig überlastet – einerseits durch seine akademischen Aufgaben, zu denen gehörte, dass er neben seinem dogmatischen Angebot auch den früh von den Nationalsozialisten abgesetzten Neutestamentler Karl Ludwig Schmidt zu vertreten und auch durch homiletische Seminare den dürftigen Darbietungen eines deutschchristlichen praktischen Theologen in Bonn etwas Solides entgegenzusetzen suchte, und andererseits durch die mannigfachen Verpflichtungen in den heftigen Auseinandersetzungen um den Kurs der Kirche im Verhältnis zu dem neuen Staat und in den Bemühungen um die Bildung einer aufrecht-

5 Vgl. Renate Köbler, Schattenarbeit. Charlotte von Kirschbaum – Die Theologin an der Seite Karl Barths, Köln 1987. Die englische Übersetzung überspitzt den Titel noch in der Fassung: «In the shadow of Karl Barth».

stehenden Bekennenden Kirche. In dieser Situation wuchs von Kirschbaum eine eigene Aufgabe zu, die sie mit weiser Energie anging. Sie knüpfte und pflegte mannigfach Kontakte, beteiligte sich an nächtelangen Debatten oder verbreitete wichtige Dokumente und Informationen. Sie hatte dadurch einen bestimmenden Anteil daran, dass sich in der riesigen kirchlich-theologischen Verwirrung des Jahres 1933 die Erkenntnis einer klaren evangelischen Linie Anerkennung zu finden begann. In ihren damaligen Briefen klagt sie wohl einmal, «dass wir auch hier durch dies ganze Chaos nicht etwa durchblicken»[6], zuerst angesichts der Besinnungslosigkeit, in der die evangelische Kirche auf den Anbruch des Dritten Reiches reagierte. Aber die von ihr verfolgte Linie war doch von früh an eindeutig. Entsetzt von der schrecklichen «‹Wandlungsfähigkeit›»[7] so vieler Theologen und Christen, hatte sie Rückgrat. So war sie für Karl Barth unersetzlich. Sie stützte und beriet ihn in der Einsicht, die in der Kirche und Theologie zur Herrschaft gekommenen Deutschen Christen bedingungslos abzulehnen, wegen ihrer Anpassung der Kirche an Volk und Rasse. Aber das war ihre Hauptsorge: Wie lässt sich dagegen eine Opposition machen, wo die Opposition, die sich zwar gebildet hat, die sogenannten Jungreformatoren, zu einem ernstlichen Widerspruch gar nicht in der Lage ist? Charlotte von Kirschbaum schrieb, «dass diese Opposition theologisch nicht sehr viel besser Bescheid weiß als die Deutschen Christen, bzw. insgeheim eben doch politisch festgelegt ist und von daher die wirkliche Freiheit des Evangeliums nicht mehr ganz begriffen hat».[8] Dieser Gruppe gehe es angeblich um die Reinhaltung des Evangeliums. Aber sie begreife nicht, «dass das ‹dankbare Ja› [zum Hitlerstaat] *nicht* zur Sache gehört».[9] Denn wie kann man in evangelischer Freiheit zu dem neuen Staat Stellung nehmen, wenn schon zum vornherein die Zustimmung zu diesem Staat, ohne Rücksicht auf das Evangelium, festgelegt ist? Von Kirschbaum hat diese Kritik an der kirchlichen Opposition gerade zugunsten einer wirklichen Opposition gegen die Deutschen Christen, wie sie oft betont, schmerzhaft durchlitten. Denn diese Kritik bedeutete für sie, die sich eine «bayrische Lutheranerin»

---

6 Brief von Charlotte von Kirschbaum an Erica Küppers, 11.6.1933.
7 Brief von Charlotte von Kirschbaum an Erica Küppers, 11.5.1933.
8 Brief von Charlotte von Kirschbaum an Hugo Putsch, 26.11.1933.
9 Brief von Charlotte von Kirschbaum an Erica Küppers, 16.5.1933.

nannte[10], dass sie damit namentlich in Gegensatz geriet zu Georg Merz, einem bayrischen Lutheraner, dem Herausgeber der Zeitschrift der Dialektischen Theologie «Zwischen den Zeiten»; er war ihr besonderer geistiger Vater, der sie einst für die christliche Theologie gewonnen hatte. Mit wahrer Trauer sah sie nun, wie dieser Theologe «in allen *konkreten* Fragen (wie etwa der Judenfrage)» allzu positiv den nationalsozialistischen Staat bejahte[11], ohne zu verstehen, «wie man so wenig Verständnis haben kann für das Gebot der Stunde», das durch das Dritte Reich gestellt ist.[12] Sie suchte daher Merz persönlich auf, damit sie, die Schülerin, ihren ersten theologischen Lehrer von seinem Irrweg zurück hole. Aber vergeblich! Sie schrieb von der «nahezu totalen Einsamkeit», die sie mit Barth in der kirchlichen Situation dieser Monate erfuhr.[13] Es brauchte um so mehr Mut, den von ihr erkannten Weg zu gehen, als ihr dabei eine christliche Anerkennung des Hitlerstaates unmöglich war. Der begann jetzt immer deutlicher nach seinen Kritikern zu greifen. Sie redete im November 1933 von der nunmehr «schwer bedrohten Existenz in Deutschland».[14] Eines Tages wurde ein von ihr erstellter Text von der Staatsanwaltschaft konfisziert, in dem sie mutige Äußerungen Barths Ende Oktober 1933 in Berlin notiert hatte. Sie handelten vom um sich greifenden Unrecht und von Judendiskriminierung, zu dem eine allein an das Wort Gottes gebundene Kirche nicht schweigen dürfe. Der Inhalt des Textes führte schließlich zur Vertreibung Barths aus Deutschland und damit auch zu Charlotte von Kirschbaums Emigration in die Schweiz. An Weihnachten 1933 schrieb sie über einen Frauenroman von Gertrud Bäumer, den ihr ihre Freundin Erica Küppers geschenkt hatte: Es sei ihr in dem Buch tröstlich und hilfreich, in der dargestellten Frau einem Menschen zu begegnen, «der seinen Gang geht wie ein Naturereignis».[15] Sie war wohl selbst auch solch eine «Ereignis».

---

10 Brief von Charlotte von Kirschbaum an Anna Barth, 21.5.1933.

11 Brief von Charlotte von Kirschbaum an Erica Küppers, 11.5.1933.

12 Brief von Charlotte von Kirschbaum an Erica Küppers, 11.6.1933.

13 Ebd.

14 Brief von Charlotte von Kirschbaum an Peter Barth, 25.11.1933.

15 Brief von Charlotte von Kirschbaum an Erica Küppers, 27.12.1933.

Das «Bergli»-Leben

Wir blicken hier auf eine ganz andere Szenerie. Das Bergli war der Sommersitz von Rudolf und Gerty Pestalozzi, in der Nähe von Zürich gelegen, auf einer einsamen, mit Wald umgebenen Anhöhe, mit Blick auf den Zürichsee und in die Glarner Alpen. Rudolf war ein begüterter Fabrikant, aber auch mit seiner Frau aktives Mitglied im Religiösen Sozialismus. In dessen Kreisen hatte er sich mit Barth befreundet, schon in dessen Zeit als Safenwiler Pfarrer. Dieser hielt sich während Jahrzehnten in seinen Semesterferien dort auf. 1924 brachte Georg Merz Charlotte von Kirschbaum erstmals dorthin.[16] Seither gehörte sie neben Barth zu den regelmäßigen Gästen des Hauses, alles zusammengezählt hielten sie sich drei Jahre lang dort auf, und beide bestimmten das Leben an diesem gastlichen Ort tiefgehend mit. Es gab offenbar keinerlei Kontakt zu dem nur wenige Kilometer entfernten Sitz der Familie Ulrich Wille, in dem in den 1920er Jahren Adolf Hitler und auch die Familie von Weizsäcker verkehrte, ein Clan der Schweizer Militär- und Finanzaristokratie, der mit den *Nationalsozialisten* sympathisierte.[17] Auf dem Bergli entfaltete sich ein veritables Kontrastleben dazu.

Das lag mit daran, dass Barth seine theologischen Themen mitbrachte und all die Fragen des Kirchenkampfes und der Stellung zum Hitlerstaat. Er hat dort viel gearbeitet in Kooperation mit Charlotte von Kirschbaum, und dort etwa sein Buch über Anselm geschrieben. Nach einem Bad im Zürichsee wurde die Zeitschrift «Zwischen den Zeiten» gegründet. Barth zog zugleich allerlei Freunde an diesen Ort wie Eduard Thurneysen, Friedrich Gogarten, Emil Brunner, Willem A. Visser't Hooft, Helmut Gollwitzer, Dietrich Bonhoeffer, Ernst Wolf, den hochgeschätzten Pierre Maury, auch den Philosophen Heinrich Scholz, der Charlotte von Kirschbaum gern geheiratet hätte. Aber sie zog dem ohne Zögern das äußerlich ungesicherte Leben mit Barth vor. Für viele Jahre war das Bergli ein freies Zentrum für Diskussionen über ökumenische, theologische und politische Probleme. Das Kontrastleben zeigte sich in einem erstaunlich freien Lebensstil, der hier herrschte. Es sollte nicht übersehen werden, dass der Verfasser der Kirchlichen Dogmatik und die Autorin von «Die wirkliche

---

16 Gertrud Pestalozzi-Eidenbenz, Ein Leben. 1893–1978. Tagebücher und Briefe, Aarau 1993, 257.

17 Niklaus Meienberg, Die Welt als Wille und Wahn. Elemente zur Naturgeschichte eines Clans, 7. Aufl., Zürich 2005.

Frau» auch kreative Teilnehmer an dem munteren Treiben auf dem Bergli waren. Dieser so eigene Lebensstil war geprägt vor allem von Gerty Pestalozzi. Barth sagte von ihr: «Sie hat irgendeine Gnade vom verlorenen oder bereits vom wiederzubringenden Paradies vor uns allen voraus.»[18] Sie vereinte in sich herzlichste Liebe und weiteste Offenheit für ungeahnte Horizonte, einen Zug zum Schwärmerischen mit erdennahem Blick für Not, eine Zufriedenheit mit dem jeweils gegebenen Augenblick und eine Sehnsucht ins Kosmische. 1926 schrieb sie an Charlotte von Kirschbaum: «Wie viel gäbe ich darum, wenn ich den Arm um dich legen und dich meine innige Liebe, meine Wärme und Nähe noch einmal und immer wieder fühlen lassen könnte.»[19]

In dieser Atmosphäre waren alle Anwesenden aktive Hausgenossen, die ihre eigenen Gaben einbrachten in einem vielfältigen Zusammensein. Es wurde gewandert, geschwommen und zu Pferde geritten, das Sonnenbaden gepflegt und das Schlafen in freier Natur mit Blick auf den Sternenhimmel. Geographie, Architektur, Soziologie, Musik, Gesundheitskost, Graphologie und sogar Astrologie fanden lebhaftes Interesse. Man spielte zudem, etwa indem man Gedichte oder Rätsel verfasste oder in verteilten Rollen romantische Szenen improvisierte. Und man las viel zusammen, ältere und neueste Literatur. Besonders bewegte der Roman von Mervin Brian «Das Herz ist wach. Briefe einer Liebe» die Gemüter. Briefe von einer ebenso zarten wie leidenschaftlichen Liebe zwischen zweien, die zusammengehören, aber nicht zusammenkommen und doch «über Tausende von Meilen versuchen, […] das Mein und das Dein zusammenzuschließen».[20] Sie glaube daran, sagt Monna, die Liebende, zuletzt, dass «ich etwas schaffen kann, das Zeugnis von unserer Liebe ablegt. Ich glaube, dass es eine Mission gibt in dieser verstörten Welt, zu der uns das Schicksal berufen hat.»

Auf dem Bergli tauchte eine Reihe interessanter, mutiger Frauen auf, die nahe Freundinnen von Charlotte von Kirschbaum und Karl Barth wurden und waren – neben Gerty Pestalozzi und Erica Küppers Emmy Lendrodt aus München, die Berliner Sozialarbeiterin Gertrud Staewen, die wegen der Ariergesetze vertriebene Lehrerin Lili Simon, die später

18 Karl Barth – Eduard Thurneysen, Briefwechsel Bd. 2, 1921–1930, hg. von Eduard Thurneysen (GA 4), 2. Aufl., Zürich 1987, 279.

19 Gertrud Pestalozzi, Ein Leben, 279.

20 Mervin Brian, Das Herz ist wach. Briefe einer Liebe, Tübingen 1934, 398.

nach New York emigrierte Jüdin und alleinerziehende Mutter Hertha List-von Gumpenberg, die hochgebildete Berner Philologin Dora Scheuner, die Bildhauerin Margit Fesca oder die Fürsorgerin Emmi Bloch. Auf einem Foto sieht man eine Reihe von ihnen mit Blumenkränzen auf dem Haupt und in weißen Kleidern. Mitten in dem allem Charlotte von Kirschbaum als eine dieses Leben mitgestaltende Kraft. 1942 schrieb sie an Gerty Pestalozzi, erfüllt von der Schönheit des Zusammenseins, aber mit der leisen Angst, dass schon morgen alles anders sein könnte: «Lass uns dessen froh sein, was ist.»[21] Und Gerty Pestalozzi nannte sie «guter Stern» und sagte ihr, dass sie auf ihrem «eigenartigen, guten, gesegneten, tapferen, erfüllten, schweren Weg» eine «stetige Leuchtkraft der Liebe und des Vertrauens» ausübe.[22]

Der Kontakt mit Deutschen seit 1935

Charlotte von Kirschbaum befand sich in dieser Zeit in einer prekären Situation. Sie war mit dem deutschen Pass im Ausland, in einem Land, in dem sie sich damals ihren Aufenthalt ständig neu genehmigen lassen musste. Das wurde erschwert, je mehr Barth zum Ärgernis der Schweizer Bundesbehörden wurde, weil er sie wegen Anpassung an den deutschen Nachbarstaat anklagte. Schlimmer war, dass 1941 zu dem Versuch von deutscher Seite, den Hitler- und Nazi-Kritiker Barth still zu stellen, auch dies gehörte, dass Charlotte von Kirschbaum unter Androhung von Repressalien gegen ihre Familie in München von den deutschen Behörden bedrängt wurde, sofort ihre Arbeit bei Barth abzubrechen und nach Deutschland zurückzukehren.[23] Sie hatte den Mut, sich diesem Druck zu widersetzen. In dieser Zeit geriet sie, die Deutsche, doch auch in einen gewissen Konflikt mit Barth, dem Schweizer. Seit Herbst 1938 vertrat er öffentlich die These, dass die Kirche sagen muss, was niemand sagte: Die Regierungen müssten dem antisemitischen und darum widergöttlich und unmenschlich gewordenen Deutschland militärischen Widerstand entgegensetzen. Von Kirschbaum bejahte zwar diese These, befürchtete aber, sie sei missverständlich als eine generelle kriegshetzerische «deutschfeindliche Haltung», die den verborgenen, redlichen Anhängern der

21 Gertrud Pestalozzi, Ein Leben, 318.
22 Ebd., 369.366f.
23 Karl Barth – Pierre Maury, Nous qui pouvons encore parler … correspondance 1928–1956, Vevey 1985, 277.

Bekennenden Kirche in Deutschland das Leben nur noch schwerer mache.[24] Es lag wohl an Charlotte von Kirschbaums Widerspruch, wenn Barth in der Folge klarer formulierte, dass der nötige internationale Widerstand gegen das Hitlerregime gerade auch *für* die Deutschen geführt werden müsse. Wiederum war sie es, die 1942, einig mit Barth, an Bonhoeffer die einsichtsvolle Kritik an der Mentalität der deutschen Verschwörer schrieb, es sei ihre im Deutsch-Nationalismus verirrte Nation nicht «mit weiteren ‹nationalen› Unternehmungen zu retten».[25]

Charlotte von Kirschbaum brachte seit dem Umzug nach Basel ihre Verbundenheit mit ihrem Herkunftsland durch eine intensive Kontaktpflege zum Ausdruck. Als Barth bei Antritt seines Basler Lehramts von der Regierung des Kantons mit der Aufgabe eines Flüchtlingskommissars für deutsche Gelehrte betraut wurde, etwa für solche Beamte, Juristen, Politiker, Universitätsgelehrte, die wegen des Ariergesetzes vertrieben waren, übernahm sie diese Aufgabe weithin und kümmerte sich um diese Personen, die teils in der Schweiz blieben, teils weiter auswanderten. 1938 entstand das Schweizer «Evangelische Hilfswerk für die Bekennende Kirche in Deutschland», unter maßgeblicher Leitung von Paul Vogt und Karl Barth. In der Leitung von deren Fürsorgekommission betreute Charlotte von Kirschbaum zunächst bedrängte Mitglieder der Bekennenden Kirche und, seit der Vertreibung der Juden aus Österreich, dann auch aus Deutschland immer mehr judenchristliche und jüdische Flüchtlinge, in Zusammenarbeit mit dem jüdischen Hilfswerk in der Schweiz.[26] Sie hat in dieser Situation manche sogenannte Nichtarier begleitet und ist mit ihnen auch nach deren Weiterwanderung in andere Länder brieflich in Fühlung geblieben.

Ein Beispiel: Unter diesen Flüchtlingen war auch ein Rechtsanwalt, Kurt Müller[27], der Juden und Sozialdemokraten gerichtlich verteidigt hatte, und dafür ins Gefängnis kam. Da er in der Folge seinen Beruf nicht

---

24 Ebd., 270f.

25 Vgl. Eberhard Busch, Unter dem Bogen des einen Bundes. Karl Barth und die Juden 1933–1945, Neukirchen-Vluyn 1996, 349.

26 Hermann Kocher, Rationierte Menschlichkeit. Schweizerischer Protestantismus im Spannungsfeld von Flüchtlingsnot und öffentlicher Flüchtlingspolitik der Schweiz 1938–1948, Zürich 1996, 120.534.

27 Vgl. Eberhard Busch, Kurt Müller – Anwalt der Verfolgten im Nationalsozialismus, Stuttgart 2014, besonders 62–87.

mehr ausüben durfte, nahm er das Theologiestudium auf. Weil er nicht gesund war, war es für ihn möglich, bis 1942 in Basel zu studieren und, obwohl er nach England emigrieren konnte, kehrte er bewusst nach Deutschland zurück, wo er in Stuttgart sogleich eine geheime Organisation aufbaute, durch die nicht wenige Juden versteckt wurden, so dass sie am Ende überlebten. In dieser Zeit hatte er auf verborgenen Kanälen mit dem Hause Barth Kontakt. Sicher ist auch, dass er zugleich Beziehungen zu einem Kreis von Laien in München hatte, zu denen langjährige Freunde von Karl Barth und Charlotte von Kirschbaum gehörten. Dazu gehörte auch der Verleger Claassen, der wegen seines Schweizerpasses zur Erlangung von Informationen und Instruktionen nach Basel reisen konnte. In diesem Kreis wurde unter Mitwirkung von Müller und unter Einfluss Barth'scher Wendungen der kräftigste christliche Protest im damaligen Deutschland gegen die Judenvernichtung formuliert; Helmut Hesse, der den Text öffentlich verlas, wurde deshalb in Dachau ermordet. Namentlich ein von ihm übernommenes Kirchengebet Barths mit der Bitte um Absetzung des nationalsozialistischen Regimes spielte in dem Prozess gegen Hesse eine Rolle. Von Kirschbaum zog bei diesen konspirativen Aktionen die Fäden.

Mitarbeit im Komitee «Freies Deutschland» 1944/45

Das Komitee «Freies Deutschland» war eine Vereinigung der in der Schweiz lebenden deutschen Emigranten, die die geistige und politische Erneuerung in Deutschland nach dem Krieg planten. Zu dem Kreis gehörten angesehene Persönlichkeiten, die aus politischen oder «rassischen» Gründen aus Deutschland vertrieben waren, auch kommunistische und soziale Demokraten. Von Kirschbaum zählte sich diesen Emigranten zu. Barth schrieb damals, dass sie dadurch in hohem Maß

> «eine öffentliche Persönlichkeit geworden ist, die mit Regierungsräten und anderen Polizeigewaltigen diplomatische Gespräche führt, landauf, landab an der Seite mehr oder weniger roter Männer für die deutsche Bekenntniskirche redet (in Basel z. B. im großen Safransaal!), im Landesvorstand jener Sache (als Mitglied des Präsidiums sogar) eine wichtige und geachtete Rolle spielt. Ich

selbst sehe jetzt erst, was für Fähigkeiten hier [bei ihr] so lange brach gelegen haben.»[28]

Ihr Schritt in diese Aufgabe war wohl durchdacht. Er war theologisch begründet: In der Theologischen Erklärung von Barmen, die auch nach ihrer Erkenntnis der Abschied von der Zwei-Reiche-Lehre der damaligen kirchlichen Opposition gegen die braunen Deutschen Christen war, also der Abschied von der Meinung, dass Christen außerhalb der Kirche einem anderen Herrn unterständen als innerhalb der Kirche. Freilich hat nach ihr die deutsche Bekennende Kirche selbst die Tragweite dieser ihrer Entscheidung nicht verstanden. Aber außerdeutsche Kirchen haben in ihrer Unterstützung des Widerstands gegen den nationalsozialistischen Staat erkannt, «dass ihr Bekenntnis zu Jesus Christus als ihrem alleinigen Herrn […] über die Grenzen der Kirche hinaus auch in diesem Kampf um Recht und Freiheit wahr gemacht werden müsse».[29] Das so begründete politische Handeln der Christen führt zu einem Handeln für konkrete Ziele, die vernünftig beschreibbar und praktisch realisierbar sind, zusammen mit allen, die für die gleichen Ziele einstehen. Darum hatte sie keine Berührungsängste in der Zusammenarbeit auch mit Kommunisten, weil sie zusammen mit ihnen in *diesem* Moment für praktische Realisierungen in jenem Kampf um Recht und Freiheit eintreten zu können glaubte. Mit ihnen funktionierte es besser als mit der deutschen Nachkriegskirche, von der sie schrieb, die sei «reaktionär bis auf die Knochen»[30]. Das Ziel, für das sie 1945 eintrat, lautete: Dem deutschen Volk «heute helfen […] heißt: dieses Volk selber wieder verantwortlich machen für sein eigenes Leben, es langsam wieder aus der furchtbaren Entmündigung und Blindheit befreien, in das seine blinden Blindenleiter es geführt haben».[31]

3. Das Miteinandersein

Es ist bemerkenswert, dass sie, die einen so außerordentlichen Weg als Frau ging, auf ebenso außerordentlichem Weg als eine theologische Do-

28 Brief von Karl Barth an Kurt Müller, 3.8.1945.
29 Köhler, Schattenarbeit, 83.
30 Brief von Charlotte von Kirschbaum an Kurt Müller, 11.6.1946.
31 Köbler, Schattenarbeit, 89.

zentin hervortreten konnte, wie sie sich in ihren Vorträgen über «Die evangelische Lehre von der Frau»[32] und über deren Dienst in der Verkündigung[33] erwies, versiert in alten und neuesten Exegetica wie in damals aktueller Frauenliteratur. Während der Arbeit an ihrem Text widmete Karl Barth ihr ein Gedicht:

> «Die Frau, die einst im Paradies dem Mann so unverdient ward zugesendet, / Sie hat sich nun – es geht in voller Ordnung – endlich zu sich selbst gewendet …»[34]

Dem erster ihrer Vorträge war ein Zweifaches vorangegangen. Zum einen war Barth, besonders auf Wunsch von Henrietta Visser't Hooft, bei der Amsterdamer Weltkirchenkonferenz im Spätsommer 1948 auch in das Frauen-Komitee delegiert worden. Darin erregte er dadurch heftig Anstoß, dass er neben Gal 3,28 auch Eph 5,22–33 nicht vergessen sehen wollte. Zum anderen hatte er im Herbst 1948 im Studienzentrum Bièvres bei Paris Vorträge gehalten über «Die Wirklichkeit des neuen Menschen» und hatte in der Diskussion die Auffassung vertreten, die *imago Dei* bestehe unzerstörbar darin, dass Menschsein heiße «Mann und Frau».[35] Die beiden Ereignisse provozierten das Interesse, zu dem aktuellen, umstrittenen Thema auch Charlotte von Kirschbaum reden zu hören. In Anknüpfung an Barths Herbstvortrag gab sie ihren Vorträgen im Frühjahr 1949 in Bièvres den Titel «Die wirkliche Frau» (franz. Découverte de la femme, 1951). Ihr anderer Vortrag im Januar 1951 in Basel über das kirchliche Amt der Frau stand im Vorfeld von Abstimmungen in Schweizer Kantonalkirchen über diese Frage, die interessanterweise den Abstimmungen über das politische Stimmrecht der Frau vorangingen. Es war dann auch so, dass der Durchbruch bei der Gleichberechtigung im kirchlichen Amt sowie beim Frauenstimmrecht in kirchlichen Angelegenheiten dem politischen Stimmrecht für Frauen die Bahn brechen half.

Zum Verständnis ihrer Ausführungen ist dreierlei zu beachten. *Erstens,* sie sind im Wesentlichen keine anderen als die Barths zum Thema. Es ist anzunehmen, dass sie sie miteinander entwickelt haben, so dass er

---

[32] Charlotte von Kirschbaum, Die wirkliche Frau, Zollikon 1949, 5. Die Zahlen im obigen folgenden Test verweisen auf Seiten in dieser Schrift.

[33] Charlotte von Kirschbaum, Der Dienst der Frau in der Wortverkündigung (Theologische Studien, H. 31), Zollikon 1951.

[34] Am 17. August 1949.

[35] Karl Barth, Réalité de l'homme nouveau, Genf 1950, 105.

von ihr und sie von ihm lernte. Von Amsterdam aus schrieb er ihr, er habe in jener Kommission «mit m(d)einer Weisheit» gekämpft.[36] Sie berief sich in ihren Vorträgen auf Vorlagen in der Kirchlichen Dogmatik, während er für seinen Abschnitt über Mann und Frau in KD III/4 sich auf das berief, was «auf der hier vertretenen Linie von Charlotte von Kirschbaum [...] geschrieben worden ist».[37] Als eine weibliche Stimme sich kritisch zu den Ausführungen von Kirschbaums äußerte, widersprach ihr Barth 1958 in einer öffentlichen Erklärung: Nein, weil er an diesem Punkt mit von Kirschbaum «völlig übereinstimme».[38]

Zweitens, die Übereinstimmung betraf namentlich die Entscheidung, dass zu diesem Thema theologisch nur eine «*evangelische* Lehre von der Frau» zu verantworten sei, gemäß der Barmer Erklärung. Dies erfolge im Echo auf Jesus Christus als das eine Wort Gottes, wie es in der Heiligen Schrift bezeugt wird, und das verbunden mit dem kühnen Anspruch, damit keine religiöse Sonderlehre zu entfalten, sondern damit von der «*wirklichen* Frau» zu reden. Als in Amsterdam ein Theologe sagte, man habe alle biblischen Aussagen von einer Unterordnung der Frau als zeitgebunden und für uns unverbindlich anzusehen und deshalb die Sache im Geiste Jesu zu behandeln, antwortete Barth: «Ich liebe Ihren ‹Geist Jesu› nicht! Wer sich wirklich und mit Recht auf den Geist Jesu beruft, darf sich keine Freiballonfahrten in den Himmel einer humanistischen Theologie gestatten. Der wirkliche Geist Jesu ist vom Wort der Apostel und Propheten nicht zu trennen.»[39] Diese Entscheidung war ohne Zweifel auch die von Kirschbaums: Wir können nur in neuem Hören auf die Heilige Schrift eine neue Klärung in der aktuellen Frage finden.

Drittens, das Resultat ihrer Untersuchung ist bei beiden übereinstimmend dies: Wenn man das Wort der Apostel und Propheten geduldig ausreden lässt, dann – so sagt *sie* – hören wir eine Botschaft von einer Freiheit, die niemand sich erwerben muss, sondern in der jedermann als ein Befreiter leben darf, weil er ein Befreiter *ist* (96). Ihr letzter Satz in Bièvres lautete: «Wo Mann und Frau einander das bezeugen in der Wirklichkeit ihrer Existenz, stehen sie im echten Gegenüber, das keine unechte

36 Karl Barth, Offene Briefe 1945–1968, hg. von Diether Koch (GA 15), Zürich 1984, 395.
37 Ebd., 192.
38 Ebd., 396.
39 Ebd.

Herrschaft und keine unechte Unterordnung mehr zulässt» (96). Und *er* fasst seine Sicht so zusammen:

> In Christus «hat die Männerherrschaft ihre Grenze und mit ihr die Unverantwortlichkeit, das bloße passive Dabeisein und Hinnehmen der Frau. Hier, [...] in der Unterordnung unter deren Herrn und im Tun des [...] von ihm aufgetragenen Werkes können Männer und Frauen nur gemeinsam Erste und Letzte, Gebende und Empfangende sein, nicht ein Geschlecht in übergeordnetem oder untergeordnetem Verhältnis zum anderen.»[40]

Es ist für uns heute vielleicht schwierig, wie die beiden die zwei Linien zusammenzubringen konnten, die sie vorgetragen haben: jenen Erkenntnisweg *und* dieses Resultat, das Ernstnehmen der biblischen Aussage von der Unterordnung der Frau *und* die eigene Aussage von der zentralen Befreiung der Frau so, dass sie sich nicht den Wünschen und Führungsansprüchen des Mannes zu fügen hat (36.94); die eigene Rede von einer Vor- und Nachordnung im Verhältnis von Mann und Frau *und* die von einer wirklichen Gleichberechtigung, weil Gleichbegnadigung (36). Kann man sich nicht mit dem Resultat ihrer Erkenntnis, unter kritischer Auslassung des Erkenntniswegs begnügen, auf dem sie das Resultat erzielen wollten? Und kann man sich nach Überzeugung beider mit dem Resultat nicht begnügen unter Absehung von jenem Erkenntnisweg, muss das dann nicht heißen, dass es zu solchem Resultat gar nicht kommen kann, dass dabei die Frau auf dem einmal beschrittenen Weg immer nur in den Ketten ihrer Unterordnung bleiben kann, dass die beiden sich also getäuscht haben in der Annahme, die Frau komme dabei heraus aus ihren Ketten? Kann dabei die Freiheit der wirklichen Frau eine andere sein als bloß die, dass sie «freiwillig ihre Inferiorität» anerkennt? Darin hat Simone de Beauvoir die Vollendung der Herrschaft des Mannes über die Frau gesehen, aber nun von Kirschbaum ausdrücklich auch (92).

Aber vielleicht ist es so für uns heute so schwierig ihre Gedanken zu verstehen, weil es für uns allzu selbstverständlich ist, in dieser Beziehung einen anderen Erkenntnisweg zu haben. Doch haben wir uns klarzumachen, dass Barth und von Kirschbaum auch in der Behandlung eines Problems wie das der Mann-Frau-Beziehung die theologische Entschei-

[40] Ebd., 510.

dung der Barmer Erklärung ernst nehmen wollten. Es ist die Entscheidung, dass das Wort Gottes nicht zu verstehen ist nach Maßgabe der kreatürlichen Existenz, sondern die kreatürliche Existenz nach Maßgabe des Wortes Gottes, bezeugt in der Schrift. Sonst würden wir niemals das Wort Gottes hören. Diese Entscheidung schließt wohl auch einen formalistischen, blinden Biblizismus aus. Aber sie schließt erst recht ein Verfahren aus, in dem wir im Voraus unsere Vorstellung von Mann und Frau festlegen, bevor wir die Schrift anhören. Hier kann die Beiziehung der Schrift nur unsere schon festgelegte Vorstellung bestätigen oder sonst kann die Schrift nur kritisiert werden. Aber innerhalb dieses Verfahrens können wir aus der Schrift nichts Neues erfahren.

Es ist von fundamentaler Bedeutung, dass von Kirschbaums Ausführungen zur Frauenfrage weithin exegetischer Art sind. Gewiss, sie hört die Schrift nicht in einem luftleeren Raum. Sie hört sie in einer Situation, in der einerseits Christen die Bibel benutzen, um die Befreiung der Frau zu verhindern, in der andererseits andere Christen an diesem Punkt die Bibel hintansetzen (oder nur in einer kleinen Auswahl gelten lassen, die ihren Interessen angepasst ist), um auf ihren eigenen Füßen zu stehen. In dieser Situation liest sie die Bibel in der Erwartung, in ihr eine angemessene Orientierung in dieser wichtigen, umstrittenen Frage zu finden. Dabei möchte sie nicht unterlassen, wieder und neu – im Licht des einen Wortes – jene widerständigen Passagen zu lesen, die eine Kritik der freien Existenz der Frau zu unterstützen scheinen. So weicht das Vorgehen der beiden von dem vorhin erwähnten grundsätzlich ab. Es ist eines, dass von Kirschbaum bei ihrem Verfahren auch eine Orientierung in ihrer persönlichen Situation fand, ein anderes, die Schrift nur zur Bestätigung vorgefasster Meinungen zu benutzen. Das Letztere wurde von ihr strikt abgelehnt. Sicher verlangen ihre Ausführungen vom Lesenden einige Geduld, weil sie in einem so verschlungenen Suchen verlaufen, wie eines der anspruchsvollen Rätselspiele auf dem Bergli. Dazu dreierlei:

Zum einen, es ist die Hauptthese von Kirschbaums dieselbe wie die Barth'sche: Der Mensch ist Mensch ausschließlich als Mann und Frau. Zwischen Menschen gibt es sonst keine *wesentlichen* Unterschiede außer diesem einen. Das heißt, dass das *rechte* Verständnis der «ungleichen Zweiheit» von Mann und Frau alle Feindschaft bestreitet, die in anderen (nicht wesentlichen!) Unterschieden zwischen Menschen begründet ist, z. B. die ethnischen Unterschiede. Aber das ist nur möglich, wenn jene

Zweiheit von Mann und Frau nicht als ein unterdrückerisches Verhältnis verstanden wird. Wir haben also zu beachten, dass das das Ziel der Exegese von Kirschbaums ist. Sie belegt es wie Barth mit der These, dass die Bejahung realen Andernseins in der Mann-Frau-Beziehung zur guten Schöpfung Gottes gehört «Es gibt kein menschliches Wesen jenseits oder oberhalb von Mann und Frau. Nur in der ungleichen Zweiheit von Mann und Frau *ist* der Mensch» (95). *Der* Mensch ist nur eine abstrakte Idee gegenüber der Wirklichkeit. Mann und Frau sind «der wirkliche Mensch» (7). Nicht abgesehen von ihrem Unterschied, sondern *in* ihrem Unterschied sind sie gleichberechtigt (10) und ebenbürtig (47). In diesem Unterschied sind sie zum Zusammensein, zur Begegnung, zur Beziehung bestimmt, in diesem Gegenüber zur «Nichteinsamkeit» (8). Dabei kann es sein, «dass der alleinstehende Mann oder auch die alleinstehende Frau stärker in der Begegnung lebt, als mancher Mann und manche Frau in der Ehe» (16), sagt gerade Charlotte von Kirschbaum.

Klar war diese Erkenntnis für von Kirschbaum eine Hilfe zur Bejahung ihrer speziellen Situation. Aber es wäre doch abenteuerlich, ihr zu unterstellen, dass sie diese Erkenntnis aus ihrer persönlichen Situation abgeleitet und zu deren Gunsten aufgestellt hat. Denn diese Erkenntnis ist ja die Konsequenz ihrer Grundthese: Wenn Menschen zum Ebenbild Gottes geschaffen sind und wenn daher das Gegenüber von Mann und Frau zum vollen Menschsein gehört, dann hängt das Menschsein weder von der Frage ab, ob sie verheiratet sind oder nicht, noch von der, ob sie Kinder haben oder nicht. Das bedeutet für von Kirschbaum keine Indifferenz gegenüber solchen Fragen, vielmehr die Erschließung einer reicheren Differenzierung in der Ethik des Geschlechterverhältnisses, neben den klassischen Fragen von Ehe und Elternschaft, etwa die Frage von (gewollter oder nichtgewollter) Kinderlosigkeit, von Singletum und Alleinerziehenden.

Das ist für von Kirschbaum der Sinn der Erschaffung des Menschen als Mann und Frau zum Bilde Gottes:

> «Indem das menschliche Sein wesentlich ein Sein in der menschlichen Begegnung ist, ist er in seiner Natur gleichsam vorbereitet auf die göttliche Begegnung, d. h. aber auf seine Gnade. Das gibt dem menschlichen Geschlechtsverhältnis eine zentrale Würde» (8).

Das nötigt dazu, den Menschen in seiner leiblich-seelischen Ganzheit zu sehen (34). Und das unterstellt das Geschlechterverhältnis dem Gebot Gottes (33). Genauer, indem Gottes Gnadenbund erfüllt wird in der Erniedrigung des Gottessohns ans Kreuz und als Gottes Gnade für Sünder geschieht, wird das Verhältnis von Mann und Frau zum Gleichnis dieses Gnadenbunds (31). Von da aus wird einerseits auch die geschöpfliche Güte dieses Verhältnisses offenbar. Damit wird andererseits auch der gute Sinn der im Alten Testament so peinlichen Ehelosigkeit offenbar – als Hinweis auf *das* Gegenüber, «das alles ‹Gegenüber› von Mann und Frau nur vorbereiten will» (35). Von Kirschbaum veranschaulicht ihre Sicht in Abgrenzung von Gertrud Le Fort «Die ewige Frau», bei der in der Gestalt Marias die Frau verklärt wird zu einem mythischen Ideal eines heilschaffenden Weiblichen, das die Wirklichkeit des Unterschieds und Zusammenseins von Mann und Frau transzendiert. Und zugleich grenzt sie sich ab von Simone de Beauvoirs «Le deuxième sexe». Denn bei ihr erschafft die Frau sich selbst durch die Unternehmung, sich zu emanzipieren durch die Nachahmung der selbstgenügsamen Freiheit des Mannes; hier gehört somit die Differenz von Mann und Frau gerade nicht wesentlich zum Menschsein. Vermutlich hat von Kirschbaum die Abgrenzung nach der ersten Seite von Karl Barth übernommen[41] und die nach der zweiten Seite er von ihr.[42]

Nach beiden Seiten, zu Le Fort wie Beauvoir, sagt sie: Sie erkennen nicht den wirklichen Menschen. Der «ist nicht einsam, er *ist* mitmenschlich» (85). Und beide erkennen ihn nicht, weil sie von der Gnade Gottes in seinem Sohn absehen, der, indem er der Mensch Jesus wird, uns zu seinen Mitmenschen machte.

> «Im Lichte der Begegnung mit Ihm erschließt sich das Geheimnis unserer Existenz. Haben wir Ihn zum Mitmenschen, dann wird uns der Mitmensch überhaupt als der zu unserer Existenz Gehörende verständlich. [...] Nur miteinander sind der Mann und die Frau der Mensch, für den Jesus lebt, und also der *wirkliche Mensch.*» (85)

41 Karl Barth, KD I/2, 159.

42 Ders., KD III/4, 179f.

Der wirkliche Mensch ist wirklich, weil seine Humanität in Christus schon geschaffen und geschenkt ist, darum weder als mythisches Ideal anzustreben, noch durch Selbstbefreiung erst zu schaffen ist. Aber wirklich nur in dieser Zweiheit, oberhalb dessen es kein *humanum* gibt. «Und gerade dass es das nicht gibt, ist Gnade» (85). In der Dankbarkeit, die diese Gnade anerkennt, werden darum «Mann und Frau in wirklicher Solidarität und also in einem echten Gegenüber existieren, in der weder die Frau über den Mann noch der Mann über die Frau in einer letzten Priorität triumphiert» (86).

Zum anderen, es stellt sich immer noch die Frage, wie dann alle die biblischen Aussagen von Über- und Unterordnung im Verhältnis von Mann und Frau zu verstehen sind? Schließen die nicht Ebenbürtigkeit und Wechselseitigkeit in diesem Verhältnis aus? Nach von Kirschbaum wie nach Barth lässt sich der Missbrauch dieser Aussagen zur Legitimation einer Nicht-Gleichberechtigung in diesem Verhältnis nur durch eine bessere Deutung dieser Aussagen überwinden. So versucht auch sie nachzuweisen, dass durch diese Aussagen ihre genannte Hauptthese nicht bestritten, sondern erst recht bestätigt wird, weil sie in ihrer Funktion zu sehen sind, zu erklären, dass das Menschsein auf dem Zusammensein von zwei *Gleichen* beruht, die zugleich wirklich *verschieden* sind. Sie versteht diese Aussagen in der Weise, dass sie erklären, inwiefern die Mann-Frau-Beziehung eine echte «*ungleiche* Zweiheit» ist, in der zwei *wirklich Verschiedene* zugleich *wirklich Gleiche* sind. Wenn das Menschsein nicht oberhalb des Unterschieds von Mann und Frau ist, dann ist auch ihre Gleichheit nicht jenseits ihrer Verschiedenheit zu sehen.

Sicher wusste von Kirschbaum, dass für Barth dies das Fazit seines frühen Interesses an der modernen Frauenbewegung war. Einerseits bejahte er 1911 deren Ziel: «die Heranziehung der *Frau* zur Mitausübung des Bürgerrechts». Denn das Bürgerrecht ist noch nicht durchgeführt, solange es nur «Männerrecht» ist.[43] Andererseits sah er in der unterschiedslosen Integration der Frau in die moderne Arbeitswelt die Gefahr ihrer Ausbeutung; hier ist den «Einwänden seitens der Frauenrechtlerinnen» Gehör zu geben.[44] In dem damaligen heftigen Streit zwischen der libera-

---

[43] Karl Barth, Vorträge und kleinere Arbeiten 1909–1914, hg. von Herbert Helms/Friedrich-Wilhelm Marquardt/Hans-Anton Drewes/Hinrich Stoevesandt (GA 22), Zürich 1993, 375.

[44] Ebd., 604.667.

len (egalitären) und sozialistischen (besonders auf den sozialen Frauenschutz bedachten) Frauenbewegung in Deutschland, stand Barth auf der letzteren Seite. Nicht umsonst hatte er August Bebels «Die Frau und der Sozialismus», 1913 gelesen. Das wird auch deutlich in Barths Bezugnahme auf die moderne Frauenbewegung in der Ethik seiner Dogmatik[45]. Hier widerspricht er erneut einer bloßen Integration der Frau in die «vom Mann herbeigeführte geistige, wirtschaftliche und politische Umwälzung der Neuzeit»[46], obwohl in Rechnung zu stellen ist, dass diese Umwälzung die Beteiligung der Frau an der Funktion des Mannes nötig gemacht habe. Aber für Barth ist es nicht genug für Frauen, eine gleichmäßige Beteiligung an der Funktion des *Mannes* zu erkämpfen. Vielmehr meint Barth, dass die Frau unter diesen Umständen *selbst* zu bestimmen hat, welche Tätigkeit sie, «indem sie Frau ist und bleibt», zu der ihren machen will. Sie *selbst* hat das zu bestimmen, unbeeindruckt von der «männlichen Illusion und Diktatur hinsichtlich dessen, was ihr als Frau zustehe und nicht zustehe».

Offenbar ist von Kirschbaums Interpretation jener umstrittenen biblischen Aussagen nicht losgelöst von diesen Reflektionen zu verstehen. Ihre Interpretation begibt sich auf eine heikle Gratwanderung, in der sie sich nach zwei Seiten abgrenzt – einerseits dagegen, dass mit diesen biblischen Aussagen ein Herrschafts- und Unterdrückungsverhältnis bezeichnet ist, andererseits aber auch dagegen, dass die Ebenbürtigkeit von Mann und Frau gewonnen werden kann aus einer individualistischen Sicht des Menschen, die das Menschsein abgesehen vom Unterschied von Mann und Frau definiert, aber auf dem Nenner des Mannseins. Sie löst die Aufgabe so, dass sie diese biblischen Aussagen nicht versteht als eine Fixierung auf geschlechtsspezifische Rollen, die es geben mag sei es durch angeborene Natur oder durch natürliche Eigenschaften, sei es infolge einer eingerissenen sozialen-ökonomischen Schieflage. Sie versteht sie auch nicht als Bezeichnung eines biologischen Unterschieds, in dem der Mann von seiner Zeugungskraft, die Frau von ihrer Gebärfähigkeit her definiert wird. Für sie bewegen sich solche Auskünfte auf der Linie einer natürlichen Theologie.

---

45 Karl Barth, KD III/4, 172.

46 Anscheinend lebt das Problem weiter in dem neueren Streit zwischen Feminismus und Womanismus, in dem die soziale Diskriminierung der Frauen thematisiert ist, vgl. etwa Susan Arndt, Feminismus im Widerstreit, Münster 2001.

Vielmehr sind nach ihr die biblischen Aussagen über Über- und Unterordnung strikt zu verstehen im Licht des biblisch bezeugten Gnadenbundes, in dessen Erfüllung Christus, der Herr, sich zum Heil und Leben der Menschen für sie hingibt. Insofern die Schöpfungsberichte von der Vorbereitung dieses Gnadenbundes reden, sind sie schon im Blick darauf zu verstehen. In Gen 2,18ff. geht es demnach nicht um die Erschaffung der Frau aus dem *Mann*, sondern um die Erschaffung von Frau und Mann durch Gottes tödlichen Angriff auf den *einsamen*, für sich selbst lebenden, inhumanen Menschen (eine besondere Gefahr für den Mann!). Dieser Mensch kann sich nicht selbst helfen, um aus seiner Einsamkeit zu kommen. Gott schafft die «Hilfe» gegenüber solchem gefährdeten und gefährlichen Fürsichsein des Menschen in Gestalt der Frau. Sie ist Hilfe, nicht im Sinn dienstbarer Unterstützung des Mannes, sondern als «Begrenzung aller Selbstgenügsamkeit» (9), als die Bedingung dafür, das Anderssein von anderen gelten zu lassen, ohne dass es sich zum Besitz des für sich seienden Menschen machen lässt. «Die *Mit*welt erschließt sich ihm [dem einsamen Menschen] erst in der Frau. [...] In der Begegnung mit ihr *wird* er zum Mann» (9). Und erst in *seiner* Bejahung der Frau *wird* der Mann erst recht und erträglich zum Menschen.

> «So stehen Mann und Frau einander gegenüber in einer letzten Freiheit und in einer letzten Gebundenheit: in einer letzten Freiheit, weil ein *jedes* von ihnen aus Gottes Hand hervorgegangen ist, und in einer letzten Gebundenheit, weil beide *miteinander* der Mensch sind, auf dem Gottes Wohlgefallen ruht (10).

Gen 3 zeigt allerdings die Verkehrung des Verhältnisses durch den Sündenfall. Nun wird der Mann zum «Herr» der Frau und die Frau zum Eigentum des Mannes. Aber in der Geschichte menschlicher Zerrüttung zeigt das Alte Testament zugleich eine Geschichte der Hoffnung. Die Frau wird nun in dem Sinn zur Hilfe, dass sie als *Mutter* «Trägerin der Hoffnung wird» (11), der Hoffnung auf den kommenden Sohn, durch den die Zerrüttung überwunden wird. Diese Hoffnung ist nach von Kirschbaum erfüllt im Kommen *des* Sohnes, in dessen Geburt nicht zufällig die in Gen 3 genannte «Herrschaft des Mannes außer Betracht bleibt», aber auch das biologische Mutter-Sein-Müssen außer Kraft gesetzt wird. «Hier wird die Frau in einer Weise vorgeordnet, die jede andere Vorordnung überbietet» (67). Aber das geschieht allein aus der Gnade dessen, der sich insofern Gott unterordnet, als er sich selbst erniedrigt zu den Niedrigen, um gerade sie zu lieben und zu befreien. In diesem Licht erschließt sich für von Kirschbaum Eph 5. *Dieser* Christus ist das Haupt seiner Gemeinde. In der Unterordnung unter ihn, in dem von ihm bestimmten Leben aus ihm und aus seiner erlösenden, befreienden Liebe, ist sie sein Leib. Die Frau ist dabei nach Paulus repräsentativ für die ganze Gemeinde aus Männern und Frauen. Indem die Frau Christus und im Grunde nur Christus untergeordnet ist, tut sie nichts ihr gegenüber Fremdes, weil ja gerade so Christus bei ihr und sie sein Leib ist.

Wenn nun Paulus den Mann auch das Haupt der Frau nennt, so wird nach ihm der Mann nicht zu einem Christus-Ersatz über die Frau erhoben. Die einzige Parallele in dem Gleichnis bestehe darin, dass der Mann die Frau als von Christus Geliebte seinerseits in Liebe anzuerkennen habe. Allein so entspricht er Christus, dass er das tut. Liebe ist hier keine Sentimentalität. Liebe heißt: «Die Existenz des Andern zur eigenen Existenzbedingung werden lassen» (18), so dass in der Bejahung der Frau der Mann erst männliche Existenz vollzieht (17). So «wird die Frau wieder an ihrem ursprünglichen Ehrenplatz als ‹Hilfe›, wenn sie in Wahrheit das ‹Gegenüber› des Mannes ist und also seine Einsamkeit behebt» – und sein Fürsichsein bestreitet (22).

Drittens, wir verstehen von dem allem her, dass für von Kirschbaum wie für Barth das rechte Verhältnis von Männern und Frauen in der *Kirche* exemplarische Bedeutung hat *überhaupt* für das Verständnis dieser Beziehung. In Charlotte von Kirschbaums Vortrag «Dienst der Frau in der Wortverkündigung» geht es ihr um mehr als nur darum, dass Frauen in dem bisherigen Kirchensystem einen Platz auf der Kanzel erobern. Die aktive Beteiligung der Frau in der Kirche würde eine grundsätzliche Änderung des Systems selber und die Erneuerung der Kirche bedeuten. Alles nötige, berechtigte Wollen von Frauen einer solcher aktiven Beteiligung hat sich an diesem Ziel der Erneuerung der Kirche zu orientieren, wie von Kirschbaum sagt, an der «Erbauung der Gemeinde» (49.52). Sie sagt indes auch, dass Frauen nur solche Männer als Gesprächspartner ernst nehmen können, die «vom Dienst an der Erbauung der Gemeinde aus denken und reden» (56). Von den biblischen Zusammenhängen her betont sie dies im Blick auf eine Kirche, die durch das aktive Dabeisein der Frau erneuert ist:

Zunächst, die Kirche würde sich dann auf ihren Zusammenhang mit Israel neu besinnen. Von Kirschbaum gibt die Szene in Joh 19 zu bedenken, wo Jesus Maria und Johannes aneinander verweist; Maria ist dabei Repräsentantin Israels und Johannes Repräsentant der Kirche. In Christus führt demnach

> «der legitime Weg seiner Gemeinde aus Israel […] zu den Aposteln. […] Umgekehrt aber ist (Maria) als Gemeinde aus Israel die Mutter des Apostels, seine Herkunft, die zu ihm gehört. So hat der Herr sie zusammengeführt und so sollen sie zusammenbleiben.» (68)

Weiter, die erneuerte Kirche wäre amtskritisch, antihierarchisch und bezogen auf die mündige Aktivität der ganzen Gemeinde. Von Kirschbaum erzielt diese Aussage, indem sie den Titel «Apostel» strikt reserviert für die ersten Zeugen, die Verfasser des Neuen Testaments. An deren Verkündigung sollen und «dürfen die Frauen sich *halten,* ganz gleich, in welchem Beruf sie stehen» (55). In der Tat darf die Berufung der Frau auch die zum Amt der Verkündigerin sein. Aber dann hat gerade sie darüber zu wachen:

> «Das Gegenüber von Amtsträger und Gemeinde, wie es sich auch in der evangelischen Kirche mehr und mehr herausgebildet hat, dürfte dem Neuen Testament fremd sein, und von einer Unterscheidung zwischen ‹Geistlichen› und ‹Laien› innerhalb der Gemeinde weiß es nichts. ‹Ihr aber seid *alle* geistlich.›»[47]

Und schließlich, von Kirschbaum gewinnt dem apostolischen Reden vom «Schweigen der Frau in der Gemeinde» auch eine positive Bedeutung ab. Freilich steht solches positive Schweigen im Gegensatz zu einem gesetzlichen Verbot des Redens der Frau in der Gemeinde (die ja schon in der Urchristenheit tüchtig mitgeredet habe) und im Gegensatz zu der «Trägheit und Gedankenlosigkeit, […] die verhindert, dass gerade von den Frauen ein lebendiger Aufruf zur Neugestaltung unseres heutigen Gottesdienstes ausgehen könnte» (52). Es geht vielmehr um ein «Schweigen im Heiligen Geist», das eine notwendige, aktive Funktion zur Erbauung der Gemeinde ist.

---

[47] Charlotte von Kirschbaum, Der Dienst, 10f.

> «Dieses Schweigen weist auf die Grenze *alles* menschlichen Redens und zeichnet den Raum ab des ‹Einen, Notwendigen›, das Jesus der Maria zuspricht. [...] Es ist das Schweigen der Ehrfurcht vor der Gegenwart des Auferstandenen, des Herrn der Gemeinde.»

Die Frauen erinnern damit die Gemeinde, namentlich die vorlauten und sträflich dies vergessenden Männer, daran, «dass sie die *irdische* Gemeinde ihres himmlischen Herrn ist. [...] Sie rufen sie zurück aus jeder enthusiastischen Schwärmerei» (51).

Im Gegenüber und Miteinander mit Karl Barth hat Charlotte von Kirschbaum eigenständig und also auch für ihn lehrreich geredet und gehandelt. Was er und in ihrer Weise auch sie im Blick auf solches Gegenüber und Miteinander von Mann und Frau im Allgemeinen lehrten, das haben beide in ihrer Beziehung praktisch *gelebt*.

Benedikt XVI. (*1927)

Glaube an Jesus Christus Karl Barth und Benedikt XVI.

Als evangelisch-reformierter Theologe halte ich es für höchst beachtenswert, dass Joseph Ratzinger – Papst Benedikt XVI. – zuletzt ein großes *exegetisches* Werk unter dem Titel «Jesus von Nazareth» vorgelegt hat. Welche Päpste vor ihm haben dergleichen auch schon getan? Seine Arbeit ist ein vernehmlicher Ruf zur Heiligen Schrift, wie ihn ja auch die protestantischen Reformatoren haben erklingen lassen. Grundsätzlich dürfen wir auf evangelischer Seite dafür dankbar sein. Ja, es sieht danach aus, dass wir diesen Ruf auch auf unserer Seite neu hören müssen. Und das gilt umso mehr, als der Verfasser dabei seinerseits auch auf evangelische Exegeten positiv hört. Er schreibt im Vorwort des ersten Teils über die Kindheitsgeschichten Jesu in einem zweifachen Sinn von einem *Dialog*, auf den er sich damit einlässt – zum einen auf einen Dialog mit den biblischen Texten und zum anderen auf einen «mit vergangenen und gegenwärtigen Auslegern» dieser Texte.

Er war sich gewiss darüber im Klaren, dass ein Dialog, wenn er ernsthaft geführt wird, in Spruch und Widerspruch erfolgt, in Übereinstimmung oder Entgegensetzung, in der Bereitschaft, sich auch sich von der evangelischen Seite belehren und eventuell korrigieren zu lassen, aber auch in der Offenheit der Evangelischen dafür, sich von dem römisch-katholischen Gegenüber möglicherweise von einem Besseren und anderen überzeugen zu lassen. Was Joseph Ratzinger in diesem Dialog sagt, das kann und wird diskutiert werden. Man wird sich dabei anhören, was er in Auslegung der Schrift vorgetragen hat. Aber er wird sich seinerseits auch anhören müssen, was von anderer Seite zu derselben Sache bemerkt wird. Nur so wird der Dialog eine Unternehmung sein, die für alle Seiten förderlich und weiterführend ist. Dabei wird man ihm dankbar sein, dass er solchen ökumenischen Dialog über «Jesus von Nazareth» eröffnet hat und damit über das «Große», «in dem sich geheimnisvoll die Rettung der Menschheit vollzieht», wie es auf dem Einband heißt. Das ist ein Gesprächsangebot, das von vielen Seiten angenommen werden sollte und gern angenommen wird.

Beschränken wir uns im Folgenden auf Ratzingers Auslegung der Sätze im Credo zu Jesus Christus, unserem Herrn, «empfangen durch den Heiligen Geist, geboren von der Jungfrau Maria»! Der Verfasser bezieht sich dabei auf den evangelischen Theologen Karl Barth, der ebenfalls diesen Satz des Bekenntnisses nicht verworfen, sondern anerkannt und ausgelegt hat.

Beide Theologen kannten sich. Als der Basler Theologe im Herbst 1966 in den Vatikan reiste, um mit Kundigen die Ergebnisse des Zweiten Vatikanischen Konzils zu besprechen, nahm er auch an einem Theologenkongress teil. Da habe man «Dinge in Bezug auf Maria» vorgetragen, «die noch weit über die Aufstellungen des Konzils hinausgingen». Bei dem Besuch hatte er auch ein Gespräch mit Joseph Ratzinger und Karl Rahner, die beide, je in ihrer Weise, Repräsentanten der konziliaren Erneuerung waren. Dabei forderte er sie auf: «‹Herr Ratzinger, Sie haben gesagt, die mariologischen Titel hätten nur invokativen Charakter. Und Sie, Herr Rahner, haben gesagt, die Mariologie sei eine der zentralen katholischen Wahrheiten. Bitte unterhalten Sie sich jetzt vor meinen Augen und Ohren über Ihre unterschiedlichen Aussagen!› Es sei köstlich gewesen, wie die beiden sich darüber unterhalten hatten, fortwährend beteuernd, dass das Eine das Andere nicht ausschließe, das Invokative impliziere ontologischen Gehalt und die ontologische Wahrheit expliziere sich in der Anrufung. Köstlich war die Diskussion aber auch darum, weil man bei dieser Unterhaltung merkte, wie sehr die Katholiken in dialektisch-differenzierendem Denken geschult sind, so dass Gegensätze nicht Gegensätze sind, sondern Unterschiede, die einander ergänzen.»[1]

1967 besuchte Ratzinger noch als Tübinger Professor mit einigen seiner Schüler Barths Seminar in Basel, das über Texte des Zweiten Vaticanum ging. Während der Sitzung sagte Barth sehr wenig, vielleicht um den intelligenten, druckreifen Ausführungen des Kollegen zuzuhören, aber wohl auch, um die Studenten das im Semester Gelernte gegenüber dem Gast bewähren zu lassen. Doch hatte ich öfters einen weithin schweigenden Barth beim Besuch von Gästen erlebt. Er war stark im Hören-Können und musste offenbar tüchtig gehört haben, bevor er zu reden wusste. Bei der Gelegenheit dieses Besuchs sagte er kurz zur Einleitung: Er sehe die Stunde als ein «Nachspiel zu Rom» an, wo er den katholischen Herren verschiedene Fragen zur Beantwortung vorgelegt habe. Hier wiederhole sich das jetzt in kleinerem Maßstab. Im Verlauf der Stunde griff Barth nur einmal länger ein, aber da recht vehement. Ratzinger habe jetzt

1 Eberhard Busch, Barth-Tagebuch, 90f.

so viel Großes und Wunderbares von «der Kirche» erzählt; wir Protestanten stünden ganz armselig neben diesem Reichtum. Er habe davon geredet, nun gut, ein wenig unter Zurückstellung des papalistischen Denkens, trotzdem von der – natürlich römischen – Kirche. «‹Aber warum ist bis jetzt noch nicht explizit, nicht entscheidend und ausschlaggebend vom Heiligen Geist die Rede gewesen? Und warum spielt die Tradition, auch wenn sie jetzt neu verstanden ist, immer noch eine so tragende Rolle für die katholische Kirche? Kommt das etwa aus einer Angst vor dem Heiligen Geist? Lieber Herr Ratzinger, ich frage nur, und Sie werden sich das wohl auch selbst fragen, ist Ihre Kirche vielleicht aufgebaut auf der Flucht vor dem Heiligen Geist?› Diese – leise, aber fast leidenschaftlich vorgetragene – Frage brachte den katholischen Gelehrten etwas ins Stocken, und er war groß (oder getroffen) genug, um ihm nicht zu widersprechen.»[2]

Ist es erstaunlich, dass Joseph Ratzinger sich in seinem Buch «Jesus von Nazareth» bei der Auslegung jener Bekenntnisformulierung positiv auf den früheren Basler Kollegen beruft? Er sagt, Barth habe darauf aufmerksam gemacht, «dass es in der Geschichte Jesu zwei Punkte gibt, an denen Gottes Wirken unmittelbar in die materielle Welt eingreift: die Geburt aus der Jungfrau Maria und die Auferstehung aus dem Grab, in dem Jesus nicht geblieben und nicht verwest ist»; denn «wenn Gott nicht auch Macht über die Materie hat, dann ist er eben nicht Gott».[3]

Die Berufung auf Barth überrascht allerdings. Denn im Alter verstand dieser reformierte Theologe die römisch-katholische Mariologie sogar als den trennendsten Punkt zwischen den beiden Konfessionen, der katholischen und der reformatorischen. Die Marienverehrung, namentlich ihr Verständnis als Himmelskönigin und als Mittlerein nannte er einen Irrweg, aus dem die andere Kirche wieder herauskommen müsse. Ja, diese Auffassung bezeichnete er als ein Totenhaus[4], nämlich als ein Gehäuse, in dem es keine wahre Lebenswirklichkeit gebe, nachdem man einmal dorthin geraten ist. So sehr er wohl Mozarts Vertonung des «Regina coeli»[5] schätzte, als er sie mit dem bedeutenden römisch-katholischen Gelehrten Hans Urs von Balthasar anhörte, so konnte er zu dem da vertonten *Text*

2 Ebd., 229–235.

3 Joseph Ratzinger – Benedikt XVI., Jesus von Nazareth. Prolog, Kindheitsgeschichten, Freiburg 2012, 64f.

4 Eberhard Busch, Barth-Tagebuch, 89.

5 KV 108.

nur den Kopf schütteln. Immerhin sah Barth auch mit Erstaunen, dass in Zeiten des Zweiten Vatikanischen Konzils in dieser Sache einiges ins Rutschen gekommen war. Dies geschah freilich, ohne dort einzusehen, «dass so oder so die Marienverehrung von der Verehrung Gottes ablenkt. Alle Anbetung hat sich allein auf Gott zu richten, auf den, der sich in der Gabe seines Sohnes offenbart hat und in der Sendung seines Geistes offenbart. Die römische Mariologie sei nun einmal eine Sackgasse, in der die römische Theologie umherirre, ohne es zu unternehmen, rückwärts daraus herauszueilen»[6] – auch und gerade wenn es in ihr geschickte Neuinterpretationen gebe.

Als vorbildlich für das Ziel, zu dem hin solches Herauseilen gelangen müsse, sah Barth das Weihnachtsbild des Isenheimer Altars an:

> «Maria – bitte, die Gottesgebärerin! – habe auf dem Bild die gleiche Funktion wie Johannes der Täufer, befinde sich wohl schon auf der Schwelle zwischen Altem und Neuem Testament, aber sehe nicht den Vater im Himmel, den nur das von ihr abgerückte, im Gegenüber zu ihr befindliche Kindlein sieht, wie der Vater seinerseits das Kind sieht. Das Alte wie das Neue Testament sei auf dieses geheimnisvolle Wunder der Gegenwart Gottes des Vaters in seinem Sohn bezogen.»

Das Alte Testament kündigt es an und das Neue verkündigt es, aber beide sind nicht eins mit dem Geschehen, von dem Joh 1,14 Kunde gibt.[7] War die römisch-katholische Kirche im Zweiten Vaticanum erneut auf dem Weg zu dieser Einsicht? Erstaunt war Barth, dass er in dem umfangreichen Buch von Hans Küng «Die Kirche»[8] überhaupt keine Ausführung über die Maria fand. Freilich ging es dem Basler Theologen nicht an sich um eine Beseitigung des Gesangs der Maria, sondern er sah Luthers Auslegung des «Magnificat» (Lk 1,46–55) von 1520/21 als vorbildlich an.

Unverkennbar ist Joseph Ratzinger bei seiner vorsichtigeren Linie geblieben, wie er sie bei jenem Gespräch 1966 in Rom gezeigt hatte. Jedenfalls redet er in seinem «Prolog»-Buch von Maria nicht als einer Königin, sondern von ihrer Niedrigkeit als einer Magd. Was sie hervorhebt, ist

---

6 Eberhard Busch, Barth-Tagebuch, 48.
7 Ebd., 654.
8 Hans Küng, Die Kirche, Freiburg 1967.

nach Lk 1,45 dies: «Selig bist du, dass du geglaubt hast.»[9] So ist sie ein Bild der *Kirche,* die das Wort Gottes bewahrt und weiterträgt. In dem Zusammenhang, in dem sich Joseph Ratzinger auf Karl Barth beruft, stehen Sätze, die der Letztere hätte unterschreiben können: «Gottes Wort, sein Geist, schafft in ihr [sc. Maria] das Kind.» Dies geschieht in einer Wirklichkeit, «wie nur Gott sie schaffen konnte».[10] Und schon vorher heißt es: «Gottes schöpferisches Wort allein wirkt Neues.»[11] Indes wird nicht so recht klar, inwiefern *allein* Gottes Wort und Geist das Kind in Maria schafft. Die Unklarheit hat ihren Grund. Denn die Sätze des Verfassers sind jeweils umgeben von Aussagen über die aktive Mitwirkung Marias in und trotz aller Demut am Werk des göttlichen Heils. Zwar: «Sie erklärt sich als Magd des Herrn.» Ja, aber diese Magd hat eine erstaunliche Kompetenz bei dem Werk Gottes. Auch wenn ihre Demut dabei betont ist, die Türe ist dabei jedoch offen oder zumindest nicht geschlossen, sie zuletzt als *corredemptrix,* als Miterlöserin auszugeben. Man höre es sich an:

> «Er [sc. Gott] klopft bei Maria an. Er braucht die menschliche Freiheit. Er kann den frei geschaffenen Menschen [ihn überhaupt und darum auch Maria] nicht ohne ein freies Ja zu seinem Willen erlösen. Die Freiheit erschaffend, hat er sich in gewisser Weise vom Menschen abhängig gemacht. Seine Macht ist gebunden an das unerzwingbare Ja eines Menschen.» Daher gilt: «Maria wird Mutter durch ihr Ja.»[12]

Wie ernst ist es in dem Zitat gemeint, dass Gott diese ihre Freiheit erschaffen hat? Es scheint vielmehr, dass sie ihre Freiheit als eine von aller Sünde unzerstörte Anlage ihrer Geschöpflichkeit von sich aus an das Handeln Gottes an ihr mitbringt, und es folgt diese Freiheit nicht etwa dem göttlichen Handeln an ihr. Joseph Ratzinger liegt an seinem Gedanken in solchem Maße, dass er seine Aussage mehrfach wiederholt. Gewiss, Gottes Wort und Geist schafft in ihr das Kind. *Aber* – «er schafft es durch die Tür ihres Gehorsams. […] So geschieht Neuschöpfung, die sich aber doch an das freie Ja des Menschen Maria bindet.»[13] Oder: «Gnade und [sc. menschli-

9 Joseph Ratzinger, Jesus von Nazareth. Prolog, 133.
10 Ebd., 64.
11 Ebd., 61.
12 Ebd., 46.
13 Ebd., 64.

che] Freiheit durchdringen sich»; der Mensch ist hier «nicht willenloses Werkzeug von Gottes Allmacht [...], sondern [sc. kann] mitlieben oder sich auch der Liebe Gottes verweigern».[14]

Karl Barth behandelt das Thema ausgiebig im Band I/2 seiner Kirchlichen Dogmatik – darauf wird sich Joseph Ratzinger beziehen –, und Barth hat das dort Ausgeführte so wenig widerrufen, dass er 1953, als wieder von diesem Thema zu reden war, statt einer Neubehandlung im Band IV/1 vielmehr, was in seiner Dogmatik selten vorkommt, einfach auf die damalige Behandlung des Themas zurückverweist.[15] Wie gesagt, auch er bejaht die biblische Rede von der Jungfrauengeburt. Aber «wenn zwei dasselbe tun, ist es nicht dasselbe» – frei nach dem antiken Dichter Terenz zu reden: «Duo cum faciunt idem, non est idem.»[16] Barth versteht den Bericht geradezu grundsätzlich anders. Joseph Ratzinger stellt seine Leser vor die Alternative: Die uns in der Schrift berichtete Jungfrauengeburt sei entweder «historische Wirklichkeit, reales, geschichtliches Ereignis oder [...] fromme Legende».[17] Er vertritt entschieden das Erstere und lehnt das Letztere ab.

Das ist allerdings eine Alternative, die Karl Barth so nicht anerkannt hat. Er konnte erklären, dass eine Legende Wahreres sagen kann als eine historische Feststellung. Jene Alternative verstand er als eine moderne Erfindung, die er zum Verständnis der biblischen Mitteilungen nicht für bindend ansah. Aber davon abgesehen ist nach ihm im Verständnis der biblisch bezeugten Offenbarung Gottes in Jesus Christus, in seiner Verbindung in ihm mit dem Menschen, zu unterscheiden zwischen Zeichen und Sache.[18] Die Rede von der Jungfrauengeburt wie dann auch der Bericht vom leeren Grab nach dem Karfreitag sind nicht die «Sache», also das, worauf sich der Glaube gründet und worauf er sich richtet: das Kommen dessen, der *vere deus* und *vere homo*, wahrer Gott und wahrer Mensch ist. Jene beiden Aussagen *bezeichnen* das *Geheimnis* der Offenbarung Gottes in der Inkarnation seines Sohnes. Aber allein an dem Geschehen der Zuwendung Gottes zu uns Sündermenschen hängt der christliche Glaube. Die beiden Bezeichnungen dessen sind sinnvoll, indem sie auf das Geheim-

14 Ebd., 84f.
15 Karl Barth, KD IV/1, 226f.
16 Terenz, Adelphoi, 823f.
17 Joseph Ratzinger, Jesus von Nazareth. Prolog, 60.
18 Karl Barth, KD I/2, 206.

nis der Offenbarung Gottes hinweisen. Aber für sich betrachtet, losgelöst von dem, worauf sie hinweisen, sind sie sinnlos. So sagt Barth es noch einmal zusammenfassend im letzten Satz der Abhandlung über dieses Thema:

> «Das Geheimnis beruht nicht auf dem Wunder [sc. der Jungfrauengeburt]. Aber auf dem Geheimnis beruht das Wunder, und das Wunder bezeugt das Geheimnis, das Geheimnis wird bezeugt durch das Wunder.»[19]

Das Geheimnis, auf das die Jungfrauengeburt hinweist, ist aber dies, was in Joh 1,14 bezeugt wird: «Das Wort, der Logos, wurde Fleisch.» Das heißt nicht bloß, wie Joseph Ratzinger sagt, dass es «Materie» wurde.[20] Das heißt nach Barth, dass es Sünder wurde, der Sünde des Menschen teilhaftig. Mit dem Sündermenschen, mit dem Menschen des Ungehorsams verbindet sich Gott in seinem «Wort».[21] Dass hierbei der Mensch, dass speziell Maria «Sünder» bzw. «Sünderin» ist, hat aber die Bedeutung, dass es keinerlei menschliche Offenheit für das Werk Gottes am Sünder gibt. Barth sagt:

> «Man wird [...] die Spuren der römisch-katholischen Mariologie gerade zu vermeiden haben und die durch die virgo vertretene menschliche Kreatürlichkeit ja nicht im Sinn einer dem Menschen trotz des Sündenfalls verbliebenen prinzipiellen Offenheit für das Werk Gottes verstehen dürfen. Die Menschen sind ja nach Eph. 2,3 ‹Kinder des Zorn[es] *von Natur*›, das heißt, es verhält sich nicht so, dass irgendwo hinter der bösen menschlichen Geschichte nun doch noch ein gutes menschliches Wesen verborgen wäre, das der Gemeinschaft mit dem göttlichen Wesen als solches würdig wäre.»[22]

Auch die Virginität Marias als menschliche Möglichkeit ist kein Anknüpfungspunkt für die Gnade Gottes. Denn auch sie steht unter dem Gericht, das Gott an *dem* Menschen vollzieht, dem er gnädig ist.[23]

---

[19] Karl Barth, KD I/2, 221.
[20] Joseph Ratzinger, Jesus von Nazareth. Prolog, 65.
[21] Karl Barth, KD I/2, 212.
[22] Ebd., 213.
[23] Ebd., 210.

> «In dem ex virgine (aus einer Jungfrau) liegt ein Urteil über den Menschen. Damit, dass Maria als Jungfrau Mutter des Herrn und also sozusagen die Eingangspforte der göttlichen Offenbarung in die menschliche Welt wird, ist gesagt, dass es […] auf dem natürlichen Weg, auf dem eine menschliche Frau sonst Mutter wird, keine Mutterschaft des Herrn und also keine solche Eingangspforte der Offenbarung in unsere Welt gibt, mit anderen Worten, dass die menschliche Natur an sich keine Fähigkeit hat, […] die Stätte der göttlichen Offenbarung zu werden. […] Die Jungfrauschaft der Maria in der Geburt es Herrn ist die Negation – nicht des Menschen vor Gott, wohl aber seiner Möglichkeit, seiner Eignung, seiner Fähigkeit für Gott.» Vielmehr: Mit dem «ungehorsamen Geschöpf hat es Gott in seiner Offenbarung zu tun. Seine Natur, sein Fleisch nimmt sein Wort an, indem es Fleisch wird».[24]

Barths Rede im obigen Zitat von der Jungfräulichkeit der Maria als einer in gewissem Sinn geöffneten Eingangspforte steht anscheinend dem Satz von Joseph Ratzinger nahe, dass «der Gehorsam Marias […] Gott die Tür öffnet». Aber er widerspricht hier nachgerade direkt Barth, indem er dazu bemerkt, dass sich demnach Gott an das freie Ja des Menschen Maria bindet. Hingegen schließt dieser aus der Deutung des Bildes das Umgekehrte: die Verschlossenheit des Menschen für Gottes Selbst-Erschließung und Zuwendung hin zum Menschen. Die Bedeutung der Jungfrauengeburt liegt deshalb nicht in irgendeiner Art von Mitwirkung von menschlicher Seite, sondern liegt darin, dass der Maria wie sonst jedem Menschen die Zuwendung Gottes allein aus Gnade widerfahren kann.

Das alles Entscheidende, worauf das Zeichen der Jungfrauengeburt hinweist, ist also dies: In seiner Offenbarung und in unserer Versöhnung fängt Gott ganz und gar allein *mit sich selbst* an.[25] Dass Gott das kann, dem denkt die Trinitätslehre nach. Barth hat dann in der Folge die Einsicht, dass Gott in seiner Zuwendung zu den Menschen mit sich selbst anfängt, differenziert – sagen wir: entsprechend den Worten in Joh 1,14: «Das Wort wurde Fleisch» – nämlich so: Dieser erste Teil des Satz redet vom *verborgenen* Geheimnis der Offenbarung in der Inkarnation. Aber Johannes fährt in seinem Satz fort: «… und wir schauten seine Herrlichkeit». Diese Herrlichkeit ist in Barths Verständnis die österliche *Aufdeckung* des

24 Ebd., 205f.
25 Ebd., 196.

verborgenen Geheimnisses. Die Rede von der Jungfrauschaft Marias ist dabei Hinweis auf das Erstere und die vom leeren Grab Hinweis auf das Letztere. Die beiden Aussagen in Joh 1,14 gehören gewiss zusammen, und sie bezeugen einstimmig, dass die Offenbarung, die Verbindung Gottes mit dem Menschen und seine Versöhnung mit ihm, im strengsten Sinn «reine Gnade»[26] ist. *Sola* gratia wird dem Menschen die göttliche Mitteilung zuteil.

Aber damit ist noch nicht alles gesagt. Dem «ex Maria virgine» geht ja im Apostolischen Credo die Formulierung voran «de Spiritu Sancto». Sehe ich recht, dass Joseph Ratzinger diese positive Voraussetzung der Geburt Jesu aus der Jungfrau Maria mehr nur zitiert als expliziert?[27] – eben dies, dass Jesus Christus «empfangen ist vom Heiligen Geist». Diese Aussage des Bekenntnisses ist wohl im Anklang an Mt 1,18 und Lk 1,35 gebildet. Ist Joseph Ratzingers Zurückhaltung an diesem Punkt etwa dadurch verursacht, dass ihm viel mehr an dem Gedanken liegt, dass es *Maria* ist, die «Gott die Tür öffnet»?[28] Um es pointiert zu sagen: Nach Barth ist es der *Heilige Geist*, Gott in seinem Geist, Gott als der Heilige Geist, der Gott die Tür öffnet. Er öffnet so die Türe, dass dadurch und daraufhin der Mensch und speziell Maria für Gott da ist. Noch einmal: Das Wirken des Heiligen Geistes bedeutet, «dass Gott in seiner Offenbarung an uns und in unserer Versöhnung in grenzenloser Verborgenheit und zu unserem grenzenlosen Erstaunen ganz und gar mit sich selber anfängt».[29] Die der Geburt aus Maria vorangehende Empfängnis Jesu Christi schließt also jede aktive Mitwirkung Marias aus, und sei sie noch so subtil gedacht; sondern sie ist ein reines Widerfahrnis dessen, was der Heilige Geist in ihr schafft. Es handelt sich dabei – eben «ganz und gar» – um einen «reinen göttlichen Anfang»[30], um eine «reine Gnade»[31]. Es handelt sich um das, was Gott selber und Gott allein tut – um «eine Tat schöpferischer Allmacht, […] versöhnender Liebe, […] erlösender Weisheit».[32]

Man kann es nicht anders sagen: Das Zeugnis von der Jungfrauengeburt im Neuen Testament und im kirchlichen Glaubensbekenntnis ver-

26 Ebd., 218.
27 Joseph Ratzinger, Jesus von Nazareth. Prolog, 63f.
28 Ebd., 64.
29 Karl Barth, KD I/2, 196.
30 Ebd., 216.
31 Ebd., 218.
32 Ebd., 220.

stehen Karl Barth und Joseph Ratzinger erheblich anders, obwohl und indem beide dieses Zeugnis anerkennen. Ratzinger versteht es als Bestätigung eines Zusammenwirkens Gottes mit der bei aller Demut kooperationswilligen «Mutter Gottes», und Barth versteht es auf der Linie der reformatorischen Botschaft von der die Sünder allein seligmachenden Gnade. Indem dieser das Zeugnis von der Jungfrauengeburt als Zeugnis des *sola gratia* verstand, wandte er sich in seiner Kritik allerdings in erster Linie nicht an die römisch-katholische Theologie, sondern zuerst an die *eigene* protestantische Seite. Er wandte sich hier vornehmlich gegen die neuprotestantische Preisgabe der Lehre von der Jungfrauengeburt, und er vermutete dahinter eben die Preisgabe der Botschaft von der *sola gratia.* Die Ausscheidung des «ex Maria virgine» sei darum keine Petitesse, sondern sie verbreite ein Zwielicht über die *ganze* Christologie.[33]

Was aber das Urteil über die Distanz zwischen Karl Barth und Joseph Ratzinger betrifft, so sei wenigstens zuletzt gefragt, ob dem Letzteren damit ein Unrecht angetan werde? Könnten wir doch nur seinen oben zitierten Satz ganz ernst nehmen: «Gottes schöpferisches Wort *allein* wirkt Neues»! Maria müsste dabei gewiss keine stumme Marionette in der Hand Gottes sein. Es würde dann allerdings klar sein, dass ihr Jawort keine Bedingung für die Erscheinung dessen ist, der wahrer Gott und wahrer Mensch in einer Person ist. Ihr Jawort würde dann ihre Antwort auf das ihr von Gott aus freier Gnade Geschenkte sein. Es wäre dann aber vor allem das klar, was Karl Barth im Alter in einer Versammlung in der römisch-katholischen Kirchgemeinde «Bruder Klaus» in Basel sagte und was er auch für seine evangelischen Konfessionsgenossen als vorbildlich ansah: «Ihr selbst habt doch in eurer Messe den Satz: ‹tu solus altissimus›, ‹du, Christus bist *allein* der Höchste.»[34]

---

33 Ebd., 196f.200f.213f.

34 Eberhard Busch, Barth-Tagebuch, 255.

Erstdruck schon publizierter Texte

Getroste Verzweiflung. Dialektische Theologen und Martin Luther, gedruckt unter dem Titel: Die Lutherforschung in der dialektischen Theologie, in: Lutherforschung im 20. Jahrhundert. Rückblick – Bilanz – Ausblick, hg. von Rainer Vinke, Veröffentlichung des Instituts für Europäische Geschichte Mainz, Abteilung für abländische Religionsgeschichte, hg. Gerhard May, Bh. 62, Mainz 2004, 51–69.

«Hochverehrter Herr Graf, warum so stürmisch!» Karl Barth und Nikolaus von Zinzendorf, gedruckt mit dem Untertitel: Karl Barths Stellung zu Nikolaus von Zinzendorf, in: Amtsblatt der Ev.-Luth. Landeskirche Sachsens, Jg. 100, Nr. 22 (B 69–74).

«Wie steht es mit deinem Herzen?» Karl Barth und August Tholucks Frage, gedruckt mit dem Untertitel: Über das Verhältnis Karl Barths zu August Tholuck, in: Pietismus und Neuzeit, Bd. 27, Göttingen 2001, 200–214.

Konkreter Pazifismus. Karl Barth und Leonhard Ragaz, gedruckt unter dem Titel: Verantwortung für den Frieden – Theologische Positionen von Leonhard Ragaz und Karl Barth, in: Neue Wege, 89 (1995), Nr. 1, S. 3–13; etwas verändert in: D. Kinkelbur/F. Zubke (Hg.), Friedensentwürfe. Positionen von Querdenkern des 20. Jg., Münster 1995, S. 70–83.

«Die unmenschliche Welt muss menschlich werden. Aber wie?», Karl Barth und Friedrich Dürrenmatt, gedruckt unter dem Titel: Gespannte Beziehung. Friedrich Dürrenmatt und Karl Barth, in: Text+Kritik, H. 50/51, Göttingen 2003, 183–196.

Gehört Politik zum Herzstück der Theologie? Karl Barth und Eduard von Steiger, gedruckt unter dem Titel: Politik als «Herzstück der Theologie»? Karl Barth und Eduard von Steiger während des Zweiten Weltkriegs, in: Reformatio, 52. Jg, 2, 2006, 108–114.

Glaube an Jesus Christus. Karl Barth und Benedikt XVI., gedruckt unter dem Titel: De Spiritu sancto, ex Maria virgine. Die Auslegung dieser Bekenntnis-Formulierung von Benedikt XVI. und Karl Barth, in: Das Buch Benedikts XVI im Blickpunkt der Wissenschaft, hg. von Th. Söding, Freiburg/Basel/Wien 2013, 208–219.

Bildnachweis

Karl Barth (S. 2): Karl Barth-Archiv, Basel

Martin Luther (S. 12): Aus: Willem Frederik Dankbaar, Calvin. Sein Weg und sein Werk, Neukirchen-Vluyn 1959

Johannes Calvin (S. 38): Porträt Calvins nach einem in Paris entdeckten Gemälde aus dem 16. Jahrhundert (aus: F. Fournier-Marcigny, La Vie ardente du Premier Refuge français, Editions du Mont-Blanc, Genf)

Nikolaus von Zinzendorf (S. 52): Aus: Ludwig Bechstein, Zweihundert deutsche Männer in Bildnissen und Lebensbeschreibungen, Leipzig, 1857

Sören Kierkegaard (S. 76): Det Kongelige Bibliotek, Kopenhagen © akg-images

Friedrich Schleiermacher (S. 92): Aus: Karl Barth, Die protestantische Theologie im 19. Jahrhundert, 3. Aufl., Zürich 1960

August Tholuck (S. 110): Aus: Karl Barth, Die protestantische Theologie im 19. Jahrhundert, 3. Aufl., Zürich 1960

Leonhard Ragaz (S. 128): Porträt von Heinrich Altherr aus der Basler Zeit

Franz Rosenzweig (S. 150): www.haGalil.com

Emil Brunner (S. 170): Karl Barth-Archiv, Basel

Paul Tillich (S. 190): Aus: Paul Tillich, Frühe Schriften, in: Gesammelte Werke, Bd. 1, 1959

Friedrich Dürrenmatt (S. 214): Centre Friedrich Dürrenmatt, Neuchâtel

Eduard von Steiger (S. 234): Schweizerisches Bundesarchiv, Bern (Signatur: E1004-02#2003/352#1#31*)

Dietrich Bonhoeffer (S. 244): © 2015, Gütersloher Verlagshaus, Gütersloh, in der Verlagsgruppe Random House GmbH

Charlotte von Kirschbaum, um 1932 (S. 262): Karl Barth-Archiv, Basel

Joseph Ratzinger/Benedikt XVI. (S. 290): © L'Osservatore Romano, Servizio Fotografico, Vatikanstadt

Personenregister